Gauck
Eine Biographie

von Mario Frank

Suhrkamp

Erste Auflage 2013
© der deutschen Ausgabe Suhrkamp Verlag Berlin 2013
Alle Rechte vorbehalten, insbesondere das des öffentlichen Vortrags
sowie der Übertragung durch Rundfunk und Fernsehen,
auch einzelner Teile.
Kein Teil des Werkes darf in irgendeiner Form (durch Fotografie,
Mikrofilm oder andere Verfahren) ohne schriftliche Genehmigung
des Verlages reproduziert oder unter Verwendung elektronischer
Systeme verarbeitet, vervielfältigt oder verbreitet werden.
Satz: Hümmer GmbH, Waldbüttelbrunn
Druck: Pustet, Regensburg
Printed in Germany
ISBN 978-3-518-42411-7

Inhalt

Begegnungen 7
Seeleute sind immer abwesend 13
Abgeholt 44
Der lange Weg zu Gott 85
Der junge Pastor 97
Krisenjahre 143
»Der Norden wacht auf!« 188
Abgesang 228
Ein neues Leben 255
Das Erbe des Kraken 292
Privatier 317
Bundespräsident 351

Dank 386
Bezüge der Kapitel 388
Quellenverzeichnis 404
Bildnachweis 416

Begegnungen

Joachim Gauck ist nicht groß. 1,76 Meter laut Reisepass, er wirkt größer. Ein starker Mann mit großer innerer Kraft. Mit einer Ausstrahlung, die durch ein außerordentliches Leben in einer dramatischen Zeit geprägt worden ist. Er wirkt ernster, als ich ihn mir vorgestellt habe. Die erste halbe Stunde: ein Abtasten. »Es ist mir eine große Freude und Ehre«, sage ich zur Begrüßung. »Das werden wir noch sehen«, entgegnet er knurrig. Dann übergangslos ein Eisbrecher: »Hätten Sie nicht warten können, bis ich tot bin?« Ich zeige ihm die damalige Idee zum Titel des Buches: *Die Wege des Herrn Gauck*. Er legt die Hand auf das Papier, deckt das Wort Gauck ab. Sofort hat er den Ansatz erfasst. »Wie finden Sie den Titel?«, frage ich. »Witzig«, entgegnet er, »aber vielleicht zu blasphemisch, ich muss darüber nachdenken.« Er sagt öfter »ich muss darüber nachdenken«, wenn er von etwas nicht überzeugt ist.

Dahinter steckt: Joachim Gauck sagt nicht gern nein. Er vermeidet es, anderen einen Wunsch abzuschlagen. Das könnte sie verletzen, eine negative Stimmung erzeugen. Als ich die Bitte äußere, seine kirchliche Personalakte einsehen zu dürfen, sagt er wieder: »Darüber muss ich nachdenken.« Als ich bei anderer Gelegenheit nachhake, stellt er hilflos die Frage an sich selbst: »Ja, warum möchte ich das eigentlich nicht?« Die Antwort gibt er selbst: »Mein Staatssekretär hat mir dringend davon abgeraten.« Gauck windet sich um ein »nein, das möchte ich nicht« herum.

Wir sitzen an seinem runden Besprechungstisch im Schloss Bellevue mit Blick in den Schlosspark. Gauck ist vorbereitet. Er weiß, dass ich schon mit vielen in seinem Umfeld gesprochen habe. Er interessiert sich für meine frühere Arbeit, will dies und das zu meinen bisherigen Büchern wissen. Tatsächlich aber geht es zwischen uns nur um die eine Frage: Vertrauen oder nicht vertrauen. Nach dreißig Minuten hat er sich entschieden. Er wird an dem Buch mitwirken, Informationen dazu beitragen und meine Fragen beantworten. Seine Begründung überrascht mich. Meine Ulbricht-Biographie hat bei ihm den Gedanken ausgelöst: »Mein Gott, da steckt aber eine Menge Arbeit drin.« Und aus der Tatsache, dass ich Geschäftsführer des Spiegel-Verlages war, hat er den Schluss gezogen: »Sie gehören nicht zu denjenigen, denen es beim Schreiben in Wahrheit um sich selbst geht und nicht um den, über den sie schreiben.« Dann wieder ein übergangsloser Stimmungswechsel: »Sie können doch kein Interesse daran haben, dem Bundespräsidenten Schaden zuzufügen!«

Er sieht am Ende seines Arbeitstages sichtbar müde und erschöpft aus, ist aber intellektuell hellwach. Unser Gespräch folgt nicht dem Prinzip von Frage und Antwort. Wenn ich eine Frage stelle, sprudeln Sätze aus ihm, als hätte man einen Wasserhahn aufgedreht. Gauck ist auf Sendung geschaltet, nicht auf Empfang. Er formuliert präzise. Was er sagt, hat Struktur, kreist aber nur in weitem Bogen um das von mir angeschnittene Thema. Am Ende unseres ersten Gesprächs betont er: »Ich kann natürlich auch anders.« Er meint, dass er sich auch auf die Beantwortung meiner Fragen konzentrieren könnte, statt selbst die Themen zu bestimmen und nur das zu erzählen, was er preisgeben möchte.

Ja, das könnte er selbstverständlich. Er tut es aber nicht. Auch nicht bei unseren weiteren Treffen. Ich lerne, dass das System hat und kein Zufall ist. Der Bundespräsident ist bereit, mit mir zu reden, weil er Einfluss nehmen will. Auf mich, auf das Bild, das ich von ihm zeichnen will, auf das

Buch, das von ihm handeln wird. Das ist legitim und Alltag im politischen Geschäft. Wohl fast jeder Mensch hat den Wunsch, ein gutes Bild von sich abzugeben. Durch seinen Redefluss gibt Joachim Gauck die Themen vor, über die wir sprechen. Meine Möglichkeiten, Kritisches anzubringen, vielleicht unangenehme Fragen zu stellen, sind dadurch schon rein aus Zeitgründen eingeschränkt. Der Bundespräsident wirft wie ein Projektor das Bild von sich auf die Leinwand, das er in der Öffentlichkeit von sich sehen will.

Ich verstehe das als eine Technik im Umgang mit den Medien, die er im Laufe seiner Karriere bis zur Perfektion entwickelt hat. Dabei ist er durch eine doppelte Schule gegangen. In der DDR musste er lernen, mit staatlichen Autoritäten, einschließlich der Staatssicherheit, umzugehen, um bestimmte berufliche und persönliche Ziele zu erreichen. In der Bundesrepublik stand er als Bundesbeauftragter für die Stasiunterlagen jahrelang im Scheinwerferlicht der internationalen Medien und war den kritischen Fragen ihrer Journalisten ausgesetzt. Das Ergebnis ist, dass Gauck heute scheinbar locker und frei von der Leber weg spricht und zugleich alles, was er sagt, druckreif ist. Dabei verwendet er nicht die übliche, genormte Sprache der Politik, sondern hat seine eigene, authentische Klangfarbe. Dennoch ist alles, was er mitteilt, vollkommen kontrolliert. Er gibt nichts preis, womit er nicht zitiert werden könnte. Das ist eine Fähigkeit, die in dieser Perfektion nur wenige beherrschen.

Dennoch: Hinter der offiziellen Rolle, die sein Amt von ihm fordert, bleibt das Ich von Joachim Gauck unverkennbar. Seine Identität schimmert durch den Habitus des Bundespräsidenten hindurch. Wenn es etwa um seine Gegner geht, wie den letzten DDR-Innenminister, Peter-Michael Diestel, richtet sich Gauck innerlich auf. »Wer kennt den denn heute noch?«, fragt er mit aggressivem Unterton. »Diesem Typen sollte man nicht zu viel Raum einräumen.« Ähnliches erlebe ich, als ich nach der Adresse eines Verwandten von ihm frage, den ich gerne interviewen würde. »Was wollen Sie denn von dem«, reagiert er gereizt. Er möchte nicht, dass ich mit dem Betreffenden rede. In Joachim Gauck wohnt unübersehbar auch ein cholerisches Element, das er nicht verbergen kann. Dabei braust er nicht auf oder wird gar laut. Es gärt nur sichtbar in ihm, wenn er auf vergangene Ereignisse angesprochen wird, die ihn emotional berühren. Er atmet dann heftig und knurrt auch schon mal.

Ich berichte ihm von Manfred Manteuffel, Ende der achtziger Jahre Kirchenreferent beim Rat der Stadt Rostock und staatlicher Ansprechpartner für die Kirchenleute in Rostock. Die Stasi führte ihn unter dem Decknamen »Scheeler« als Inoffiziellen Mitarbeiter. Gaucks Augen verengen sich. »Und was halten Sie von dem?« Ich habe meine Antwort noch nicht zu Ende gesprochen, als der Bundespräsident schon zustimmend nickt. Er denkt ungeheuer schnell, und sein Erinnerungsvermögen an Namen und Ereignisse ist erstaunlich. Diesbezüglich verfügt er über besondere Gaben.

Bei unserer dritten Begegnung erlebe ich eine große Überraschung. Kaum haben wir uns gesetzt, packt er aus seiner Tasche persönliche Unterlagen aus. Alte, abgelaufene Reisepässe und Personalausweise der DDR und der Bundesrepublik. Seinen handschriftlich geführten Kalender des Jahres 1989. Ein Fotoalbum *Unser Kind* mit Babyfotos und Kommentaren seiner Mutter Olga über seine ersten Lebenswochen und -monate. Ein weiteres Fotoalbum mit Bildern des Jugendlichen. Wir blättern gemeinsam durch die Alben, und er erklärt mir die verschiedenen Situationen, in denen die Bilder entstanden sind. Dann drückt er mir alles in die Hand. Ich darf die Sachen mitnehmen – einfach so. »Das ist ein großer Vertrauensvorschuss, den ich Ihnen hiermit entgegenbringe«, sagt er dabei streng und sieht mich fast grimmig an. Mittlerweile habe ich mich daran gewöhnt, wie Joachim Gauck in Sekundenbruchteilen zwischen herzlich und hart hin- und herwechselt. Schon beim nächsten Satz strahlt er wieder über das ganze Gesicht. »Aber ich habe ja gehört, dass Sie seriös sind.« Er lacht.

Im Anschluss an diesen Termin warten Diplomaten auf ihre Akkreditierung. Der Zeitrahmen für unseren Termin ist bereits um zehn Minuten überzogen, als zum ersten Mal eine Mitarbeiterin des Bundespräsidialamtes ein Zeichen gibt, dass er zur nächsten Verpflichtung muss. Nach fünfzehn Minuten tritt sie erneut ein, diesmal energischer. »Herr Bundespräsident, es ist Zeit, Sie müssen sich noch umziehen und zu Mittag essen.« Gauck, ein wenig widerwillig: »Ach, dann lassen wir das Mittagessen weg.« Seine Mitarbeiterin fürsorglich: »Nein, das geht bis in die späten Nachmittag, Sie müssen etwas essen.« Gauck ist trotz sichtbarer Terminnot und Zeitdrucks fast verzweifelt bemüht, mir jede Minute zu widmen, die ihm möglich ist. Nachdem er sich einmal entschieden hat mitzuwirken, tut er es nicht mit angezogener Handbremse. Wenn schon, dann richtig.

Bei anderer Gelegenheit klingelt mein Telefon. Anrufer unbekannt. Ich nehme ab, der Bundespräsident ist am Apparat. Direkt, ohne vermittelnde Sekretärin: »Herr Frank, wir sind heute verabredet, ich muss mich entschuldigen, es geht leider nicht. Bitte nehmen Sie mir das nicht übel, wir machen schnell einen neuen Termin, vielleicht schon diese Woche, aber heute geht es wirklich nicht.« Ich bin so verdattert, dass ich etwas wie »macht doch nichts« ins Telefon stottere. Er müsste nicht selbst anrufen, sondern könnte mir das durch seine Sekretärin ausrichten lassen. Aber er nimmt sich die Zeit und macht sich die Mühe, mir die Nachricht persönlich zu übermitteln.

Diese Art, mit anderen umzugehen, ist ein wesentlicher Grund für den Erfolg von Joachim Gauck. Seine intensive Zuwendung zu den Menschen, die ihm begegnen, ist ganz und gar außergewöhnlich. Es ist vor allem dieser Wesenszug, mit dem er die Herzen der anderen gewinnt. Einschließlich der Journalisten, die sein Bild in den Medien prägen.

Seeleute sind immer abwesend

> *Als meine Familie nach Rostock zog, blieb Wustrow für mich ein Zufluchtsort, ein tröstlicher Bezugspunkt ein ganzes Leben lang: Als ich jung war und jetzt, da ich in die Jahre gekommen bin; als ich noch allein lebte und als ich verheiratet war; als ich noch ein Kind war und als ich Kinder hatte.*
>
> Joachim Gauck

Indianer in Wustrow

Wenn wir versuchen, uns zu erinnern, wo wir herkommen, denken wir irgendwann an den Ort, an dem wir Kind waren. Für Joachim Gauck ist dieser Ort Wustrow, eine kleine Gemeinde vierzig Kilometer nordöstlich von Rostock, direkt an der Ostsee gelegen. Fischland nennt man den schmalen Landstreifen, der Gaucks Heimat ist. Auf der einen Seite liegt das Meer, auf der anderen der Saaler Bodden – an seiner schmalsten Stelle ist das Land zwischen den beiden Gewässern keine fünfhundert Meter breit. Meist weht eine Brise, es riecht nach Meer und die Alten sprechen Plattdeutsch. Hier, wo andere Urlaub machen, wuchs Joachim Gauck in den ersten fünf Jahren seines Lebens auf. Später, als seine Mutter nach dem Krieg mit ihren Kindern nach Rostock gezogen war, verbrachten er und seine eineinhalb Jahre jüngere Schwester Marianne regelmäßig ihre Ferien in dem kleinen Küstenort. Sie wohnten dann bei Freunden ihrer Eltern, etwa in den Häusern des Pastors und des Arztes, wo sie aufgenommen wurden wie eigene Kinder.

Ein besonders intensives Verhältnis pflegte Joachim

1 Joachim Gauck mit Mutter Olga und Großmutter Antonie am Strand in Wustrow

Gauck zu seiner »Tante« Marianne Schliephake, die mit ihrer Familie einen Bauernhof in Wustrow besaß. In Wirklichkeit war die blonde und sehr attraktive Marianne gar nicht seine Tante, sondern eine Freundin seiner Mutter. Ihre Tochter Heidi, Gaucks Freundin seit den Wustrower Kindertagen, hegte keinen Zweifel: »Die hat er sehr geliebt und ein ganz enges Verhältnis zu ihr gehabt. Jochen hat meine Mutter damals vielleicht noch mehr geliebt als seine eigene.« Jochen war der Rufname von Joachim Gauck. Gesprochen mit langem o. Joochen. Seine Familie und seine Freunde aus der Kindheit nennen ihn bis heute so.

Zu der besonderen Beziehung zwischen dem Jungen und

Marianne Schliephake trug zweifellos bei, dass sie den Zwölfjährigen während seiner Schulferien im Sommer 1952 bei sich aufnahm, als er und seine Familie eine besonders schwere Zeit durchmachten. Dafür war er ihr für immer dankbar.

Im Jahr zuvor war Joachims Vater von zwei schwarz gekleideten Männern in einem Auto abgeholt worden und danach spurlos verschwunden. Niemand wusste, was mit ihm geschehen war. In der dörflichen Struktur Wustrows galt die Solidarität unter Freunden mehr als die neue Loyalität, die die SED einforderte. »Der Freundeskreis seiner Eltern hat damals wortlos geholfen«, erinnerte sich Heidi Lüneburg an diese die Existenz der Familie Gauck bedrohende Zeit. »Wenn da die anderen seiner Familie nicht beigestanden hätten, hätten die das nicht geschafft.«

Der Bauernhof von Tante Marianne war das reine Kinderparadies. Den ganzen Sommer über trugen die Jungen kurze Hosen und gingen barfuß. Bei schönem Wetter schliefen Joachim und Mariannes Sohn Burkhard in der Scheune im Stroh. Alles war grün, die große Wiese, die vom Haus direkt bis zum Bodden reichte, genauso wie das Schilf am Ufer. »Wir hatten Tiere, Land und Obstbäume, uns ging es gut«, berichtet Burkhard Schliephake. Am Wasser waren ein Holzsteg, auf den die Kinder sich zum Sonnen legten, und ein Anlegeplatz für Boote. Im Sommer schwammen sie im Bodden, im Winter liefen sie auf dem zugefrorenen Gewässer Schlittschuh. Hier lernte Joachim Gauck nicht nur schwimmen, sondern auch rudern und segeln. »Wir haben gespielt wie alle anderen auch, waren viel draußen und oft mit dem Boot unterwegs«, erinnerte sich Burkhard. »Immer war eine Riesenclique um uns, in die Jochen voll integriert war.«

Gelegentlich spielten die Kinder Indianer und Cowboy.

2 Jochen und sein Freund Burkhard am Bodden in Wustrow

Joachim war der Indianer mit prunkvollem Federschmuck auf dem Kopf und einem von Tante Mariannes Mann selbstgebastelten Tomahawk, der furchterregend echt wirkte. Burkhard war der Cowboy und sah in seinen von der Mutter genähten Kleidern, einschließlich der ledernen Ärmelstulpen, aus wie aus einem Wildwestfilm. Heidi schließlich musste regelmäßig am Marterpfahl leiden. Mehr als ein halbes Jahrhundert später, als Joachim Gauck gerade zum Bundespräsidenten gewählt worden war und er das in Berlin mit seinen Freunden groß feierte, erinnerte Heidi Lüneburg die Festgesellschaft an ihr damaliges Martyrium. Sie begann ihren kleinen Vortrag auf dem Fest so: »Es gab Zeiten, wo er die Freiheit seiner Mitmenschen nicht so ge-

3 Indianer Jochen und Cowboy Burkhard

schätzt hat wie heute. Es gab Zeiten, da hat er seine Mitmenschen gequält und geknechtet.« Dem einen oder anderen von Gaucks Gästen gefror das Lächeln im Gesicht. Dann warf Lüneburg das Indianer-Cowboy-Bild der drei Kinder an die Wand und löste das Rätsel auf: »Früh übt sich, was ein großer Häuptling werden will.« Die Erheiterung war groß.

Hier sind die Wurzeln von Joachim Gauck. Hierher würde er sein ganzes Leben lang immer wieder zurückkehren. Als Jugendlicher wie als verheirateter Familienvater. Die Verbundenheit mit seiner Heimat war so groß, dass er praktisch jeden Sommer wenigstens ein paar Tage auf dem Fischland verbrachte. In Wustrow legte und legt er sich keine Zwänge auf, egal ob als Pastor oder als Bundespräsident. Sein Jugendfreund Jörn Reiche erinnerte sich beispielsweise, wie der damalige Pfarrer in den siebziger Jahren während einer Fußball-WM unvermutet bei ihm zu Hause aufgetaucht war – sommerlich gekleidet, in kurzer Hose. Er wollte sich ein Spiel in größerer Runde am Fernseher mit ansehen. Fiel ein Tor, sprang er auf wie die anderen Gäste und jubelte lautstark mit. »Was, das war ein Pastor, das gibt's doch nicht!«, wunderte man sich in der Runde, als Reiche später Gaucks Beruf verriet.

Nach seiner Wahl zum Bundespräsidenten verbrachte er Ostern 2012 nicht nur seine ersten freien Tage hier, sondern auch den anschließenden Sommerurlaub. Selbstverständlich, wie er es immer getan hatte, besuchte er bei dieser Gelegenheit mit seiner Lebensgefährtin Daniela Schadt auch seine alten Freunde. Der einzige Unterschied zu vorangegangenen Besuchen: Jetzt parkten zwei oder drei schwere, schwarze Limousinen mit Personenschützern in der Nähe. An einem dieser Tage klingelte bei Familie Reiche im Nachbardorf Niehagen das Telefon. Am Apparat war der Bun-

4 Haare schneiden bei Familie Reiche 2012

despräsident, der vom Auto aus anrief: »Wir haben Hunger.« Wenig später saßen er und Daniela Schadt bei seinen Freunden am Küchentisch und aßen Schmalzbrote mit ihnen. Dann kam Gauck auf die Idee, sich die Haare schneiden zu lassen. Also wurde aus Ahrenshoop die Friseurmeisterin Silke Kischkel zur Familie Reiche nach Hause bestellt. Auf einem Küchenstuhl sitzend, ein Bier vor sich auf dem Tisch, ließ sich das deutsche Staatsoberhaupt von ihr seine Frisur neu in Form bringen. Anschließend fegte er die abgeschnittenen, auf den Boden gefallenen Haare persönlich mit einem Reisigbesen zusammen und lachte dabei. »Was man schmutzig gemacht hat, muss man auch wieder sauber machen.« Ein anderes Mal lag er zusammen mit Daniela

Schadt im Bademantel am Strand in Wustrow. Kein Personenschützer war zu sehen. Ein paar Jungen, vielleicht zwölf Jahre alt, erkannten ihn und sprachen ihn an: »Bist du der Bundespräsident?« Gauck unterhielt sich mit ihnen eine Viertelstunde lang, sie gestikulierten, diskutierten, lachten. Die Jungs durften ein Bild von ihm machen, das sie sofort ihren Eltern schickten, um zu belegen, dass sie den ersten Mann im Staate kennengelernt hatten.

Man mag der Meinung sein, dass das nur kleine Randnotizen in der Biographie eines Bundespräsidenten sind. Doch das wäre ein Irrtum. Diese Anekdoten belegen, wie authentisch und ursprünglich Joachim Gauck geblieben ist. Staatsmännische Attitüden sind ihm genauso fremd wie der Gedanke, als Inhaber des höchsten Staatsamtes sein Privatleben zu ändern oder seine bestehenden sozialen Beziehungen in Frage zu stellen. Typisch für die Art, mit der Joachim Gauck seinen Uraltfreunden begegnete, ist eine Episode, die Heidi Lüneburg nach seiner Wahl zum Bundespräsidenten mit ihm erlebte. Bei einem Telefonat fragte sie ihn beiläufig nach seiner neuen Handynummer. »Das ist noch die alte«, erklärte er ihr selbstironisch, »die haben mir mein Telefon noch nicht weggenommen.« Ein anderes bezeichnendes Erlebnis hatte die Patentante seiner Tochter Gesine, Sibylle Hammer, einige Monate vor seiner Wahl zum Bundespräsidenten bei einem gemeinsamen Essen in einem Restaurant. Humorvoll, mit fast kindlicher Freude sagte Gauck in Anspielung auf vergangene Zeiten und damit verbundene Einschränkungen zu seiner alten Freundin: »Du, Sibylle, ich bin jetzt reich. Bestell dir einfach, was du willst. Wirklich, du kannst essen, was du willst.« Gauck bekennt sich uneingeschränkt zu seiner Herkunft, zu seinen alten Freunden und zu seiner Sozialisierung. Den elften Bundespräsidenten zeichnet eine Ursprünglichkeit aus, die man von Politikern gemeinhin nicht kennt, und die ihn deshalb von ihnen unterscheidet. Das ist für jedermann spürbar und erfahrbar. Neben seiner außergewöhnlichen Zuwendung zu seinen Mitmenschen ist dieses »Geerdetsein« ein zweites, wesentliches Element seines Charakters. Und der zweite, ausschlaggebende Grund für Gaucks Erfolg und seine Beliebtheit in der Bevölkerung.

Herkunft

Gaucks Vater Wilhelm Joachim war 1906 in Dresden geboren worden und ohne seinen Vater, den Dresdner Apotheker Walter Müller, aufgewachsen. Wie später sein Sohn wurde auch er Jochen genannt. Die Mutter von Wilhelm Joachim, Antonie Gauck, hatte sich 1914 vom Erzeuger ihres Sohnes scheiden lassen und das Kind allein großgezogen. Es muss zwischen den Großeltern von Joachim Gauck etwas sehr Gravierendes vorgefallen sein. Antonie verließ damals nicht nur Dresden, um in ihre Heimat Mecklenburg zurückzukehren, sondern ging auch zeit ihres Lebens keine neue Beziehung zu einem Mann ein. Joachim Gauck schreibt dazu in seinen Erinnerungen, dass niemand gewusst habe, warum seine Großeltern sich getrennt hatten und scheiden ließen. In der Familie Gauck existierte nicht einmal ein Bild des Großvaters, und Antonie Gauck weigerte sich kategorisch, über den 1915 in Leipzig verstorbenen Walter Müller zu sprechen.

Dass ein Kind allein von seiner Mutter aufgezogen wurde, war in der bürgerlichen Gesellschaft des Kaiserreichs, Anfang des zwanzigsten Jahrhunderts, noch eine Ausnahme und für Wilhelm Joachim im Hinblick auf seine gesellschaftliche Akzeptanz sicher nicht hilfreich. Der Junge wird das, vor allem in der Schule, zu spüren bekommen haben.

Seine schulischen Leistungen als Gymnasiast in Rostock waren mäßig. Er blieb dreimal sitzen, bevor er 1926 das Abitur an einem Gymnasium in Berlin-Charlottenburg bestand. Das ist insofern bemerkenswert, als dass Gauck senior später hohe Anforderungen an die schulischen Leistungen seiner Kinder stellte und überhaupt ein entschiedener Verfechter des Leistungsgedankens war. Wer in dieser Hinsicht seinen Vorstellungen nicht genügte, hatte es schwer, von ihm geachtet zu werden, egal, ob es sich dabei um eines seiner Kinder oder Dritte handelte.

Gleich nach dem Abitur heuerte Wilhelm Joachim Gauck 1926 als Schiffsjunge auf einem Segelschiff an und kam in den nächsten Jahren auf Handelsschiffen um die halbe Welt: nach Skandinavien, Afrika, Australien, Sumatra. Langsam arbeitete er sich empor. Mit neunundzwanzig wurde er »Steuermann auf großer Fahrt« und »Bordfunker II. Klasse«. Bis 1938 brachte er es schließlich zum Zweiten Offizier auf dem Motorschiff »Palime«, einem »Bananendampfer«, der für eine Hamburger Reederei Südfrüchte aus Afrika nach Deutschland transportierte. Als er sich in diesem Jahr, gerade von einer Fahrt aus Kamerun zurückgekommen, an Land wagte, empfing ihn im Hafen seine Verlobte Olga Warremann. Sie teilte dem überraschten Seebären mit, dass sie am nächsten Tag heiraten würden, ob er denn ihren Brief nicht bekommen habe. Gauck senior scheint keine ernsthaften Einwände erhoben zu haben, die Hochzeit fand, wie von seiner Verlobten geplant, am Tag darauf in Hamburg-Blankenese statt.

Der Neffe von Gauck senior, Jörn-Michael Schmitt, urteilte über seinen Onkel, dieser sei damals und bis nach dem Krieg ein »zynischer Heide« gewesen, der sich geweigert habe, kirchlich zu heiraten, obwohl er der evangelisch-lutherischen Kirche angehörte. Marianne Gauck

5 Gauck senior in Arbeitskleidung

widersprach diesem Eindruck über ihren Vater: »Er war spöttisch, ironisch, anflugweise sarkastisch. Mein Vater ist nie, niemals ein Zyniker gewesen.« Olga Gauck, die eine stärkere Bindung an die Kirche besaß als ihr Mann, setzte später durch, dass ihre gemeinsamen Kinder getauft und konfirmiert wurden. Das ist zum einen von Bedeutung, weil Joachim Gauck sich nach dem Abitur entschied, Theologie zu studieren. Zum anderen machte Gauck senior später eine grundlegende Wandlung durch. Nach dem Schicksalsschlag seiner Verschleppung in den Gulag fand er zum Glauben und ging von da an öfter in die Kirche.

Olga Gaucks Eltern entstammten beide armen Landarbeiterfamilien. Olgas Mutter Luise war mit sechzehn Jahren diesem Milieu entflohen, indem sie den Maurergesellen Franz Warremann geheiratet hatte und mit ihm nach Rostock gezogen war. Das Paar bekam drei gesunde Kinder: Walter (1907), Olga Frieda Henrika (1910) und Gerda (1913). Der Erstgeborene, Walter, wurde Maurermeister und Architekt. Gerda lernte Buchhaltung und arbeitete später wie ihr Bruder im Betrieb des Vaters mit. Das Familienoberhaupt war tüchtig und machte während des Dritten Reichs Karriere. Aus dem Maurergesellen wurde ein Baumeister, aus dem Baumeister ein Bauunternehmer.

Der handwerkliche Baubetrieb wuchs und gedieh prächtig. 1939 erzielte sein Unternehmen einen Gewinn von neuntausend Reichsmark und beschäftigte dreiundzwanzig Mitarbeiter. Gaucks Großvater konnte sich ein repräsentatives Auto leisten und ein geräumiges Doppelhaus bauen, errichtet in der zweiten Hälfte der dreißiger Jahre im Rostocker Vorort Brinckmansdorf. Mit Kriegsausbruch jedoch verschlechterte sich die Lage seiner Firma dramatisch. 1940 hatte er nur noch zwei Angestellte, und ein Jahr darauf war er gezwungen, den Betrieb mangels Arbeitskräften ganz ein-

6 Gerda, Olga und Walter Warremann, sitzend ihre Eltern
Luise und Franz

zustellen. Für den Rest des Krieges wurde er zum Sicherheits- und Hilfsdienst der Stadt Rostock eingezogen.

Eine besondere Nähe zu den Nationalsozialisten hatten die Warremanns nicht. Abgesehen von Olga war kein Familienmitglied in der Hitler-Partei. Franz Warremann hatte 1934 vergeblich den Antrag gestellt, NSDAP-Mitglied zu werden. Der Unternehmer wurde nicht aufgenommen, weil er vor der Machtergreifung der Arbeiterbewegung nahegestanden hatte. Man unterstellte ihm, wohl nicht zu Unrecht, dass er nur aus opportunistischen Gründen, um besser Aufträge akquirieren zu können, der Nazi-Partei hatte beitreten wollen. Seine Haltung zum Hitler-Regime lässt sich daran erkennen, dass er regelmäßig heimlich den Radiosender BBC London hörte. Das Einschalten von »Feindsendern« stand seit Kriegsbeginn unter Strafe, und BBC London galt im Dritten Reich als der »Feindsender« Nummer eins. Um sicherzugehen, dass er dabei nicht belauscht werden konnte, warf sich Gaucks Großvater beim Radiohören immer eine Decke über den Kopf.

Die Art und Weise, wie Olga Warremann ihren Verlobten dazu bewegt hatte, 1938 mit ihr vor den Traualter zu treten, sagt einiges über ihr entschlossenes und willensstarkes Wesen aus. Die damals Neunundzwanzigjährige fand offensichtlich, dass es für sie höchste Zeit war, in den Ehehafen einzulaufen. Möglicherweise trug zu ihrer Heiratsoffensive mit bei, dass im selben Jahr auch ihr Bruder und ihre Schwester in den Stand der Ehe traten, was für Franz Warremann nicht unerhebliche finanzielle Aufwendungen mit sich brachte. Olga galt später als die »Chefin« in der Familie Gauck, die wusste, was sie wollte und wie sie es erreichen konnte. Nach einer Ausbildung zur Bürokauffrau war sie schon mit zweiundzwanzig Jahren Büroleiterin in einer Rostocker Rechtsanwaltskanzlei geworden, zu der auch ein

Notariat gehörte. 1932 trat sie als Vierundzwanzigjährige der NSDAP bei. Wilhelm Joachim Gauck wurde zwei Jahre später Mitglied der Nazi-Partei. Ein nationalsozialistisches Amt oder eine entsprechende Funktion bei den Nationalsozialisten übten Joachim Gaucks Eltern nicht aus. Sie waren die klassischen Mitläufer. Allerdings glaubte Olga Gauck auch dann noch an den Führer und den Endsieg, als der Krieg längst entschieden war, wie damalige Briefe belegen.

Nach ihrer Hochzeit gab Gaucks Mutter ihre Anstellung als Büroleiterin auf und zog mit ihrem Mann in die damalige Adolf-Hitler-Straße in Wustrow, heute Parkstraße, wo das Paar eine Haushälfte anmietete. In dem Dorf befand sich die staatliche Seefahrtschule, an der Seeleute zum Steuermann oder Kapitän ausgebildet wurden. Gauck senior hatte dort bereits seine Ausbildung zum Steuermann absolviert, jetzt wollte er das Kapitänspatent erwerben.

1940 war es geschafft, und Gauck durfte sich fortan »Kapitän auf großer Fahrt« nennen. Aufgrund des Krieges kam es aber nicht mehr dazu, dass er sein eigenes Schiff führen konnte. Unmittelbar nach dem Abschluss seiner Ausbildung begann für ihn der Krieg. Viele Seeleute, die in Wustrow ihre Ausbildung absolviert hatten, blieben im Anschluss mit ihren Familien vor Ort. Auf diese Weise hatte sich in dem Dorf mit der Zeit eine kleine Kolonie von Kapitänen entwickelt. Diese Schiffsführer dachten konservativ. »Man« war in der NSDAP – Gauck seit 1934 – »man« meldete sich freiwillig zum Dienst in der Kriegsmarine.

Am 1. August 1940 wurde der vierunddreißigjährige Gauck senior als einfacher Matrose zur Kriegsmarine eingezogen. Nach sechs Monaten Grundausbildung, die er in zwei Kasernen auf Rügen und in Neustadt in Holstein verbrachte, wurde er Reserveoffiziersanwärter. Seinen höchsten Dienstrang erlangte er am 1. August 1943 als Oberleutnant zur See der Reserve. Während seines fünfjährigen Kriegseinsatzes stand ihm das Glück zur Seite – er musste während des gesamten Krieges nie an einer Front kämpfen und nicht einen Schuss auf den Feind abgeben. Über die Jahreswende 1940/41 war er für zwei Monate vor der dänischen Westküste eingesetzt, um von Bord eines Kutters aus Seeminen zu bergen und unschädlich zu machen. Für Wilhelm Joachim Gauck war dieser Einsatz ein »Dienst als Matrose Arsch«, wie er es selbst beschrieb. Er habe sich mit seinen Kameraden »immer fürchterlich betrunken«, wenn es einmal gelungen sei, eine Mine aufzuspüren und zu entschärfen. Das Vaterland ehrte ihn für diesen heroischen Einsatz im August 1941 mit dem Blockadebrecher-Abzeichen, einer im Dritten Reich massenhaft vergebenen Plakette für die Durchbrechung alliierter Blockaden auf See.

Am 30. Januar 1944 kam ein zweiter Orden hinzu: Das an 2,7 Millionen Zivilisten und Wehrmachtsangehörige verliehene Kriegsverdienstkreuz Zweiter Klasse. Es wurde für zivile Leistungen oder den Einsatz im Bereich der militärischen Versorgungseinheiten vergeben. Gauck war zu diesem Zeitpunkt als Ausbilder an einer Steuermannsschule im von den Deutschen besetzten Polen eingesetzt. Frontsoldaten machten sich über diese Ehrung als »Nichteinmischungsorden mit Essbesteck« lustig.

Unterm Strich hatte die Familie von Joachim Gauck während des Krieges Glück. Es gab keine Gefallenen zu beklagen, und die materiellen Schäden hielten sich in Grenzen. Rostock wurde als eines der Zentren der deutschen Rüstungsindustrie mehrfach durch die Alliierten bombardiert und schwer getroffen. Nach einem Großangriff der Royal Air Force, Ende April 1942, war die Hälfte der historischen Altbausubstanz beschädigt oder zerstört. Das Haus der Warremanns in Brinckmansdorf wurde zwar durch eine

7 *Im Garten der Großeltern Warremann mit Cousin Gerhard (rechts)*

Bombe beschädigt, konnte aber umgehend wieder repariert werden.

Für Joachim Gauck sollte es später noch wichtig werden. Nach dem Krieg zog seine Mutter 1945 mit ihm und seinen beiden jüngeren Geschwistern wieder zu ihren Eltern nach Brinckmansdorf, weil die Möglichkeiten, ihre Familie zu versorgen, hier besser waren als in Wustrow. Ende der fünfziger Jahre wohnte Joachim Gauck als Theologiestudent erneut dort. Frisch verheiratet bezog er damals mit seiner Frau Hansi einen Raum im Keller des Hauses.

Der erste Sohn

Die Geburt des ersten Kindes von Olga und Wilhelm Joachim Gauck ließ nicht lange auf sich warten. Am 24. Januar 1940 kam Joachim zur Welt, dreitausenddreihundert Gramm schwer, fünfzig Zentimeter groß. Die Freude der Mutter über »Bübchen« – so nannte sie ihren neugeborenen Sohn – war groß, wie sich dem zu seiner Geburt angelegten Fotoalbum entnehmen lässt. Olga Gauck nutzte es nicht nur für Fotos des Säuglings, sondern notierte darin auch Ereignisse, die ihr bemerkenswert erschienen. Beispielsweise die Tatsache, dass Joachim drei Tage nach seiner Geburt an einer Gelbsucht erkrankte. Besondere Mühe gab sich die Mutter, in Form langer Listen täglich die Größe und das Gewicht ihres Sohnes zu dokumentieren.

Bei der Erziehung ihres Ältesten spielte für Olga Gauck das im Dritten Reich populäre Buch *Die deutsche Mutter und ihr erstes Kind* von Johanna Haarer eine wichtige Rolle. Dieser Säuglingsratgeber wurde im ganzen Reich den Schulungen angehender Mütter durch die NS-Frauenschaft, der Frauenorganisation der NSDAP, zugrunde gelegt, die von mehreren Millionen Frauen besucht wurden. Bis zum Ende des Krieges erreichte das Buch eine Auflage von fünfhunderttausend Exemplaren und hatte maßgeblichen Einfluss auf die Erziehung und die Entwicklung einer großen Zahl während des Dritten Reichs geborener Kinder. Auch nach 1945 war das Buch in vielen Haushalten der Bundesrepublik zu finden und erreichte eine Gesamtauflage von 1,2 Mil-

8 Der Säugling

lionen Exemplaren. Gaucks Schwester Marianne bekräftige nachdrücklich: »Von diesem Buch war unsere Mutter sehr beeinflusst.« Joachim Gauck fand das Buch später im Bücherschrank seiner Eltern. In seinen Erinnerungen berichtete er in einer merkwürdig distanzierten Form, wie seine Mutter, beeinflusst durch diesen Ratgeber, mit ihm als Säugling umgegangen war.

Haarers Erziehungsratgeber war Teil der Rassenideologie der Nationalsozialisten. Manche Passagen ihres Buches knüpften unmittelbar an die Erziehungsvorstellungen von Adolf Hitler in *Mein Kampf* an, in denen es vor allem um die »rassische Qualität des gegebenen Menschenmaterials« und um das »Heranzüchten kerngesunder Körper« ging. Um diese Ziele zu erreichen, empfahl die Autorin einen spartanischen Erziehungsstil. Dazu gehörte etwa der Ratschlag, den Säugling nach der Geburt vor dem ersten Stillen erst einmal ein bis zwei Tage lang hungern zu lassen. Wenn das Baby schrie, sollte seine Mutter mit Nichtachtung darauf reagieren, das Kind irgendwo abstellen und sich selbst überlassen.

Wie unzählige andere deutsche Mütter auch, stellte Olga Gauck ihren Erstgeborenen also regelmäßig in seinem Kinderwagen im Garten ab und ließ ihn dort schreien, ohne auf die Proteste des Babys einzugehen. Doch statt sich an die erzieherischen Prognosen der Ratgeberautorin zu halten, schrie der Junge dort offenbar unverdrossen weiter. Gaucks sechs Monate älterer Cousin, Gerhard Schmitt, erinnerte sich: »Wir waren immer zusammen auf der Wiese im Garten der Großeltern Warremann. Er war ein Schreikind, hat oft gebrüllt. Vor allem hatte er ständig Hunger. Er war völlig verfressen und wollte immer auch meine Portionen haben.« Gaucks Schwester Marianne bestätigte diesen Eindruck: »Als Einjähriger war er ziemlich dick. Er fraß gera-

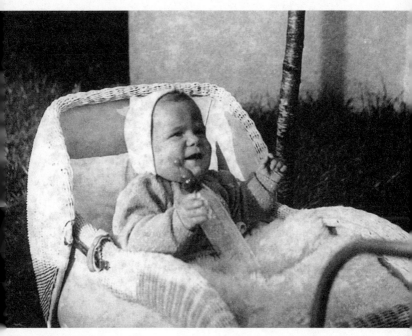

9 Immer hungrig

dezu. Später hat er mir immer meine Flasche weggenommen und ausgetrunken, kaum hatte ich sie abgesetzt.«

Der Junge war noch kein Jahr alt, als sein Vater zur Kriegsmarine eingezogen wurde und von da an jahrelang nur noch im Urlaub zu Hause war. Tageweise, bestenfalls für wenige Wochen. Wie schon sein Vater wuchs auch Joachim Gauck in seinen ersten, für die Entwicklung besonders wichtigen Lebensjahren weitgehend ohne seinen Erzeuger auf. Das war im Krieg nichts Außergewöhnliches, schon gar nicht in der Kolonie der Wustrower Kapitänsfamilien. »Seeleute waren immer abwesend«, erinnerte sich Gaucks Schwester Marianne, »unsere ganze Kindheit waren nur Frauen mit Kindern um uns.«

Unterstützung beim Großziehen ihres Sohnes und seiner Geschwister fand Olga Gauck bei ihrer Mutter und der ihres Mannes, Antonie Gauck. Dabei war das Verhältnis von Schwiegertochter und Schwiegermutter wie so oft nicht spannungsfrei. Beide waren selbstbewusste Frauen, die ihren eigenen Kopf hatten. Im Familienkreis hielt sich die Erinnerung, dass Joachim Gaucks Großmutter sich als etwas Besseres gefühlt und eine »Gutsherrenmentalität« an den Tag gelegt habe. Das musste zu Konflikten mit der energischen und machtbewussten Olga Gauck führen. Antonie Gauck war vier Jahre vor ihrem einzigen Kind nach Wustrow gezogen und lebte nur wenige Gehminuten von der Wohnung ihres Sohnes und ihrer Schwiegertochter entfernt. Sie hatte sich am Rande des Ortes direkt am Meer das »Haus am Deich« bauen lassen und verdiente ihren Lebensunterhalt mit der Vermietung von Ferienzimmern. Auch diese Immobilie ist von Bedeutung für Joachim Gauck. Heute befindet sich dieses Anwesen wieder im Familienbesitz, nachdem es in der DDR zwangsweise verpachtet worden war. Gaucks Schwestern Marianne und Sabine vermieten es an Feriengäste, wie ihre Großmutter es schon siebzig Jahren zuvor getan hatte. Regelmäßig nutzen die Gaucks das Haus auch selbst, um hier Urlaub zu machen oder für Familientreffen.

Im zweiten Halbjahr 1943 war Gauck senior ausnahmsweise für ein paar Monate mit seiner Frau und seinen Kindern vereint. Der Vater unterrichtete damals an der Navigationsschule der Deutschen Kriegsmarine im polnischen Gdynia, deutsch Gdingen, Mathematik und Nautik. Nach ihrem Überfall auf Polen, am 1. September 1939, hatten die Deutschen in dieser Region eine besonders rücksichtslose Germanisierungspolitik betrieben, indem sie bislang polnisches Staatsgebiet annektiert und daraus den deutschen

10 Das Haus der Gaucks in Wustrow

Reichsgau Danzig-Westpreußen gebildet hatten. Gdynia wurde in Gotenhafen umbenannt und zu einem wichtigen Kriegshafen des Dritten Reichs ausgebaut. Die Namensgebung sollte an das ehemalige Siedlungsgebiet des germanischen Stammes der Goten in dieser Region erinnern. Unter anderem wurden hier deutsche U-Boot-Besatzungen ausgebildet und Torpedos und Kriegsschiffe gebaut. Das in Danzig angesiedelte Konzentrationslager Stutthoff eröffnete eine Außenstelle in Gotenhafen, damit seine Häftlinge für diese Rüstungsproduktion eingesetzt werden konnten.

Als Olga Gauck mit Joachim und seiner 1941 geborenen Schwester Marianne in die kleine Dienstwohnung ihres Mannes in Adlershorst zog, einem Vorort von Gotenhafen, fünf Kilometer vom Stadtzentrum entfernt, wurde es dort sehr eng. Zudem verschlechterte sich die Versorgungslage für die Mutter und ihre beiden Kinder am neuen Wohnort deutlich. In Wustrow hatte Olga Gauck die Möglichkeit gehabt, sich von den umliegenden Bauernhöfen und aus den überall vorhandenen privaten Gärten zusätzliche Lebensmittel zum offiziellen Angebot zu beschaffen. Diese Option fiel in Gotenhafen weg. Gaucks Mutter versuchte das zu kompensieren, indem sie sich von ihrer Schwester Gerda diverse Lebensmittel und Kleider aus Deutschland nachschicken ließ. Auch ihre sozialen Kontakte zu den Kapitänsfrauen in Wustrow, zu ihren Eltern und ihrer Schwiegermutter rissen durch den Umzug naturgemäß ab. Olga Gauck muss in Gotenhafen weitgehend isoliert gewesen sein, denn mit ihrer distanzierten bis herablassenden Einstellung gegenüber der polnischen Bevölkerung dürfte es ihr kaum gelungen sein, neue Bekanntschaften zu schließen. In einem Brief an ihre Schwester aus Gotenhafen beklagte sie sich über die »Polacken«. Dass diese »so was von stehlen wie hier«, das habe sie noch nicht erlebt. Sonderlich glücklich kann Olga Gauck mit ihrem Leben in Gotenhafen nicht gewesen sein, auch wenn die Familie jetzt vereint war.

So war es kein Wunder, dass auch Joachim Gauck sich am neuen Wohnort nicht wohlfühlte. In seinen Erinnerungen berichtete er: »In meinem Gedächtnis hat sich ein Schatten über den ganzen Aufenthalt gelegt. Auch Adlershorst lag an der Ostsee, auch dort gab es einen breiten Strand und eine Steilküste wie in Wustrow. Doch ich empfand den Ort als fremd, unsicher, kalt.« Nicht erinnern konnte sich der noch keine vier Jahre alte Junge an Details wie den Angriff der US Air Force am 9. Oktober 1943 mit 378 Maschinen auf die Hafenanlagen von Gotenhafen, bei dem es zu erheblichen Zerstörungen kam. Dabei lag Adlershorst so nah am angegriffenen Hafen, dass der Lärm der Flugzeugarmada und die einschlagenden Bomben unmöglich zu überhören waren. Olga Gauck berichtete einen Tag später in einem Brief an ihre Schwester über den »ganz hübschen Tagesangriff«, bei dem »das Krankenhaus vernichtet worden ist und ein Lazarettschiff. Außerdem hat ein Splittergraben mit vielen Kindern aus dem Krankenhaus einen Volltreffer bekommen.« Die Aufregung war groß, »als wir die Unzahl von Flugzeugen sahen, es waren wohl mehr als zweihundert. So was habe ich noch nicht gesehen.« Das Ereignis machte den Gaucks deutlich: In Gotenhafen war die persönliche Bedrohung der Familie durch den Krieg ungleich größer als in Wustrow. Nach gut vier Monaten Aufenthalt am Arbeitsort ihres Mannes entschloss sich Olga Gauck im Dezember 1943, mit ihren Kindern in die Heimat zurückzukehren.

Die Russen kommen

Gauck senior blieb noch ein weiteres Jahr in Polen. Im Dezember 1944 verließ er Gotenhafen, vermutlich aufgrund einer Umorganisation der Navigationsschulen der Kriegsmarine, bei der am 1. November 1944 bislang selbständige Ausbildungsstätten zusammengelegt wurden. Ab dem 15. Dezember 1944 wurde er an der Marinekriegsschule in Mürwik bei Flensburg eingesetzt.

Seine Familie wusste nach Kriegsende nichts über seinen Verbleib, nicht einmal, ob er noch am Leben war. Joachim Gauck berichtet in seinen Memoiren, dass die Familie nachträglich davon erfuhr, dass der Vater während seiner Abwesenheit »unter Aufsicht eines englischen und eines polnischen Verbindungsoffiziers ... ehemalige polnische Zwangsarbeiter auf Frachtschiffen in ihre Heimat zurückzubringen« hatte.

Zweieinhalb Jahre, von Ende 1943 bis Sommer 1946, lebten Olga Gauck und ihre Kinder also wieder die meiste Zeit vom Vater getrennt. Immerhin waren die Eltern so oft zusammen, dass Olga erneut schwanger wurde und im April 1945 ihr drittes Kind, Eckart, gebar. Aus den letzten Kriegsmonaten, Joachim Gauck war jetzt fünf Jahre alt, blieben einige Eindrücke aus dem nationalsozialistischen Alltag im Gedächtnis des Jungen haften. In seinen Erinnerungen beschrieb er, wie er oft mit seinen beiden kleinen Holzpanzern gespielt habe, einer mit grün-bräunlicher Tarnfarbe bemalt, der andere anthrazitgrau. Er bekam bereits mit, wie im Radio weiterhin Erfolgsmeldungen der Wehrmacht verkündet wurden, während die Deutschen im Osten wie im Westen auf dem Rückzug waren. Ende 1944 hatte Joachim seinen ersten öffentlichen Auftritt im Rahmen einer Weihnachtsfeier, organisiert von der nationalsozialistischen Frauenschaft, wie er vermutete: »Ich vermochte ein ganzes Weihnachtsgedicht aufzusagen, ohne mich zu verhaspeln und ohne zu stocken: ›Von drauß', vom Walde komm ich her …‹.« Als Anerkennung bekam er vom Weihnachtsmann seinen dritten Holzpanzer geschenkt.

Als Anfang Mai 1945 die Rote Armee auch nach Wustrow kam, reagierten die Menschen wie fast überall in Deutschland. Sie distanzierten sich von ihrer nationalsozialistischen Vergangenheit und tilgten die Spuren, die auf eine Nähe zu den bisherigen Machthabern hindeuteten. Sie wussten, das hätte sie in Zukunft benachteiligt. Im Zuge dessen entsorgte Oma Antonie vorausschauend die Hakenkreuzfahne ihres Enkels Joachim. Der war über den Verlust der geliebten Fahne entsetzt und verstand die Welt nicht mehr. Es half nichts, Oma warf sie samt Fahnenstock ins Feuer des Waschkessels. Um ein Haar hätte sie auch noch die Holzpanzer ihres Enkels verbrannt.

Von den Soldaten der Roten Armee hatten die Bewohner des Fischlandes Grauenhaftes gehört. Dass keine Frau vor ihnen sicher war und dass sie plünderten, was nicht niet- und nagelfest war. Überall in der sowjetischen Besatzungszone kam es nach dem Krieg zu massenhaften Vergewaltigungen durch die Sieger. Die Mädchen und jüngeren Frauen in Wustrow waren in größter Sorge und auf das Schlimmste gefasst. Wann immer es ging, hielten sie sich aus Angst vor Übergriffen versteckt. War es unumgänglich, auf die Straße zu gehen, malten sich viele ihre Gesichter schwarz an, in der Hoffnung, sich damit vor der befürchteten Vergewaltigung durch einen Rotarmisten schützen zu können. Olga Gauck, die im April gerade ihr drittes Kind entbunden hatte, blieb zu ihrem Glück von einem derartigen Gewaltverbrechen verschont. In der anderen Hälfte des Doppelhauses, in dem sie wohnte, hatte sich ein sowjetischer Major einquartiert, der denselben Eingangsflur benutzte wie die Gaucks. Olga war darüber zwar zunächst entsetzt, doch die Anwesenheit des Offiziers schreckte die einfachen Soldaten ab, die nachts ausschwärmten und auf Beutefang gingen. Joachim Gauck erinnerte sich an den hilfreichen Offizier: »Der Major liebte uns Kinder von Herzen, nahm uns auf den Arm, das war zwar unangenehm, denn er roch nach Wodka, aber er lachte und schenkte uns Brot.«

Weniger glimpflich verlief die Besetzung Wustrows für Gaucks Großmutter Antonie. Die Sowjets entschieden, in ihrem Haus einen Ausguck auf die Ostsee zu errichten, und requirierten das Gebäude zu diesem Zweck. Beschwerden waren zwecklos, Antonie Gauck musste sich eine neue Unterkunft im Dorf besorgen. Sie ahnte nicht, dass diese

Beschlagnahmung auf eine faktische Enteignung hinauslaufen und sie ihr Haus nie zurückbekommen sollte. Rücksichtslos warfen die neuen Hausherren das Hausinventar aus den Fenstern oder zerstörten es: Möbel, Kleidungsstücke, Bücher. Eine Bronzestatue aus dem Haushalt von Antonie Gauck fand sich später in einer örtlichen Kneipe wieder. Der Wirt hatte sie angeblich in einem Graben gefunden.

Mit der sowjetischen Besatzung begann die bislang härteste Zeit für die Familien Gauck und Warremann. Joachim Gaucks Cousin Jörn-Michael Schmitt berichtete, wie sein Vater damals für seine Kinder Sandalen aus Autoreifen bastelte, weil es keine Schuhe zu kaufen gab. Die Mutter spann zur selben Zeit Wolle von Schafen, die die Familie hielt. Die daraus gestrickte Kleidung »juckte fürchterlich«. Jörn-Michael Schmitt schüttelte sich noch Jahrzehnte später. Auch Lebensmittel waren knapp. Die Rotarmisten requirierten, was sie zu ihrer eigenen Versorgung brauchten, und plünderten, was ihnen in die Hände fiel. Hinzu kamen massenhaft Flüchtlinge aus Ostpreußen und Pommern, die aus den ohnehin reduzierten Ressourcen ernährt werden mussten. Olga Gauck hatte es unter diesen Umständen als alleinerziehende Mutter schwer, sich und ihre Kinder durchzubringen. Ihr Sohn Joachim schrieb in seinen Memoiren: »Das Essen war knapp. Bald gab es keinen Zucker mehr, kein Brot, kein Mehl, nicht einmal Salz.« Gaucks Schwester Marianne konnte sich zwar nicht an das Gefühl von Hunger erinnern. Wohl aber an bestimmte »Notgerichte«, die es damals gab, wie »Ersatzschmalz, das nach Thymian schmeckte, oder Brotsuppe«.

Umzug nach Rostock

Aus dieser Notsituation heraus zog Olga Gauck mit ihren drei Kindern Ende 1945 wieder zu ihren Eltern nach Rostock-Brinckmansdorf. Die Warremanns konnten in ihrem großen Garten Tiere zur Eigenversorgung halten: Hühner, Bienen und eine Ziege, die in der Garage untergekommen war. Gaucks Cousin Jörn-Michael erinnerte sich lieber an den Honig, den es bei seinen Großeltern gab, als an die Ziegenmilch und Ziegenbutter, die nach seinem Empfinden entsetzlich schmeckten. Der sechsjährige Joachim und seine anderthalb Jahre jüngere Schwester Marianne gingen zusammen mit anderen Kindern zum Ährensammeln auf abgeerntete Felder in der Umgebung. Die aufgesammelten Getreidereste wurden dann an die Hühner verfüttert. Auch die eine oder andere Kartoffel fanden sie auf diese Weise. Gelegentlich plünderten Joachim und seine Cousins nach Angabe von Jörn-Michael Schmitt in den Feldern auch ein Rebhuhnnest, um die Eier zu Hause zu braten. In der Regel waren diese aber in einem Zustand, in dem sie zum Verzehr nicht geeignet waren und unangenehm stanken.

Franz Warremann hatte in der sowjetischen Besatzungszone als angeblicher »Kriegsgewinnler« keine Chance, wieder als Unternehmer tätig zu werden. Als ehemaliger Selbständiger erhielt er keine Rente und musste sich notgedrungen wie zu Beginn seiner Karriere wieder als Handwerker durchschlagen. Bauern lieferten ihm dazu in großen Mengen Buchenholz aus den umliegenden Wäldern an, das er mit einer Kreissäge auf seinem Grundstück zu Brennholz verarbeitete und dann verkaufte. Gaucks Großvater war ein mächtiger, übergewichtiger Mann mit gewaltigem Bauch, der gern Bier trank, das seine Enkelin Marianne für ihn mit einer Kanne frisch aus einer Kneipe in der Nähe holen musste. Vor allem aber war Franz Warremann ein hemmungsloser Esser, der sich von dieser Leidenschaft auch dann nicht abbringen ließ, als er herzkrank wurde. Sein Enkel Jörn-Michael Schmitt meinte dazu: »Er hat Selbstmord mit Messer und Gabel begangen.« Gaucks Großvater starb im April 1957 an Herzversagen, seine Frau Luise überlebte ihn fast um ein Vierteljahrhundert.

Im August 1946 kehrte Gaucks vermisster Vater endlich nach Hause zurück. Sein ungewisses Schicksal und das lange Warten auf ihn hatten auf der Familie gelastet. Der Kriegsheimkehrer war mit Ausnahme der Zeit in Gotenhafen fast nie bei seiner Familie gewesen und für seine Kinder praktisch ein Fremder. Im Rostocker Hafen fand er schnell eine Beschäftigung als einfacher Arbeiter. Es war eine gute Arbeit, denn sie bot ihm ab und an die Gelegenheit, Überlebenswichtiges für die Familie zu organisieren. Mal einen Sack voll Kohlen, ein anderes Mal einen großen Beutel mit Zucker. Die Kinder durften ihn mit dem Teelöffel essen, wie sich Marianne Gauck bis heute erinnert, es schmeckte ihr wie ein Gericht des Himmels. Bald darauf fand Gauck senior eine feste Anstellung als Arbeitsschutzinspektor für Schifffahrt in Rostock.

Im selben Jahr, als der Vater aus dem Krieg heimkehrte, begann für Joachim die Schulzeit. Ganz in der Nähe des Hauses seines Großvaters war eine Behelfsschule eingerichtet worden. Es handelte sich dabei um zwei Wohnhäuser, die für Schulzwecke umgebaut worden waren, später kam noch eine Holzbaracke als Schulraum hinzu. Die Schüler saßen hier auf einfachen Bänken und gingen bei Bedarf auf ein Plumpsklo. Heute kaum vorstellbar: Die Kinder sammelten im Wald und auf den umliegenden Wiesen für ihre Schule Kräuter und Brombeerblätter, aus denen dann Tee gemacht wurde. Wie groß die Not damals war, beschreibt eine Geschichte, die Joachim Gauck in seinen Erinnerungen erzählt: Im damaligen Winter war sein einziges Paar Schuhe endgültig zerschlissen. Einige Tage lang konnte er deshalb nicht zur Schule gehen und war darüber todunglücklich. Als er zu Weihnachten von Verwandten aus Amerika ein paar neue Stiefel geschenkt bekam, »zwei Nummern zu groß, aber aus herrlichem braunem Leder«, war seine Freude grenzenlos.

Abgeholt

> *Dann gehst du ja die ganze Zeit zur Schule, du lernst da ihre Lieder vom Sozialismus und ›Bau auf, bau auf. Freie Deutsche Jugend, bau auf‹ und du lernst, dass bei uns die glücklichen Menschen den Sozialismus errichten und im Westen sitzen die Bösen, also die Faschisten, und bei uns die Guten, die Sieger der Geschichte. Du hörst das alles, du lernst ihre Lieder und du weißt, sie lügen.*
>
> Joachim Gauck

Stalins Opfer

Es gibt Ereignisse im Leben eines Menschen, die sind so einschneidend, dass sie den Betreffenden für sein ganzes Leben prägen und sein weiteres Schicksal bestimmen. Die entscheidende Prägung seiner Kindheit erfuhr Joachim Gauck im Alter von elf Jahren. Es war die Verhaftung und Verschleppung seines Vaters in den Gulag im Sommer 1951. Man muss das Schicksal von Gauck senior kennen, um die Unerbittlichkeit des Sohnes zu verstehen, wenn es um die Beurteilung der DDR und die Führungselite der SED geht. Das unerklärliche Verschwinden des Familienoberhaupts schlug in seiner Familie Wunden, die nur schlecht verheilten. Gaucks Schwester Marianne ist bis heute spürbar bewegt, wenn sie über das damalige Geschehen erzählt: »Das packt mich an.« Auch Joachim Gauck wurde durch die Verschleppung des Vaters tief getroffen. Nach eigener Einschätzung war dieses Ereignis der Ausgangspunkt einer »elementaren Politisierung«, die er als Jugendlicher durchlief.

Seine Einstellung zur DDR und zur Sozialistischen Einheitspartei Deutschlands, die in der DDR nahezu über die alleinige Macht im Staat verfügte, seine Sehnsucht nach Freiheit und seine Unversöhnlichkeit gegenüber denen, die den Arbeiter- und Bauernstaat im Nachhinein idealisieren, das alles hat seinen Ursprung hier. Joachim Gauck lernte wie alle Kinder in der DDR schon früh, was man in der Schule sagen darf und was nicht. Dass man Nachteile hatte, wenn man zu offensichtlich von der politisch geforderten Linie abwich. Und doch konnte er sich manchmal kaum beherrschen, wenn er an das Verschwinden seines Vaters dachte. In seinen Memoiren schrieb er dazu: »Ich habe Vaters Schicksal nie verheimlicht. Schweigen wäre mir wie Verrat vorgekommen. Mitunter habe ich auf sein Schicksal sogar anklagend verwiesen. Wenn in den Schulstunden Lieder und Parolen allzu verlogen waren oder die angeblichen Aufbauleistungen des Sozialismus gefeiert wurden […] dann wurden Wut und Empörung in mir übermächtig. Ein oder zwei Mal verlor ich sogar die Beherrschung, wollte nicht mehr argumentieren, sondern nur nach anklagen: ›Alles Lüge!‹«

Rostock, 27. Juni 1951. Joachim Gaucks Großmutter Antonie feiert ihren einundsiebzigsten Geburtstag. Gaucks Vater ist aus diesem Anlass zusammen mit seiner Frau und seiner jüngsten Tochter, der 1947 geborenen Sabine, zu seiner Mutter nach Wustrow gefahren. Antonie Gauck lebt dort in einer einfachen Zweizimmerwohnung mit Plumpsklo auf dem Hof zur Miete. Ihr eigenes »Haus am Deich« ist inzwischen zwangsweise an einen staatlichen Großbetrieb in Magdeburg verpachtet worden, der Antonie eine lächerlich geringe Miete für die Nutzung bezahlt.

Überraschend tauchen zwei ganz in Schwarz gekleidete Männer bei Antonie Gauck auf. Sie bitten ihren Sohn, mit ihnen zu kommen. »Sie müssen uns helfen. Auf der Rostocker Neptunwerft hat es einen schweren Unfall mit einem Verletzten gegeben.« Der Familienvater war misstrauisch. Zwar hat das irgendwie Sinn, er arbeitet ja als Arbeitsschutzinspektor auf der Werft, aber das Verhalten der beiden Männer kommt ihm merkwürdig vor. Gauck senior weiß von den vielen Verhaftungen und dem plötzlichen Verschwinden von Menschen in der sowjetischen Besatzungszone und der DDR. Etwa fünfunddreißigtausend deutsche Zivilsten werden zwischen 1945 und 1955 verhaftet und von sowjetischen Militärtribunalen abgeurteilt. Ganz überwiegend handelt es sich um hilflose Opfer der Willkürjustiz der sowjetischen Sieger. Sozialdemokraten, die gegen die Zwangsvereinigung von KPD und SPD zur SED im Jahr 1946 protestieren. Normale Bürger, die sich gegen die Stalinisierung der DDR zur Wehr setzen. Menschen, die Verleumdungen ihrer Nachbarn zum Opfer fallen. »Den haben sie abgeholt«, ist das geflügelte Wort, wenn jemand von einem auf den anderen Tag verschwunden ist. Und es verschwinden viele in den ersten Nachkriegsjahren.

Auch Wilhelm Joachim Gauck. Mehr als vier Jahre werden vergehen, bis er seine Familie wiedersehen wird. Seine Ahnung, dass er unter einem Vorwand von zu Hause weggelockt worden ist, hat ihn nicht getrogen. Man bringt ihn nach Schwerin. Hier fällt ein sowjetisches Militärtribunal in Schwerin im Fließbandverfahren absurde Urteile gegen »Spione« und »Gegner der Sowjetunion«. Bis zu Stalins Tod 1953 werden tausende unschuldiger Ostdeutscher in Schauprozessen zu drakonischen Haftstrafen verurteilt. Der Terror hat zwei rationale Beweggründe: Zum einen soll die Bevölkerung verunsichert werden, um ihren Widerstand gegen die Stalinisierung der DDR zu brechen.

Zum anderen sind die Verurteilten den Sowjets hochwillkommen als Zwangsarbeiter. Das übliche Strafmaß beläuft sich auf fünfundzwanzig Jahre Zwangsarbeit. Sie müssen entweder in einen Speziallager auf deutschem Boden oder einem »Besserungsarbeitslager« im Gulag-System der Sowjetunion verbüßt werden.

Offiziere des sowjetischen Ministeriums für Staatssicherheit knöpfen sich Wilhelm Joachim Gauck vor. Der Vorwurf: Er soll Informant eines französischen Spionageringes gewesen sein. Der Vorwurf ist lebensgefährlich. Rund tausend Deutsche werden allein zwischen 1950 und 1953 von sowjetischen Militärtribunalen zum Tode verurteilt – nach Moskau deportiert, erschossen, eingeäschert und in einem Massengrab verscharrt. Auch fünf der sechzehn Mitangeklagten von Gauck werden am Ende dieses Prozesses wegen vermeintlicher Spionage zum Tode verurteilt und 1952 in Moskau hingerichtet. Alle Angeklagten – wie rund zehntausend andere, unschuldig in die Mühlen der stalinistischen Verfolgung geratene Ostdeutsche – wurden Jahrzehnte später von der russischen Militärstaatsanwaltschaft rehabilitiert.

Wochenlang werden Gauck senior und seine Mitangeklagten verhört, Tag und Nacht. Immer wieder Leibesvisitationen. Ein ums andere Mal Fragebögen. Quälende Ungewissheit über das eigene Schicksal. Wenn er zu den Verhören gerufen wird, zittert er, er kann es nicht verbergen. Am 24. November 1951 fällt das »Urteil« in dem Geheimprozess, in dem Verteidiger, entlastende Zeugen und Beweise nicht zugelassen sind. Alle siebzehn Angeklagten werden für schuldig befunden. Das Strafmaß für Gaucks Vater: Zweimal fünfundzwanzig Jahre Haft, die zu einer Gesamtstrafe von fünfundzwanzig Jahren zusammengefasst werden. Zu verbüßen in einem Besserungsarbeitslager des Gulag. Das Urteil ist sofort rechtskräftig. Ende Januar 1952 wird Wilhelm Joachim Gauck in ein sibirisches Arbeitslager westlich von Irkutsk verfrachtet.

1952 sind in diesem Lager rund siebenunddreißigtausend Häftlinge vieler Nationen untergebracht, die im Eisenbahnbau, in Bergwerken und bei Waldarbeiten Zwangsarbeit leisten müssen. Gauck fällt in den umliegenden Wäldern Bäume, aus denen Balken oder Eisenbahnschwellen geschnitten werden. Die Lebensumstände sind brutal. Im Sommer steigen die Temperaturen auf über dreißig Grad, im Winter herrscht sibirische Kälte. Die Essensrationen sind so klein, dass viele Häftlinge an Hunger und Entkräftung sterben. Gauck senior wird später von der »Handvoll Vogelfutter, auf das man Wasser goss« erzählen, »das war meine Suppe«. Er leidet unter schwersten Magenproblemen, magert ab bis zum Skelett und hat Hungerödeme und Wasser in den Beinen. Er wird invalidisiert und bekommt leichtere Arbeit. Er darf künftig die Latrinen ausräumen. Das rettet ihm das Leben.

Von dem Prozess bekam seine Familie genauso wenig mit wie von seiner Deportation nach Sibirien. Er war für sie von einem Tag auf den anderen spurlos verschwunden. Seine Mutter und seine Frau taten alles Menschenmögliche, um ihn aufzuspüren. Sie gaben eine Vermisstenanzeige auf, wurden bei der Staatssicherheit und der Volkspolizei vorstellig. Staatspräsident Pieck, SED-Chef Ulbricht und das Rote Kreuz erhielten verzweifelte Briefe von ihnen. Sechsmal versuchte Gaucks Mutter Antonie vergeblich, Wilhelm Pieck ihr Anliegen persönlich vorzutragen. Sie fuhr zu jedem Gefängnis der DDR und fragte vor Ort, ob ihr Sohn hier gefangen gehalten werde. Als sie nach Schwerin kam, leugnete man, dass er hier inhaftiert sei.

Erst im September 1953 erfuhr die Familie, dass Gauck

senior noch lebte und sich in der Sowjetunion befand. Die DDR-Staatssicherheit teilte es ihr mündlich mit. Kurz darauf meldete sich die Stasi erneut bei Olga Gauck und bedrängte sie, sich von ihrem Mann scheiden zu lassen. »Ihr Mann ist ein Spion.« Die Abgesandten des MfS drohten: »Denken Sie an die Ausbildung Ihrer Kinder.« Denken Sie daran, dass wir in der Hand haben, ob sie das Abitur machen und studieren dürfen, hieß das. Doch Olga Gauck dachte nicht daran, sich scheiden zu lassen. Der elfjährige Joachim betete damals jeden Abend für den Vater. Später erklärte er das: »Unsere Familie war nicht sonderlich religiös, schlicht norddeutsch-protestantisch, tägliche Gebete gehörten keineswegs zu unserer Gewohnheit. Aber ich zwang mich, jeden Abend in meinem Kinderzimmer an den Abwesenden zu denken.« Olga Gauck litt damals oft unter schwerer Migräne, die Anfälle waren so stark, dass sie sich dann hinlegen musste. Früher hatten ihre Kinder sie nie weinen sehen. Jetzt konnte sie ihre Traurigkeit nicht mehr vor ihnen verbergen. Unvermutet liefen ihr oft die Tränen über die Wangen. Der Druck auf Joachim und seine älteste Schwester Marianne, sich mit der trauernden Mutter zu solidarisieren, war enorm.

Olga Gauck verarbeitete das erlittene Unrecht, indem sie ihre Kinder fortan in strenger Opposition zum Arbeiter-und-Bauern-Staat erzog. Die Welt der Kommunisten, die in der DDR die Macht ergriffen hatten, war ohnehin nicht ihre Welt. Dass ihr dieser Staat aber auch noch den Ehemann weggenommen hatte, war für sie unverzeihlich. Joachim und seine Geschwister durften weder zu den Jungen Pionieren gehen noch in die Freie Deutsche Jugend (FDJ) eintreten. Die beiden Jugendorganisationen der SED waren elementare Bausteine des Erziehungssystems der DDR. Der soziale Druck, diesen Gruppierungen beizutreten, war groß. Wer nicht mitmachte, war ein Außenseiter und bekam das in der Schule zu spüren. Ab den sechziger Jahren waren darum fast alle Schüler zunächst bei den Jung- oder Thälmannpionieren und ab der achten Klasse in der FDJ. Nicht aber die Gauck-Kinder. Da kannte ihre Mutter keine Kompromisse. Als Joachim eines Tages mit einem sehr guten Zeugnis aus der Grundschule nach Hause kam und voller Stolz das »Abzeichen für gutes Wissen« trug, bekam er von seiner Mutter eine Ohrfeige. Sie hatte die Plakette mit dem Emblem der Jungen Pioniere verwechselt und glaubte, ihr Ältester sei dort heimlich beigetreten.

Ähnlich erging es seiner jüngsten Schwester Sabine. Das eigensinnige Mädchen war trotz Verbots zu einer Weihnachtsfeier der Jungen Pioniere gegangen, »weil es da so schöne Weihnachtsgeschenke gab«. Als sie mit ihrem Präsent nach Hause kam, riss eine Tante es ihr aus den Händen, warf es auf den Boden und trampelte wütend darauf herum. »Dein Vater sitzt in Sibirien und du gehst zum Pioniernachmittag«, herrschte sie ihre Nichte an. Erziehung mit der Brechstange. Sabine war nach eigener Wahrnehmung »die Einzige in der ganzen Schule«, die nicht zu den Jungen Pionieren ging. Immer wieder wurde sie dazu gedrängt: »Wann trittst du ein?« Mutter Olga stemmte sich unerbittlich dagegen: »Sag ihnen, sie können wieder nachfragen, wenn wir wissen, wo unser Vater ist.« Danach wurde Sabine nicht mehr gefragt. Kamen Besucher aus dem Westen zu den Gaucks, war für Sabine Schuleschwänzen angesagt. »Du bleibst zu Hause, hier lernst und hörst du mehr«, sagte ihre Mutter dann zu ihr. Man kann diese aus der Verzweiflung geborene Haltung Olga Gaucks verstehen. Trotzdem: Sie drängte Joachim und seine Geschwister damit in die Opposition und in Außenseiterrollen. Dass das nicht der Natur ihres harmoniebedürftigen Ältesten entsprach, darauf konnte und wollte sie keine Rücksicht nehmen. Probleme in der Schule waren für ihre Kinder so vorprogrammiert. Das machte ihr ohnehin nicht einfaches Los noch schwerer. Joachim Gauck schrieb dazu in seinen Memoiren: »Das Schicksal unseres Vaters wurde zur Erziehungskeule. Die Pflicht zur unbedingten Loyalität gegenüber der Familie schloss auch die kleinste Form der Fraternisierung mit dem System aus. *Das* machen wir nicht, vermittelte uns die Mutter unmissverständlich. Ich hatte dieses Gebot so verinnerlicht, dass ich nicht einmal mehr durch die Freizeitangebote der FDJ in Versuchung geriet. Dafür lebte ich in dem moralisch komfortablen Bewusstsein: *Wir* sind die Anständigen.«

Ohne Ernährer

Die Verschleppung des Vaters änderte die Lebensumstände der Familie radikal. Die Erziehung hing wieder, wie schon während des Krieges, allein an der Mutter. Doch jetzt war das Gehalt des Vaters weggefallen und zwei zusätzliche Kinder mussten durchgebracht werden. Die staatliche Unterstützung, die die Familie erhielt, reichte hinten und vorne nicht. Dazu war die Wirtschaftslage schlechter, als sie es während des Dritten Reichs je gewesen war. Joachim Gauck beschrieb die damaligen Lebensumstände seiner Familie ungeschönt: »Wir waren bettelarm.« Sein Cousin, Jörn-Michael Schmitt, fügte zu diesem Bild hinzu: »Die Not, die nach der Verhaftung des Vaters einsetzte, war entsetzlich. Die Hilfe, die andere damals leisteten, war enorm, mehr noch, lebensrettend.«

»Olli«, wie die Mutter genannt wurde, stand frühmorgens auf, wenn die Kinder noch schliefen, und erledigte den Haushalt, bevor sie zur Arbeit ging. Notgedrungen hatte sie eine Stellung als Sekretärin und Sachbearbeiterin in einem nahe gelegenen volkseigenen Großhandelsbetrieb für Lederwaren angenommen. Obwohl sie bis zum Umfallen arbeitete, um ihre Familie durchzubringen, wäre sie ohne die Hilfe ihrer Familie und Freunde vermutlich gescheitert. Bei den alten Freundinnen in Wustrow konnte sie ihre Kinder in den Schulferien unterbringen, um einmal durchzuatmen. Genauso willkommen waren Joachim und seine Geschwister im Haus von Olgas Schwester Gerda und deren Mann Gerhard Schmitt. Immer Verlass war auch auf ihren Bruder Walter und dessen Frau Hilde, die in Brinckmansdorf quasi um die Ecke vom Haus der Großeltern Warremann wohnten. Sie passten auf die beiden kleineren Kinder, Eckart und Sabine, auf, wenn ihre Mutter zur Arbeit ging. Und natürlich halfen auch Olgas Eltern mit, wo sie konnten.

Sabine Pannwitz erinnerte sich: »Meine Mutter war eine ehrgeizige Frau und die Person in der Familie, die alles organisierte und schaffte. Es war mir als Kind oft peinlich, mit welcher Energie sie sich beispielsweise beim Einkaufen durchsetzte. Oft war sie aber auch am Ende ihrer Kraft.« Ihrem Bruder Joachim blieben andere Eindrücke von der Mutter im Gedächtnis haften: »Sie redete viel mit uns Kindern, war nicht übertrieben streng, allerdings auch wenig zärtlich. Sie war immer für uns da und verteidigte uns wie eine Löwin.« Wie es oft ist, sind die eigenen Kinder beim Urteil über die Eltern strenger als Dritte. Sibylle Hammer, eine langjährige Freundin der Familie, die mit Gaucks Schwester Sabine in die Schule gegangen war und später Patentante von Gaucks 1967 geborener Tochter Gesine wurde, vertrat zum Beispiel die Meinung, Olga Gauck sei eine »sehr zugewandte, warmherzige und mütterliche Frau« gewesen, »die aus ihrer politischen Haltung in Bezug auf das sozialistische System der DDR und ihren Auffassungen zum SED-Staat nie einen Hehl machte«.

Natürlich mussten die vier Gauck-Kinder der Mutter im Haushalt helfen, wobei die klassische Rollenverteilung galt. Die Jungen waren dafür zuständig, Kohle heranzuschleppen, die Asche aus dem Haus zu tragen und mittels einer Pumpe das Abwasser aus dem Haus zu schaffen. Die Mädchen hatten in der Küche und beim Putzen zu helfen. Joachim war insbesondere für das Einkaufen zuständig. Seine Mutter drückte ihm Geld und die wertvollen Lebensmittelkarten in die Hand, mit denen bestimmte, in der Nachkriegszeit rationierte Lebensmittel bezogen werden konnten. Fast immer zog er barfuß los, meist die kleine Schwester Marianne im Schlepptau. Die sah sich in ihrer Erinnerung ständig hinter ihrem großen Bruder »her tapern«, wenn der im Auftrag der Mutter Erledigungen machte.

Die Rolle des jetzt elfjährigen Joachim verschob sich nach dem Verschwinden des Vaters. Er avancierte zum Vertrauten und wichtigsten Gesprächspartner der Mutter, der den Vater an der einen oder anderen Stelle ersetzen musste. So wurde er zunehmend bei Entscheidungen, die die ganze Familie betrafen, von Olga zu Rate gezogen. Seine Schwester Marianne registrierte: »Mutter und Jochen standen sich besonders nahe, sie hat ihm sehr vertraut.« Joachim konnte von da an nicht mehr nur noch ausschließlich Kind sein, sondern ihm wurden Lasten auf die Kinderschultern geladen, die üblicherweise von Erwachsenen getragen werden. Nach der Erinnerung von Gaucks Schwester ließ die zusätzliche Verantwortung ihren Bruder früh reifen: »Jochen wurde ernster. Während ich noch Märchenbücher las, hinterfragte er bereits, was er las. Er nahm das nicht einfach nur auf, sondern analysierte es auch.«

Onkel Gerhard

Eine wichtige Bezugsperson in den Nachkriegsjahren für die Familie Gauck, insbesondere für Joachim, war sein Onkel Gerhard Schmitt, der Mann seiner Tante Gerda, die zugleich seine Taufpatin war. Die Familien Gauck und Schmitt waren jahrzehntelang eng miteinander verbunden. Die beiden fast gleichaltrigen Cousins, Gerhard Schmitt junior und Joachim Gauck junior, hatten schon als Kleinkinder zusammen gespielt. Später besuchten sie sich regelmäßig gegenseitig, als die Schmitts in Güstrow wohnten, wo Vater Gerhard als Pastor und später Landessuperintendent arbeitete. Joachim Gaucks jüngere Geschwister, Eckart und Sabine, verbrachten ihre Schulferien regelmäßig bei Onkel Gerhard und Tante Gerda. »Da waren wir oft«, erinnerte sich Sabine, »die hatten ein großes Haus, in dem wir Ferien gemacht haben. Das war die große Freiheit.« Mitte der sechziger Jahre war Gerhard Schmitt maßgeblich daran beteiligt, dass die schwangere Sabine zum Vater ihres Kindes in die Bundesrepublik ausreisen durfte. Mittlerweile zum Generalsuperintendenten in Ost-Berlin aufgestiegen, vergleichbar mit einem Bischof, hatte Schmitt veranlasst, dass seine Nichte auf eine Ausreiseliste der evangelischen Kirche gesetzt worden war.

Gaucks anderer Cousin, Jörn-Michael Schmitt, erinnerte sich, dass seine Eltern der Familie Gauck nach dem Krieg wirtschaftlich jahrelang unter die Arme gegriffen hätten, vor allem nach der Verschleppung von Gauck senior. Auch später, als die Schmitts das Rentenalter erreicht und 1978 in den Westen gegangen waren, unterstützten sie die Gaucks.

Über das Verhältnis von Joachim Gauck zu seinem Patenonkel urteilte Gaucks Schwester Sabine: »Jochen und Onkel Gerhard, das war was Besonderes.« Jörn-Michael Schmitt meinte sogar, dass sein Vater für seinen Cousin Joachim »die Richtschnur seines Lebens« gewesen sei. Dieses Urteil dürfte zu weit gehen, auch wenn Joachim Gauck bei wichtigen Lebensentscheidungen in seiner Jugend mehrfach den Rat und die Hilfe seines Onkels suchte. Als er nach dem Abitur vor der Frage stand, was er studieren sollte, riet ihm Gerhard Schmitt zur Theologie. Jörn-Michael Schmitt war sich sicher: »Mein Vater war es, der ihn davon überzeugt hat, Theologie zu studieren. Ich erinnere mich noch sehr gut an das stundenlange Gespräch, als es um seine Berufswahl ging.« Gerhard Schmitt senior war nicht nur Ratgeber für seinen Neffen, sondern traute 1959 Joachim und seine Frau Hansi. Ein Jahr später, als der erste Sohn des Paares, Christian, zur Welt kam, taufte er den Jungen.

Die politische Haltung des Onkels beeindruckte den Neffen und prägte, neben dem Vorbild der Eltern, seine politische Einstellung zum DDR-System mit. Schmitt war ein Gegner der SED-Herrschaft und demonstrierte diese Haltung in einer Mischung aus Mut und Trotz immer wieder öffentlich. Bei seinen Predigten in Güstrow scheute er sich nicht vor offenen Worten der Kritik am SED-Staat. Bei den Volkskammerwahlen im Oktober 1950 machte er vor aller Augen seinen Wahlzettel ungültig. Auch später nahm er nie an einer Volkskammerwahl teil, trotz der Propaganda und des Drucks der SED auf die DDR-Bevölkerung, sich an Wahlen zu beteiligen.

Joachim Gauck blieb seinem Onkel und seiner Tante verbunden, so lange sie lebten. Er besuchte sie regelmäßig an ihren Geburtstagen und hielt 1988 die Predigt anlässlich ihrer goldenen Hochzeit. Als Gerhard Schmitt im Jahr 2000 starb, setzte sein Neffe Joachim bei der Beerdigung ein letztes Zeichen der Verbundenheit. Während des Begräbnisses auf dem Friedhof in Berlin-Nikolassee machte der Altbischof, Albrecht Schönherr, Anstalten, ans offene Grab zu treten und eine Rede zu halten. Das missfiel Gauck derartig, dass er diese Ansprache verhinderte. Schönherr war ein Vertreter der Formel »Kirche im Sozialismus« gewesen, nach der sich die Kirche in der DDR in gewissem Umfang dem Führungsanspruch der SED unterordnete, um selbst wirksam bleiben zu können. Gerhard Schmitt hatte demgegenüber immer für die größtmögliche Distanz der Kirche zum sozialistischen Staat plädiert. Dessen gleichnamiger Sohn erinnerte sich, dass Joachim Gauck ihm damals bei der Beerdigung zugeraunt habe: »Das hat dein Vater nun wirklich nicht verdient. Du kommst von links, ich komme von rechts, dann drängen wir den ab.« Gesagt, getan, die beiden näherten sich Schönherr, drängten ihn vom Grab weg in eine hintere Reihe und verhinderten so, dass er das Wort ergriff.

Unabhängig davon rückte Gauck in späteren Jahren von Gerhard Schmitt ab und äußerte sich in der Öffentlichkeit zurückhaltend über den Onkel. Zwei Jahre vor seiner Wahl zum Bundespräsidenten ließ Gauck auf eine Presseanfrage über Gerhard Schmitt verlautbaren: »Er gehörte zu den Personen, die Joachim Gauck zwischen dem 15. und dem 18. Lebensjahr eine positive Beziehung zur Kirche und zum Pastorenberuf ermöglicht haben.« Die Entscheidung, Theologie zu studieren, habe er »zusammen mit anderen Personen aus größerer räumlicher Nähe positiv beeinflusst«. Das hatte sich früher ganz anders angehört. Als junger Mann hatte Gauck seinem Onkel auf einer Postkarte geschrieben: »Dich als Pastor und Superintendent zu erleben, war wohl eine der Voraussetzungen dafür, dass der Beruf eines Pastors überhaupt in Erwägung gezogen wurde. Man ist ja als Jugendlicher so überaus kritisch, und wenn einem da zwischen drolligen Opas und verschrobenen Typen ein <u>Mann</u>

begegnet und dazu noch in der eigenen Verwandtschaft, so war das schon etwas! Mir jedenfalls hat damals diese Mischung von Vertrauen und Mut, Offenheit und Kirchlichkeit gefallen […] Nun winke nicht ab und sage: ›Genug der Höflichkeiten!‹, sondern lass es Dir ruhig gefallen, wenn Dir Dein Jochen ein bescheidenes, aber echtes Dankeschön sagt.«

Auch später, als er Bundespräsident geworden war, blieb Gauck auf Distanz zum verstorbenen Onkel. Nach seinem Verhältnis zu ihm befragt, antwortete er: »Beruflich empfand ich ihn als ein Rollenmodell – dass man stehen und kämpfen kann. Privat war er eine verlässliche Größe. Ich besuchte ihn ab und an in Berlin, dann bekam ich auch mal etwas Geld, wenn ich es brauchte.«

Joachim Gauck erklärte dieses Abrücken vom väterlichen Ratgeber in der Jugend zum einen damit, dass er selbst als Pastor innerhalb der Kirche einen anderen politischen Weg eingeschlagen habe als Gerhard Schmitt. Zum anderen sei eine Distanz schlicht durch ihre jeweiligen unterschiedlichen Lebensverhältnisse eingetreten.

Gegner von Joachim Gauck aus dem Lager der extremen Linken versuchen immer wieder, den Bundespräsidenten mit der Behauptung zu diskreditieren, sein Onkel sei durch seine nationalsozialistische Vergangenheit schwer belastet. Dieser Vorwurf ist jedoch substanzlos. Zwar hatte Schmitt im Dritten Reich in der Tat zu den Millionen Deutschen gehört, die sich von Adolf Hitler und den Nationalsozialisten hatten verführen und blenden lassen. Jedoch ist seine Belastung durch den Nationalsozialismus als sehr gering einzuschätzen, und ein persönlicher Schuldvorwurf lässt sich daraus nicht konstruieren.

Gerhard Schmitt war am 1. August 1931 als zweiundzwanzigjähriger Theologiestudent der NSDAP und deren Hochschulorganisation, dem Nationalsozialistischen Deutschen Studentenbund beigetreten. Am 1. April 1932 wurde er zudem Mitglied der Sturmabteilung (SA). 1934 unterbrach der Theologiestudent sein Studium, um hauptamtlicher Mitarbeiter des Reichs-SA-Hochschulamtes (RSAH) zu werden, der Institution innerhalb der SA, die für die nationalsozialistische Ausbildung der Studenten zuständig war. In beiden Organisationen errichte er lediglich Ränge auf den untersten Hierarchieebenen: Rottenführer bei der SA, Gruppenführer beim RSAH. Letzteres darf nicht verwechselt werden mit einem Gruppenführer bei der SA, was einem Generalsrang entsprach. Bereits am 1. Oktober 1934 schied Schmitt auf eigenen Antrag wieder aus dem RSAH aus und setzte sein Theologiestudium fort. Weitere Ämter und Funktionen bekleidete Schmitt in der nationalsozialistischen Bewegung nach dem 1. Oktober 1934 nicht mehr.

Kirchenpolitik in der Ulbricht-Ära

Die Kirchen waren unmittelbar nach dem Krieg unter sowjetischer Besatzung noch ein selbstverständlicher Bestandteil des bürgerlichen Lebens. Man ging hin, ohne dass man dafür besonders religiös sein musste. Mehr als neunzig Prozent der ostdeutschen Bevölkerung gehörten 1945 einer Religionsgemeinschaft an. Ganz selbstverständlich sangen die Kinder der Gaucks im Chor ihrer Schule mit, auch wenn Glaubensfragen keine größere Rolle in der Familie spielten. Der Weg zur Christenlehre ergab sich für sie wie für die meisten ihrer Altersgenossen traditionell. »So machen wir das«, ordnete der Vater die Teilnahme an, ohne den Sinn weiter zu erklären. Der kirchliche Unterricht fand in einer Garage in derselben Straße statt, in der die Familie Gauck wohnte. Wie in der Schule saßen Joachim und seine Geschwister auch hier auf Holzbänken, um einmal in der Woche einem kirchlichen Mitarbeiter zuzuhören, der ihnen die unsterblichen Geschichten aus der Bibel näherbrachte. Joachim war laut seinen Erinnerungen begeistert, wenn er etwas »von wunderbaren Dingen und rätselhaften Fernen« erzählt bekam. »Ich hörte fremde Namen wie Esau und Moses, hörte von der Schlange im Paradies, von Jerusalem, der Stadt auf dem Berg.« Auch wenn ihm das damals natürlich nicht bewusst war: Hier wurde das Fundament dafür gelegt, dass Gauck später den Weg zur Theologie und zum Beruf des Pastors fand.

Mitte der fünfziger Jahre ging Joachim Gauck den beschrittenen Weg vom Konfirmandenunterricht weiter zur Jungen Gemeinde. Das war die Form, mit der die evangelischen Kirchen in der DDR die Jugendlichen ansprachen. Die von der Jungen Gemeinde organisierten Jugendstunden und Veranstaltungen waren speziell für die Heranwachsenden konzipiert und wurden in einer die Jugend ansprechenden Form durchgeführt. Was den Oberschüler faszinierte, war, dass hier nicht nur über Religion gesprochen, sondern auch über Politik und den Sinn des Lebens philosophiert wurde. Der Fünfzehnjährige fand Zugang zu neuer Literatur, die seinen Intellekt anregte, und traf auf Menschen, mit denen er offen reden und denen er vertrauen konnte. Eine von vielen wichtigen Erfahrung, die er machte: In dieser Gemeinschaft Gleichgesinnter war er mit seiner Ablehnung des SED-Staats nicht allein. Er hatte damit den »geschützten Raum Kirche«, betreten, wie er und viele andere ihn nannten und schätzten. Erst 1990, während der friedlichen Revolution in der DDR, sollte er ihn wieder verlassen.

Angesichts der staatlichen Haltung gegenüber den Christen in der DDR war es keinesfalls eine Selbstverständlichkeit, sondern die Ausnahme, dass ein Jugendlicher zur Jungen Gemeinde ging. Nur eine Minderheit hatte den dazugehörigen Mut und besaß die innere Unabhängigkeit, um sich im Widerspruch zur offiziellen Propaganda der SED für die Kirche zu entscheiden. Joachim Gauck verfügte aufgrund des Schicksals seines Vaters und der daraus resultierenden Erziehung durch seine Mutter über beides.

Der SED waren die Kirchen in ihrem Land von Beginn an ein Dorn im Auge gewesen. Nach dem Verständnis der Staatspartei war Religion ein überflüssiges Relikt aus einer untergegangenen Epoche. Für die Sozialisten gab es nur eine »Weltanschauung«, und darin war für die Kirchen kein Platz. Darum machten sich die Machthaber der DDR ab den fünfziger Jahren mit brachialer Gewalt ans Werk, die gesellschaftlichen Wurzeln der Kirchen zu kappen.

Traditionelle kirchliche Rituale wie Taufe, Konfirmation, Hochzeit und Beerdigung versuchte die SED zurückzudrängen, indem der Staat für diese prägenden Momente im menschlichen Leben eigene staatliche Zeremonien und Identifikationsmöglichkeiten anbot. Der entscheidende Hebel der SED, um den Einfluss der Kirchen auf die Gesellschaft langfristig zu unterbinden, war das Erziehungssystem. Schon 1946, während der sowjetischen Besatzung und drei Jahre vor der Staatsgründung, war der Religionsunterricht als eigenes Fach in den Schulen abgeschafft worden. Die Unterrichtung von Jugendlichen durch kirchliche Mitarbeiter in Schulräumen blieb formalrechtlich zulässig, wurde aber praktisch stark behindert. Nach dem Scheitern von Stalins gesamtdeutschen Plänen 1952 verkündeten die Machthaber offiziell den »Aufbau des Sozialismus« in der DDR. Das ging einher mit neuen Angriffen auf die Kirchen, auch dem Versuch, die Jungen Gemeinden komplett aus dem öffentlichen Leben verschwinden zu lassen. Das

11 Der Schüler im Alter von etwa zwölf Jahren

Politbüro der SED erklärte sie zu diesem Zweck kurzerhand zu einer Spionageorganisation der USA. »Schändlicher Missbrauch mit dem christlichen Glauben« würde dort »unter religiöser Maske« betrieben, verkündeten die SED-gelenkten Medien. Auf massenhaft organisierten Veranstaltungen an Schulen und Universitäten wurde massiver Druck auf Jugendliche und junge Erwachsene ausgeübt, sich von der Jungen Gemeinde loszusagen. Wer sich weigerte, riskierte aus der Oberschule oder der Universität geworfen zu werden.

Ihr eigentliches Ziel, die Jugendarbeit der Kirchen völlig zu unterbinden, erreichten die Machthaber dennoch nicht. Es dauerte nicht lange, bis sie ihren nächsten Angriff starteten, um erneut zu versuchen, die Macht der Kirchen in der DDR zu brechen. Im November 1954 führte der ostdeutsche Staat die staatliche Jugendweihe ein. Mit dieser Zeremonie für den Eintritt der Jugendlichen ins Erwachsenenalter sollte nach dem Willen der SED die christliche Konfirmation ersetzt werden. SED-Chef Walter Ulbricht erklärte die Jugendweihe zur Pflichtveranstaltung und verkündete gleichzeitig drohend, dass Jugendweihe und Konfirmation nicht miteinander vereinbar seien.

Mit massivem Propagandaeinsatz wurde dann das Jahr 1958 von der SED zum »Jugendweihejahr« erklärt, um das staatliche Ritual endgültig als alternativlos durchzusetzen. Wieder wurde denjenigen, die sich der staatlichen Forderung widersetzten, mit erheblichen persönlichen Nachteilen gedroht. Schüler, die nicht zur Jugendweihe gehen wollten, mussten befürchten, dass sie zur Strafe nicht zur Oberschule zugelassen wurden. Eltern von Konfirmanden wurden vor ihre Betriebsleitungen zitiert und mussten sich Diskussionen über ihre Haltung stellen. Im Ergebnis setzte sich die SED im Fall der Jugendweihe nahezu flächendeckend durch. Allerdings gelang es ihr nicht, zugleich die Konfirmation völlig zu beseitigen. Viele Jugendliche entschieden sich künftig, das eine zu tun, ohne das andere zu lassen: Sie gingen zur Jugendweihe und zur Konfirmation.

Gerhard Schmitt senior gehörte damals zu jenen evangelischen Geistlichen, die sich dem staatlichen Alleinvertretungsanspruch in Form der Jugendweihe entgegenstellten. In Predigten und Vorträgen setzte er der SED-Strategie das Postulat entgegen: »Zur Jugendweihe geht, wer Gott leugnet. Zur Konfirmation geht, wer an Gott glaubt, zu ihm betet und ihm gehören will.« Sein Neffe Joachim lernte damals, dass es möglich war, sich dem Willen der SED zu widersetzen, ohne dass das zwingend zu persönlichen Nachteilen für den Betreffenden führen musste, dass Widerstand gegen den Staat in gewissem Umfang möglich war. Später als Pastor sollte er diese Form des partiellen Widerstandes gegen die SED-Diktatur geradezu kultivieren.

Ein aufmüpfiger Schüler

Der Junge, der das blaue Halstuch der Pioniere nicht tragen durfte, weil seine Mutter den Staat ablehnte, fiel in der Schule durch eigenwillige Äußerungen und einen Mangel an Disziplin auf. Joachim Gauck gehörte nicht zu den ruhigen, angepassten Schülern, sondern er war kontrolliert aufsässig und lotete aus, wie weit er gehen konnte, ohne in ernsthafte Schwierigkeiten zu geraten. Einer seiner Mitschüler erinnerte sich: »Jochen [war] immer einen Tick mutiger und frecher als wir, ohne dass er dafür stärker bestraft wurde.« Gauck selbst beurteilte sein damaliges Verhalten: »Es war damals eine ›Macho-Zeit‹, da musste man die anderen in den Staub zwingen. Ich habe das mit Worten gemacht und war nie um eine Antwort verlegen.« In seinen Erinnerungen schrieb er demgegenüber selbstkritischer: »Ich war ein ziemlich großmäuliger Schüler, der seiner pubertären Aufmüpfigkeit wahrscheinlich weniger Schranken setzte als andere, weil ich das Recht und die Moral auf meiner Seite sah.«

Als am 5. März 1953 der »große Stalin« starb, waren die SED-Führer erschüttert. Parteichef Walter Ulbricht legte im Neuen Deutschland noch einmal ein Bekenntnis auf den sowjetischen Diktator ab: »Der größte Mensch unserer Epoche ist dahingeschieden. Sein Werk jedoch lebt und wird der fortschrittlichen Menschheit noch in Jahrhunderten wegweisend sein.« Die SED ordnete sofort an, Stalins Werke in Luxusausgaben herauszugeben. Ein Stalin-Museum wurde geplant und die Reproduktion von Stalin-Büsten in großem Umfang eingeleitet. Höhepunkt der Totenehrung war die Umbenennung von Eisenhüttenstadt in Stalinstadt.

12 Marianne, Sabine, Joachim, Olga und Eckart Gauck

Dem Schüler Gauck kam nicht im Traum in den Sinn, um den verstorbenen Massenmörder zu trauern wie viele seiner Mitschüler. Fassungslos stand er mit einigen anderen Gleichgesinnten abseits, als auch in seiner Schule ein Totenkult um den »weisen« und »unsterblichen« Stalin zelebriert wurde. Gauck in seinen Erinnerungen: »Wir wussten nicht, was schlimmer war, die geheuchelte oder die echte Trauer. Fast jeder verhielt sich so, als ob der Erlöser gestorben war.«

Wenige Wochen später wurde der Volksaufstand am 17. Juni 1953 für den Dreizehnjährigen zum »elektrisierenden Erlebnis«. Stundenlang verfolgte er auf westlichen Radiosendern mit, wie am 16. Juni empörte Bauarbeiter von der Stalinallee ins Zentrum Ost-Berlins marschierten. Ihr Protest galt Normerhöhungen, die Walter Ulbricht gegen jeden Ratschlag einsam durchgepeitscht hatte. Zunehmend schlossen sich weitere Ost-Berliner den Arbeitern an. Die Stimmung heizte sich auf. Aus wirtschaftlichen Forderungen wurden politische: »Wir fordern freie Wahlen!«, und schließlich skandierte die Menge: »Der Spitzbart muss weg!« Am Mittag des 17. Juni erreichte der Aufstand seinen Höhepunkt. Wohl eine Million Menschen in der gesamten DDR beteiligte sich daran. »Weg mit Ulbricht!«, forderte die Menge in Berlin und Tausende sangen die dritte Strophe des Deutschlandliedes: »Einigkeit und Recht und Freiheit für das deutsche Vaterland.« Auch in Rostock protestierten die Menschen. Auf der Rostocker Neptun-Werft traten fünftausend Arbeiter in den Ausstand und forderten den Rücktritt der Regierung.

Die sowjetische Besatzungsmacht sah dem Treiben nicht lange zu und schlug den Aufstand unter Einsatz von Panzern nieder. Die SED-Führung wurde angehalten, die Zügel auf der Fahrt zum Sozialismus für eine Weile etwas lockerer zu lassen. Ulbricht verkündete den »Neuen Kurs« und die SED versuchte durch eine Reihe populärer Zugeständnisse das aufgebrachte Volk zu beruhigen. Reiseerleichterungen für Fahrten in den Westen wurden gewährt, die stringente Kirchenpolitik etwas gelockert und die Zwangskollektivierung der Landwirtschaft vorerst zurückgestellt. Für Joachim Gauck waren die Auswirkungen des »Neuen Kurses« persönlich erlebbar, eine Erfahrung, die in seiner Familie, bei ihren Freunden und einigen Mitschülern »unglaubliche Euphorie« auslöste. Lehrer, die bislang als sozialistische Hardliner aufgetreten waren, zeigten sich plötzlich verunsichert. Vor allem aber: »Ältere Schüler, die die Schule hatten verlassen müssen, weil sie nicht bereit gewesen waren, sich von der Jungen Gemeinde zu trennen, durften zurückkehren und das Abitur nachholen.« Es dauerte jedoch nicht lange, bis Ulbricht die Daumenschrauben wieder anzog und den »Neuen Kurs« unkommentiert einschlafen ließ.

Schulferien in Saarbrücken

Im Sommer 1955 machte Joachim Gauck seine erste große Reise ohne seine Eltern. Gemeinsam mit seinem Cousin Gerhard Schmitt verbrachte er in den Schulferien mehrere Wochen im Saarland, wo Gerhards Vater herstammte. Sein Vetter wohnte im Haus eines Onkels, Joachim kam bei einem Tierarzt unter, der den Wunsch geäußert hatte, ein Ferienkind aus der DDR bei sich aufzunehmen. Gerhards Verwandte gehörten dem gehobenen Bürgertum an, die sich um die beiden Jungs aus der »Ostzone« kümmerten, mit ihnen Ausflüge machten und ihnen auch mal Geld zusteckten. Einer von Gerhards Onkeln besaß eine Metzgerei mit einem riesigen Kühlraum, gefüllt mit Köstlichkeiten, die den Jungen bis dahin unbekannt waren. Großzügig schickte der Onkel sie in dieses Paradies. »Die sollen mal ordentlich essen«, befand er. Joachim und Gerhard, für die das Gefühl des Mangels präsenter war als das des Überflusses, nutzten die Gelegenheit und stopften Pasteten, Würste und Schinken in sich hinein, alles Delikatessen aus einer anderen Welt, bis ihnen schier der Bauch platzte.

Höhepunkt des Saarland-Urlaubs der beiden Cousins war ein eintägiger Ausflug nach Paris. Das Saarland stand damals noch unter französischer Besatzung, und die französi-

13 Mit zwei Schulfreunden

schen Besatzungsoffiziere in Saarbrücken ließen sich ihr Fleisch frisch aus Paris anliefern. Zu diesem Zweck pendelten täglich mehrere Fleischtransporter zwischen der französischen Hauptstadt und Saarbrücken hin und her. Mit einem dieser Laster fuhren Joachim und Gerhard nach Paris mit und erlebten so für einen Tag die Weltstadt an der Seine. Von dort schrieben sie Postkarten an ihre Schulfreunde und die Familien zu Hause. »Das war natürlich eine große Sache«, blickte Gerhard Schmitt zurück, »damit konnten wir richtig angeben.«

Die ersten großen Reisen dieser Art sind für Jugendliche zu allen Zeiten eine wichtige Horizonterweiterung und ein Meilenstein auf ihrem Weg ins Erwachsenenleben.

Der pubertierende Joachim staunte über den augenscheinlichen Wohlstandsvorsprung des Saarlandes vor seiner Heimat Mecklenburg und saugte das Lebensgefühl der Saarländer unter der französischen Besatzung im Vergleich zu dem in der DDR unter sowjetischem Regime auf.

Für den Oktober 1955 waren die Saarländer aufgerufen, darüber abzustimmen, ob sie weiterhin Frankreich angeschlossen bleiben oder Teil der Bundesrepublik werden wollten. Der Arzt, bei dem er wohnte, nahm den Jungen mit zu Parteiveranstaltungen, auf denen sich erstmals deutsche Parteien präsentieren und für den Wiederanschluss an Deutschland werben durften. Joachim Gauck war beeindruckt: »Ich war begeistert von der Offenheit und Verve, mit der die Bürger ihre Standpunkte vertraten.« Erstmals war ihm bewusst geworden, welche Rolle Parteien in einer freien Gesellschaft spielen können. Als er nach Hause zurückkam und wieder in die Schule ging, fiel es ihm noch schwerer als bisher, sich den Ritualen der sozialistischen Gesellschaft zu unterwerfen.

Rückkehr aus dem Gulag

Bald darauf saß am 19. Oktober 1955 übergangslos Joachims Vater zu Hause am Esstisch und aß Rührei. Ein unbekannter Luxus für seine vier Kinder. Die standen um den Tisch herum und sahen mit etwas Neid zu, wie das zurückgekehrte Familienoberhaupt trotz seines ausgehungerten Zustandes bedächtig und langsam die Eierspeise verzehrte. Wegen seines angegriffenen Magens konnte der Heimkehrer nur vorsichtig Nahrung zu sich nehmen und vertrug nur kleine Portionen. Ernsthafte körperliche Schäden hatte seine Lagerzeit bei ihm nicht hinterlassen, er sollte fünfundneunzig Jahre alt werden. Seine Gewohnheit, sehr langsam zu essen, behielt er allerdings bis zu seinem Lebensende bei. Außerdem die Marotte, ständig einen aus Holz geschnitzten Löffel in seiner Tasche bei sich zu tragen. Er habe damit im Lager vom Spülwasser für das Geschirr die Fettaugen abgeschöpft, erklärte er seinem Neffen Gerhard Schmitt. Das habe ihm das Leben gerettet.

Die Wiederbegegnung mit seiner Frau und seinen Kindern nach fast vier Jahren war natürlich ein bewegender Moment. »Diese Sekunden nach der ersten Begegnung nach Jahren nagten sehr lange an mir«, erzählte der alte Gauck Jahrzehnte später. Seine Kinder konnten nicht übersehen, wie abgemagert und ausgezehrt ihr Vater war. »Er war fast nicht zu erkennen«, erinnerte sich Marianne, und die achtjährige Sabine wunderte sich, »dass er keine Zähne und keine Haare hatte«. Allen fiel auf, dass Gauck senior sich verändert hatte, nicht nur äußerlich, sondern auch in seinem Wesen. Sein Neffe Gerhard Schmitt bemerkte: »Er war wortkarg und wirkte fremd. Er hielt sich sehr zurück und guckte mehr in sich rein als raus.« Siebzehn Jahre zuvor hatte Wilhelm Joachim Gauck abgelehnt, kirchlich zu heiraten. Als er jetzt aus dem Gulag zurückkehrte, war er nach der Wahrnehmung von Jörn-Michael Schmitt »ein frommer Mann« geworden. Joachim Gauck bestätigte diese Veränderung an seinem Vater: »Neu für uns war, dass er öfter in die Rostocker Klosterkirche ging.«

Dass Wilhelm Joachim überhaupt hatte heimkehren dürfen, verdankte er der Moskau-Reise von Bundeskanzler Konrad Adenauer im September 1955. In deren Ergebnis ließ die sowjetische Führung die letzten zehntausend deutschen Kriegsgefangenen sowie zwanzigtausend sonstige in der Sowjetunion internierte Deutsche frei, unter ihnen auch Gauck senior. Der jetzt neunundvierzig Jahre alte Mann, hatte von seinen fünfzehn letzten Lebensjahren zehn im

Krieg oder in Gefangenschaft verbracht. Ein verlorenes Jahrzehnt in der Mitte des Lebens. Eine Dekade, in der er von seiner Frau getrennt gewesen war und seine kleinen Kinder nicht aufwachsen sah. Stattdessen waren die Grausamkeit des Krieges und die Brutalität von Gefangenenlagern sein Leben gewesen.

Man muss kein Psychologe sein, um zu ahnen, dass das Erlebte für seine Seele nicht folgenlos geblieben sein konnte. Gauck senior verbarg seine Beschädigungen nach seiner Rückkehr hinter bissiger Ironie und Sarkasmus. Zeitgenossen beschrieben ihn als »kernige« und »eindrucksvolle Figur«, zugleich auch als einen sehr belesenen und gebildeten Mann. Dem DDR-Regime und seinen Repräsentanten stand der alte Gauck in offener Ablehnung gegenüber, und er gab sich keine Mühe, das zu verbergen. »Mit Organisationen wie der Deutsch-Sowjetischen Freundschaft brauchte man meinem Vater nicht zu kommen«, berichtete Marianne Gauck, »das war Fakt, das wurde nicht diskutiert. Wenn Genossen ihn auf so etwas ansprachen, konnte er regelrecht aufsässig werden.« Tatsächlich sprach Gauck senior generell ohne Umschweife aus, was er über jemanden dachte. Das ging so weit, dass er einmal unverblümt zu einem Besucher sagte: »Sie sehen aus, als ob Sie Ihre Frau schlagen.« Seine Tochter Marianne meinte dazu: »Er war ein sehr eigener Typ mit einem speziellen und sehr subtilen Humor. Wer ihn nicht so gut kannte, konnte sich dadurch schnell verletzt fühlen.«

Es dauerte ein Jahr, bis der extrem geschwächte Heimkehrer so weit aufgepäppelt war, dass er wieder seinem Beruf nachgehen konnte. Nach seiner jahrelangen Abwesenheit von zu Hause wollte er nicht wieder als Kapitän zur See fahren mit der Folge, erneut wochen- und monatelang von seiner Familie getrennt zu sein. Er fuhr damals mit seiner Frau nach Hamburg, um zu klären, ob er im Hamburger Hafen als Lotse arbeiten konnte. Er wurde aber für zu alt befunden und blieb so notgedrungen in der DDR. Zunächst nahm er eine Tätigkeit als Lotse in Wismar auf. Später wechselte er in derselben Funktion in den Rostocker Hafen. Seine Tätigkeit brachte mit sich, dass er hin und wieder Kontakt zu Besatzungen ausländischer Schiffe hatte. Gelegentlich brachte er an einem solchen Tag heimlich einen *Stern* oder einen *Spiegel* von der Arbeit mit nach Hause. Das wurde in seiner Familie immer als Sensation empfunden. Westliche Presseprodukte waren ein rares Gut in der DDR, ihre Einführung war verboten und stand unter Strafe. Dass Gauck senior sich über dieses Verbot hinwegsetzte, sagt einiges über seinen Charakter aus. Der Besitz einer westlichen Fachzeitschrift hatte ihm bereits einmal fünfundzwanzig Jahre Lagerhaft eingebrockt.

Vaters Erbe

Als Vater war Wilhelm Joachim Gauck autoritär. »Der alte Gauck war uns Kindern gegenüber distanziert«, berichtete sein Neffe Jörn-Michael Schmitt. Er habe sich bei seinen Besuchen bei den Gaucks in der Nähe seines Onkels nie sonderlich wohlgefühlt.

Joachim Gauck erlebte nie, dass der Vater ihn auf den Schoß nahm und an sich drückte. Geschweige denn, dass er seinen Ältesten mal geküsst hätte. Bei Urteilen über seinen Nachwuchs, bei Lob und Tadel, kannte sein Vater »keine Grautöne, nur Schwarz oder Weiß«. Marianne beurteilte ihn rückblickend als »zu strikt, zu streng«. Joachim empfand es als grundsätzlich schwierig, sich mit dem Vater auseinanderzusetzen, der nun wieder unmissverständlich die Rolle als Familienoberhaupt für sich beanspruchte. Jahre-

14 1956 mit seinem Schulfreund Frank Segelitz auf großer Fahrradtour

lang hatte er ohne ihn auskommen müssen. In dieser Zeit war er zum Vertrauten seiner Mutter geworden, den sie zu Rate zog, weil der eigentliche Partner fehlte. In seinen Memoiren schrieb Gauck dazu: Ich war, »obwohl erst vierzehn, fünfzehn Jahre alt, vor der Zeit gefordert worden, war partiell erwachsen, hin und wieder auch in gewisser Weise frühreif«. Und jetzt sollte er sich vom Vater wieder sagen lassen, wo es langging, noch dazu mitten in der Pubertät? Es konnte gar nicht ausbleiben, dass diese Konstellation zu Konflikten zwischen dem Vater und dem Sohn führen musste.

Hinzu kam die Erhöhung von Gauck senior innerhalb

der Familie. Sein Schicksal hatte der gesamten Familie Leid zugefügt, ein Leid, das von Olga Gauck während der Abwesenheit ihres Mannes demonstrativ vor sich hergetragen worden war. Nach seiner Rückkehr konnte er nicht einfach wieder zum normalen Vater werden, sondern blieb der Rolle dessen verhaftet, dem großes Unrecht geschehen war. Mit welcher Wortmacht sein Sohn Joachim das in seinen Erinnerungen beklagt, belegt dessen tiefgreifendes emotionales Ringen mit seinem Erzeuger. »Im Rückblick ist mir deutlich geworden, dass ein Opfer-Vater dem pubertierenden Sohn die Auseinandersetzung erschwert. Ich kenne das aus Zeugnissen der Kinder von NS-Opfern und Widerständlern, die hingerichtet wurden. Ich weiß, wie die Heranwachsenden oft zur Anbetung angeleitet und wie Altäre in den Familien errichtet wurden. Ähnlich war es auch bei uns.«

Ein Ergebnis des väterlichen Vorbildes und seiner Auseinandersetzung mit ihm war, dass Joachim Gauck die Direktheit und teilweise auch die Schroffheit des Vaters als Verhaltensmuster übernahm. Als Erwachsener trat er seinerseits anderen gegenüber oft sehr direkt, gelegentlich rüde auf und stieß sie dabei gehörig vor den Kopf. Zu Heiko Lietz, einem ehemaligen Pastor und Bürgerrechtler, den Gauck seit dem Studium kannte, sagte er im Hinblick auf dessen politische Visionen nach der Wende »Heiko, Leute, die solche Meinungen vertreten wie du, gehören auf die Couch.« Der letzte amtierende Rostocker Stasichef, Artur Amthor, berichtete in seinen Erinnerungen, dass Gauck im April 1990 zu ihm gesagt hätte: »Herr Amthor, Sie haben Ihr ganzes Leben lang Schuld abzutragen, die Sie auf sich geladen haben. Und auch Ihre Enkel werden davon betroffen sein!« Gauck weiß um dieses Element seines Charakters und gibt sich Mühe, es unter Kontrolle zu halten. Gelegentlich bricht es dennoch bis heute in ihm durch.

Dasselbe galt für seinen Bruder Eckart, bei dem dieser Wesenszug noch sehr viel deutlicher zutage trat. Bei einer Firmenfeier, bei der viel Alkohol floss, titulierte Eckart seinen damaligen Chef in der ungehemmten Art, die schon seinen Vater ausgezeichnet hatte, als »Stasischwein«. Er wurde daraufhin entlassen. Nach einer Lehre zum Automechaniker hatte Gaucks Bruder eine Ausbildung zum Schiffsingenieur machen können. Die angestrebte Karriere als Chief, also als leitender Schifffahrtsingenieur, blieb ihm jedoch verwehrt. Als er sich bei seiner Reederei um den Posten bewarb, wurde er gefragt, ob er denn schon in der Partei sei. Eckart verneinte, er fühle sich für diesen wichtigen Schritt noch nicht reif. Es war die Antwort, die viele in der DDR gaben, wenn sie gefragt wurden, ob sie nicht der SED beitreten wollten. Dann, so die Antwort der Vorgesetzten von Eckart Gauck, müsse er wohl weiter als zweiter oder dritter Ingenieur fahren. Joachim Gauck schrieb dazu in seinen Erinnerungen: »Mein Bruder Eckart war der, der er war. Er machte die Tür von draußen zu. So einer wurde kein Chief.«

Bei der Erziehung seiner eigenen Kinder sollte Joachim Gauck auf dieselben Muster zurückgreifen, die sein Erzeuger an ihn weitergegeben hatte. Gaucks ältester Sohn Christian beschrieb das Verhältnis zu seinem Vater: »Meine Rolle war: Ich bin der Sohn vom Pastor […] man musste einfach funktionieren. Da wurde nicht über Gefühle geredet.« Noch als Fünfzigjähriger beklagte Christian, dass sein Vater ihm damals wie gepanzert vorgekommen sei: »Elterliche Liebesbezeugungen, die gab es bei uns selten. Das höchste der Gefühle war mal eine Hand auf die Schulter.«

Berufswahl im SED-Staat

Als es um das Studium und die Berufswahl ging, ließ der Arbeiter-und-Bauern-Staat Joachim Gauck und seine Geschwister spüren, dass man sich von ihnen mehr Zustimmung zur SED und zum Sozialismus erwartet hätte. Jetzt rächte sich die Distanz der Familie Gauck zum Staat. Joachim Gauck war in der Schule zwar aufmüpfig, aber kein Hasardeur gewesen. Das sollte er nie werden, nicht in der Schule und auch nicht in späteren Jahren. Er war ein begabter Schüler, dem der Lehrstoff zuflog und der 1958 ohne Probleme sein Abitur machte. Die meisten Fächer bestand er mit der Note »gut«, in seinen Paradedisziplinen Sport und Deutsch bekam er eine Eins.

Die Sprache war seine Begabung, schon damals. Zeitweilig träumte er davon, Dichter zu werden. Vielleicht auch inspiriert durch den eigenen Vater, der 1951 im Gefängnis Gedichte geschrieben hatte und diese gern vortrug, wobei ihm alle andächtig und mit Bewunderung zuhörten. Doch das Dichten war nur eine Schwärmerei des Abiturienten: »Ich spürte meine Grenzen.« Am liebsten hätte er seinen Fähigkeiten entsprechend Germanistik studiert, um Journalist zu werden. Doch dazu hätte er in der Vergangenheit nicht Jugendweihe und FDJ-Beitritt verweigern dürfen. So einer taugte nicht für das »Rote Kloster«, wie die Kaderschmiede für Journalisten an der Universität Leipzig im Volksmund genannt wurde. Sein Schuldirektor bemängelte, dass der Schüler »ein besseres Verhältnis zur gesellschaftlich nützlichen Arbeit gewinnen müsse«. Dabei hatte Joachim Gauck doch im Schulchor gesungen und an den von allen Schülern geforderten »sozialistischen Arbeitseinsätzen« teilgenommen. So etwa an »der Bergung der Kartoffelernte 1957«. Es half ihm nichts. Der Abiturient befände

15 Der Abiturient kurz vor der Eheschließung

sich aufgrund der früheren Internierung des Vaters »im Stadium kritischer Auseinandersetzung mit der Umwelt«, urteilte der Direktor, was ja auch stimmte. Gaucks Bewerbung für einen Studienplatz in der Fachrichtung Germanistik und Geschichte mit dem Wunschberuf Lehrer wurde abgelehnt.

Genauso ging es seiner Schwester Marianne, der nach dem Abitur ein Sprachenstudium verweigert wurde. Sie landete zunächst als technische Assistentin beim Wetterdienst. Durch große Hartnäckigkeit gelang es ihr später auf Umwegen, doch noch am Lateinamerikanischen Institut in Rostock »Lateinamerikanistik« zu studieren. Sabine, die ebenfalls Lehrerin werden wollte, wurden nach dem Abitur die Antragsformulare für ein Studium von ihrer Schule verweigert. Eine ihrer Lehrerinnen kommentierte das: »So jemanden wie Sie brauchen wir nicht an der Hochschule.« Sabine Gauck versuchte ihr Glück daraufhin mit einer

Bewerbung an der Humboldt-Universität in Berlin, die ein eigenes Zulassungssystem hatte. Tatsächlich wurde sie dort für das Lehramtsstudium in den Fächern Deutsch und Englisch angenommen. Bald darauf war sie die Erste in der Familie Gauck, die die DDR verließ. Im Sommer 1965 hatte sich Sabine Gauck in den Patensohn ihres Vaters verliebt, der aus Hamburg zu Besuch nach Rostock gekommen war. Im Herbst wusste sie, dass sie schwanger war. Für ihre Eltern war die Nachricht ein Schock. In Berlin auf sich allein gestellt, mit einem kleinen Kind, schien die Bewältigung des Studiums kaum möglich. Hinzu kam, ein uneheliches Kind war in den sechziger Jahren des letzten Jahrhunderts noch ein Makel, ein Fleck auf der weißen Weste einer bürgerlichen Familie. Das musste vermieden werden. Sabine hätte sich durchaus vorstellen können, in der DDR zu bleiben und ihr Kind allein großzuziehen. Doch Olga Gauck kannte nur ein Ziel, wie sich Sabine erinnerte. »Meine Mutter hat alles getan, um mich in geordnete Verhältnisse zu bringen.« Resolut ergriff die Mutter die Initiative und sorgte dafür, dass Ihre Tochter mit der Unterstützung des immer hilfsbereiten Schwagers, Gerhard Schmitt, ausreisen konnte, um den Vater ihres Kindes zu heiraten. Schmitt, mittlerweile Generalsuperintendent von Ost-Berlin, ließ seine Nichte auf die Ausreiseliste der evangelischen Kirche setzen. Anfang Mai 1966 durfte Sabine die DDR verlassen. Weil sie durch die Bundesrepublik freigekauft worden war, galt das als legale Ausreise, mit der Folge, dass sie danach jederzeit wieder in die DDR zurückkehren durfte. Das nutzte Joachim Gaucks jüngste Schwester regelmäßig, wodurch sie auch nach ihrer Übersiedlung in die Bundesrepublik ein enges Verhältnis zu ihrem Bruder und dessen Frau Hansi pflegen konnte.

Eine Schülerliebe

In der neunten Klasse hatten sich zarte Bande zwischen Joachim Gauck und einer Klassenkameradin gebildet. »Es gab ein Klassenfest mit ersten schüchternen Freundlichkeiten, unendlich vorsichtig und fragend.« Das Mädchen hieß Hansi Radtke und war vierzehn Jahre alt, genau wie er. Hansis Eltern hatten ihrer Tochter den zweiten Vornamen Gerhild gegeben, um deutlich zu machen, dass es sich nicht um einen Jungen handelte. Es half nichts. Als sie zur Schule kam, steckte man sie zunächst in eine reine Jungenklasse, bis die Lehrer bemerkten, dass es sich um ein Mädchen handelte. Bis heute kommt es wegen ihres Vornamens zu Missverständnissen.

Nach Gaucks Erinnerungen war Hansi Gauck nicht unbedingt ein schönes, sondern eher ein »apartes« Mädchen mit einer ganz eigenen Anziehungskraft. Sie war durch ihre persönlichen, außergewöhnlichen Lebenserfahrungen früher gereift als ihre Schulkameradinnen und »dem jugendlichen Übermut schon entwachsen«, wie Joachim Gauck es empfand. »Sie wollte mit mir über Bücher und Gedichte sprechen. Das hat auch mich ernsthafter gemacht.« Warum die beiden Schüler damals ein Paar wurden, erklärt sich für den Bundespräsidenten heute ganz unkompliziert: »Ich wollte eine Freundin haben, so war das.« Gauck hat verschiedentlich selbst darauf hingewiesen, dass er in einer »Macho-Zeit« groß geworden sei, in der es galt, Stärke zu demonstrieren und die anderen zu beeindrucken. Er war der Überlegene und Tonangebende in dieser Beziehung und durfte sich als Beschützer dieses »scheuen Wesens« fühlen. Im Gegenzug erhielt er ihre Bewunderung und Zuwendung, Geschenke, die für den Jugendlichen nicht alltäglich waren.

*16 Hansi Radtke,
die erste große Liebe*

Gegen Ende ihrer Schulzeit waren Joachim und Hansi immer noch ein Paar und waren sich sicher: Wir wollen heiraten. Die beiden Oberschüler begannen, für Eheringe zu sparen. Jeden Monat legten sie fünf Mark dafür zurück. Hansi Gauck trägt ihren bis heute. Aus der Schülerliebe wurde eine lange Ehe, die formal bis heute besteht und aus der vier Kinder hervorgehen sollten. Die Eltern des angehenden Bräutigams waren entsetzt über den Plan ihres Sohnes und strikt gegen die frühe Heirat. Zu jung sei der Bräutigam mit neunzehn, grummelte der Vater, und noch sei er nicht in der Lage, eine Familie zu ernähren. Das war nicht der wahre Grund. In der DDR wurde früh geheiratet, das war normal. Viele junge Leute schlossen Ehen, weil sie damit wenigstens die Chance auf eine eigene Wohnung bekamen und sich so von der räumlichen Enge und den emotionalen Bindungen in der elterlichen Wohnung lösen konnten. Tatsächlich kam Gauck senior mit der introvertierten jungen Frau nicht zurecht: »Mit der Deern kann ich wirklich nicht«, polterte er und drohte damit, nicht zur Hochzeit zu erscheinen. Marianne Gauck merkte dazu an, dass ihr Vater im Hinblick auf die Partnerwahl seiner Kinder ausnahmslos Bedenken angemeldet habe.

Auch die Geschwister von Joachim Gauck waren zu Beginn irritiert über die Freundin des Bruders. Sie konnten sich nicht erklären, warum Hansi bei ihren Gesprächen meist schweigend in der Runde saß und im Vergleich zu ihnen so zurückhaltend und introvertiert wirkte. Außerdem konnte die junge Frau weder schwimmen noch Rad fahren und war damit ein glatter Gegenpol zu den Gauck-Kindern. Marianne und Sabine gingen in die Sportschule und Joachim stand in der Fußballmannschaft seiner Schule im Tor. Zu diesem Zeitpunkt ahnte keiner von ihnen etwas von der tragischen Kindheit des Mädchens. Die Familie Radtke war zunächst aus Ostpreußen nach Böhmen evakuiert worden. Gegen Kriegsende musste sie erneut fliehen, als die Tschechen sie aus ihrem Exil in Böhmen vertrieben. Auf der Flucht verhungerte Hansis im Februar 1945 geborene Schwester Bruni. In Prag wurde der Treck von aufgebrachten Tschechen beschimpft, die Flüchtlinge wurden geschlagen, mit Steinen beworfen und ihr Gepäck in die Moldau geworfen.

Mit nichts als dem, was sie am Körper trugen, kamen sie in Warnemünde an, Habenichtse, auf die Hilfe anderer angewiesen. Mehr als fünfhunderttausend »Umsiedler«, wie sie in der DDR genannt wurden, kamen damals aus den deutschen Gebieten östlich der Oder nach Mecklenburg. Die Einwohnerzahl stieg von 1,2 Millionen auf mehr als zwei Millionen. Keine andere Region in Deutschland musste im Verhältnis zur vorhandenen Bevölkerung mehr Flüchtlinge und Vertriebene aufnehmen. Die konservativen Mecklenburger fühlten sich bedroht durch die Scharen von Flüchtlingen und begegneten ihnen oftmals geradezu feindselig.

Hansi und ihre Mutter wurden bei einer »hartherzigen Witwe« untergebracht, wie Joachim Gauck in seinen Erinnerungen berichtete. Die Mutter wurde nie heimisch an der Ostsee. 1950 setzte sie in die Tat um, was sie schon lange angekündigt hatte, im Alter von dreißig Jahren brachte sie sich um. Ihre zehnjährige Tochter fand die Mutter tot, als sie von der Schule nach Hause kam. Der Vater, der noch einmal heiratete und mit seiner neuen Frau zwei weitere Kinder zeugte, reagierte auf das Erlebte, indem er seine Tochter extrem streng und übervorsichtig erzog. All das hinterließ Spuren in der Kinderseele. Hansi Gauck wurde ein unsicheres, introvertiertes und verschlossenes Mädchen.

Anders als seine Eltern bestärkte Joachims Onkel, Gerhard Schmitt, seinen Neffen und Hansi in ihrem Entschluss zu heiraten. Als Joachim Gauck seinen Patenonkel bat, ihn und Hansi zu trauen, erklärte der sich dazu ohne Zögern bereit. Die Hochzeit fand am 22. August 1959 in der Rostocker Klosterkirche statt. Es war kein großes Fest, die finanziellen Möglichkeiten der Radtkes und Gaucks waren begrenzt. Gauck senior erschien dann natürlich doch zur Hochzeit seines Sohnes. Nach der anfänglichen Ablehnung entwickelte sich ein gutes Verhältnis zwischen den Eltern von Joachim und seiner Frau, wie diese beteuerte: »Meine Schwiegereltern waren für mich unheimlich wichtig. Sie waren bis zu ihrem Tod mein Elternhaus. Es war toll für mich und meine Kinder, dass es diese beiden Menschen gab. Wir waren oft bei ihnen zu Besuch.«

Schon im Jahr nach der Hochzeit, im Oktober 1960, kam

17 Mit seiner Tochter Gesine 1967

Christian, das Erste der vier Kinder von Joachim und Hansi Gauck zur Welt. Er war seinem Vater wie aus dem Gesicht geschnitten, was sich auf bemerkenswerte Art bis heute nicht verändert hat. Wieder war Gerhard Schmitt als Pastor zur Stelle und taufte das Kind. Das junge Paar hatte Glück.

Gerade als die Frage nach der eigenen Wohnung wegen des ersten Kindes wirklich zu drängen begann, wurde im Souterrain des Hauses der Warremanns in Rostock-Brinckmansdorf überraschend ein Zimmer frei. Der damalige Untermieter hatte sich im Sommer 1960 in den Westen abgesetzt. Die jungen Leute, die nach ihrer Hochzeit jeweils weiter bei ihren Eltern gewohnt hatten, nutzten die Chance. Quasi illegal, ohne das Wohnungsamt zu fragen, zogen sie in das frei gewordene kleine Kellerzimmer. Obwohl es kein Bad hatte, sondern nur ein Waschbecken und zudem wenig Tageslicht, waren sie glücklich, ihr eigenes Reich zu haben. 1962 kam Martin, ihr zweiter Sohn, zur Welt.

In seinen Erinnerungen beschrieb Joachim Gauck seine Ehe Jahrzehnte später als unglücklich. Schon als Schüler seien er und seine Frau sehr gegensätzlich gewesen: »Ich war extrovertiert, frech, oppositionell, häufig lernunwillig und faul. [...] Sie war introvertiert, schüchtern, ängstlich, mochte nicht auffallen, war diszipliniert und fleißig.« Gaucks Schwestern hatten, jedenfalls zu Beginn der Ehe, einen anderen Eindruck und nahmen diese als durchaus glücklich war. Marianne Gauck meinte, dass es mit der Beziehung schon alles seine Ordnung gehabt habe. Und Sabine Gauck, die oft als Babysitterin auf ihre beiden Neffen Christian und Martin aufpasste, beobachtete: »Er war schwer verliebt, ein glücklicher junger Mann. Die mochten sich sehr.« Joachim Gauck selbst relativierte später die Aussage in seiner Autobiographie ebenfalls, indem er die ersten Jahre der Beziehung zu seiner Frau als »symbiotisch« charakterisierte. »Wir haben sehr lange geglaubt, dass das das einzig Richtige ist.«

Die Probleme in der Ehe begannen erst im weiteren Verlauf seines Studiums, als er daran um ein Haar gescheitert wäre. Wie sich bald herausstellen sollte, war er damals nicht in der Lage, die selbstgewählte Rolle als »Beschützer« und richtiger Kerl, der seine Familie ernährt, auszufüllen. Er blieb dabei weit hinter seinen eigenen Ansprüchen zurück.

Der lange Weg zu Gott

> *Es hat gedauert und gedauert.*
> Marianne Gauck über das
> Studium ihres Bruders

> *Irgendwie war ich nicht der Typ eines Pastors. Schließlich sah ich so schlecht nicht aus, ging gerne aus, war dem weiblichen Geschlecht zugetan und trieb viel Sport.*
> Joachim Gauck

Theologiestudium

Nach dem Abitur stellte sich die Frage: Was nun? Große Wahlmöglichkeiten hatte der Abiturient nicht. Der einzige Studiengang, der ihm problemlos offenstand, war Theologie. Aber war er für ein Leben als Pastor geboren? Zwar hatte er sich seit Jahren in der Jungen Gemeinde engagiert und sich in dem Klima, das dort herrschte, wohlgefühlt. Aber reichte das, um Theologe zu werden? Der Vater war strikt dagegen. Pastor gehörte zu den Berufen, die er für seine Kinder von vornherein ausschloss, obwohl er persönlich nach seiner Rückkehr aus Sibirien inneren Zugang zur Kirche gefunden hatte. Er stellte sich etwas Besseres für seinen Nachwuchs vor. Joachim Gauck selbst hatte große Zweifel, entschied sich aber schließlich – zusammen mit sechs anderen seiner achtundzwanzig Klassenkameraden –, ein Theologiestudium zu beginnen. »Mein Weg zur Theologie war in der DDR nicht ungewöhnlich«, erklärte Gauck seine Studienwahl, »vor und nach mir haben sich viele aus ähnlichen Motiven für diesen Beruf entschieden.« Tatsächlich entsprang die Entscheidung mehr der Alternativlosigkeit als der inneren Neigung. Dass er später Pastor werden und von der Kanzel das Reich Gottes verkünden könnte, schloss er zu diesem Zeitpunkt aus: »Dafür kam ich mir viel zu weltlich vor.«

Schon bald nach Studienbeginn traten massive Leistungsprobleme auf. Sich diszipliniert Tag für Tag an seinen Schreibtisch zu setzen und dicke Bände über Kirchengeschichte zu wälzen entsprach nicht Gaucks Wesen. Aktenstudium, Verwaltungsarbeit und ähnlich ermüdende Tätigkeiten wurden nie zu seiner Leidenschaft. Die Vorlesungen über dialektischen und historischen Materialismus – auch für Theologiestudenten Pflichtfach in der DDR – zogen ihn genauso wenig an wie die Hebräisch-Seminare. Und statt abends im Alten Testament zu blättern, ging er lieber zum Handballtraining und danach mit seinen Sportkameraden noch ein Bier trinken. Mit einigen Kommilitonen hatte der engagierte Sportler im Rahmen der Hochschulsportgruppe seiner Universität einen Handballverein ins Leben gerufen, ein Engagement, das ihn viel Zeit kostete. Die Tatsache, dass er schon bald zwei Kinder hatte, trug gleichfalls nicht dazu bei, seinen Studieneifer zu beflügeln. Christoph Stier, ein Kommilitone, der sein Theologiestudium ein Jahr später begonnen hatte, konnte sich nicht erinnern, dass Joachim Gauck am studentischen Leben teilgenommen hatte.

Bald erlahmte der Studieneifer des jungen Vaters, der ohnehin nie groß gewesen war, völlig: »Im Laufe weniger Monate spürte ich, dass ich quasi leistungsunfähig geworden war.« Zur chronischen Lernunwilligkeit gesellte sich die Perspektivlosigkeit. Wie sollte er in der Zukunft seine Familie ernähren? Dass er einmal Pastor werden könnte, zog er nach wie vor nicht ernsthaft in Betracht. Und noch etwas nagte an ihm. Seine Frau Hansi arbeitete als Buchhändlerin in der Universitätsbuchhandlung und verdiente mit dreihundertfünfzig Mark brutto im Monat den Löwenanteil des Familieneinkommens. Joachim steuerte nur ein Stipendium von hundertvierzig Mark bei. Dazu jobbte er nebenbei. Schon als Oberschüler hatte er sich in der Warnow-Werft in Warnemünde wie viele andere Schüler auch ein zusätzliches Taschengeld verdient. Heroisch erinnerte er sich daran, wie er später als Student einmal im Rostocker Hafen geschuftet habe, »bis sich die Haut von den Händen löste«. Natürlich verursachte es ihm ein schlechtes Gewissen, wenn seine Frau, eines der Kinder auf dem Arm, ihn wieder einmal fragte, wie es denn nun mit seinem Examen stehe. So hatte er sich seine Rolle als Familienoberhaupt nicht vorgestellt.

Gaucks Eltern, die um die Ecke wohnten, unterstützten ihren Sohn, indem sie auf die Enkel aufpassten, wenn er und seine Frau beschäftigt waren. Olga Gauck, die gelernte Bürokauffrau, saß mehr als einmal mit hochrotem Kopf an ihrer Schreibmaschine, um im Eiltempo eine Seminararbeit für ihren Ältesten zu tippen, wenn der mit der Aufgabe, diese rechtzeitig abzuliefern, wieder einmal überfordert war. »Sie hat ihm ständig geholfen«, erinnerte sich eine Freundin der Familie, »schweißgebadet saß sie da. ›Ich muss das für Jochen machen, der schafft das sonst wieder nicht.‹«

Ein damaliger Universitätsassistent erinnerte sich, dass Gauck »größte Probleme« beim Übersetzen lateinischer Texte gehabt habe. »Er hat sich dann was zusammengereimt. Wir waren uns damals alle darüber einig, dass er ein schlechter Student war. Er war sicher nicht dumm, sondern wirkte eher unbeteiligt und gleichgültig.« Je länger sich sein Studium hinzog, ohne dass das Examen auch nur in Sichtweite war, desto höher wurde der Erfolgsdruck. Seine Umwelt begann zu drängen. »Es hat gedauert und gedauert«, wunderte sich Marianne Gauck noch fünfzig Jahre später. Gaucks Cousin, Jörn-Michael Schmitt, formulierte es drastischer: »Er war intelligent, aber sehr faul.«

Mehr und mehr verlor der Student den Glauben an sich und seine Fähigkeiten. »Ich dachte, ich schaffe es nicht mehr. Ich war fast davon überzeugt, dass ich 'ne Macke habe.« Mitte 1963, im zehnten Semester, stand das Studium auf der Kippe, als ihm der Zufall zu Hilfe kam. Ihm fiel zu Hause die Bodenklappe auf den Schädel, was eine leichte Gehirnerschütterung verursachte. Der Schlag auf den Kopf kam wie gerufen, um aus gesundheitlichen Gründen um eine Studienverlängerung zu bitten. Wieder einmal stand in dieser Phase Gaucks Onkel Gerhard Schmitt hilfreich zur Seite, der für seinen Neffen einen Beihilfezuschuss in Höhe von vierhundert Mark von der Landeskirche organisierte. Gauck dankte ihm überschwänglich. »Lieber, Hochwürdiger Onkel! Gestern ging mir ein Scheck über 400 DM zu. Du wirst Dir denken können, dass das Geld eine große Hilfe für uns bedeutet und so will ich nicht versäumen, auch Dir herzlich zu danken, denn Du warst ja der Initiator der ganzen Sache.« Bald beantragte Joachim Gauck, sein Examen erneut verschieben zu dürfen. Es erschien ihm wie ein unüberwindbarer Berg.

Diesmal stimmte der Dekan nur unter der Maßgabe zu, dass der Student ein ärztliches Attest vorlegte, in dem die Notwendigkeit eines weiteren Aufschubs begründet und befürwortet wurde. Ab dem 1. Juni 1964, inzwischen in einer ernsthaften Lebenskrise, ließ sich der Theologiestudent mehrere Monate lang in der Nervenklinik der Universität Rostock ambulant behandeln. Sein psychischer Zustand war nicht unbedenklich. Die Ärzte verschrieben dem Studenten Psychopharmaka, um »die gewissen nervösen

Begleitsymptome abzufangen«. Am 9. Oktober diagnostizierte der behandelnde Arzt beim stets nervösen Patienten, der seit Studienanfang Schwierigkeiten hatte, »sich den nötigen Lernzwang aufzuerlegen«, eine »abnorme Persönlichkeit«. In dem Untersuchungsbefund hieß es: »Solche Persönlichkeiten haben es erfahrungsgemäß [...] schwerer als ein völlig Gesunder, den gewünschten Anforderungen in Beruf und Gesellschaft zu entsprechen. Andererseits handelt es sich auch nicht um ein Krankheitsbild im engeren Sinne des Wortes, welches den Betreffenden außer Stande setzt, beispielsweise seinen Lernpflichten nachzukommen.« Der Bericht endet mit der Ermutigung: »Wir halten ihn auch gegenwärtig für durchaus in der Lage, den Studienpflichten nachzukommen.«

Nach Abschluss der Behandlung lud Onkel Gerhard Schmitt seinen Neffen nach Berlin ein, damit dieser sich dort unter seiner Aufsicht und Kontrolle nun endlich auf die Abschlussprüfung vorbereitete. Gaucks Mutter fragte besorgt bei ihrer Schwester Gerda nach: »Was macht mein Sohn, ist er fleißig? Gerhard soll nur ja gut aufpassen und energisch antreiben, damit nicht wieder alles auf die letzte Minute geschoben wird. Nun ist ja gottlob auch die Olympiade vorbei, so dass er sich nun wirklich und konzentriert auf die Arbeit stürzen kann.« Mit Ach und Krach schaffte Joachim Gauck schließlich doch noch sein Examen. Ein damaliges Fakultätsmitglied: »Er hat das Examen erst im dritten Anlauf bestanden. Man hatte ihm gesagt, dass es sich dabei um eine Generalprobe handle. Da hat er es dann geschafft. In den achtunddreißig Jahren meiner Universitätslaufbahn war das der einzige Fall dieser Art, den ich erlebt habe.« Im August 1965, nach vierzehn Semestern, hielt Joachim Gauck erleichtert sein Abschlusszeugnis mit der Gesamtnote »genügend« in der Hand. Ob er Pastor werden sollte, wusste er aber auch zu diesem Zeitpunkt noch nicht.

Dem Wehrdienst entronnen

Wie gering Gaucks Begeisterung für sein Studium war, zeigte sich auch, als er 1962 durch das Wehrkreiskommando Rostock-Stadt aufgefordert worden war, sich mustern zu lassen. Der Student versuchte gar nicht erst, sich mit Hilfe der Kirche und dem Argument, er sei angehender Pastor, vor der Musterung und der drohenden Einziehung zu drücken. Auch die Tatsache, dass die Wehrpflichtigen in der DDR in der Regel nicht in der Nähe ihres Heimatorts stationiert wurden, schreckte den jungen Familienvater, der in diesem Jahr seinen zweiten Sohn bekam, offensichtlich nicht. Der durchtrainierte Handballer wurde gemustert und für tauglich befunden, als Mot.-Schütze in der Nationalen Volksarmee seinen Dienst zu tun. Gauck über seine damalige Motivlage: »Ich dachte, ach, das könnte doch reizvoll sein, sich als Theologiestudent einziehen zu lassen. Ich hatte ja damals noch überhaupt nicht die Absicht, mal Pastor zu werden. Aber als Christ unter den Soldaten aufzutreten, das war für mich durchaus ein attraktiver Gedanke. Die wunderten sich, dass ich überhaupt zur Musterung erschien. Danach geschah allerdings gar nichts, und ich wurde nicht eingezogen.«

Im November 1965, nach Abschluss seines Studiums, sollte Gauck dann doch zur Volksarmee eingezogen werden. Er bat um Freistellung vom Dienst für die Dauer seiner weiteren Ausbildung bis zum zweiten Examen. Handschriftlich vermerkte ein Mitarbeiter beim Rat der Stadt Rostock, wo der Antrag einging: »[...] wird behandelt wie jeder andere Wehrpflichtige. Freistellung wird von uns nicht befürwortet.« Dennoch wurde Gaucks Antrag stattgegeben. Jahre später, mittlerweile war er fünfunddreißig Jahre alt, ein gestandener Pastor und Vater von drei Kindern, befand die Volksarmee es für erforderlich, ihn erneut mustern zu lassen. Diesmal verweigerte sich Gauck der Aufforderung, indem er ein ärztliches Attest vorlegte, wonach er nicht dienstfähig sei. Gauck erinnerte sich: »Wir haben alle Rückenprobleme in unserer Familie. Ich ließ mich damals von einem befreundeten Arzt untersuchen, seine Diagnose war nach meiner Erinnerung Morbus Scheuermann.«

West-Berlin

Schon als Schüler hatte sich Joachim Gauck von Berlin angezogen gefühlt wie von einem Magneten, vor allem vom »lauten, wilden und sündigen« Westteil der Stadt. Als er Student war, fuhren er und seine Frau regelmäßig in die Hauptstadt der DDR und von dort mit der S-Bahn nach West-Berlin. Bis zum Mauerbau 1961 war das für DDR-Bewohner problemlos möglich. Hier lebte die Tante seiner Frau Hansi, bei der das Paar manchmal übernachten durfte. Eine noch wichtigere Anlaufstelle war die Wohnung seines Cousins Gerhard im bürgerlichen Stadtteil Wilmersdorf. Gerhard Schmitt war 1957, zusammen mit seiner Freundin Jutta, heimlich aus dem Elternhaus in Güstrow abgehauen und nach West-Berlin übergesiedelt. Dort hatte er ein Musikstudium aufgenommen und lebte zusammen mit Jutta und einem amerikanischen Pärchen in einer Wohngemeinschaft in einer großen Altbauwohnung in der Uhlandstraße.

Schmitts Eltern waren über die Entscheidung ihres Sohnes, die DDR zu verlassen, und seinen sittenlosen Lebenswandel entsetzt. Joachim Gauck dagegen war fasziniert vom libertinären Milieu rund um die Wohngemeinschaft seines Cousins. Der Kontrast zwischen seinem Leben in der Provinzstadt Rostock mit ihren zweihunderttausend Einwohnern und dem seines Cousins in der Millionenmetropole Berlin konnte nicht größer sein. Hier ein verheirateter Theologiestudent, der mit seiner Frau einen Kellerraum im Haus seiner Großmutter bewohnte. Dort ein Musikstudent, der unverheiratet mit seiner Freundin zusammenlebte und in der freigeistigen und freizügigen West-Berliner Studentenszene verkehrte. »Mensch, Musik müsste man können«, rief Gauck einmal, ein bisschen neidisch, bei einem Besuch in der Uhlandstraße aus.

Abends ging er mit seinem Cousin Gerhard in dessen Stammkneipe um die Ecke, wo die Musikstudenten saßen und klönten. Sie besuchten gemeinsam Konzerte oder gingen in die berühmte Jazz-Kneipe Eierschale. »Wir hatten nicht viel Geld und konnten nicht oft essen gehen«, erinnerte sich Gerhard Schmitt, »aber das Bier kostete damals dreißig Pfennige, das konnten wir uns leisten. Außerdem ging Joachim furchtbar gerne ins Kino. Da hatte er einen Nachholbedarf.«

Besonders fasziniert war der Rostocker Theologiestudent von der Freundin seines Cousins, Jutta, einer Schwägerin des Schriftstellers Uwe Johnson. Gauck widmete der Germanistikstudentin in seinen Erinnerungen Jahrzehnte später zwei Seiten: »Gerhards Freundin Jutta war eine dunkelhaarige, eher zarte Frau, auf eine aufregende und etwas dunkle Weise verführerisch – jedenfalls für den jungen Theologiestudenten aus der Provinz. Wäre ich damals nicht bereits in festen Händen gewesen, hätte diese Mischung aus weltläufigem Laisser-faire, geistiger Freiheit und einer gewissen Libertinage eine Versuchung darstellen können.« Gerhard Schmitt erinnerte sich: »Er hat sie sehr verehrt und ist gerne mit ihr um die Häuser gezogen. Sie war allerdings strohblond und nicht dunkelhaarig, wie er schreibt.«

War es wirklich das Bohemehafte an der jungen Frau, das Gauck anzog? Oder waren es die Schwermut und das Problemhafte in ihrem Wesen, was damals noch nicht so zutage getreten war wie später? »Jutta war eine schwierige Frau«, erklärte ihr Ex-Freund Gerhard Schmitt später, »zeitweilig ging sie auf der Straße immer nur ganz eng an den Häuserwänden entlang.« Sie starb 1968 bei einem Schwelbrand, als sie mit einer Zigarette im Mund im Bett einschlief.

Der Bau der Mauer

Sosehr Joachim Gauck West-Berlin liebte, so sehr hasste Walter Ulbricht die halbe, westdeutsche Stadt im Herzen der DDR, die eine so magische Anziehungskraft auf die DDR-Bürger ausübte. Der Diktator empörte sich über den Westteil der Stadt als »Eiterbeule, die junge Menschen systematisch durch Filme verseucht, die Mord und andere Schwerverbrechen lehren«. Wo Gauck Freiheit spürte, ortete Ulbricht einen »Tummelplatz der Kriegstreiber und Kriegsinteressierten«, ein »Paradies der Menschenhändler, Spione und Diversanten«. Es sei Absicht der Bundesrepublik, giftete der SED-Chef wütend, »mit dem Berliner Frontstadtsumpf die ganze Demokratische Republik zu verpesten«. Ulbrichts Wut hatte ihren Grund. In den fünfziger Jahren hatten mehr als 2,2 Millionen DDR-Bürger ihrer Heimat für immer den Rücken gekehrt. Drei Viertel davon über Berlin. Die geteilte Stadt war das offene Tor im Eisernen Vorhang.

Der ständige Verlust an Menschen nagte am Lebensnerv der DDR. Besonders schmerzhaft für die Machthaber war, dass vor allem junge, gut ausgebildete und hochmotivierte

Menschen dem Arbeiter- und Bauernstaat davonliefen. Für Joachim Gauck war vor diesem Hintergrund das Abschiednehmen von Freunden und Bekannten etwas ganz Normales, es gehörte dazu.

Klassenkameraden kamen von einem Tag auf den anderen nicht mehr zum Unterricht, Kommilitonen aus seiner Rostocker Fakultät verschwanden über Nacht. Aus seiner Straße in Brinckmansdorf gingen vier Familien, darunter die des Mädchens, das er mit sieben Jahren als Erste geküsst hatte. Der Richter aus der Doppelhaushälfte neben seinen Großeltern floh, genauso wie der Jurist aus dem Haus seiner Eltern. Von den Kapitänsfamilien in Wustrow, die mit seinen Eltern eng befreundet gewesen waren, blieb nicht eine einzige auf dem Fischland. Auch seine geliebte Tante Marianne, mit deren Kindern Burkhard und Heidi er als Junge in der Scheune im Stroh geschlafen hatte, hielt es nicht in der DDR. Er habe es gelassen und ohne Trauer hingenommen, schrieb Gauck in seinen Erinnerungen.

Das ist schwer zu glauben. Natürlich nagte es an denen, die blieben, wenn ihre Freunde und Verwandten sie im Stich ließen und sich trauten, ein neues Leben zu beginnen. Das verunsicherte, denn es warf die Frage nach der eigenen Position auf. Warum gehen die und ich bleibe?

Im Frühjahr 1961 schlossen jeden Monat neunzehntausend Ostdeutsche ihre Wohnungstür ab, um nie mehr zurückzukommen. Die Einwohnerzahl einer Kleinstadt. Für Ulbricht war klar, es musste etwas geschehen, das Problem Nummer eins endlich gelöst werden, koste es, was es wolle. In der Nacht vom 12. zum 13. August 1961 wurde es gelöst. Rund fünfundzwanzigtausend Mann der paramilitärischen »Betriebskampfgruppen« sperrten die Durchgänge zwischen Ost- und West-Berlin. Als die Berliner am Sonntagmorgen aufwachten, standen sie vor vollendeten Tatsachen.

Das Tor im Eisernen Vorgang war zu. Der 13. August 1961 war die zweite Geburtsstunde der Deutschen Demokratischen Republik. Der Mauerbau war die wichtigste und entscheidendste Maßnahme Ulbrichts zur Stabilisierung der sozialistischen Herrschaft in Ostdeutschland. Er beendete die »Abstimmung mit den Füßen«, unterbrach den Flüchtlingsstrom in den Westen und verhinderte ein weiteres personelles Ausbluten des SED-Staats. Ab jetzt gab es für die Ostdeutschen keine Alternative mehr, und sei es nur gefühlt. Sie waren nun DDR-Bürger mit Haut und Haar. Gauck beklagte in seinen Erinnerungen: »Wir durften nicht einmal zu Beerdigungen fahren, wenn jemand starb. Es gab keinerlei Begegnungen mehr. Gespräche über die wenigen Privattelefone mussten beim Fernamt angemeldet werden, halbe Tage warteten wir auf die Verbindung, oft kam sie gar nicht zustande.« Es sollten siebzehn Jahre ins Land gehen, bis Joachim Gauck erstmals wieder erlaubt wurde, ins westliche Ausland zu reisen.

Vikariat

An das 1965 endlich glücklich abgeschlossene Studium schloss sich das zweijährige Vikariat an, die praktische Ausbildung für angehende Pastorinnen und Pastoren nach dem ersten theologischen Examen. Anfang 1966 trat Gauck seinen Dienst in Laage an, einem größeren Dorf mit rund dreitausend Einwohnern, dreißig Kilometer südlich von Rostock gelegen. Nach wie vor quälten ihn Ängste. War sein Glaube stark genug, um ein Vorbild für seine Gemeinde sein zu können? Waren seine Predigten nahe genug an den Sorgen und Nöten seiner Gemeindemitglieder? In der praktischen Arbeit gewann er langsam an Sicherheit. Er entdeckte, dass er vor anderen reden konnte und die Menschen im Kirchenschiff erreichte, auch wenn da manchmal nur eine Handvoll Gläubige saß. Das gab ihm das Selbstvertrauen, den beschrittenen Weg trotz aller immer noch vorhandenen Zweifel weiterzugehen. Gegen Ende seiner praktischen Ausbildung fühlte er sich dem Pastorenamt immerhin gewachsen, und der Wunsch nach einer eigenen Gemeinde kam auf. Zehn Jahre hatte es gedauert, bis er seinen Weg zu Gott und zum Amt des Seelsorgers gefunden hatte. Pastoral schrieb er dazu in seinen Erinnerungen: »In der Begegnung mit den Gemeindemitgliedern aber habe ich die Angst verloren, vom Zweifel verschlungen zu werden. Ich konnte geistlich wachsen und selbst etwas ausstrahlen.«

Der junge Pastor

Rebelliert hatte ich in all den Jahren weder als Student noch als Pfarrer. Zum Märtyrer war ich nicht berufen.

Joachim Gauck

Konkret versucht er, unter dem Deckmantel der kirchlichen Friedensarbeit, oppositionell eingestellte Jugendliche politisch-ideologisch zu gewinnen, um sie gegen unsere sozialistische Entwicklung und insbesondere gegen die notwendige Stärkung der Verteidigungsbereitschaft der DDR aufzuwiegeln.

Ein Inoffizieller Mitarbeiter über Gauck

Lüssow

Mitte 1967 begann für Joachim Gauck das Berufsleben als Pastor der Evangelisch-Lutherischen Landeskirche Mecklenburgs. Er blieb es zweiundzwanzig Jahre lang, bis zum Ende der DDR. Seine erste Stelle trat er am 1. Juli im Tausend-Einwohner-Dorf Lüssow an, dreißig Kilometer südlich von Rostock gelegen. Zu Pfingsten stellte er sich seiner Gemeinde vor und zog mit seiner jetzt fünfköpfigen Familie ins örtliche Pfarrhaus; drei Wochen zuvor war Tochter Gesine geboren worden, sein drittes Kind. Noch war er mit seiner Ausbildung nicht fertig, das zweite Examen stand bevor. Aber er hielt im Status eines Hilfspredigers bereits Gottesdienste, erteilte Konfirmandenunterricht und Christenlehre. Eine Woche vor Weihnachten wurde er in einem Gottesdienst offiziell in sein Amt eingeführt. Nach neun langen Jahren der Ausbildung hielt er endlich seine Ordinationsurkunde in den Händen. »Im Namen des Vaters und des Sohnes und des Heiligen Geistes ist der Predigtamtskandidat Joachim Gauck am 17. Dezember 1967 in der evangelisch lutherischen Kirche zu Lüssow unter Fürbitte der Gemeinde und Auflegung unserer Hände zum Amt der Kirche ordiniert worden. Die Ordination fand mit dem Wort der heiligen Schrift Jeremia 15,16 statt.«

Die bedeutendsten Gebäude des landwirtschaftlich geprägten Ortes waren das Gutshaus und die beeindruckende, überwiegend aus Feldsteinen errichtete Kirche, in der Joachim Gauck in den nächsten drei Jahren jeden Sonntag um zehn Uhr Gottesdienst hielt. Zu seiner Landgemeinde gehörten noch zwei weitere Gotteshäuser, in denen er zusätzlich einmal im Monat am Nachmittag predigte. Das Pfarrhaus, in das die Familie zog, war zwar groß, aber heruntergekommen. Es hatte uralte Fenster und Holzböden, Kohleheizung und ein Plumpsklo – im Pfarramtsübergabeprotokoll als »doppelsitziger Eimerabort« bezeichnet. Fließendes Wasser gab es nicht; das musste mit einer Pumpe, die in der Küche stand, ins Haus gepumpt werden. Gekocht wurde auf einem mit Propangas betriebenen Herd. Anfangs gab es kein Bad, so dass die Familie sich in der Küche auch waschen musste. Das riesige Gebäude stand den Gaucks nicht allein zur Verfügung. Mit im Haus wohnten eine Pfarrerwitwe mit Kind, eine Flüchtlingsfamilie und eine leicht debile Rentnerin. Auch der fünfzig Quadratmeter große Gemeindesaal war darin untergebracht.

Hier fanden Konfirmandenunterricht und Christenlehre statt; im Winter, wenn die Temperaturen in der Kirche unerträglich wurden, auch der Gottesdienst. Außer der Familie Gauck lebten noch zwei Witwen in dem Haus, eine davon mit ihrem Sohn; schließlich hintereinander zwei Katechetinnen, die die Kinder in den Dörfern der Kirchengemeinde in Christenlehre unterrichteten.

Gaucks eigene Kinder, Christian, Martin und Gesine, waren von ihrem Zuhause begeistert. Für Christian war es das »wunderschöne Lüssow«, in dem er »die schönsten Jahre« verbrachte. »Wir waren eine allseits akzeptierte Familie. Es war wie im Paradies. Wir wohnten in einem riesigen Pfarrhaus mit großem Garten und einem kleinen Fluss dahinter und alle 14 Tage kam unser Opa zu Besuch, um den Garten zu pflegen.« Die Religion war ein selbstverständlicher Bestandteil des Familienlebens, und natürlich wurde beim gemeinsamen Essen ein Tischgebet gesprochen: »Komm Herr Jesu und sei unser Gast und segne, was du uns bescheret hast«. Abends, vor dem Schlafengehen beteten die Kinder noch einmal.

Auch jetzt noch quälten den jungen Landpastor Zweifel, ob er den richtigen Berufsweg beschritten hatte. Hinzu kam naturgemäß die Unsicherheit des ungeübten Berufsanfängers. Er versuchte, dieses Defizit durch ein forsches Auftreten zu kompensieren, eine Strategie, die er schon als Junge gern verfolgt hatte. Der Pfarrer paffte Zigaretten, trug Lederjacke und knatterte mit seinem Dienstmotorrad über die holperigen Straßen und Wege seiner Kirchengemeinde, die vierzehn Dörfer umfasste. Dass er damit auffiel, insbesondere bei seinen weiblichen Gemeindemitgliedern, kam keinesfalls ungelegen. Ruth Kriewall, die von Gauck damals getraut wurde, war nicht die Einzige, auf die der attraktive Pfarrer »schon einen gewissen Eindruck« machte.

Gottesdienste, Taufen, Konfirmationen, Hochzeiten und Jugendabende, es herrschte kein Mangel an Arbeit. Auch die Begegnung und der Umgang mit dem Tod gehörten nun zu seinem Leben. Arbeitsalltag für einen erfahrenen Pastor. Neu und erschütternd für den gerade ordinierten

18 Mit einer Konfirmandin

Jungpastor. Ein Bräutigam verunglückte auf dem Weg zu seiner Hochzeit tödlich und Gauck musste der Braut, statt sie zu trauen, die schreckliche Nachricht überbringen. Ein siebzehnjähriges Mädchen aus seiner Gemeinde beging Suizid. Ein ebenfalls aus seiner Gemeinde stammender junger Mann kam während seines Militärdienstes unter ungeklärten Umständen zu Tode. Über solche Fügungen des Schicksals, in denen Gauck gefordert war, den Betroffenen zur Seite zu stehen und Trost zu spenden, wuchs er langsam in den Beruf des Seelsorgers hinein.

Die neue Aufgabe forderte ihn so stark, dass er völlig darin aufging und fast alles andere um sich herum vergaß. Auch, welche Last er seiner Frau auflud, unter den primitiven Bedingungen im ländlichen Lüssow drei Kinder großzuziehen und ihm den Rücken für seine Arbeit freizuhalten. Hansi Gauck war weder willens noch in der Lage, neben der Vollzeitstelle als dreifache Mutter zusätzlich die Rolle der »Frau Pastor« zu übernehmen, die unermüdlich rund um die Uhr unentgeltlich Dienst tat. Diese Aufgabe hatte sie sich nicht ausgesucht, und sie lag der introvertierten und scheuen Frau auch nicht. Der junge Familienvater stürzte sich ohne Wenn und Aber in seinen Beruf und war nicht glücklich darüber, dass seine Frau wenig Neigung zeigte, ihn über die Erziehung der Kinder hinaus häufiger bei seiner Arbeit zu unterstützen. Die junge Mutter wiederum fühlte sich zurückgesetzt, weil die Arbeit für ihren Mann plötzlich einen so großen Stellenwert einnahm und er sie zu oft mit den Problemen der Familie alleinließ. In Lüssow war für das Ehepaar die Weggabelung, an der sie unterschiedliche Pfade betraten, die sie über die Jahre langsam voneinander entfernten.

Parum

Im Nachbarort Parum, der zu seiner Gemeinde gehörte, lernte Gauck damals die Gemeindepädagogin Beate Brodowski kennen, die eine enge, lebenslange Freundin seiner Familie werden sollte. Sie hatte von der Kirche einen Trabant als Dienstfahrzeug zur Verfügung gestellt bekommen, den Gauck, der nur ein Motorrad hatte, nutzen durfte, wenn sie selbst den Wagen nicht brauchte. Als Joachim Gauck 2012 zum Bundespräsidenten gewählt worden war und an Ostern wieder einmal seine Heimatstadt besuchte, gehörte seine ehemalige Kollegin aus Parum zu den Ersten, die er in ihrer kleinen Wohnung im Dach der Nikolaikirche besuchte. Es war Beate Brodowski, die den jungen Pastor dazu anregte, sich neben seinem Amt als Gemeindepastor für die »Landjugend« zu engagieren.

Das war eine Aufgabe, die für Joachim Gauck wie gemacht erschien. Er fand solchen Gefallen daran, dass die kirchliche Jugendarbeit zu einem Schwerpunkt seiner beruflichen Tätigkeit wurde. Als er später wieder in Rostock lebte, übernahm er zusätzlich zu seiner Tätigkeit als Gemeindepastor das Amt des Stadtjugendpastors und knüpfte damit an seine Zeit mit der Mecklenburger »Landjugend« an. Bei der Ansprache von Jugendlichen ging es nicht nur um religiöse Themen, sondern auch darum, Gemeinschaft zu erleben und miteinander ins Gespräch zu kommen. »Die Leute kamen, um über Politik zu sprechen«, erinnerte sich Beate Brodowski an die gemeinsame Arbeit und daran, dass Gauck und sie damals »völlig unbedarft« an diese Aufgabe herangegangen seien. Beate Brodowksi organisierte Ausflüge und Wanderungen für die jungen Mecklenburger, ging mit ihnen frühstücken oder lag einfach nur mit ihnen am Strand. Offensichtlich war die gemeinsame Ar-

19 Arbeit mit Jugendlichen

beit von Gauck und Brodowski erfolgreich. So erfolgreich, dass die evangelische Landeskirche auf die Aktivitäten ihres Landpastors in Lüssow aufmerksam wurde und ihm Anfang 1970 die Leitung des Arbeitskreises »Landjugend« übertrug.

Beate Brodowski bewohnte das Pfarrhaus von Parum, ein Gebäude, das sich in einem noch erbärmlicheren Zustand befand als das Pfarrhaus, in dem die Gaucks wohnten. Die Decken waren an manchen Stellen heruntergekommen, und mangels eines Bads mussten sich die im oberen Stockwerk untergebrachten Gäste im Erdgeschoss in der Küche waschen. Dennoch verbrachten die Gaucks hier jahrelang ihre Freizeit. Das belegt das Gästebuch von Beate Brodowski, das »Schweinchenbuch« hieß, weil jeder Besucher sich mit einem gezeichneten Schwein darin verewigen musste. Die Gaucks hinterließen Dutzende solcher Schweine. Vor allem, als die Familie 1971 nach Rostock gegangen war, wurde das Pfarrhaus am Parumer See zum nicht in Gold aufzuwiegenden Ferienrefugium. Immer wieder erholten sie sich hier von der Ödnis und der sozialen Verarmung in dem Plattenbauviertel, in das sie gezogen waren. Meist für ein Wochenende, manchmal auch für eine ganze Woche. »Rostock, das war für die Familie triste«, erinnerte sich Brodowski, »der Garten hier in Parum, der war lebensrettend für sie.«

Die Gaucks pachteten sogar ein Stück des großen Gartens, der mit hohen Bäumen, Büschen und Brombeerhecken bewachsen war und in traumhafter Lage direkt an den Parumer See grenzte. Der Vater kümmerte sich um den Rasen. Seine Frau kochte und die Familie aß anschließend bei schönem Wetter gemeinsam im Freien. Die Jungs spielten Fußball und beobachteten, wie auf der benachbarten Koppel ein Fohlen zu Welt kam. Gesine lernte auf dem zugefrorenen See Schlittschuhlaufen. Besonders wohl in Parum fühlte sich Christian, der immer mal hierherkam, wenn er mit seinen Eltern Ärger hatte. Beate Brodowski spielte für ihn eine ähnliche Rolle wie für seinen Vater in dessen Kindheit Tante Marianne. So lange die Gaucks noch in Lüssow wohnten, ging Christian öfter den fünf Kilometer langen Feldweg von Lüssow zu Fuß nach Parum. Später brachten er und sein Bruder Martin ihre Freundinnen mit hierher. Sie waren nicht traurig, wenn die Hausherrin wieder mal unterwegs war und sie das Haus für sich allein hatten.

20 Mit Beate Brodowski, Tochter Gesine und Hansi Gauck

Im Visier der Staatssicherheit

Praktisch von Beginn seiner beruflichen Tätigkeit an stand Joachim Gauck unter Beobachtung des 1950 gegründeten Ministeriums für Staatssicherheit (MfS), Hier waren sowohl die Auslandsspionage der DDR angesiedelt als auch die nach innen gerichtete Geheimpolizei des SED-Staates, die für die Ermittlungen in »politischen Straftaten« zuständig war. Als »Schild und Schwert der Partei« war das MfS das wichtigste Instrument der SED zur Unterdrückung von DDR-Oppositionellen. Mit Hilfe einer Heerschar »Inoffizieller Mitarbeiter« (IM), die heimlich angeworben wurden und ihre Mitarbeit beim MfS geheim halten mussten, registrierte die Staatssicherheit jede oppositionelle Äußerung und Regung der Bürger. Wie ein Riesenkrake machte sich die Stasi unter den Bewohnern der DDR ständig breiter. Mit seinen unzähligen Saugnäpfen schaffte er unermüdlich, Tag und Nacht, Informationen in sein Inneres: Heimlich aufgezeichnete und von Inoffiziellen Mitarbeitern weitergeleitete Gespräche, Fotografien, die aus einem Versteck heraus gemacht worden waren. Aufnahmeprotokolle von verwanzten Telefonen.

Ein Jahr nachdem Joachim Gauck seine erste Pfarrstelle angetreten hatte, meldete eine Lehrerin an die Kreisdienststelle des MfS in Güstrow: »Seitdem der Gauck im Jahre 1967 nach Lüssow gezogen ist und seine Tätigkeit aufgenommen hat, ist ein spürbarer Rückgang an Jugendweiheteilnehmern zu verzeichnen. Gauck versteht es, durch gute Umgangsformen, Organisierung von Zusammenkünften am Wochenende, Fahrten in die Umgebung usw. Einfluss insbesondere auf die Mädchen der 7. und 8. Klasse auszuüben.« Auch die gemeinsame Jugendarbeit von Brodowski und Gauck interessierte das MfS brennend. Nach der Wende las Brodowski ihre Stasiakte. »Was für ein Blödsinn darin stand«, wunderte sie sich, »die haben doch glatt aufgeschrieben, welche Lieder wir gesungen haben!«

1970 wurde Joachim Gauck von der Stasi im Operativen Vorgang »Kontakt« erfasst. Ein Operativer Vorgang (OV) wurde von der Staatssicherheit angelegt, wenn sie verdeckt gegen Einzelne oder Gruppen »feindlich-negativer« Personen strafrechtliche Ermittlungen einleitete und aktiv gegen sie vorgehen wollte. Das MfS hegte den Verdacht, dass Gauck zu einer Gruppe von Geistlichen gehörte, die Kontakte zu westlichen Kirchenstellen dazu nutzten, »eine systematisch feindliche Beeinflussung religiös gebundener Jugendlicher aus der DDR zu betreiben«. Weiter hatten heimliche MfS-Zuträger festgestellt, dass es dabei zu »illegalen« Zusammenkünften mit westlichen Kirchenleuten gekommen war, die einen »feindlichen und untergründigen Charakter trugen«. Gauck, in der Akte öfter mal »Gaug« geschrieben, war vom berichtenden IM »Dieter Müller« als einer der Organisatoren dieser illegalen Treffen identifiziert worden.

Tatsächlich hatte Gauck mehrfach an innerkirchlichen Arbeitstreffen teilgenommen, bei denen Geistliche aus beiden deutschen Staaten zusammenkamen. Sie trafen sich dabei in kirchlichen Einrichtungen, mal in Berlin, mal in Mecklenburg. Die Veranstaltungen standen unter Themen wie »Wozu taugt der christliche Glaube?« oder »Probleme des Friedens und der Friedenserziehung«.

Die intensive Beobachtung der im OV »Kontakt« erfassten Geistlichen führte nicht zur Aufdeckung einer Verschwörung gegen die DDR. Auch eine »Feindtätigkeit« konnte nicht nachgewiesen werden. Der IM »Norbert« konnte über eine dieser Veranstaltungen, die von Gauck mit geleitet wurde, lediglich berichten: »Mein bisheriger Eindruck ist der, dass dieses Treffen sehr stark theoretisch im theologischen Bereich verlief.« Der OV »Kontakt« verlief im Sande und wurde schließlich archiviert.

Vermutlich 1974, das genaue Datum ist den Akten nicht zu entnehmen, leitete die Stasi unter dem Decknamen »Gauckler« eine »Operative Personenkontrolle« gegen Gauck ein. Das war sozusagen die erste Stufe der »Feindbekämpfung«, die regelmäßig einem Operativen Vorgang vorausging. Von diesem Zeitpunkt an wurde Gauck permanent durch das Ministerium für Staatssicherheit überwacht, und alle erreichbaren Informationen über ihn wurden archiviert. Das Ziel der Maßnahme war, »feindlich-negative Handlungen« des Pastors frühzeitig zu erkennen und zu verhindern. »Gauckler« trat nach Beobachtung der Geheimpolizisten regelmäßig »politisch negativ in Erscheinung«. Aus den Berichten und Analysen des MfS ergibt sich zweifelsfrei, dass Joachim Gauck dem SED-Staat vom Beginn seiner Überwachung bis 1988, als seine Akte geschlossen wurde, kritisch gegenüberstand.

Zu keinem Zeitpunkt war er auch nur im Ansatz dazu bereit, sich der SED oder gar der Staatssicherheit in irgendeiner Form anzudienen. Die Stasi dokumentierte es: »Im Mai 1974 bezeichnete G. die Regierung der DDR als Clique, die gemeinsam mit dem MfS und der NVA das Volk unterjocht.« Einen Monat später berichtete ein IM, dass auf einer Veranstaltung, an der Gauck teilgenommen hatte, über die angebliche »Diskriminierung« der Bürger in der DDR gesprochen wurde. Gauck bezeichnete dabei diese Diskriminierung als »schwarze Pest« und gab allen Teilnehmern »Anregungen« für die Bekämpfung der Diskriminierung in der Republik. Wiederum einen Monat später berichtete ein Informant, dass der kritische Pastor »alle Leute hoch schätze, die […] gegen das sozialistische System […]

ankämpfen« und »dass bei der Staatssicherheit nur ›Pack‹ und ›Gesindel‹ beschäftigt ist und eben diese Leute, [...] für ihn das Allerletzte bedeuten«. So ging es weiter mit Joachim Gauck und dem Ministerium für Staatssicherheit. Jahr für Jahr. Gauck zog gegen die Staatspartei und ihre Geheimpolizisten mehr oder weniger heftig vom Leder. Der Stasikrake dokumentierte es ausführlich in den über ihn angelegten Akten.

Rostock-Evershagen

Am 12. Dezember 1971 hielt Gauck seinen letzten Gottesdienst in Lüssow. Nach knapp fünf Jahren zog es ihn zurück in die Stadt zur nächsten, größeren Aufgabe. Anfang 1972 übernahm er im neu errichteten Plattenbauviertel in Rostock-Evershagen den Aufbau einer evangelischen Gemeinde. »Ich wollte an die Front, wo gekämpft wird«, erklärte Gauck seinen Wechsel vom Dorf in die Stadt später. Die Aufgabe wies Parallelen zu der eines Missionars auf. Der neue Pastor trat sein Amt an einem Ort an, an dem das Christentum kaum eine Rolle spielte. Tatsächlich sprach Joachim Gauck Jahrzehnte später von seinem »missionarischen Ansatz«, der mitbestimmend dafür war, dass er sich für die neue Aufgabe entschieden hatte. In seiner Autobiographie schrieb er dazu: »In einer solchen Terra incognita die Arbeit aufzunehmen erforderte Entschlossenheit, Offenheit, Durchhaltekraft. Ich habe diese Reise angetreten mit großer Begeisterung, mit Freude und Neugier und vor allem mit dem festen Willen, die Herausforderung zu meistern.« Hinzu kam sein Ehrgeiz, persönlich voranzukommen und sich einen Namen innerhalb seiner Landeskirche zu machen. Um dieses Ziel zu erreichen, war die Bereitschaft, in eines der neuen Wohngebiete zu ziehen, die in diesen

Jahren im Norden und Nordosten von Rostock buchstäblich aus dem Boden gestampft wurden, ein erfolgversprechender Ansatz.

Rostock, die Bezirkshauptstadt im Norden der DDR, wuchs aufgrund ihres prosperierenden Überseehafens in den sechziger Jahren um vierzigtausend Einwohner auf über zweihunderttausend an. Vor allem Arbeiter der nahe gelegenen Warnow-Werft bekamen in den in Plattenbauweise errichteten Neubaugebieten eine Wohnung zugeteilt. Die Kirche folgte den Zehntausenden von Menschen, die hierherzogen, und baute in den entstehenden Stadtteilen neue Kirchengemeinden auf. Der Engpass waren dabei Pastoren, die bereit waren, in diese christliche Einöde zu gehen und die erforderliche Missionsarbeit zu leisten. Mehrere Kandidaten, die von der evangelischen Landeskirche gebeten worden waren, nach Evershagen zu gehen, hatten zuvor dankend abgewunken. Sie fürchteten die Frontarbeit in diesen Trabantenstädten, in denen die Kirche für die neu Hinzugezogenen fast keine Rolle mehr spielte. Joachim Gauck spürte den Bedeutungsverlust der Kirche in seiner Gemeinde beispielsweise daran, dass es kaum noch zu kirchlichen Eheschließungen kam: »Ich habe wohl wenig mehr als zehn Trauungen durchgeführt in zwanzig Jahren.«

Der junge Pfarrer jedoch sah in der schwierigen Aufgabe eine Chance für sich. Sein Landesbischof Heinrich Rathke, zu dem Gauck aufblickte, war einer der Ersten gewesen, der 1962 in ein derartiges Plattenbauviertel gezogen war, um eine Kirchengemeinde aufzubauen. 1972, im selben Jahr, in dem Gauck nach Evershagen ging, wurde Rathke zum neuen Landesbischof von Mecklenburg gewählt. Es konnte für einen jungen Pastor am Beginn seiner Laufbahn nicht verkehrt sein, sich diesen Geistlichen zum Vorbild zu nehmen und sich seinen beruflichen Werdegang genau anzusehen.

Die Idee für den Wechsel war im Januar 1971 geboren, als Gauck bei einer persönlichen Einladung seinem ehemaligen Kommilitonen Christoph Stier wiederbegegnete. Der war im Jahr zuvor Gemeindepastor in der benachbarten Plattenbausiedlung Lütten-Klein geworden und versuchte seinem ehemaligen Kommilitonen die Aufgabe in Evershagen schmackhaft zu machen. Gauck war dem Gedanken nicht abgeneigt, aber zögerlich, so wie er schon bei der Wahl seines Studiums und der Frage der Berufswahl gezögert hatte. Joachim Gauck tat sich mit richtungsweisenden Lebensentscheidungen schwer, das sollte sich auch in späteren Lebensphasen ein ums andere Mal bestätigen. Mehrere Besuche der Familie Stier bei den Gaucks in Lüssow folgten, bei denen Stier versuchte, Gauck von der neuen Aufgabe zu überzeugen. Am 1. September 1971 trat Stier sogar im Gemeindekirchenrat von Lüssow auf, um dafür zu werben, dass man Gauck nach Rostock ziehen lassen sollte. Bemerkenswert: Auch Christoph Stier wurde später Landesbischof, er folgte Heinrich Rathke 1984 in dieser Funktion nach.

Damit Gauck sein Amt überhaupt antreten konnte, musste eine Unterkunft für die fünfköpfige Familie gefunden werden. Weil Hansi Gauck seit ihrer Ausbildung zur Buchhändlerin Mitglied einer Arbeiterwohnungsbaugenossenschaft gewesen war, bekam die Familie eine Wohnung in Rostock-Evershagen zugewiesen, eines der raren und kostbaren Güter in der Mangelwirtschaft der DDR. Jahrelang hatten die Gaucks Genossenschaftsanteile bezahlt und der Familienvater hatte die für eine Wohnungszuteilung erforderlichen »manuellen Arbeitsleistungen« auf Baustellen erbracht. Das zahlte sich jetzt aus.

Für Hansi Gauck und die drei Kinder war der Umzug vom alten Pfarrhaus mit dem großen Garten in die kleine Dreieinhalb-Zimmer-Wohnung, umgeben von einer kahlen Mondlandschaft, ein Schock. Die Wohnungen waren so hellhörig, dass selbst das Abrollen des Klopapiers auf der Toilette den Nachbarn kein Geheimnis blieb.

Erst ein Teil der eintönigen Betonblöcke war fertiggestellt, und um sie herum war Matsch, so weit das Auge reichte. Man konnte sich nur mit Gummistiefeln durch die Schlammwüste bewegen, von denen ständig fünf verdreckte Paare vor der Tür der Gaucks standen. Es war eine Einöde ohne Straßen und Fußwege, ohne Bäume und Sträucher. Zwar gab es schon Einkaufsmöglichkeiten, auch Kinderkrippen und Schulen, aber nicht eine einzige kulturelle Einrichtung und lediglich ein Restaurant. Anfang der siebziger Jahre konnte man in Evershagen schlafen und die Abende vor dem Fernseher verbringen, mehr nicht.

Die Entscheidung für dieses Umfeld traf der Familienvater im Alleingang, Frau und Kinder hatten kein Mitspracherecht. Gaucks Familie war todunglücklich über den Wohnortwechsel. Sein ältester Sohn Christian empörte sich über die diktatorische Entscheidung seines Vaters. »Wir kamen als Familie immer an zweiter Stelle, er hat alles allein entschieden. [...] Meine Mutter hat sehr unter dem Umzug in dieses furchtbare Plattenbauviertel gelitten.« Eine Nachbarin der Familie Gauck bestätigte diesen Eindruck. »Sie hat das in der Platte nicht ausgehalten, diese Tristesse, diese Gleichförmigkeit.« Hansi Gauck selbst sprach von den »bitteren Schattenseiten« der Jahre in Evershagen. »Ich erinnere mich nicht gerne daran. [...] Dort herrschte eine furchtbare Atmosphäre. Die Nachbarn bespitzelten sich gegenseitig. Auch für die Kinder war es schrecklich.« Wann immer es ging, entfloh Hansi Gauck mit ihren Kindern dem

Umfeld in Evershagen. Entweder nach Brinckmansdorf in den Garten ihrer Schwiegereltern oder an den Parumer See zu ihrer Freundin Beate Brodowski.

Wie schon in Lüssow stürzte sich Joachim Gauck auch in Evershagen in seine Arbeit, vielleicht noch besessener als zuvor. Daneben blieb kaum ein Blick für seine triste Umgebung und wenig Verständnis für die Nöte seiner Familie: »Mit gutem Gewissen habe ich die Familie dem Beruf nachgeordnet. Es gab so viel zu tun in Evershagen. In meiner Landgemeinde hatten noch fast alle der Kirche angehört, jetzt musste ich nach Christen suchen. Es war wie die Entsendung in ein Missionsland.« Als er sein neues Amt antrat, existierte nichts von dem, was eine evangelische Kirchengemeinde ausmacht. Ein Kirchengebäude war in den Plänen der Architekten des Sozialismus nicht vorgesehen. Ein Pfarrhaus, Gemeinderäume? Ebenfalls Fehlanzeige. Gauck musste beim Aufbau seiner Gemeinde am Nullpunkt beginnen. Wenn er sich sonntags seinen Talar anzog, predigte er zu Beginn vor kaum mehr als einem Dutzend Gläubigen.

Unter der Woche zog er von Haus zu Haus, klopfte, klingelte an jeder Tür, fast immer öffneten Frauen. Für die Kirche direkt werben durfte er nicht, also stellte er sich mit den Worten vor: »Ich möchte Sie besuchen, wenn Sie evangelisch sind.« Interessierte lud er zu einem Bibelabend oder einem Glaubensgespräch ein. Seine Stärken bei dieser Missionsarbeit waren seine ausgeprägten Fähigkeiten, gut zuhören zu können und auf die Bedürfnisse der Menschen, die er ansprach, einzugehen. Darüber hinaus kam ihm sein enormer zeitlicher Einsatz zugute. Eine Wegbegleiterin jener Jahre versicherte: »Man konnte einen kurzen Draht zu ihm haben, er hat einen nie abgewiesen. Ich konnte ihn auch spätabends anrufen, da gab es keine Formalitäten.«

Was für seine Kirchgemeinde positiv und lobenswert war, empfand seine Familie als anstrengend und lästig. Ständig klingelte das Telefon bei den Gaucks, und der Pastor musste weg. Christian berichtete: »Es gab kaum ruhige Momente, bei uns war immer irgendwas los, die Wohnung war immer voll mit Leuten.« Da die Kirche über keine eigenen Räume verfügte, fanden Konfirmandenunterricht, Christenlehre und andere Veranstaltungen unter christlichem Vorzeichen in Privatwohnungen statt. Oft in der Wohnung der Gaucks. Wenn mehrere Kinder in den engen Wohnzimmern saßen, musste schon mal eines auf dem Schoß eines älteren sitzen. In den achtziger Jahren kam das Westfernsehen. Der Norddeutsche Rundfunk filmte einen solchen Konfirmandenunterricht. »Das waren mutige Kinder und mutige Eltern«, erinnerte Gauck sich Jahrzehnte später: »Ich hatte vor dem Film eine stundenlange Debatte mit einer Mutter, ob ihr Kind dabei sein darf. Fünfundachtzig Prozent der Bewohner von Evershagen hätten nicht den Mut gehabt mitzumachen.«

Hansi Gauck, die den Umgang mit ihr unbekannten Menschen eher scheute, hatte in Evershagen kaum Möglichkeiten, sich zurückzuziehen. Notgedrungen saß sie in ihrer winzigen Küche, wenn ihr Mann mit seinem Kirchgemeinderat im Wohnzimmer tagte. Als die Pastorenfrau an Gaucks Seite, das klassische Bild, wollte sie weniger denn je wahrgenommen werden. Ihre damaligen Freunde und Bekannten nahmen sie durchweg als »bescheidene, stille, zurückhaltende Frau wahr, die überhaupt kein Bedürfnis hatte, sich in den Mittelpunkt zu spielen«. Tatsächlich war sie unglücklich mit ihrem Leben und litt. An ihrer Wohnung, an dem Umfeld, in dem sie lebte, an der Tatsache, dass ihr Mann immer Zeit für seine Gemeindemitglieder hatte, aber selten für sie.

Seine sonntäglichen Gottesdienste hielt Joachim Gauck bis Mitte der achtziger Jahre in der St.-Andreas-Kirche im benachbarten Reutershagen. Erst 1984 durfte sich die katholische Gemeinde am Rand von Evershagen die Thomas-Morus-Kirche bauen. Die Katholiken erlaubten den Evangelischen, ihr Gotteshaus mitzubenutzen, so dass Joachim Gauck von da an endlich auch in Evershagen Gottesdienste halten konnte. Predigen war seine größte Begabung. Auf der Kanzel war er eine herausragende Persönlichkeit. Grundsätzlich sprach er in freier Rede, sein Manuskript bestand lediglich aus einer Gliederung und einigen dazu notierten Stichworten. Die endgültigen Formulierungen fand er aus dem Stegreif. Viele Gemeindemitglieder sahen in ihrem Pastor einen »begnadeten Redner«, der kein abgehobener Akademiker war, sondern ihre Sprache sprach, was sie sehr schätzten. Geschickt fand Gauck für seine Predigten plastische Bibelstellen, die Bezug zu seinem Thema und zum realen Leben hatten. Gebannt hörten die Gläubigen zu, wenn er vom »Volk, das im Dunkeln wandelt« sprach. Seine Kirchengemeinderätin Rosemarie Albrecht nahm ihn als kontaktfreudigen Pastor war, der auf seine Gemeinde zuging: »Er interessierte sich für das Schicksal der Menschen seiner Gemeinde und war dann auch selber davon berührt.« Albrecht weiter: »Er äußerte sich sehr frei und verwendete ganz eigene Formulierungen. Das wirkte authentisch, man nahm ihm das ab. Manchmal war er mir in seiner Wortwahl sogar zu drastisch, zum Beispiel wenn er von den ›Roten Tomaten‹ sprach.« Auch Berufskollegen bestätigten diesen Eindruck. »Ich war sehr angetan«, berichtete der damalige Rostocker Studentenpfarrer Christoph Kleemann, der mehrfach Gottesdienste von Gauck besuchte, »sein Name war mir ein Begriff, schon bevor ich ihn kannte. Er predigte sehr frisch, lebendig, bildhaft und war rhetorisch sehr überzeugend. Seine Predigten waren sehr konkret, und er packte auch mal eine kleine politische Spitze hinein.«

Langsam wuchs die von Gauck aus dem Nichts aufgebaute Gemeinde. 1979 gehörten ihr rund fünfzehn Prozent der zweiundzwanzigtausend Einwohner von Evershagen an. Das waren zu viele Gläubige und zu viel Arbeit geworden, als dass ein Pastor sie noch allein hätte bewältigen können. Am 1. Dezember 1979 bekam Rostock-Evershagen darum einen zweiten Gemeindepastor: Sybrand Lohmann. Der neue Pastor stellte schnell fest, dass die Gemeindemitglieder von Evershagen seinen Amtskollegen nicht nur respektierten, sondern »sogar liebten. [...] ich musste mich sehr anstrengen, auf diesen schnell fahrenden Zug aufzuspringen.« Sein neuer Kollege nahm Gauck vor allem die Aufgaben ab, die ihm noch nie sonderlich gelegen hatten. Dazu gehörten etwa Hausbesuche, die Seniorenarbeit und vor allem »Papierkram«. Ein Mitglied von Gaucks damaligem Gemeinderat urteilte: »Von Verwaltung hielt er nichts. Unsere Gemeinde war immer die letzte, die ihren Haushalt einreichte.« Das sollte sich bis zum Ende von Gaucks Pastorenlaufbahn nicht ändern. Noch im November 1989 ließ IM »Robert Müller« die Stasi wissen: »Das Verhältnis zum Verwaltungsapparat der Kirche ist schlecht, was damit zusammenhängt, dass er selber, dass Pastor Gauck die Büroarbeit nur sehr unregelmäßig erledigt und dann auch nur geringe Sorgfalt walten lässt.«

An der Nikolaikirche

Nach acht Jahren im ungeliebten Plattenbau zog die Familie Gauck 1979 in ein Haus in der Rostocker Altstadt. Dieser Umzug war auch deshalb dringend notwendig gewor-

21 *Das zweite Haus neben der Nikolaikirche war das Domizil der Gaucks*

den, weil Hansi Gauck in diesem Jahr noch eine Nachzüglerin geboren hatte: Katharina, ihr viertes Kind. Zu sechst in einer fünfundachtzig Quadratmeter großen Wohnung, das ging nun wirklich nicht mehr. Die Immobilie, die die Gaucks bezogen, gehörte der Kirche und lag unmittelbar an der historischen Stadtmauer von Rostock, nur ein paar Meter von der Nikolaikirche entfernt, in der Joachim Gauck konfirmiert worden war. Der Unterschied zur bisherigen Plattenbauwohnung konnte nicht größer sein. Das neue Domizil stammte aus dem Jahr 1734 und war eines der beiden Predigerhäuser der Nikolaikirche, die an den mächtigen Kirchenbau angrenzten. Im Erdgeschoss, in dem auch das Arbeitszimmer des Pastors lag, gab es eine große, zweigeschossige Diele, eine aufwendige Stuckdecke und eine barocke Treppe, die ins Obergeschoss führte. Dort standen der Familie vier Zimmer zur Verfügung. Wie schon in Lüssow wohnten noch weitere Mitarbeiter der Kirche in dem Haus: eine Gemeindemitarbeiterin, zeitweilig auch Theologiestudenten und Vikare.

Die Adresse, An der Nikolaikirche 7, war damals nicht begehrt. Das Viertel war heruntergekommen, und der Krieg hatte hässliche Baulücken im Quartier hinterlassen. Die dreihundert Meter entfernte Petri-Kirche sah aus wie eine Ruine, und ihr dachloser Turmstumpf ragte trostlos aus der Stadtsilhouette heraus. Nach den Kriegszerstörungen war durch die Mangelwirtschaft in Ostdeutschland die Rostocker Altstadt weiter verfallen. Der Scherz der DDR-Bürger über die Erosion ihrer Altbausubstanz – »Ruinen schaffen ohne Waffen« – schien wie für dieses Gebiet erfunden.

Dessen ungeachtet lebte Gaucks Frau in der neuen Umgebung auf. Vor allem der kleine Garten, der sich hinter dem Haus bis zur Stadtmauer erstreckte, bedeutete für sie pures Glück. Anders als in Evershagen konnten die Gaucks hier im bürgerlichen Sinne nachbarschaftliche Verhältnisse pflegen. Man plauderte mal über die Gartenmauer hinweg, half sich gegenseitig mit Werkzeug aus und besuchte sich an Geburtstagen. Die Wohnung der Gaucks, in der auch ein paar Biedermeiermöbel standen, war für DDR-Verhältnisse auffallend bürgerlich eingerichtet. Besucher empfanden das Zuhause der Familie Gauck als »fein und vornehm«. Überhaupt fiel den Nachbarn auf: Der zugezogene Pastor hatte einen Hang zur Extravaganz und liebte es, »sich in Szene zu setzen«. Christoph Kleemann etwa, erinnerte sich daran, dass Gauck ihn einmal zu früher Stunde in einem glänzenden, hochwertigen Morgenmantel aus westlicher Produktion empfangen hatte. Kleemann war von diesem Kleidungsstück und dem Auftritt seines Amtsbruders so beeindruckt, dass er sich noch Jahrzehnte später im Detail daran erinnerte.

Der Familienvater

Der Umzug ins Stadtzentrum bedeutete Joachim Gauck persönlich deutlich weniger als seiner Frau. Nach wie vor war sein Beruf für ihn alles, die Familie kam weit danach. Er war ein Getriebener, ständig mit seinem Trabant oder dem VW-Bus, den er von einer West-Berliner Gemeinde geschenkt bekommen hatte, unterwegs. Dass er einkaufen ging oder sich in sonstiger Form an der Haushaltsführung beteiligte, kam eher selten vor. In der Wahrnehmung seiner Kinder war der Vater nie zu Hause. »Wir haben ihn damals wenig gesehen, er war für uns selten der Familienvater, sondern immer unterwegs«, erinnerte sich sein Sohn Christian. Die Proteste von Hansi Gauck, dass ihr Mann sie ständig allein ließ, auch mit den familiären Problemen, nahmen zu: »Jochen, das kannst du so nicht machen.« Es war ein Dauerkonflikt zwischen den Eltern, den ihre Kinder als Normalität erlebten.

Auch Bekannten fiel auf, dass zwischen Gauck und seiner Familie eine gewisse Distanz herrschte. »Über seine Tochter Gesine redete er wie über einen Fremdkörper«, registrierten sie, »man hatte manchmal das Gefühl, dass er sich zu Hause nicht völlig wohlfühlte. Er war für jeden und für alle da, aber weniger für die eigenen Kinder. Seine Familie hat man gar nicht so richtig wahrgenommen.« Der Evershagener Pastor galt als lebendig, fröhlich und jugendlich. »Er bewegte sich gerne in der Öffentlichkeit und brauchte sie auch«, urteilte sein Nachbar und Amtsbruder Kleemann. Ähnlich nahmen ihn seine Bekannten Rüdiger und Martina Schmidt in den achtziger Jahren wahr: »charismatisch, unbeschwert und positiv aufgeschlossen. Jeder konnte spüren, dass er seine Arbeit mit den Menschen liebte. Attraktiven jungen Frauen war er besonders zugewandt.« Doch wenn es um seine Privatsphäre ging, war Gauck auffallend zurückhaltend. Er brachte selten Besucher mit nach Hause. Wenn das doch einmal geschah, um nach der Arbeit mit Freunden noch ein Glas Wein zu trinken, war Gauck sichtlich darum bemüht, seine Frau nicht zu stören.

Spätestens zu diesem Zeitpunkt hatte sich das Ehepaar Gauck auseinandergelebt und führte eine »unglückliche« Ehe, wie Joachim Gauck es in seinen Memoiren selbst beschrieb. Das bedeutete aber nicht, dass Joachim und Hansi Gauck gar keine Gemeinsamkeiten mehr hatten. Im August 1983 beispielsweise machten sie gemeinsam Urlaub in Ungarn, wo sie bei einem befreundeten Pfarrer wohnten. Sie waren von diesem Erlebnis so begeistert, dass sie planten, die gleiche Reise im nächsten Jahr zu wiederholen. So stand es in Gaucks Stasiakte; dem MfS entging keine Aktivität des Pastors, auch nicht, wenn er im Urlaub war. Hansi Gauck erinnerte sich noch Jahrzehnte später an diese Reise: »Ich weiß noch, als mein Mann und ich zum ersten Mal in Budapest waren – wir standen mit offenem Mund da wie Kinder vorm Weihnachtsbaum. Mein Mann sagte damals zu mir: ›Hansi, wir erleben hier etwas Besonderes.‹«

Als die Kinder der Gaucks in die Schule kamen, bekamen sie zu spüren, dass sie als Pastorenkinder Außenseiter waren. Allein die Tatsache, dass ein Schüler erkennen ließ, dass er an Gott glaubte, führte zu Problemen mit seinen sozialistischen Erziehern. Noch schlimmer war es für Pastorenkinder. Sie waren Störfaktoren im atheistischen Staat.

Christian, Martin und Gesine wurden des Öfteren von ihren Lehrern vorgeführt, wenn es um ihren Glauben ging. Gesine erlebte, dass ihre Lehrerin im Unterricht über die Kosmonauten sprach, die ins Weltall geflogen waren – und dabei keinen lieben Gott gesehen hätten. Dann drehte sie sich zu Gaucks Tochter um: »Wo ist denn nun dein lieber Gott?« Die ganze Klasse schaute das Mädchen an, das tapfer antwortete: »Wo ist denn die Liebe? Können Sie mir mal zeigen, wo die ist?« Ihr Vater hatte sie auf die Frage vorbereitet. Christian war mit der identischen Wortwahl drangsaliert worden. »Wo ist denn jetzt dein lieber Gott«, hatte eine Lehrerin Christian in einer Pause auf dem Schulhof gefragt. »Ich glaube, überall«, entgegnete der Junge, solch einer Attacke noch nicht gewachsen. »Auch in dem Tank von meinem Motorrad?«, verhöhnte ihn die Pädagogin daraufhin. Als Geld für die Sowjetarmee gesammelt wurde, wehrte Christian ab: »Wir sind Pastors, mein Vater mag keine Rote Armee.« Besser wusste er die Haltung seines Vaters nicht wiederzugeben, der zu Hause die Parole ausgegeben hatte, dass man nicht jede geforderte »Solidaritätsaktion« unterstützen werde.

Die Pastorenkinder waren permanentem Druck von zwei Seiten ausgesetzt. Auf der einen Seite die parteihörigen Lehrer, auf der anderen Seite ihr unbeugsamer Vater. Der hatte dieselben Erwartungen an sie wie an sich selbst. Sie sollten sich den widrigen Verhältnissen und der Willkür des SED-Staates entgegenstellen. Das war der Weg Joachim Gaucks und seiner Geschwister gewesen, das sollte auch der Weg für seine Kinder sein. Selbstverständlich kam ein Eintritt seines Nachwuchses in die Jugendorganisationen der DDR nicht in Betracht. So wie das in seiner Jugend für ihn und seine Geschwister nicht in Betracht gekommen war. Christian Gauck: »Ich durfte das alles nicht, weil er

Pfarrer war, das war auch frustrierend, klar.« Anfang der achtziger Jahre, als er schon volljährig war, trat Christian Gauck dann doch noch der FDJ bei. Während der wenigen Monate seiner Zugehörigkeit zog er dort nach eigener Aussage »so was vom Leder, dass sie mich rausgeschmissen haben«.

Die Lehrer reagierten mit Repressalien gegen »Abweichler«, die sich nicht in das sozialistische Erziehungssystem einfügten. Mal schlossen sie Gesine vom Schulfasching aus, mal drangsalierten sie Christian mit einer willkürlich schlechten Note im Deutschunterricht. Oder sie verlangten, dass Martin die zwei mal drei Zentimeter große aufgenähte Fahne der Bundesrepublik von seinem neuen Parka aus dem Westen entfernen sollte. Wir wurden »vor versammelter Schulklasse als Menschen des Konsumdenkens und vom Kapitalismus infiltriert bezeichnet, weil wir Westfernsehen sahen«, berichtete Christian Gauck über seine Schulzeit. Und er erinnerte sich an »Fahnenappelle, wo öffentlich Tadel und Verweise« gegen uns ausgesprochen wurden. Natürlich fühlten sich Gaucks Kinder getroffen, durch »diese ständigen Gängeleien und Hänseleien durch einige Lehrer, aber auch Mitschüler, nur weil wir an Gott glaubten und zu bestimmten Dingen eine andere Meinung hatten. [...] Auf dem Dorf ging das ja alles noch, da waren ja viele kirchlich, aber später in der Stadt, in Rostock, war es unerträglich.« Christian reagierte mit Scham auf die Drangsalierungen: »Ich hatte über Jahre hinweg Angst, auf mein Außenseiter-Dasein angesprochen zu werden – vor den anderen.«

Joachim Gauck intervenierte gegen solche Schikanen der Lehrer. Er fuhr zu Elternabenden und verwahrte sich dagegen, dass seine Kinder schon in der Schule politisiert würden. Er sprach beim Direktor vor und debattierte mit ihm und dem Parteisekretär der Schule vier Stunden lang über eine ungerechte Benotung von Christian. Als er kein Gehör fand, schrieb er eine Eingabe an den Stadtschulrat. Gesine erinnerte sich an diese Auftritte ihres Vaters: »Als wir älter waren, war uns das manchmal richtig peinlich. Es war anstrengend, anders zu sein.« Aber es gab kein Entrinnen. Wenn es um Schule, Studium und Beruf ging, hatten die Kinder den »falschen« Vater. Es war klar, dass der Staat sie nicht studieren lassen würde. Trotz guter Noten durfte Christian zunächst nicht einmal Abitur machen. Der Besuch der Erweiterten Oberschule im Anschluss an die zehnte Klasse wurde ihm verweigert, so dass er gezwungen war, eine zweieinhalbjährige Ausbildung zum Orthopädietechniker zu machen. Erst nach Abschluss der Berufsausbildung konnte er das Abitur neben seiner Berufstätigkeit an einer Abendschule nachholen. Sein Traum, Medizin zu studieren und Arzt zu werden, ging dennoch nicht in Erfüllung. Seine Bewerbung für einen Medizinstudienplatz war chancenlos. Er sei doch der Sohn vom Pastor, sagte man ihm, er könne ja statt Medizin Theologie studieren wie sein Vater. Auch Martin wurde trotz eines Notendurchschnitts von 1,4 in der zehnten Klasse nicht zur Erweiterten Oberschule zugelassen. Nicht einmal sein Wunsch, dann wenigstens einen Ausbildungsplatz als Kfz-Mechaniker zu bekommen, wurde ihm 1979 erfüllt. Notgedrungen folgte er dem Beispiel seines Bruders und machte ebenfalls eine Ausbildung zum Orthopädietechniker.

Was es für einen Lehrer bedeutete, sich mit den Pastorenkindern zu solidarisieren, erlebte Sibylle Hammer, die Patentante von Gaucks jüngster Tochter Katharina. Sie war 1975 Lehrerin an der Polytechnischen Oberschule in Rostock-Evershagen, die von Christian, Martin und Gesine besucht wurde. Sie war dort Christians Englischlehrerin und unterrichtete Martin und Gesine bei Krankheitsvertretungen in den Fächern Deutsch und Englisch. Als die Schulleitung in Erfahrung brachte, dass Sibylle Hammer die Gauck-Kinder auch privat kannte und mit der Familie befreundet war, wurde sie vorgeladen. Man legte ihr dringlich nahe, die Kinder des Pastors in der Schule zu ignorieren und keine privaten Kontakte mit ihnen zu pflegen. Hammer lehnte das empört ab, worauf der Schuldirektor begann, Druck auf die Lehrerin auszuüben. Er schickte demonstrativ SED-konforme Kollegen in ihren Unterricht, die ihre pädagogischen Leistungen überwachen sollten. Andere Schikanen folgten. Nach einiger Zeit konnte Hammer den Schulalltag nur noch mit Hilfe von Beruhigungsmitteln bewältigen. Schließlich kündigte sie entnervt und beschloss bald darauf, aus der DDR zu fliehen.

Als Reaktion auf den Mauerbau 1961 hatte sich im Kreis West-Berliner Studenten eine spontane Fluchthilfebewegung gebildet, die eine enorme publizistische und propagandistische Wirkung entfachte. Sie führte der Welt jahrelang in spektakulären Aktionen vor Augen, dass der DDR die Menschen wegliefen, selbst wenn sie dafür ihr Leben einsetzen mussten. Nach einer anfänglich »idealistischen« Fluchthilfe stiegen bald kommerzielle Organisationen in das »Geschäft« ein. Der Preis für das »Herausholen« eines DDR-Bürgers bewegte sich dabei um die viertausend D-Mark.

Auf diese Weise gelangte auch Sibylle Hammer am 18. Juni 1977 im Kofferraum eins Renault R4 nach West-Berlin. Eine ihrer Fluchthelferinnen war Gaucks in West-Berlin lebende Schwester Sabine, die zu diesem Zweck konspirative Absprachen traf und Botengänge übernahm. Sabine Gauck und Sibylle Hammer waren und sind seit dem gemeinsamen Besuch der Kinder- und Jugendsportschule in Rostock befreundet. Nachdem Hammer glücklich nach West-Berlin geschmuggelt worden war, durfte sie, wie andere Rostocker auch, mehrere Wochen lang im Haus ihrer Freundin Sabine wohnen.

Ein Dreivierteljahr später erhielt Joachim Gauck die Erlaubnis, Sabine aus Anlass ihrer zweiten Hochzeit in West-Berlin zu besuchen, und traf hier auch Sibylle Hammer wieder. Er führte mit ihr heftige Diskussionen über ihre Flucht aus der DDR. Gauck nahm seiner Freundin übel, dass sie nicht geblieben war, um wie er weiter für Veränderung in der DDR einzutreten. »Es können doch nicht alle gehen!«, warf er ihr vor. Hammer wiederum, die vor der Perspektive gestanden hätte, ihr Dasein im SED-Staat als Hilfsarbeiterin zu fristen, hielt ihm empört entgegen: »Ich war nicht bereit, mich zu opfern.« Sie war der Meinung, dass Gauck aus dem Freiraum der Kirche heraus leicht reden hatte.

Stadtjugendpastor

1981 übernahm Gauck eine weitere Aufgabe für die evangelische Kirche: das Nebenamt des Stadtjugendpfarrers von Rostock. Schon immer hatte er die Nähe zu Jugendlichen gesucht. Die Arbeit mit jungen Menschen war eine Aufgabe, die ihm besondere Freude bereitete. Hier ging es ungezwungener und unkonventioneller zu als bei seiner normalen Arbeit als Pastor. Bei Jugendstunden und sonstigen Veranstaltungen trugen Pastoren grundsätzlich keinen Talar oder schwarzen Anzug. Dementsprechend konnte man Joachim Gauck hier mit Sonnenbrille, engen Jeans und Polo-Shirt bekleidet erleben. Der deutlich jünger aussehende Pastor unterschied sich dadurch äußerlich kaum noch von den Jugendlichen und fand wohl auch deswegen Zugang zu ihnen. »Er war, was die Wahrnehmung anderer und ihrer Gefühle betraf, sehr stark«, beurteilten Weggefährten

22 *Ein cooler Pastor*

Gaucks Wirken als Stadtjugendpfarrer, »darum haben viele Jugendliche ihn als väterlichen Freund empfunden.«

Nicht nur im Hinblick auf seine Kleidung, ging der Stadtjugendpastor locker und ohne Dünkel zur Sache. Es machte ihm auch nichts aus, mit seinem laubfroschgrünen Trabant Kombi persönlich Essenskübel durch die Gegend zu fahren, damit die Jugendlichen bei kirchlichen Veranstaltungen verpflegt werden konnten. Um Pastorenkollegen, die aufgrund ihres Amtes einen besonderen Stellenwert für sich beanspruchten, machte er einen großen Bogen. »Nicht die Kutte macht den Mönch«, pflegte er dazu zu sagen. Genauso wenig empfand er es als unter seiner Würde, bei einer Weihnachtsfeier für Jugendliche aus Rostocker Gemeinden den Weihnachtsmann zu spielen.

Religiöse Fragen, Glaubens- und Lebensthemen mischten sich in der kirchlichen Jugendarbeit mit Freizeitveranstaltungen. So organisierte Gauck auch mal Ausflüge in die Natur, um zusammen mit den jungen Leuten zu wandern oder einfach nur, um irgendwo im Gras zu sitzen und zu reden. Teilnehmern derartiger Landpartien fiel auf, dass ihr Stadtjugendpfarrer eine enge Beziehung zur Natur hatte und ihm die Ausflüge in ländliche Regionen Mecklenburgs persönlich sehr wichtig erschienen. Die von der Kirche organisierten Freizeitveranstaltungen wurden als »Bibelrüstzeiten« oder »Rüstzeiten« bezeichnet. Da die Gestaltung und Organisation der Freizeit junger DDR-Bürger eine Domäne der staatlichen Jugendorganisation FDJ war, die darauf das Monopol besaß, musste die Kirche für ihre Freizeitveranstaltungen auf einen anderen Begriff ausweichen So kam es zur Bezeichnung »Rüstzeiten«. Dabei handelte es sich um einen innerkirchlichen Begriff der sich von »Zurüsten« ableitete, worunter die Vorbereitung zum Dienst verstanden wurde. Die eingeschränkten Möglichkeiten der

Kirche, Freizeitangebote für Jugendliche zu machen, zeigten sich besonders drastisch daran, dass es für kirchliche Organisationen praktisch nicht möglich war, auf DDR-Zeltplätzen mit den Jugendlichen zu zelten. Wenn im Zelt übernachtet werden sollte, mussten Kirchenleute wie Joachim Gauck ins Ausland ausweichen, etwa nach Polen oder Ungarn.

Mehrfach intervenierte der Stadtjugendpastor in den achtziger Jahren bei der Stasi, wenn jugendliche Mitglieder seiner Gemeinde mit dem MfS in Konflikt gerieten. An einem Heiligabend war Gauck aufgewühlt auf der Suche nach einem sechzehnjährigen Mädchen, das seit einigen Tagen spurlos verschwunden war. Seinen Bekannten aus der Jugendarbeit, Rüdiger und Martina Schmidt, berichtete er, dass die Jugendliche angeblich von der Stasi mehrere Tage eingesperrt und verhört worden war, weil sie das Wort »Frieden« an einen Bauwagen geschrieben hatte. Niemand wusste etwas Näheres über ihren Verbleib. Ohne Begleitung ging Gauck zum Dienstgebäude des MfS. Martina Schmidt erinnerte sich: »Gauck war furchtlos und zupackend, kein Herdentier. Wenn er sich etwas in den Kopf gesetzt hatte, dann tat er es in Gottvertrauen.« Nach den Feiertagen wurde die Jugendliche freigelassen, ohne dass es zu einer Anklage gegen sie kam. Ende 1983 wurde ein Jugendlicher aus Gaucks Gemeinde von der Stasi massiv bedrängt, als IM für sie tätig zu werden. Mehrfach tauchten MfS-Mitarbeiter bei dem Jungen auf und klingelten an der Wohnungstür, wenn die Eltern gerade nicht zu Hause waren. Der Vater des Teenagers erschien daraufhin mit seinem Sohn bei Gauck und bat den Pastor um Hilfe. Während dem erregten Vater der Schweiß auf der Stirn stand, griff Gauck zum Telefon und beschwerte sich, vermutlich beim Referenten für Kirchenfragen beim Rat der Stadt: »Sagen

Sie mal, soll ich das jetzt öffentlich machen, was Sie da so treiben?«

Durch das Amt des Stadtjugendpastors kam Gauck auch beruflich in näheren Kontakt zu Christoph Kleemann, dem damaligen Studentenpfarrer der ehemaligen Hansestadt, die sich in der DDR bis 1990 so nicht nennen durfte. Durch ihre ähnlichen Aufgabengebiete ergaben sich naturgemäß Gemeinsamkeiten. Die Räume der Stadtjugendarbeit befanden sich im gleichen Haus wie die Wohnung des Studentenpfarrers. Studenten gingen auch zu Veranstaltungen des Jugendpfarrers und umgekehrt. Kleemann gewann seinen Amtsbruder mehrfach dafür, in den von ihm verantworteten Friedensgottesdiensten zu predigen. Weil die beiden für die Jugendlichen zuständigen Pastoren aktuelle Themen für ihre Veranstaltungen fanden und diese in einer jugendgemäßen Form präsentierten, stießen sie auf hohe Resonanz. Bis zu vierhundert Menschen, vor allem Jugendliche, besuchten die monatlichen Stadtjugendabende bzw. Friedensgottesdienste. Kleemann erinnerte sich an Gaucks Umgang mit den Jugendlichen: »Er schränkte sie nicht ein, sondern achtete auf Freiräume für sie. Er ermunterte sie, ihren eigenen Weg zu finden und diesen konsequent zu gehen. Dabei schrieb er ihnen aber nicht vor, was sie tun sollten. Unter keinen Umständen rief er sie zum Widerstand auf, sie sollten sich nicht selbst in Gefahr bringen.« Das war ein wichtiger Punkt, der auch von anderen Wegbegleitern bestätigt wurde. »Gauck wies immer auf die Risiken des Handelns hin. Er erklärte den jungen Leuten, wie weit sie gehen konnten und was nicht ging, weil sie sich damit in Gefahr brachten.«

Pastor im SED-Staat

Ein DDR-Pastor war in vielfältiger Hinsicht abhängig von Staat und Partei. Er brauchte den Segen der Staatsmacht, wenn er mit seiner Gemeinde in einer Gaststätte feiern wollte. Erst recht war er auf den guten Willen staatlicher Stellen angewiesen, wenn es durch das Dach seiner Kirche regnete und sie dringend renoviert werden musste oder er eine dienstliche Auslandsreise machen wollte – immer hielt ein SED-Funktionär darüber den Daumen hoch oder senkte ihn. Das war der Hebel, mit dem die Einheitspartei persönlichen Druck auf die Pfarrer ausüben und sie in die gewünschte Richtung lenken konnte. Den Geistlichen blieb gar keine andere Wahl, als sich mehr oder weniger mit der Partei zu arrangieren, wenn sie eine ständige Gängelung und Drangsalierung durch den Staat vermeiden wollten. Zugeständnisse machen, Kompromisse mit dem Staat schließen, das war für einen Pastor in der DDR bisweilen unumgänglich.

Jeder einzelne Geistliche musste seinen persönlichen Weg finden, wie er mit dem staatlichen Druck einerseits und den Anforderungen seines Amtes andererseits umging. Die Bandbreite reichte dabei von offenem Widerstand gegen die Staatsmacht bis hin zu völliger Unterwerfung. Es gab Pastoren, die bereit waren, für ihre Überzeugung ins Gefängnis zu gehen, oder resigniert Ausreiseanträge stellten, und es gab solche, die sich als Inoffizielle Mitarbeiter in den Dienst des MfS stellten. Unter ihnen Spitzenkräfte der Kirche wie der Greifswalder Bischof Horst Gienke, der unter dem Decknamen »Orion« agierte. Joachim Gauck gehörte zum Lager der staatskritischen Pastoren und trat dem Staat gegenüber deutlich gegnerischer auf als die meisten seiner Rostocker Amtsbrüder. Er nutzte den Freiraum, den er als Mann der Kirche genoss, aus bis an seine Grenzen. Genau so weit, dass er die Staatsmacht nicht provozierte, ihn zu verhaften. Seine Bereitschaft zum Widerstand endete dort, wo die persönliche Gefährdung begann. Ein Revolutionär, der bereit war, für seine politische Überzeugung ins Gefängnis zu gehen, war Gauck nicht. Aber er kritisierte seinen Staat permanent, und das nicht in privaten kleinen Zirkeln von Regimegegnern, sondern öffentlich von der Kanzel mit deutlichen, teilweise drastischen Formulierungen. Wurde es für ihn kritisch, hielt er sich stets eine Weile zurück. Genauso regelmäßig klopften sich die Stasioffiziere dann auf die Schultern und verbuchten dies als Ergebnis ihrer erfolgreichen Abwehrarbeit im Kampf gegen den staatsfeindlichen Pastor. Bis Gauck sein gefährliches Spiel mit der Staatsmacht wieder aufnahm, das auch böse für ihn hätte enden können. Nur wenige seiner Kollegen trauten sich das in dieser Form.

Demgegenüber hatte sich der Bund Evangelischer Kirchen in der DDR, der Zusammenschluss der ostdeutschen Landeskirchen, Anfang der siebziger Jahre zu einem Kurs entschlossen, bei dem kirchengefährdende Konfrontationen mit dem Staat vermieden werden sollten. Umschrieben wurde diese Linie mit der Formel von der »Kirche im Sozialismus«. Was die Formel »Kirche im Sozialismus« konkret bedeutete, wurde nie verbindlich definiert und von den acht evangelischen Landeskirchen der DDR ganz unterschiedlich ausgelegt. Das reichte von einem Bekenntnis zum Sozialismus bis hin zur Feststellung, dass damit schlicht der geistige Raum beschrieben war, in dem sich die Kirchen in der DDR bewegten. Die Mecklenburger Landeskirche verwendete die Formel von der »Kirche im Sozialismus« nicht. Ihr Landesbischof Heinrich Rathke hielt deutlich mehr Distanz zu Staat und Partei als das oberste Kirchengremium unter seinem Vorsitzenden Bischof Albrecht Schönherr. Aber auch Rathke trat den Machthabern gegenüber nicht konfrontativ, sondern kompromissbereit auf. Exakt auf dieser politischen Linie seines Landesbischofs bewegte sich auch Joachim Gauck. In seinen Erinnerungen schrieb er über Heinrich Rathke: »Es gab für ihn eine Möglichkeit, in der DDR zu existieren, ohne sich vollständig mit diesem Staat zu identifizieren. Zwischen Verweigerung und Anpassung den Weg für eine unabhängige und selbständige Kirchenarbeit zu finden, blieb allerdings ein schwieriges Unterfangen in all den Jahren der DDR.« Diese Sätze hätte Gauck auch über sich selbst schreiben können. Um seine Ziele zu erreichen, verhielt er sich gegenüber staatlichen Stellen zwar im Ton moderat und war zu Kompromissen bereit. Doch eine Anbiederung an die Machthaber oder gar eine Unterwerfung unter ihre Wünsche war für ihn ausgeschlossen. Dass Heinrich Rathke und Joachim Gauck 1999 gemeinsam die Ehrendoktorwürde der theologischen Fakultät der Universität Rostock verliehen wurde, war kein Zufall, sondern auch eine Würdigung ihrer politischen Haltung in der DDR. Im Rahmen der Preisverleihung sagte Gauck über seinen hochverehrten Altbischof: »eigentlich denke ich, dass er ein irdischer Engel ist«.

Abgesehen von dieser kirchenpolitischen Position hatte sich Gaucks Weltbild in den siebziger Jahren im Vergleich zu seiner Jugend erheblich gewandelt. Der jugendliche Kommunistenhasser, dem der Westen nahestand »wie eine Geliebte«, war über die Jahre nach links gewandert, bis er in der »linksprotestantischen Ecke« angekommen war, wie er das selber einschätzte. Er war ein Gegner der totalitären SED-Herrschaft, nicht aber des sozialistischen Systems an sich. Vielmehr glaubte er damals an die Reformierbarkeit des Sozialismus in der DDR. »Bei uns war, auch vom Wes-

23 *Verleihung der Ehrendoktorwürde durch die philosophische Fakultät der Universität Jena 2001*

ten beeinflusst, der Gedanke eines alternativen Sozialismus bis in die 80er-Jahre immer sehr lebendig.« Gauck dazu in seinen Memoiren: »Mehr als ein Sechstel der Menschheit lebte in einem sozialistischen System und befand sich auf dem ›Weg zum Kommunismus‹. Wir konnten uns nicht mehr vorstellen, dass das alles kippen würde [...] Ich erlag, wie viele, der intellektuellen Verführung einer radikalen Kritik an dem durchgehend als inhuman dargestellten kapitalistischen Gesellschaftssystem einerseits und dem Glauben an eine positive Zukunftsversion andererseits.« Für Gaucks politische Entwicklung spielten dabei Begegnungen mit westlichen Pastoren und Kirchenmitarbeitern eine große Rolle. »Wer mit Partnern aus der Jugendarbeit im Westen oder mit Studentenpfarrern sprach, bemerkte einen seit 1968 beständig stärker werdenden Bezug zum linken Denken, manchmal sogar einen ausgesprochenen Linksdrall.«

Später blickte er kritisch auf seine politische Überzeugung in diesen Jahren zurück. Er ärgerte sich über seine »linksprotestantischen Irrtümer«, wie er sie nannte, die ihn daran gehindert hatten, noch deutlicher in Opposition zum Staat zu treten: »Der Antikommunismus, den mein Umfeld vertreten hatte, [...] hatte sich schrittweise verwandelt: An die Stelle der Delegitimierung des Systems war der Wunsch nach einem konstruktiven Dialog und einer zwar kritischen, aber aus taktischen Gründen solidarischen Haltung gegenüber dem real existierenden System getreten.« In dieser Hinsicht ist Gauck mit seiner Selbstkritik zu streng. Während der DDR-Zeit bestand unter allen Beteiligten kein Zweifel, dass Joachim Gauck ein Oppositioneller war. Das sah die Stasi so, das bescheinigte ihm die SED. Etwa der für die Kirchen zuständige Stellvertreter des Rostocker Oberbürgermeisters, Rehfeldt, der über Gauck das Urteil fällte, er gehöre zu den Pastoren, »die ständig für politische Konfliktsituationen sorgen«. Das empfand auch Christoph Kleemann so, der bezeugte, Gauck habe sich von allzu staatskonformen Pastoren klar unterschieden: »Ich habe ihn mitunter als wohltuend provozierend erlebt. Er überzog gerne. Das ist erfrischend in einer Diktatur.«

Warum also entschuldigte Gauck sich dafür, dass er in der Mitte seines Lebens an den Sozialismus geglaubt und nicht noch mutiger gegen den Staat opponiert hatte? Der Grund lag darin, dass sich sein politisches Weltbild in der zweiten Hälfte der achtziger Jahre und erst recht nach der Wende noch einmal gewandelt hatte. Aus dem Pastor, der zum linken Flügel der DDR-Geistlichen gehört hatte, wurde in den späteren Jahren ein Konservativer. Der fünfzigjährige Gauck hatte nichts mehr mit dem Sozialismus gemein. Im Gegenteil. Zwar wurde er nach der Wende Mitglied von Bündnis 90/Grüne, seine Parteizugehörigkeit währte aber nur kurz, und in Bezug auf sein Wertesystem stand er schon damals dem bürgerlichen Lager näher als den Grün-Alternativen.

Die Kirchenreferenten

Zuständig für kirchliche Angelegenheiten waren auf regionaler und lokaler Ebene die sogenannten Referenten für Kirchenfragen bei den Räten der Bezirke und Städte. Sie waren offiziell die einzigen staatlichen Ansprechpartner für kirchliche Mitarbeiter. Auf Einladung der Kirchenreferenten kam es zu Gesprächen mit den Geistlichen, in deren Rahmen diese ihre Wünsche vorbringen konnten. Umgekehrt mussten sich die Geistlichen und sonstigen Kirchenmitarbeiter die Kritik der Staatspartei an ihrer Arbeit und ihrem persönlichen Verhalten anhören.

Die Referenten für Kirchenfragen sammelten umfangreiche Informationen über die Arbeit der Kirchen und legten Dossiers über die Pastoren in ihrem Verantwortungsbereich an. Sie registrierten die Namen von Kindern und Jugendlichen, die Freizeitangebote der evangelischen Kirche wahrnahmen. Sie hielten fest, welche Jugendlichen am Konfirmandenunterricht teilnahmen. Sie wussten, an welcher Schule »eine Konzentration christlicher Jugendlicher« festzustellen war und dass »ein Mitglied der FDJ-Leitung sich taufen lassen« wollte. Tagesordnungen kirchlicher Veranstaltungen bekamen sie regelmäßig vor den Teilnehmern zu Gesicht. Schließlich: Der Kirchenreferent war über Auslandsreisen seiner Pastoren genauso informiert wie über ihre Besucher aus dem Ausland. In solchen Fällen erging von der zuständigen Behörde eine standardisierte »Information« an das Referat Kirchenfragen beim Rat der Stadt. Sie lautete in schönstem Behördendeutsch: »Information vom 2. 3. 81 Pastor Gauck, Joachim, geb. 24. 1. 40 wohnhaft Rostock [...] Dienstlicher Kurzaufenthalt in Schweden«. Oder »Information vom 12. 5. 81 Gauck Joachim [...] hat Einreise durch [...]«

Aufgrund ihrer exklusiven Zuständigkeit und ihres umfangreichen Wissens über Kircheninterna waren die Referenten bei den Räten der Städte und Kreise von höchstem Interesse für das Ministerium für Staatssicherheit. Die meisten von ihnen waren als Inoffizielle Mitarbeiter des MfS tätig. Zuständig für Joachim Gauck und weitere vierzig Pastoren war beim Rat der Stadt Rostock von 1984 bis 1990 Manfred Manteuffel, der von der Stasi unter dem Decknamen IM »Scheeler« geführt wurde. Obwohl Atheist, war er bibelfest und besuchte regelmäßig Gottesdienste. Mal freundlich-jovial, mal mehr oder weniger drohend ließ er die Geistlichen wissen, was die SED von ihnen hielt und erwartete. Gelegentlich traf man sich auch zu »Gruppengesprächen« in entspannter Atmosphäre oder besuchte gemeinsam Betriebe oder Einrichtungen der Volksbildung. Anschließend schrieb Manteuffel dann ein Protokoll über den Ablauf der Veranstaltung für das MfS: So konnten angeblich »noch vorhandene Vorurteile bei der Gestaltung der entwickelten sozialistischen Gesellschaft abgebaut werden und die Amtsträger aus einer von ihnen selbst gewählten Isolation herausgelöst werden«. Als Manteuffel 1990 vom neuen Rostocker Oberbürgermeister, Christoph Kleemann, entlassen wurde, hatte er in seinem Büro dreiundsechzig Aktenordner mit Informationen über die Kirchen in Rostock und ihre Pastoren stehen. Der mit der Aufschrift Joachim Gauck wurde leer vorgefunden

Ende November 1984 hatte Manteuffel seinen Antrittsbesuch in Gaucks Arbeitszimmer in dessen Wohnhaus in der Rostocker Altstadt gemacht. Der Pastor empfing seinen Besucher nicht mit offenen Armen. »Ich möchte erst mal eine Frage beantwortet haben«, hob er gleich nach der Begrüßung an, »warum kommen Sie zu mir, Sie kommen doch vom Staat? Damit wir uns verstehen, ich bin Antikommunist!« Manteuffel war geplättet. »Das war das erste Mal, dass einer so etwas zu mir sagte.« Sein Urteil über Gauck: »Gauck war ein bisschen aufmüpfig und hatte einen großen Rand.« Gauck über Manteuffel: »Manteuffel war menschlich nicht unangenehm. Das eine oder andere Mal hat er Konflikte geschlichtet. Ich hatte keine Ahnung, dass der nicht nur für die Partei, sondern auch für die Stasi gearbeitet hat.« So wie ihre Beziehung begonnen hatte, endete sie auch. Als Gauck 1990 im Hotel Warnow seinen fünfzigsten Geburtstag feierte, erschien auch Manteuffel, samt mundgeblasener Glasschale als Geschenk, zur Gratulation. Als Gauck den Mann vom Rat der Stadt auftauchen sah, dachte er: Was fällt dem Kerl denn ein, was will der hier? Auch seine Schwester Marianne war fassungslos. »Mit so einem Menschen hatten wir nicht gerechnet.« Manteuffel sagte irgendetwas zur künftigen gemeinsamen Arbeit. Daraufhin entgegnete der Jubilar kühl: »Wenn Sie dann noch im Amt sind.« Manfred Manteuffel ist bis heute über die damalige Szene verbittert. »Er hat so richtig seinen Hass ausgeschüttet. Als ich reinkam, hat er mich den Anwesenden vorgestellt: ›Dieser Mann ist Referent für Kirchenfragen. Dieses Thema hat sich überlebt. Diese Leute braucht man nicht mehr.‹«

Da hatte Gauck recht. Die Zeit der staatlichen Gängelei

der Kirchen war abgelaufen. Aber war es erforderlich, dass der Sieger dem Verlierer, der schon fast am Boden lag, auf diese Weise mental in den Bauch trat? Gaucks Frau Hansi tat Manteuffel leid. Sie bat den Kirchenreferenten, neben ihr am Tisch Platz zu nehmen. »Kommen Sie, setzen Sie sich zu mir. Er ist heute nicht gut drauf.« Da war sie wieder, die Schroffheit im Wesen von Gauck. Dass er so harsch reagierte, hatte nicht allein mit der Anwesenheit des SED-Vertreters, sondern auch mit ihm selbst zu tun. Manteuffel kannte ihn gut. Der Kirchenreferent wusste, dass Gauck sich auch immer wieder mal opportunistisch verhalten hatte, um seine Ziele gegenüber dem Staat durchzusetzen. Jetzt, als deutlich geworden war, dass das Machtmonopol der SED fallen würde, war es Gauck unangenehm, dass er Manteuffel früher gelegentlich nach dem Munde geredet hatte. Beispielsweise nachdem seine Söhne Christian und Martin Ausreiseanträge gestellt hatten und sich ihr Vater laut seinen Stasi-Akten mit dem bemerkenswerten Satz von ihrem Vorhaben distanzierte: »Ich werde unser Nest nicht beschmutzen.« Manteuffel war in dieser Hinsicht ein Mitwisser. Gauck hätte es am liebsten gesehen, wenn der Kirchenreferent sich in Luft aufgelöst hätte. Dieser Interpretation des Ereignisses widersprach Gauck übrigens und erklärte dazu, dass im Januar 1990 noch Revolutionszeit gewesen sei. Dementsprechend sei es zu diesem Zeitpunkt noch erforderlich gewesen, den Machthabern zu zeigen: »Eure Zeit läuft ab ...«

Schwerter zu Pflugscharen

In den späten siebziger Jahren sympathisierte Joachim Gauck mit der Friedensbewegung der DDR, der damals bedeutendsten oppositionellen Bewegung im SED-Staat. Sie fand zum einen so großen Zuspruch, weil vielen DDR-Bürgern das atomare Wettrüsten der Supermächte USA und Sowjetunion Sorgen und Ängste bereitete. Zum anderen trugen die hysterischen Anstrengungen der SED-Führung, die DDR-Gesellschaft in permanenter Kampfbereitschaft gegen den Klassenfeind zu halten, wesentlich zum Erstarken der Friedensbewegung bei. Fast immer organisierten sich die damals entstehenden Friedensgruppen unter dem schützenden Dach der Kirche, wo die Bewegung, insbesondere in der kirchlichen Jugendarbeit, ihren Ursprung hatte. Auch Joachim Gauck gehörte zu den vielen evangelischen Geistlichen, die die Friedensbewegung und ihre Protagonisten mit den Möglichkeiten der Kirche unterstützten. In seinem Arbeitszimmer an der Nikolaikirche hing an der Wand ein Pappschild mit dem Spruch: »Stell dir vor, es ist Krieg, und keiner geht hin«. Zuvor hatte Gauck das Schild mehrere Monate lang in seinem Trabi angebracht gehabt, so dass es von außen gut lesbar war. »Sichtagitation« hieß so etwas im Jargon der Stasi. Mehrfach hatten SED-Vertreter den Pastor auffordern müssen, das provokative Bekenntnis aus seinem Pkw zu entfernen, bis dieser schließlich Folge leistete.

Zu Gaucks Haltung trugen auch die persönlichen Erfahrungen seiner eigenen Familie im Hinblick auf die Militarisierung der DDR-Gesellschaft bei. Schon im Herbst 1958 hatte der Staat gegenüber Hansi Gauck signalisiert, dass ihm ihre persönliche Wehrkraft sehr am Herzen lag. Als sie nach dem Abitur im Herbst 1958 in Güstrow ein Lehrerstudium für Deutsch und Russisch aufnahm, musste sie wie alle Studienanfänger vor dem Start am dortigen pädagogischen Institut ein Militärlager absolvieren, in dem exerziert und geschossen wurde. Auch nachts wurde geübt, der Feind schlief schließlich nie. Die Studentin brachte ihr paramilitärisches Intermezzo noch hinter sich, brach aber bald darauf ihre Ausbildung ab, weil sie sich nicht in der Lage sah, in dieser Atmosphäre zu studieren.

Nicht anders erging es später ihren Kindern. Die 1967 geborene Tochter Gesine musste in der neunten und zehnten Klasse am Pflichtfach Wehrerziehung teilnehmen, welches die DDR 1978 eingeführt hatte. Dazu gehörte auch das Werfen von Handgranatenattrappen im Sportunterricht. In »Tagen der Wehrbereitschaft« wurden die Schüler außerhalb ihrer Schulen in eigens dafür vorgesehenen Lagern zusammengezogen, um schießen zu lernen und sich mit der Gasmaske auf einen Gasangriff vorzubereiten. Die jüngste Tochter schließlich, Katharina, wurde, wie schon ihr Vater im Dritten Reich, bereits im Kindergartenalter mit Spielzeugpanzern konfrontiert und mit militärischen Liedern, mit denen die Kinder ganz selbstverständlich vor Soldaten der Nationalen Volksarmee auftraten. Panzer, Raketen und Kanonen zierten die Garderobenhaken und Tischkärtchen in den Kindergärten der DDR, deren Erziehungsprogramm vorsah: »Die Kinder sollen erfahren, dass es Menschen gibt, die unsere Feinde sind und gegen die wir kämpfen müssen, weil sie den Krieg wollen.«

Joachim Gauck war von der Militarisierung seines Landes geradezu angewidert. In Predigten wetterte er dagegen: »Die Kirche darf nicht zulassen, dass in der Schule der Militarismus eingeführt wird.« Ein anderes Mal forderte er, dass Kriegsspielzeug abgeschafft und auf die Erzeugung von Feindbildern verzichtet werden müsse. In gleicher Weise plädierte er dafür, dass der Staat soziale Friedensdienste als Alternative zum Wehrdienst anerkennen müsse. In der DDR gab es kein Recht auf Kriegsdienstverweigerung, sondern als einzige Alternative zum Wehrdienst den Bausoldatendienst innerhalb der Nationalen Volksarmee. Die Bausoldaten waren aber ihren militärischen Vorgesetzten zu unbedingtem Gehorsam verpflichtet und militärisch voll in die Armee integriert.

Besonders unterstützte Gauck Jugendliche, die sich zur pazifistischen Aktion »Schwerter zu Pflugscharen« bekannten. Diese Protestbewegung hatte ihren Slogan aus der Bibel: »Sie werden ihre Schwerter zu Pflugscharen und Spieße zu Sicheln machen. Es wird kein Volk wider das andere das Schwert erheben, und sie werden hinfort nicht mehr lernen, Krieg zu führen.« Inspiriert durch dieses biblische Motiv hatte der sowjetische Bildhauer Jewgenij Wutschetitsch Mitte der fünfziger Jahre die riesige Bronzeskulptur eines muskulösen Helden geschaffen, der ein Schwert zu einem Pflug umschmiedet. Die Plastik fand 1957 als Geschenk der Sowjetunion ihren Platz im Garten des UNO-Hauptgebäudes in New York. Ab 1980 wurde das Abbild des sowjetischen Kunstwerks, zusammen mit dem Schriftzug »Schwerter zur Pflugscharen« zum Symbol der größten oppositionellen Bewegung der DDR in der Zeit zwischen dem Volksaufstand vom 17. Juni 1953 und der friedlichen Revolution 1989.

Das Abzeichen wurde als Aufnäher in großer Stückzahl produziert. Aufkleber waren genehmigungspflichtig. Aufnäher dagegen nicht, was es dem kirchennahen Produzenten möglich machte, diese herzustellen und zu liefern. Auf dem Höhepunkt der Bewegung trugen rund hunderttausend Menschen das Emblem auf ihrer Kleidung, auf Taschen und Mützen in Schulen und Betrieben, um damit ihre pazifistische Haltung öffentlich zu machen. Auch Joachim Gauck trug es zeitweilig, ebenso seine Tochter Gesine. Nach anfänglichem Zögern verbot die SED das Tragen des Symbols im November 1981. Wie immer wurde das Verbot mit der Androhung rigider Strafen, wie der Nichtzulassung zum Abitur oder der Entfernung von der Universität, durchgesetzt. Der Rostocker Schüler Thomas Abraham, Mitglied in Joachim Gaucks Jugendgruppe, gehörte zu denen, die sich zunächst weigerten, den Aufnäher in der Schule abzunehmen. Als Folge musste er nach dem Abschluss der zehnten Klasse die Schule verlassen und eine Lehre antreten. Abraham erklärte später, dass Joachim Gauck ihm damals die Kraft und den Mut gegeben habe, die er für seinen Widerstand benötigt habe. Gauck sei in jenen schwierigen Tagen sein größter Rückhalt gewesen, »fast eine Art Ersatzvater«. Der Stadtjugendpastor resignierte nach dem erzwungenen Ende der Aktion. Ein IM hielt Gaucks Klage fest, »die Aktion ›Schwerter zu Pflugscharen‹ sei unterlaufen worden, da viele nicht fest genug dahintergestanden haben«. Immerhin, so Gauck, sei die Aktion öffentlichkeitswirksam gewesen und habe gezeigt, dass »›Minderheiten‹ Reaktionen des Staates bewirken können«.

Krisenjahre

> *Wir hatten damals ständig die Stasi im Haus und standen permanent unter Beobachtung. Als unser altes Haus abgerissen wurde, erzählten uns die Bauarbeiter, dass sie dort 13 Abhörwanzen gefunden hätten.*
> Hansi Gauck

Leiter des Kirchentages 1983

1982 wurde Gauck Leiter des im Juni 1983 in Rostock stattfindenden Kirchentages in Mecklenburg und Vorpommern, der unter dem Motto »Vertrauen wagen« stand. Die dezentral in den Bezirken der DDR stattfindenden Kirchentage waren die größten Veranstaltungen und die Höhepunkte des öffentlichen Lebens der Kirchen. Den Kirchentagen des Jahres 1983 kam eine besondere Bedeutung zu. Im Lutherjahr, dem fünfhundertsten Geburtstag des Reformators, unterstützten die SED-Führer diese kirchlichen Feierlichkeiten deutlich großzügiger als sonst. Sie erhofften sich, dadurch die außenpolitische Reputation der DDR verbessern zu können. Staatschef Erich Honecker, der ab 1983 einen Staatsbesuch in der Bundesrepublik plante, übernahm vor diesem Hintergrund persönlich die Schirmherrschaft für die Luther-Ehrungen. Dass Joachim Gauck das Amt des Vorsitzenden des Landesausschusses des Evangelischen Kirchentages übertragen worden war, war ein großer Vertrauensbeweis für den jetzt Zweiundvierzigjährigen.

Zur Veranstaltung in Rostock wurden dreißigtausend Teilnehmer erwartet, was immenser logistischer Vorbereitungen bedurfte. Für die reibungslose An- und Abreise der

Gläubigen mussten Sonderzüge und Sonderbusse eingesetzt werden. Tausende Übernachtungsgäste brauchten ein Quartier und Verpflegung. Räumlichkeiten, in denen die vielfältigen Veranstaltungen durchgeführt werden konnten, waren zu organisieren. Schließlich wollte die Kirche das Ereignis auch groß bewerben. Programmhefte, Anmeldekarten und Einladungsbriefe mussten geschrieben und gedruckt werden und große Aufsteller und Plakate sollten an neuralgischen Punkten in der Stadt Rostock auf die Veranstaltung und ihr Programm hinweisen. Für all das benötigten Gauck und sein Organisationskomitee die Genehmigung und die Hilfe des Staates, der allein über die entsprechenden Ressourcen verfügte.

Die staatlichen Organe in Rostock waren alarmiert. Eine Massenveranstaltung dieser Größenordnung durfte nicht entgleisen. Nicht auszumalen, wenn es während des Kirchentages zu öffentlichen politischen Protestaktionen kommen würde. Ein Albtraum für die verantwortlichen Genossen wie den damaligen Referenten für Kirchenfragen des Bezirks Rostock mit dem sprechenden Namen Macht. Aber die Kirche wollte ja einiges von der SED: Tagungsräume, Gulaschkanonen, Papier und Druckkapazitäten. Wenn der Staat all das zur Verfügung stellen sollte, musste sich Gauck als Leiter des Kirchentages wohl oder übel anhören, welche Forderungen die SED an die Kirche hatte. Zum Beispiel kleinkarierte Änderungen im Programmheft des Kirchentages. Ein eingeladener Bischof aus der Bundesrepublik, der zunächst namentlich genannt werden sollte, musste stattdessen als »ökumenischer Gast« bezeichnet werden. Erst danach wurden die von der Kirche gewünschten Satz- und Druckgenehmigungen erteilt.

Roland Macht, laut der Historikerin Rahel Frank, die die DDR-Kirchenpolitik in der Landeskirche Mecklenburgs untersuchte, ein »Stalinist mit Scheuklappen« bis zuletzt, nutzte die Gelegenheit, um den Chef des Kirchentages zu einem ganz anderen Thema zur Ordnung zu rufen. Gaucks kirchliche Veranstaltungen für Jugendliche hätten »zweideutigen, wenn nicht sozialismusfeindlichen Charakter«, ereiferte sich Macht. Der Stadtjugendpastor erwecke »bei den Jugendlichen Illusionen, die mit den politischen Realitäten in unserem Land nicht in Einklang zu bringen sind«. Der Gescholtene erinnerte sich: »Als Leiter der Kirchentagsarbeit hatte ich viel mit Macht zu tun. Das war ein Dummkopf und Betonkopf, eine typische Figur aus einer Diktatur.«

Parallel dazu versuchten die regionalen SED-Führer, über Gaucks Vorgesetzten, den Landessuperintendenten der evangelischen Landeskirche, Günter Goldenbaum, alias IM »Schramm«, Druck auf den Kirchentagschef auszuüben. Sie beschwerten sich bei Goldenbaum über »das provokatorische Auftreten des Stadtjugendpastors« und drohten, dass der Staat das nicht länger hinnehmen werde. Gauck habe sich bereits wegen »staatsfeindlicher Hetze« strafbar gemacht. Sollten diese Provokationen nicht unterbleiben, würde Gauck »als verantwortlicher Verhandlungspartner der Kirche zum Kirchentag 1983 nicht mehr akzeptiert werden«. Goldenbaum versicherte laut Stasi-Akten daraufhin, »dass mit dem Stadtjugendpastor Gauck ob seines provokatorischen Auftretens offizielle Gespräche geführt wurden. In schriftlicher und mündlicher Form wurde er vom Landessuperintendenten und anderen leitenden Mitarbeitern der Kirche aufgefordert, seine provokatorischen Aktivitäten einzustellen.« Joachim Gauck merkte dazu an: »Zur Ehrenrettung von Goldenbaum ist zu sagen, dass er keine schriftliche Missbilligung ausgesprochen hat, sondern mich nur mündlich darüber informiert hat, was die Staatsorgane über mich gesagt hatten.«

Dennoch sah sich Gauck daraufhin wieder einmal zu einem taktischen Rückzugsgefecht gezwungen. Er bat um ein weiteres Gespräch mit der Staatsmacht, diesmal mit dem Referenten für Kirchenfragen beim Rat der Stadt Rostock, Udo Lingk, dem Vorgänger von Manfred Manteuffel. Der schlug bei ihrem Treffen in dieselbe Kerbe wie Roland Macht. Er warnte Gauck noch einmal eindringlich, er solle seine Hetzereien, insbesondere die Beeinflussung der Jugendlichen sein lassen, »da er die Grenzen des Vertretbaren bereits überschritten hätte«. Halbherzig entschuldigte sich Gauck daraufhin für seine angeblichen Verfehlungen in der Vergangenheit. Es fiel ihm sichtlich schwer, sich reumütig zu zeigen, da es ihm tatsächlich nur darum ging, sicherzustellen, dass die Machthaber die Durchführung des Kirchentages nicht behinderten. Sich völlig zu unterwerfen lag nicht in Gaucks Natur. Noch in diesem Gespräch gingen die Pferde wieder mit ihm durch, als er zu Lingk sagte, »dass man die Bürger, die in den Westen wollten, doch fahren lassen sollte, dann brauchten sie ja nicht geschleust zu werden«.

Den Rostocker SED-Funktionären war klar, dass das defensive Auftreten Gaucks und anderer Kirchenvertreter in dieser Phase taktisch bedingt war. Nach Auseinandersetzungen mit einer Reihe von Pastoren im Jahre 1982 sei aktuell eine »relative Ruhe eingezogen«, hieß es in einem internen SED-Papier zum Kirchentag. Diese sei »nur so zu erklären, dass die Vertreter der evangelischen Kirche die Großzügigkeit des Staates für den Kirchentag voll ausnutzen möchten und befürchten, dass Konfrontationen zur Einschränkung dieser Großzügigkeit führen könnten«. Auch die Stasi gab sich keinen Illusionen hin. »In Vorbereitung und Durchführung des Kirchentages der Evangelisch-Lutherischen Landeskirche Mecklenburg vom 10.6.-12.6.1983 in Rostock trat der G. relativ verhalten und gemäßigt auf. Es muss eingeschätzt werden, dass die in Vorbereitung des Kirchentages mit G. geführten Aussprachen [...] dazu beigetragen haben, dass sich G. in der Öffentlichkeit zurückhaltender verhalten hat, um den Kirchentag nicht zu gefährden. Das bedeutet aber nicht, dass sich damit die feindlich-negative Grundeinstellung des G. verändert hat.«

Die Eröffnungsveranstaltung in der Marienkirche wurde von Joachim Gauck gemeinsam mit Martina Schmidt, einer Mitarbeiterin in seinem Organisationsteam, moderiert. Rostocks größtes Gotteshaus war an diesem Abend bis auf den letzten Platz besetzt. Selbst Stehplätze gab es nicht mehr. Über dreitausend Menschen drängten sich in dem mächtigen Backsteinbau zusammen, so etwas hatte die Kirche in Mecklenburg in der DDR-Zeit noch nicht erlebt. Die Organisatoren waren vom Andrang völlig überrascht. Gauck war vor Beginn der Veranstaltung sehr aufgeregt. Er bat zwei seiner Mitstreiter kurz vor seinem Auftritt in der Marienkirche noch einmal kurz zur Seite, um gemeinsam mit ihnen zu beten. Bis heute rechnen diese ihm hoch an, dass er sich in der damaligen Situation so offen zu seinen Gefühlen bekannt hatte.

Geradezu überwältigend war die Teilnahme am Abschlussgottesdienst des Kirchentages, zu dem sich fünfundzwanzigtausend Menschen unter freiem Himmel versammelt hatten. Erneut stand Gauck auf der Rednertribüne, um zu den Gläubigen zu sprechen. Ein Ereignis dieser Art, mit so vielen Menschen, das nicht unter der Organisationshoheit der SED stand, war einzigartig. Seine öffentliche Wirkung war gewaltig, und für Joachim Gauck wurde der Verlauf des Kirchentages 1983 ein großer persönlicher Erfolg, mit dem er sich einen Namen innerhalb der evangelischen Kirche und in der Bevölkerung machte.

Zersetzungsmaßnahmen

Als Organisator des Kirchentages war Gauck zu wichtig geworden, um ihn weiter so frei agieren lassen zu können, wie das bisher der Fall gewesen war. Die Stasioffiziere Major Dorow und Hauptmann Portwich kamen nach zehnjähriger Beobachtung des Geistlichen durch das MfS zu einem gefährlichen Ergebnis. Nicht nur dass Gauck »eine antisozialistisch-feindliche Einstellung zu den gesellschaftlichen Verhältnissen in der DDR« hatte. Vielmehr verdächtigten sie den »feindlichen« Pastor, sich durch einen »Angriff auf die verfassungsmäßigen Grundlagen der sozialistischen Staats- und Gesellschaftsordnung der DDR« strafbar gemacht zu haben. So konnte es nicht weitergehen. Der Mann musste »diszipliniert« werden – ein Lieblingswort im Stasijargon. Am 24. März 1983 beschloss man in der Rostocker Außenstelle des MfS, Gauck ab sofort »in einem Operativen Vorgang zu bearbeiten«, der unter dem Decknamen »Larve« anlegt wurde. Damit sollte wohl zum Ausdruck gebracht werden, dass der gefährliche Pastor sein wahres Gesicht hinter einer Maske verbarg.

Ziel der operativen Bearbeitung war zum einen, den Nachweis zu erbringen, dass Gauck sich strafbar gemacht hatte. Darüber hinaus beschlossen Mielkes Staatsschützer die »Einleitung von gezielten Zersetzungsmaßnahmen [...] zur Eindämmung und Beseitigung der antisozialistisch-feindlichen Wirksamkeit des G«. Praktisch hieß das, dass Mielkes Subalterne von nun an ihre Beobachterrolle aufgaben, um aktiv gegen Gauck und sein Umfeld vorzugehen. Die geplanten »Zersetzungsmaßnahmen« wurden in einem elf Punkte umfassenden »Operativplan« festgehalten. Der »Informelle Mitarbeiter mit Feindberührung« (IMB) »Nielsson« sollte sein zu Gauck bestehendes Vertrauensverhältnis weiter ausbauen. Das hieß, noch tiefer in die Privatsphäre seines Opfers eintauchen und dessen Privatbibliothek ausspähen, ob sich darin in der DDR verbotene Literatur befand. Außerdem sollte er in der Wohnung Gaucks schnüffeln, um dort Beweise für die vermeintlichen Straftaten des Verdächtigen zu finden. »Nielsson« berichtete fortan über jedes Buch, jede Broschüre, die Gauck las. Der schüttelt sich noch heute innerlich, wenn er sich an den Stasiinformanten erinnert: »Ein kleiner, erbärmlicher Versager. Er war ein Bekannter von Kempowski und brachte mir auch mal eines von dessen Büchern mit. Das hat er dann dazu benutzt, mich bei der Stasi anzuschwärzen. Er hat mich immer wieder besucht, ich habe versucht, ihn abzuwimmeln. Aber als Pfarrer war das nicht so einfach. Also saßen wir unten in meinem Amtszimmer und redeten. Meine Frau hätte ihn unter keinen Umständen in unsere Wohnung gelassen.«

Die »Informellen Mitarbeiter Sicherung« (IMS) »Sven Werder«, »Susi Berger« und der IM-Kandidat »Silvester« wurden damit beauftragt, in kirchlichen Institutionen hinter Gauck her zu spionieren. Das Telefon des Pastors sollte abgehört werden, und man wollte prüfen, wie man eine heimliche Hausdurchsuchung bei ihm durchführen könne. Als letzte Angriffsfläche sollte sein gesamtes Familienumfeld untersucht werden. Die Stasi wollte wissen, in welchem Verhältnis jedes einzelne Familienmitglied zu Gauck stand und welche politische Einstellung der Betreffende hatte. Explizit genannt wurden: Ehefrau, Eltern, Kinder und deren Ehegatten, Geschwister und deren Ehegatten sowie Schwiegereltern.

So gern die Stasi auch in die Familie von Gauck eingedrungen wäre, es gelang ihr nicht. Sie fand keinen Zuträger. Mehrfach versuchten die Geheimpolizisten, Gaucks

Schwester Marianne und seinen Bruder Eckart für Spitzeldienste zu gewinnen. Vergebens. Näher heran an die Familie als bis zum Hausnachbarn in Brinckmansdorf kam das MfS nicht. Eckart Gauck verschaffte sich in familientypischer Weise dadurch Ruhe, dass er dem MfS-Emissär, der ihn anwerben wollte, drohte: »Wenn du noch mal kommst, haue ich dir den Arsch voll.« Das genügte, der Mann aus der MfS-Bezirksverwaltung ließ sich nicht mehr blicken. Marianne Gauck wurde 1984 mehrfach von der Stasi zu Gesprächen bestellt. Ihrer in West-Berlin lebenden Schwester Sabine, die bis dahin regelmäßig die DDR besuchen durfte, war im Zuge der »Zersetzungsmaßnahmen« gegen ihren Bruder von einem auf den anderen Tag die Einreise verweigert worden. Sie hatte sich, nachdem ihre Neffen ihre Ausreiseanträge gestellt hatten, natürlich bereit erklärt, Christian und Martin nach ihrer Ankunft im Westen zu unterstützen. Selbst das blieb der Geheimpolizei der DDR nicht verborgen, die es in ihren Akten festhielt. Marianne Gauck versuchte im Rahmen der Vorladungen durch das MfS zu erreichen, dass der bisherige Reisestatus ihrer Schwester wiederhergestellt wurde. Für den Fall, dass das nicht geschehen sollte, drohte sie damit, ebenfalls einen Ausreiseantrag zu stellen. Vor jedem Treffen mit Stasioffizieren informierte sie ihren Bruder Joachim: »Wenn ich heute nicht zurückkomme, weißt du, wo ich bin.« Mutter Olga, die in den fünfziger Jahren vom MfS unter Druck gesetzt worden war, ihren Mann – den angeblichen Spion – zu verlassen, reagierte auf den Kontakt zwischen ihrer Tochter und der Stasi empört und wütend. Die Staatssicherheit hob die Einreisesperre gegen Sabine schließlich auf, in der Hoffnung, Marianne als Inoffizielle Mitarbeiterin anwerben zu können. Dabei blieb es, auch als es mit deren erhoffter Anwerbung nichts wurde. Ein Stasimitarbeiter notierte in seiner schäbigen Protokollsprache: »Durch die Abt. XX erfolgte eine Kontaktierung der G. [Marianne Gauck], in deren Ergebnis die Unzweckmäßigkeit einer inoffiziellen Zusammenarbeit festgestellt wurde. Die erneute Einleitung einer Einreisesperre zu [Sabine Gauck] ist aus genannten operativen Gründen nicht zweckmäßig, obwohl bekannt ist, dass sie feindlich negativ wirksam ist.« Im März 1985 musste man sich beim »VEB Horch und Guck« in Rostock eingestehen: »Inoffizielle Kontrollmöglichkeiten im engeren Familienkreis von ›Larve‹ sind nicht vorhanden.«

Reiseverbot

Die wichtigste Repressalie, die die Stasi Anfang 1983 gegen Gauck verhängte und die diesen empfindlich traf, war ein Reiseverbot. Von da an waren ihm sowohl eigene Reisen ins westliche Ausland als auch der Empfang von Besuchern aus der Bundesrepublik untersagt. In der Vergangenheit war ihm das eine oder andere Mal eine Auslandsreise genehmigt worden. Das war ein vom Staat wohldosiertes, selten gewährtes Bonbon, von dem der Beschenkte monate-, wenn nicht jahrelang zehrte. So hatte Gauck im März 1978 für zehn Tage nach West-Berlin fahren dürfen, als seine Schwester Sabine dort zum zweiten Mal heiratete. Es war sein erster Besuch im Westen seit dem Mauerbau gewesen.

Gauck nutzte damals die Gelegenheit, um nicht nur West-Berlin, sondern auch Freunde in Hamburg zu besuchen. Dazu musste er von West-Berlin aus fliegen, denn sein Visum galt nur für den Westteil Berlins, nicht für die Bundesrepublik. Auch ein Kurzbesuch in Dänemark fand bei dieser Gelegenheit statt. »Kein Problem«, meinten seine Freunde, als Gauck seinen unbändigen Wunsch geäußert hatte, wenigstens einmal in seinem Leben in Dänemark gewesen zu sein. Sie fuhren mit ihm nach Harrislee, einer Gemeinde nordwestlich von Flensburg, direkt an der Grenze zum nördlichen Nachbarland gelegen. Im Gemeindeamt bat Gauck um die Ausstellung eines bundesdeutschen Personalausweises, um damit nach Dänemark reisen zu können. Mit seinem DDR-Pass war das nicht möglich. »Was, um für eine Stunde nach Dänemark zu fahren, wollen Sie einen Personalausweis«, wunderte sich der zuständige Beamte. Doch dann holte er eine Polaroid-Kamera hervor, fotografierte Gauck, und der hatte innerhalb von fünf Minuten seinen Ausweis. Der Kurzaufenthalt in Dänemark war ein erhebender und wichtiger Moment für Gauck. Man könnte ein ganz normaler Mensch sein, dachte er gerührt und erinnerte sich daran, wie lange es gedauert hatte, bis er seinen DDR-Pass mit dem Ausreisevisum in den Händen gehalten hatte.

Nach Harrislee zurückgekehrt, sollte er den Personalausweis im Tausch gegen seinen DDR-Reisepass wieder abgeben. Gauck insistierte: »Nein, den brauche ich, den muss ich doch zu Hause vorzeigen.« Der Gemeindebeamte hatte ein Einsehen, machte das Dokument durch den Stempel »Ungültig« auf jeder Seite und das Abschneiden der Ecken unbrauchbar und gab Gauck den Personalausweis mit. Diese Episode wirft in zweierlei Hinsicht ein Bild auf Gaucks Charakter. Zum einen wird deutlich, wie wichtig es ihm war, sich gegenüber seinen Freunden und Bekannten in Szene setzen zu können und Anerkennung bei ihnen zu finden. Zum anderen kam hier das Erbe seines Vaters in ihm durch. Der hatte früher in der DDR verbotene westliche Zeitschriften mit nach Hause gebracht. Mit demselben Trotz schmuggelte Gauck jetzt den bundesdeutschen Personalausweis in die DDR – ein Beweismittel dafür, dass er gegen die Visabestimmungen seines Landes verstoßen

24 Gauck bei seinem Besuch in Schweden im weißen Talar

hatte. Vermutlich hätte er nie wieder ein Visum für das westliche Ausland bekommen, hätte man das Dokument bei ihm entdeckt.

So aber durfte er im März 1981 und im August 1982 zwei Dienstreisen nach Schweden antreten. Noch Jahrzehnte danach schwärmte er von Schweden als seinem »Sehnsuchtsland«. Während andere Pastoren über ihre Auslandsreisen nur sehr zurückhaltend, ja geradezu vorsichtig berichteten, um sich künftige Reisegenehmigungen nicht zu verbauen, tat sich Gauck keinen Zwang an und erzählte begeistert über das skandinavische Land, so dass seine Zuhörer seine Empfindungen und Erlebnisse mit ihm teilen konnten. Nach seiner Rückkehr vom zweiten Schwedenaufenthalt hielt Gauck bei einem Stadtjugendabend einen Vortrag über die Reise. Mielkes Zuträger vermerkte pikiert: »Sein Bericht war sehr tendenziös. Zu allen Bereichen des gesellschaftlichen Lebens in Schweden äußerte sich G. sehr lobend und verglich sie mit den Verhältnissen in der DDR, die er dabei ständig herabwürdigte.« Rüdiger und Martina Schmidt, die den Vortrag besucht hatten, waren sich einig darüber, dass Gauck bei der Offenheit, die er an den Tag legte, riskierte, künftig keine Ausreiseerlaubnis mehr zu erhalten. So kam es dann auch.

Im Oktober 1982 durfte die Familie Gauck zum letzten Mal Westbesuch empfangen. Schon im Januar 1983 – noch vor dem eigentlichen Beginn des Operativen Vorgangs »Larve« – wurde ein von ihnen beantragter Besuch von drei Bundesbürgern nicht genehmigt. Das letzte Fenster zum Westen hatte sich geschlossen. Die Erkenntnis traf Gauck hart. Am 8. Februar 1983 stürmte er wütend in die Sprechstunde des Leiters der Abteilung Pass- und Meldewesen bei der Volkspolizei, um sich über die Ablehnung diverser Anträge auf Einreisen aus der Bundesrepublik zu beschweren. Als der Polizeioffizier ihm mitteilte, dass es an der Entscheidung nichts zu rütteln gebe, reagierte Gauck betroffen. Der Major notierte: Gauck »äußerte, dass er darin ein Politikum sieht und eine Reaktion auf seine Diskrepanz, die er mit den örtlichen Staatsorganen hat«.

Der Pastor äußerte damals die Vermutung, dass die Ablehnung seiner Anträge im Zusammenhang mit seinen Differenzen mit dem Kirchenreferenten der Stadt Rostock stehe. Der hatte ihn in der jüngsten Vergangenheit mehrfach für den Ablauf kirchlicher Veranstaltungen gerügt. Trotzig kündigte Gauck dem Volkspolizisten an, dass er auch künftig Einreiseanträge stellen werde. Er habe aufgrund seines Berufs viele Freunde in der Bundesrepublik, die ihn besuchen wollten. Künftig werde er seine Frau auffordern, die Anträge einzureichen, dann dürfe den Gesuchen ja wohl nichts mehr im Wege stehen. Der emotionale Auftritt half nichts, der Staat blieb in der Reisefrage hart. Gauck erinnerte sich Jahre später: »Wir konnten das gar nicht deuten, wir wussten nicht, was soll das. Heute würde ich sagen, da war ich nicht sehr clever.« Auch eine im Mai 1984 erneut beantragte Dienstreise nach Schweden wurde verweigert. Ebenso wurde eine von seiner Schwester Marianne beantragte Reise in die Bundesrepublik abgelehnt.

Ende 1983 zeigten die »Zersetzungsmaßnahmen« der Stasi Wirkung. Gauck war verunsichert. Mittlerweile waren sechsmal Einreiseanträge von Bekannten aus der Bundesrepublik nicht genehmigt worden. Er selbst durfte nicht mehr ins westliche Ausland. Bekannte, die ihm in der Vergangenheit Bücher aus dem Westen mitgebracht hatten, berichteten, dass sie bei ihrer erneuten Einreise in die DDR plötzlich genauestens kontrolliert worden waren. Gauck konnte nicht übersehen, dass er bei der Staatssicherheit in Ungnade gefallen war. Aber obwohl seine Bedrohung durch das MfS geradezu in der Luft lag, ließ er diese nicht zu nahe an sich herankommen, sondern verdrängte sie ein Stück weit. Gauck über eine derartige Situation: »Als wir eines Tages zu einem Besuch bei meinen Eltern aufbrachen, mussten wir nach kurzer Zeit umkehren, weil ich etwas vergessen hatte. Die Haustür stand sperrangelweit auf, und meine Frau meinte sofort: ›Das ist die Stasi, die jetzt sicher über den Boden flüchtet.‹ Ich war mir in diesem Punkt nicht sicher und empfand die Reaktion meiner Frau aus diesem Grund leicht hysterisch – aber sie hatte recht.«

Gauck reagierte auf die aktuelle Situation, wie er es schon immer getan hatte, wenn es brenzlig für ihn wurde: Für eine Weile hielt er sich mit negativen Äußerungen gegenüber Staat und Partei zurück. Zufrieden vermerkte das MfS bald darauf, dass Gauck bei einem »Friedensseminar« im Juni 1984 die Teilnehmer aufgefordert hatte, keine »staatsprovozierenden Fragen« zu stellen. Der Zulauf zu seinen Veranstaltungen, zu Stadtjugendabenden und Friedensgottesdiensten nahm in der Folge merklich ab. Die Stasi notierte dazu in Gaucks Akte: »›Larve‹ wurde politisch-operativ so verunsichert, dass er das Amt des Stadtjugendpastors niederlegen will.« Joachim Gauck meinte zu dieser Interpretation seines damaligen Verhaltens durch die Stasi: »Das trifft so nicht zu. Es gab immer ein Auf und Ab bei den Stadtjugendabenden.«

Die Reaktion der Stasi auf das Verhalten des von ihr überwachten Pastors war typisch für die Struktur und Funktionsweise der Staatssicherheit. Wo möglich, verbuchte man ein Ereignis gern als eigenen Erfolg, auch wenn dieser völlig unabhängig vom eigenen Wirken eingetreten war. Tatsächlich hatte Gauck sich entschieden, das Amt des Stadtjugendpastors abzugeben, weil ihm die Arbeit neben seinen Tätigkeiten als Gemeindepastor und der Kirchentagsarbeit zu viel geworden war. Ohnehin war es ein Nebenamt, das alle, die es innehatten, nur für eine begrenzte Zeit ausübten.

Die Söhne stellen Ausreiseanträge

Dass Gauck sich 1984 so defensiv zeigte, hatte neben der Drangsalierung durch die Stasi noch einen anderen Grund. Im Frühjahr 1984 sahen seine Söhne Christian und Martin keine Zukunft mehr für sich in der DDR. Beide waren schon verheiratet, und jeder hatte ein Kind. Es war klar, dass der Staat ihnen keine Möglichkeit bieten würde, ein Leben zu führen, in dem sie sich beruflich und privat frei entwickeln konnten. Die Perspektive für ihre Kinder sah nicht besser aus. Zermürbt von dem vergeblichen Kampf, in der DDR ein selbstbestimmtes Leben führen zu können, stellten sie unabhängig voneinander Ausreiseanträge für sich und ihre Familien. Am 26. März 1984 schrieben Gaucks ältester Sohn und seine Frau an die zuständige Behörde beim Rat der Stadt Rostock: »Wir möchten unser Grundrecht gemäß der für die DDR am 23. 3. 1976 in Kraft getretenen internationalen Konventionen über zivile und politische Rechte in Anspruch nehmen und stellen hiermit einen Antrag auf die Ausreise. Da für uns diese Entscheidung feststeht, möchten wir Sie bitten, diesen Antrag zu bearbeiten.«

Nachdem sie sich zu diesem Schritt entschlossen hatten, wurde es für die beiden Gauck-Söhne noch schwerer. Martin wurde aufgefordert, sich mustern zu lassen. Er teilte der Musterungsbehörde mit, dass er auf keinen Fall einen Fahneneid auf einen Staat leisten werde, den er verlassen wolle, und er würde genauso wenig Dienst mit der Waffe tun. Als Orthopädietechniker habe er fast täglich mit Prothesenträgern zu tun, die im Zweiten oder sogar noch Ersten Weltkrieg Gliedmaßen verloren hätten. Christian verweigerte sein Arbeitgeber, die begonnene Ausbildung zum Orthopädietechniker-Meister fortzusetzen. »Wir bilden keine Leute aus, die Verräter sind und unser Land verlassen wollen«, ließ man ihn wissen. Wutentbrannt kündigte Christian daraufhin seine Arbeitsstelle und schlug sich mit Gelegenheitsjobs durch. Seine Frau Martina, die beim »Volkseigenen Betrieb Gebäudewirtschaft« in Rostock beschäftigt war, hatte gleichfalls unter Repressalien zu leiden. Christians Wut auf den Staat, der sich mit der Zustimmung zu seinem Ausreiseantrag Zeit ließ, wurde so groß, dass er sich kaum noch beherrschen konnte. Wütend schrieb er Briefe an Partei- und Staatsorgane: »Wir haben es satt, uns ständig mit

Plattitüden abspeisen zu lassen.« Er habe den Eindruck, »dass wir systematisch für dumm verkauft werden«.

Den Staat ließ das kalt. Er ließ die beiden Pastorensöhne schmoren. Ein Jahr und noch ein Jahr und noch eins. Regelmäßig wurden die Brüder von der Abteilung Inneres beim Rat der Stadt vorgeladen, nur um ihnen mitzuteilen, dass man ihre Anträge abgelehnt habe. Wahlweise wurden sie von den Genossen dabei entweder verhöhnt: »Was wollen Sie im Westen? Tennisbälle aufsammeln?« oder bedroht: »Wenn Sie weiter uneinsichtig bleiben und weitere Anträge stellen, fassen wir das als Nötigung der Behörde auf und werden strafrechtlich gegen Sie vorgehen.« Ähnliches erlebten auch andere Ausreisewillige in Rostock. Die zuständigen Mitarbeiter beim Rat der Stadt hatten offensichtlich die Aufgabe, bei den Antragstellern Unsicherheit zu schüren. Martina und Rüdiger Schmidt, die 1986 aus der DDR ausreisten, bekamen zu hören: »Die Zeiten der Völkerwanderung sind vorbei. Wissen Sie überhaupt, wo Sie hinwollen? Ich habe noch den Kapitalismus erlebt. Wir wurden vom Großgrundbesitzer noch mit der Peitsche zur Arbeit angetrieben.« Die Schmidts konnten über diese Agitation nur lachen.

Den Vater hatten die Söhne im Hinblick auf ihr Vorhaben nicht konsultiert. Sie wussten, dass das zwecklos gewesen wäre. Joachim Gauck war unbeirrbar der Auffassung, dass sein Platz in der DDR sei und dass man diese von innen heraus verändern müsse. Diese Haltung entsprach ganz der politischen und theologischen Linie seiner Landeskirche. Die Guten, hielt er seinem Erstgeborenen damals vor, seien nicht auf der Flucht. Die Guten stünden an der Front. Wenn er selbst es in der DDR aushalten konnte, so Gaucks Überzeugung, dann mussten es doch auch seine Kinder aushalten können. Dabei verdrängte er, dass seine Erwartungshaltung im Widerspruch zu den Wünschen und Vorstellungen seiner Söhne für ein selbstbestimmtes Leben stand. Und er verdrängte auch, dass er als Pastor im »geschützten Raum« Kirche arbeitete, mit vielen Kollegen, die nicht nur gleichgesinnt waren, sondern sich auch eine gewisse Offenheit leisten konnten, im Gegensatz zu seinen Söhnen. Hinzu kam: Gaucks Entschlossenheit, die DDR nicht zu verlassen, galt nicht für ewig, sondern nur für die Zeit seiner Berufstätigkeit. Danach, als Pensionär, konnte auch er sich vorstellen, im Westen zu leben. »Wenn ich Rentner bin, gehe ich nach Schleswig-Holstein«, vertraute er Mitte der achtziger Jahre einmal seinen Bekannten Rüdiger und Martina Schmidt an.

Als Joachim Gauck von der Entscheidung seiner Söhne erfuhr, war er schockiert. Er stand ihrem Vorhaben nicht im Weg, aber er half ihnen auch nicht dabei, obwohl er die Möglichkeit dazu gehabt hätte. Er sah nicht ein, warum er seinen eigenen Kindern gegen seine Überzeugung dabei helfen sollte, die DDR zu verlassen. Zermürbt und depressiv geworden durch das lange Warten auf die Ausreisegenehmigung, bat Christian den Vater schließlich doch verzweifelt um Hilfe. Er hatte mitbekommen, wie dieser sich erfolgreich für zwei verhaftete Jugendliche seiner Kirchgemeinde eingesetzt und mitgeholfen hatte, ihre Ausreise in die Bundesrepublik zu erreichen. Christian hoffte, dass sein Vater seine diesbezüglichen Kontakte nutzen würde, damit auch seine Söhne auf eine Ausreiseliste kamen. Zu seiner großen Enttäuschung lehnte Joachim Gauck das ab: »Christian«, sagte er zu seinem Ältesten, »ich kümmere mich um Menschen, die es nötiger haben, die inhaftiert sind. Ihr könnt bleiben und hier die Dinge verändern.« Die Frustration über die Zurückweisung war groß. »Für andere setzt du dich ein! Für deine eigenen Söhne nicht!«, schrie Christian

25 *Mit Daniela Schadt und seinen Kindern Katharina, Christian und Gesine*

seinen Vater an. Es kam zum Bruch zwischen den beiden. Joachim Gauck bewertete die damalige Situation zwischen ihm und seinem ältesten Sohn anders. »Es hat keinen Bruch und keinen Abbruch der Kontakte gegeben. Die Meinungsverschiedenheit blieb. Aber wir haben dem je anderen die Lauterkeit der eignen Einstellungen nicht abgesprochen.«

Die Nerven lagen bei allen Familienmitgliedern blank. Gesine Gauck verarbeitete ihren Schmerz über die bevorstehende Trennung von den Brüdern in ihrem Tagebuch: »Schrecklich das Gefühl, das mich jedes Mal überkommt, wenn ich daran denke, dass es jede Woche so weit sein kann. [...] Es tut sehr weh [...]« Hansi Gauck stellte sich anders als ihr Mann auf die Seite der Söhne und bestärkte sie in ihrem Vorhaben. Die ohnehin vorhandenen Spannungen zwischen den Eltern wuchsen weiter an.

Joachim Gauck war also mit seiner ablehnenden Haltung gegenüber den Ausreisewünschen seiner Söhne innerhalb der Familie isoliert, was allein schon an ihm nagte. Zu dem familiären Zerwürfnis könnte beigetragen haben, dass die zwei gleichzeitig gestellten Ausreiseanträge seiner Söhne eine Hypothek für seine Kirchenkarriere darstellten. Die offizielle Haltung der Kirche in den achtziger Jahren gegenüber Ausreisewilligen war zurückhaltend. Sie unterstützte derartige Vorhaben nur in Ausnahmefällen, stellte auch Ausreisewillige beispielsweise als Hausmeister ein und kündigte Mitarbeiter, wenn sie Ausreiseanträge stellten, nicht. Aber wer einen Ausreiseantrag gestellt hatte, wurde für das Theologiestudium, etwa am Sprachenkonvikt in Ost-Berlin, in den achtziger Jahren offiziell nicht mehr zugelassen. Ein gutes Licht warfen die Ausreiseanträge seiner Söhne nicht auf Joachim Gauck. Nach dem Motto: »Wenn er schon nicht mal Ordnung in seiner eigenen Familie hat [...]« In dasselbe Dilemma geriet er gegenüber dem Staat. Zwar war er ein ewiger Kritiker des real existierenden Sozialismus, aber ganz verderben wollte er es sich mit der Staatsmacht nie. Joachim Gauck wollte diese Interpretation der damaligen Situation nicht teilen. »Ich kenne keinen Fall, dass unsere Kirchenleitung Ausreiseanträge von Kindern oder Verwandten von Pastoren negativ kommentiert hätte. Im Übrigen hatte ich keine Karriereabsichten in der Kirche.«

Der Zwiespalt, in den sich Gauck durch seine Söhne gebracht sah, trat in seinen Stasiakten deutlich zutage. Dass er sich mit öffentlich geäußerter Kritik gegenüber dem Staat zurückhielt, war in für ihn kritischen Situationen ja ein Ritual. Doch Anfang 1985 kroch Joachim Gauck regelrecht zu Kreuze. In dieser Form findet sich kein zweiter Vorgang in seiner Stasiakte. Der Referent für Kirchenfragen beim Rat der Stadt Rostock, Manfred Manteuffel, notierte nach einem Gespräch mit Gauck am 8. Januar 1985: »Ich habe den Eindruck, dass das Problem ›Ausreiseanträge‹ seiner Kinder Gauck sehr belastet.« Der hatte zuvor resignierend erklärt: »Ich bin etwas enttäuscht vom Verhalten meiner Söhne, habe aber keinen direkten Einfluss. [...] Ich habe viele Gespräche geführt – was soll man noch mehr machen?« Ungewöhnlich defensiv biederte sich Gauck beim Kirchenreferenten geradezu an. Dass man ihn als eingefleischten »Antisowjetist« abstemple, sei eine falsche Einschätzung seiner Person, versicherte er Manteuffel, »ich stehe zu diesem Staat, auch wenn ich hier und da Unklarheiten habe«. Gauck verstieg sich sogar zu der Aussage: »Viele junge Männer, die den Wehrdienst verweigern wollten, habe ich nachweislich überzeugt, dass Soldat sein mit oder ohne Waffe in dieser Zeit das einzig richtige ist. [...] Mein Fehler ist, dass ich mich oft spontan – und dann unüberlegt – äußere.« Mit diesem Vorgang in seiner Stasi-Akte konfrontiert, reagierte Gauck empört: »Ich habe zu keiner Zeit das Soldatsein mit der Waffe für richtig gehalten. Bei Manteuffels Berichten herrscht generell die Tendenz, gegenüber seiner Obrigkeit und dem MfS Bewegungsspielraum zu beschreiben – und damit auch seine eigentliche Rolle wichtiger zu machen.«

Katz und Maus

Das Jahr 1985 wurde zu einem merkwürdigen Katz-und-Maus-Spiel zwischen Gauck und der Stasi. Mal, wie gegenüber dem Kirchenreferenten Manfred Manteuffel, trat

Gauck selbstkritisch und zerknirscht auf, dann wieder äußerte er sich öffentlich so, als wolle er ein Vorgehen des Staates gegen ihn geradezu provozieren. Über einen »Friedensgottesdienst« von Gauck im April notierte ein IM: »Er verglich die gesellschaftlichen Verhältnisse in der DDR mit dem faschistischen Deutschland und behauptete, dass den Bürgern damals wie heute eine Ideologie vorgeschrieben würde. [...] Wie unter Hitler würden auch heute bestimmte staatliche Organe willkürlich herrschen, ohne dafür rechenschaftspflichtig zu sein. In der DDR wie im 3. Reich würde von den Bürgern gefordert, stolz auf ihren Staat zu sein. Er, Gauck, könne keinen Grund nennen, weshalb er stolz sein sollte.« Das war hart an der Grenze. Frustriert notierte ein Mitarbeiter der DDR-Geheimpolizei zu dem Vorfall: »Aus politischen Erwägungen ist die Inhaftierung eines Pastors in der gegenwärtigen Klassenkampfsituation [...] nicht dienlich.« Gauck meinte dazu später: »Ich habe mir ausgerechnet, wie weit ich gehen kann. Parolen schmieren, Transparente raushängen – das wäre dumm gewesen, dann hätten sie mich verhaften müssen.« Peter-Michael Diestel, der letzte Innenminister der DDR, der mit Gauck später eine jahrelange Feindschaft pflegen sollte, sagte es so: »Mit dem Gegner zu spielen war sein Ding. Er war doch dreimal klüger als die anderen.«

Im Juli 1985 ging das Spiel zwischen dem Goliath Stasi und dem David Gauck in die nächste Runde. Der für den Pastor zuständige MfS-Hauptmann Portwich versuchte eine Frau aus Gaucks Kirchengemeinde als IM anzuwerben. Nach mehreren vorbereitenden Kontakten suchte Portwich die Frau verabredungsgemäß in ihrer Wohnung auf. Zu seiner Überraschung saß Gauck mit am Frühstückstisch und grüßte freundlich, als Frau Beyer dem Mann vom MfS die Wohnungstür öffnete. Der brach seinen Anwerbeversuch augenblicklich ab, als er den Pastor erblickte. Die Konspiration war verletzt, die Frau taugte nicht mehr als IM. In dem sich anschließenden Disput zog Gauck über Portwichs Arbeitgeber her. Das MfS betreibe »Wühlarbeit«, warf er dem Stasihauptmann an den Kopf. Alle hätten Angst vor dem MfS, das friedliche Bürger unter Druck setzen würde. Portwich kam trotz dieser harschen Worte zu einem erstaunlichen Ergebnis. Der MfS-Mann hielt handschriftlich in der Akte »Larve« fest: Es »wurde festgestellt, dass solche Gespräche im beiderseitigen Interesse nützlich sind«. Gauck sei damit einverstanden gewesen, so Portwich, »das Gespräch zu gegebener Zeit fortzusetzen«. Was er nicht schrieb, aber offensichtlich seinen Kollegen und Vorgesetzten in der MfS-Bezirksverwaltung suggerierte, war die Möglichkeit, Gauck eventuell als IM zu gewinnen. Vermutlich versuchte der Stasihauptmann mit dieser Idee von seinem Fehlschlag bei der Anwerbung von Frau Beyer abzulenken.

Portwichs Kollegen in der für Kirchenfragen zuständigen Abteilung XX/4 waren mit weiteren Gesprächen einverstanden. Zugleich warnten sie aber klarsichtig vor Illusionen: »Bei G. handelt es sich um eine negative bis feindliche Person. Diesbezüglich ist auch keine Änderung zu erwarten. Eine Gewinnung zur inoffiziellen Zusammenarbeit ist unter diesem Gesichtspunkt kaum möglich. Es muss davon ausgegangen werden, dass G. sich aus dem Kontakt zum MfS für ihn wertvolle Informationen erhofft und gleichzeitig von seiner Person ablenken will.«

Am 14. November 1985 kreuzten sich die Wege von Gauck und Portwich erneut. Vorangegangen waren Beschwerden des Pastors beim Kirchenreferenten Manteuffel darüber, dass die Stasi mehrfach versucht hatte, Schülerinnen und Schüler als IMs anzuwerben. Jede Partei hatte einen Sekundanten mitgebracht, Portwich einen MfS-Kollegen, Gauck seinen Vikar. Der Kirchenmann ging sofort auf Portwich los wie ein Stier. Er könne die »Wühlarbeit« des MfS in der Kirche nicht akzeptieren, blaffte er, vor allem wenn die Stasi dabei versuchen würde, Jugendliche für ihre Zwecke einzuspannen. Das MfS habe ein »neurotisches Sicherheitsbedürfnis« und würde sich ständig ungerechtfertigt vergrößern. Das grenzte an eine Beschimpfung der beiden Stasimänner. Die Reaktion von Portwich ist ein interessantes Beispiel dafür, wie einzelne MfS-Mitarbeiter über von ihnen geführte Gespräche mit dem Ziel berichteten, sich dabei gegenüber ihren Vorgesetzten in ein gutes Licht zu rücken. Laut seinem Protokoll sah sich Portwich als der moralische Sieger des Gesprächs. »Dem Gauck wurde unmissverständlich aufgezeigt, was das MfS von ihm hält. Die Aussprache kann als Belehrung von Seiten des MfS gewertet werden. Er hat die notwendigen Fakten verstanden und zum Abschluss des Gespräches nichts Wesentliches mehr hinzuzusetzen gehabt.« Zum Abschied hinterließ der Geheimpolizist seine Telefonnummer, damit Gauck anrufen könne, »wenn er ein Problem hat«. Da war der Wunsch der Vater des Gedankens. Gauck rief nie an. In seinen Erinnerungen hielt er zu der Szene fest: »Das Ganze war nichts als Selbstbefriedigung, absolut sinnlos, aber der ganze Groll und die tiefe Empörung mussten einmal aus mir heraus, besonders über die ständigen Anwerbeversuche bei Minderjährigen.«

Operativer Vorgang »Signal«

Anfang September 1985 waren die Staatsschützer in Rostock in heller Aufregung. Drei junge Leute aus Gaucks Gemeinde, Dörte Neubauer, Ute Christopher und ihr Mann Gunnar, hatten nachts heimlich Parolen an Häuserwände geschmiert, darunter »Das Leben hat doch keinen Sinn, wenn ich Kanonenfutter bin«. Ihr Pastor hatte im Vorfeld nichts von der Aktion der nächtlichen Graffiti-Künstler gewusst, erfuhr aber schnell davon, sie berichteten es ihm im Anschluss selbst. Stasi und Kriminalpolizei rückten zum Großeinsatz aus. Die Stasi setzte zur Ermittlung der Täter im Operativen Vorgang »Signal« Fährtenhunde ein, nahm Verdächtigen Geruchsproben ab, bei denen man Tücher mit dem Körpergeruch des Betroffenen in Einweckgläsern konservierte, kontrollierte heimlich Post, observierte Verdächtige und verwanzte Wohnungen. Schließlich wurde die Staatsmacht mit Hilfe eines jugendlichen IM fündig, und die überführten Täter landeten im Rostocker Untersuchungsgefängnis der Stasi.

Die Verantwortlichen in der Rostocker Stasizentrale hatten Gauck im Verdacht, Inspirator dieser »feindlichen Handlungen« gewesen zu sein. In dem Gespräch, das der MfS-Hauptmann Portwich mit Gauck im November führte, warf er dem Pastor vor, er sei »der ideologische Hintermann« für die Schmier-Aktion gewesen. Gauck zog das ins Lächerliche und erklärte, dass er die Täter, selbst wenn er sie kennen würde, nicht verraten und an das MfS ausliefern würde. Die Rostocker Geheimpolizisten setzten sich das Ziel, Gaucks Mittäterschaft beweisen und ihn strafrechtlich belangen zu können. Zu denen, die mithelfen sollten, Beweise dafür zu liefern, gehörte Wolfgang Schnur. An diesen in Kirchenkreisen bekannten Rostocker Rechtsanwalt wandten sich Kirchenleute vertrauensvoll, wenn man in Konflikt mit der Staatsmacht geraten war. Schnur war einer von drei DDR-weit tätigen Anwälten, die sich darauf spezialisiert hatten, Wehrdienstverweigerer zu vertreten. Als Vertrauensanwalt der evangelischen Kirche bewegte er sich völlig frei in den Institutionen der acht evangelischen

Landeskirchen der DDR. Er trat dabei auf wie ein Mann der Kirche und sprach andere Geistliche als »Bruder« und »Schwester« an und betete mit ihnen. Jetzt hatte er die Strafverteidigung der noch minderjährigen Dörte Neubauer übernommen. Was niemand wusste: Schnur war als IM »Torsten« und später IM »Ralf Schirmer« seit 1965 für das MfS tätig und eine der Spitzenquellen der Stasi innerhalb der evangelischen Kirche.

Gleich zu seinen ersten Fragen an seine Mandantin gehörte, ob ihr Pastor von der Sache im Vorfeld gewusst habe. Neubauer verneinte wahrheitsgemäß. Als Gauck sich mit dem Anwalt in dessen Büro traf, um mit ihm über den Fall zu reden, sagte Schnur zu seinem Besucher: »Jetzt gehen wir aber mal raus in den Wald, ich werde bestimmt abgehört.« Sie verließen das Büro, um sich bei einem Spaziergang im Freien zu unterhalten. Anschließend berichtete Schnur den Verlauf des Gesprächs an die Stasi. »Das stand dann später in den Akten«, erinnerte sich Gauck. Dem MfS gelang es weder mit Hilfe von Schnur noch eines der anderen zahlreichen auf Gauck angesetzten IM, ihm eine Beteiligung an der nächtlichen Malaktion nachzuweisen.

Es war nicht das erste Mal, dass die Wege von Gauck und Schnur sich kreuzten, und es sollte auch nicht das letzte Mal sein. Nie sollten sich ihre Begegnungen als Segen für den Pastor erweisen. Gauck senior wollte damals das Haus seiner Mutter in Wustrow verkaufen, weil er zwar Eigentümer war, das Gebäude aber gegen den Willen der Familie und rechtswidrig vom Kombinat Starkstromanlagenbau Magdeburg genutzt wurde. Eine Klage dagegen war in zwei Instanzen erfolglos geblieben. Wolfgang Schnur wurde beauftragt, einen Käufer dafür zu finden. Er zeigte zunächst Interesse, das Anwesen für einen Bruchteil seines tatsächlichen Wertes selbst zu erwerben. Die Gaucks lehnten dankend ab. Später vermittelte IM »Torsten« bzw. IM »Dr. R. Schirmer« noch weitere Interessenten, ein Verkauf kam jedoch nicht zustande.

Sonderbare Reisemöglichkeiten

In diesem ereignisreichen Herbst des Jahres 1985 geschah etwas Merkwürdiges. Im Oktober erhielt Joachim Gauck ein fünftägiges Dienstvisum für einen Besuch in West-Berlin, um an einer Tagung mit dem Präsidium der evangelischen Kirchen der Bundesrepublik teilnehmen zu können. Dass er nach drei Jahren »Reisesperre« durch die Stasi wieder in den Westen reisen durfte, war höchst erstaunlich angesichts der laufenden Ausreiseanträge seiner Söhne und der Ermittlungen der Rostocker Stasi gegen ihn im OV »Signal«. Die Treffen zwischen den Kirchentagspräsidien aus der DDR und der Bundesrepublik hatten für die Kirchenpolitiker der DDR hohen Stellenwert, da im Westpräsidium prominente Spitzenpolitiker wie Richard von Weizsäcker und zahlreiche Befürworter der Entspannungspolitik aus Kirche und Politik vertreten waren. Joachim Gauck erklärte die Tatsache, dass ihm als Mitglied des Kirchentagspräsidiums der DDR die Reise gestattet wurde: »Der Staat hätte eine Verweigerung der Ausreise eines Präsidiumsmitglieds irgendwie erklären müssen. Auch hätten andere mir verbundene Präsidiumsmitglieder aus Solidarisierung mit mir der Begegnung fernbleiben können. In der Richtung könnten Manfred Stolpe und andere staatsnahe Vertreter beim Staat meine Ausreise befürwortet haben.«

Schon im April des folgenden Jahres wurde ihm die nächste Dienstreise in die Bundesrepublik genehmigt, diesmal zu einer Tagung des Präsidiums des evangelischen Kirchentages in Fulda. Mehr noch als die Tatsache, dass Gauck angesichts der Gesamtsituation überhaupt wieder in den Westen reisen durfte, verblüffte die Häufigkeit. Von 1987 bis zur Wende 1989 erhielt er elf Mal die Erlaubnis, nach West-Berlin oder in die Bundesrepublik zu fahren. Es schien, als ob es für ihn in dieser Hinsicht keine Grenzen mehr gäbe. Ab dem 28. Juli 1987 besaß er, wie andere DDR-Bürger, die dienstlich ins Ausland reisen durften auch, gleichzeitig zwei gültige Reisepässe der DDR. Einen, mit dem er private Reisen unternehmen konnte, ausgegeben von der zuständigen Meldebehörde. Der andere war ausschließlich für Dienstreisen bestimmt und enthielt die Dienstvisa.

Das letzte Mal vor dem Mauerfall reiste Gauck, mitten während der aufregenden Revolutionstage, am 5. November 1989, nach West-Berlin. Anlass war der achtzigste Geburtstag seines Onkels Gerhard Schmitt einen Tag später. Gauck erklärte zu diesem Besuch: »Ich dachte, bevor das alles zusammenkracht, fährst du noch mal rüber. Ich hatte Angst, dass der Staat die Revolution mit Gewalt niederschlägt.«

Der These, dass es sich um atypische und außergewöhnliche Reisemöglichkeiten für einen DDR-Bürger gehandelt habe, widersprach Joachim Gauck mit dem Hinweis: »Ich habe keine einzige Reise als ›untypische‹ Genehmigung erhalten. Diese Zunahme von Privatreisen passte in den achtziger Jahren in die Szene. Die Bundesrepublik hatte damals in den Verhandlungen mit der DDR beständig eine Erweiterung der Besuchsgründe ›aus familiären Gründen‹ herausverhandelt. Ich habe also die Möglichkeiten aller genutzt und keine einzige Sonderreise erhalten.«

In einem auffälligen Gegensatz zu Gaucks Möglichkeiten, in den Westen zu reisen, stand sein Auftreten gegenüber der Staatsmacht in den letzten Jahren der DDR. Der Rostocker Pastor verhielt sich damals gelegentlich so aggressiv, dass man den Eindruck gewinnen konnte, als gäbe es für ihn kein Halten mehr. Im Februar 1987 etwa ließ er sich über das baldige Ende des Kommunismus aus. Die Reformbestrebungen Gorbatschows, so der renitente Pastor, ließen deutlich erkennen, dass man nicht am Anfang, sondern am Ende einer Epoche stehe. Der Kommunismus habe sich als absolut unfähig erwiesen, die Menschen zufriedenzustellen und ihnen den erforderlichen Freiraum zu geben. Zwei Monate später ließ er seine Zuhörer wissen, er lebe in einem diktatorischen Unterdrückungsstaat ohne demokratische Spuren. Die staatliche Friedensbewegung in der DDR erinnere ihn an Goebbels Ausruf »Wollt ihr den totalen Krieg?«.

Der Rostocker Referent für Kirchenfragen, Manfred Manteuffel verstand angesichts der für Gauck vorgesehenen Reisemöglichkeiten die Welt nicht mehr und sprach sich in einem Bericht vom 26. Februar 1986 dagegen aus, Gauck in den Westen fahren zu lassen. »Pastor Gauck lebt, wie er wiederholt äußerte, in einem kritischen Verhältnis zu unserem Staat. [...] In der Vergangenheit gab es bei Gauck öfters unqualifizierte Äußerungen zur Arbeit der Genossen des Ministeriums für Staatssicherheit. [...] Aus seiner Gemeinde [mussten] Jugendliche in Haft genommen werden, die durch staatsfeindliche Handlungen aufgefallen waren (Schmierereien von politischen Losungen). Gauck hatte von diesem Sachverhalt Kenntnis und lehnte bei den Ermittlungen eine Arbeit mit dem Staat ab. Aus den angeführten Gründen sind wir in der Regel nicht interessiert an Auslandsbesuchen des Pastors Gauck.«

Manteuffels Veto wurde nicht berücksichtigt, er gehörte nicht zur Ebene derjenigen, die entschieden. Aber er durfte die gute Botschaft, dass die Reise genehmigt war, überbringen. Das MfS wollte den Eindruck erwecken, dass der Kirchenreferent die entscheidende Instanz für die Genehmigung von Auslandsreisen sei, um seine Position im »Tagesgeschäft« gegenüber Gauck zu stärken. In ihrer nächsten Besprechung im März 1986 spielte Manteuffel Gauck vor, er habe entschieden, dass dieser aufgrund seines Verhaltens in der Vergangenheit nicht nach Fulda fahren dürfe. Daraufhin kam es zu einer mehrstündigen Debatte zwischen den beiden, die Manteuffel nutzte, um Gauck die Leviten zu lesen. »Es wurde ihm in diesem Zusammenhang gesagt, ass das Entgegenbringen von Vertrauen keine Einbahnstraße sein kann.« Gauck gelobte laut Manteuffel Besserung, woraufhin der Referent für Kirchenfragen dem Pastor scheinbar großzügig, tatsächlich aber »wie in Abstimmung mit der Abt. XX/4 festgelegt«, die Dienstreise zur EKD genehmigte. Gauck versprach Manteuffel im Gegenzug, ihm nach seiner Rückkehr aus Fulda über den Ablauf der Veranstaltung zu berichten. Das tat er dann auch, allerdings erzählte er dem Kirchenreferenten völlig belanglose Dinge. Enttäuscht hielt die Stasi fest: »Er ließ einige bedeutsame Fakten erkennen, ging aber nicht tiefgründig und allumfassend auf die Problematik ein.« Was Gauck wirklich über seine Fuldareise dachte, gab er gegenüber einem anderen IM preis, zu dem er sagte, dass die Politiker in der DDR gegen Richard von Weizsäcker »armselige Stümper« seien.

Für die inhaftierte Uta Christopher wurden Gaucks Möglichkeiten, in den Westen zu reisen, zum Glücksfall. Während der Tagung in Fulda, im April 1986, konnte Gauck den teilnehmenden Bundespräsidenten Richard von Weizsäcker auf ihr Schicksal ansprechen. Wenig später war der Ost-Berliner Rechtsanwalt Wolfgang Vogel, Honeckers

Mann für den Häftlingsfreikauf, mit dem Fall befasst. Im März 1987 wurde Ute Christopher vorzeitig in die Bundesrepublik entlassen. Gaucks Engagement führte also dazu, dass sie ihre mehrmonatige Haftstrafe nicht bis zum Ende absitzen musste. Für ihren Mann, Gunnar Christopher, konnte Gauck weniger tun. Er versuchte vergeblich, an dessen Strafverfahren, das unter Ausschluss der Öffentlichkeit beim Bezirksgericht Rostock durchgeführt wurde, teilzunehmen. So ließ er sich am Prozesstag vom Pförtner nicht abweisen, sondern setzte sich zusammen mit der Mutter von Christopher sowie dessen Schwiegermutter im Gerichtssaal demonstrativ in die erste Reihe. Als das Gericht erschien und die Öffentlichkeit ausschloss, verließ Gauck den Saal unter wütendem Zuschlagen der Tür. So berichtete es Wolfgang Schnur, alias »Torsten«, der auch die Strafverteidigung von Gunnar Christopher übernommen hatte, kurz darauf der Stasi.

Familiärer Tiefpunkt

Vier Jahre lang ließ die DDR Christian und Martin Gauck im Hinblick auf ihren Ausreiseantrag im Ungewissen. Vergeblich hatte ihre Mutter versucht, ihnen bei ihrem Vorhaben zu helfen. Bei einem Besuch in West-Berlin Mitte der achtziger Jahre hatte sie sogar die Rechtsanwältin Barbara von der Schulenburg aufgesucht, um sich bei ihr für die Ausreise ihrer Söhne einzusetzen. Von der Schulenburg war damals Beauftragte der Bundesregierung für die Familienzusammenführung zwischen DDR und BRD. Die Anwältin konnte aber nicht weiterhelfen. »Wir bearbeiten unendlich viele Ausreiseanträge«, erklärte sie der enttäuschten Mutter, »ich kann Ihnen wenig Hoffnung machen.« Gaucks Frau verzweifelte damals fast an der Situation und spielte ernsthaft mit dem Gedanken, ebenfalls einen Ausreiseantrag zu stellen.

Im Dezember 1987 durften Martin und Christian Gauck endlich mit ihren Familien die DDR verlassen. An zwei Tagen hintereinander versammelte sich die Familie auf einem Bahnsteig des Rostocker Hauptbahnhofs, um Abschied zu nehmen. Am 10. Dezember erst von Christian, einen Tag später von Martin. Bei Hansi Gauck flossen die Tränen. Ihr Mann ließ das in dem Moment nicht an sich herankommen und flüchtete sich in eine innere Abwehrhaltung. An seine Frau gewandt sagte er: »Freu dich doch, jetzt hast du, was die Kinder wollten.« Sie deutete daraufhin auf ihr Herz und fragte: »Andere Menschen haben hier ein Herz. Was hast du?«

Jahrzehnte später erklärte Gauck sein damaliges Verhalten und Empfinden. »Das Problem war: Ich wollte den Schmerz nicht zulassen.«

Seine beiden Söhne waren erschüttert, als der Moment der Trennung von der zurückbleibenden Familie kam. Christian erinnerte sich: »Als ich daran zurückdachte, bin ich im Zug fast heulend zusammengebrochen.« Nicht viel anders ging es Martin. Er brach in Tränen aus, als sein Zug die Grenze zur Bundesrepublik überquert hatte. Joachim Gauck hatte sich damals in seine Ablehnung der Ausreise der Söhne verrannt. Keiner in der Familie bekam mit, wie sehr auch er selbst unter der Situation litt, er war nicht in der Lage, seine Gefühle zu zeigen. Erst als er der alten Freundin der Familie, Beate Brodowski, im Anschluss erzählte, was geschehen war, brach ihm die Stimme, und dann liefen auch ihm die Tränen über die Wangen.

Das Weihnachtsfest 1987 wurde für die Rumpf-Familie zu einem Tiefpunkt ihres Lebens. Gesine, zwanzig Jahre alt, klagte weinend gegenüber Beate Brodowski: »Die sehe ich nie wieder.« In ihrem Tagebuch hielt sie fest: »Das tut so weh, jetzt vor Weihnachten – alle weg. Diese Ohnmacht, diese Hilflosigkeit, wenn man doch die Grenze einreißen oder wenigstens dafür sorgen könnte, dass man sich regelmäßig besuchen könnte. Es ist wie ein Tod.« Gesine hatte einen anderen Weg gewählt als ihre Brüder. Während diese rebellierten und irgendwann keine Zukunft für sich und ihre Familien in der DDR mehr sahen, fand sie Halt in der Kirche, wo sie im Chor sang und eine Ausbildung zur Kinderdiakonin machte. In ihrer Freizeit tingelte sie mit einer christlichen Band, in der auch zwei Söhne des Pastors Christoph Kleemann spielten, durch die Dörfer Mecklenburgs. Oft traten sie bei kirchlichen Veranstaltungen auf. Alles sah danach aus, als würde Gesine in die Fußstapfen ihres Vaters treten. Die auch bei ihr vorhandene Sehnsucht nach Freiheit und nach dem Westen ließ sie sich nicht anmerken, sondern machte aus der Not eine Tugend. Wie einen Schutzschild trug sie – ähnlich wie ihr Vater – demonstrativ den Satz »Ich bleibe hier!« vor sich her.

1987 kam eine Gruppe junger Christen aus der Bremer Partnergemeinde zu Besuch nach Rostock. Gesine verliebte sich in einen der jungen Männer, und plötzlich war alles ganz anders. Ihr Freund war bereit, für die Freundin in die DDR zu ziehen. Alle, auch Joachim Gauck, rieten ihm davon ab. Er konnte sich nicht vorstellen, dass ein Wechsel des jungen Mannes vom Westen in den Osten die Basis für eine glückliche Beziehung zu seiner Tochter sein konnte. Weiser als zuvor bei seinen Söhnen, legte er Gesine keine Steine in den Weg, als auch sie sich entschied, für eine gemeinsame Zukunft mit ihrem Freund die DDR zu verlassen. Für Gesine war es die Möglichkeit, sich von ihrem Vater und seinem Lebensprogramm zu lösen. »Ich hatte in der DDR genauso gelitten wie meine Brüder. Ich wollte aber nicht gehen – auch weil ich es meiner Familie nicht antun und dem Vorbild meines Vaters folgen wollte.« Jetzt bot sich die Chance, der DDR den Rücken zu kehren, ohne dass die Eltern und Großeltern ihr böse sein konnten. Dass eine Frau ihrem Mann folgt, passte in das Weltbild der älteren Familienmitglieder. »Das war die Möglichkeit für mich, meine Freiheit zu bekommen, ohne andere Menschen vor den Kopf zu stoßen«, erinnerte sich Gesine Gauck, »die Liebe war mein Schlüssel zur Freiheit.«

Im Mai 1989 heiratete das Paar im Rostocker Standesamt. Einen Monat später konnte Gaucks Tochter im Zuge der bei Eheschließungen gesetzlich geregelten Familienzusammenführung legal aus der DDR ausreisen. Für die Eltern war der Weggang von dreien ihrer vier Kinder eine Tragödie. Als Gesine die DDR verließ, war ihre Mutter nicht anwesend. Sie war auf einer Westreise und besuchte ihre Tante in Nürnberg. Ihr Mann griff zu seinem bewährten Mittel, um die Situation zu verarbeiten. Er stürzte sich in die Arbeit wie eh und je, war oft unterwegs und verdrängte weitgehend, was ihm familiär widerfuhr. »Jeder hat das für sich selber ausgemacht von den beiden«, beobachtete Beate Brodowski, die alte Freundin der Familie. Wie die Eltern mit diesen Schicksalsschlägen umgingen, beschrieb sie lakonisch. »Jochen setzte sich ins Auto und hatte zu tun. Das war für seine Frau nicht schön. Hansi stand in der Küche und weinte.« Im August 1989 wurden Gesine und ihr Mann durch ihren Vater in Bremen kirchlich getraut. Es war ein Zeichen seiner Liebe und zugleich die Absolution für ihr Weggehen. Zur Hochzeit hatten Joachim Gauck samt seiner Frau und der jüngsten Tochter Katharina erneut in den Westen fahren dürfen. Normalerweise ließ die DDR in solchen Fällen nie alle Familienmitglieder gleichzeitig ausreisen, sondern behielt »Geiseln« zurück. Joachim Gauck vermutete dazu: »Vielleicht haben die gedacht, ich komme nicht zurück.« Ob es damals tatsächlich im Kalkül der Stasi lag, Gauck auf diese Weise loszuwerden, oder aber ob es sich um einen Teil ihrer Strategie handelte, ihn als IM zu werben, wird sich nicht mehr klären lassen.

Der Kirchentag 1988

Als der nächste Kirchentag, der 1988 wiederum in Rostock stattfand, vorbereitet wurde, übertrug man Joachim Gauck am 1. Januar 1986 erneut die Aufgabe des Vorsitzenden des Kirchentagsausschusses für den Kirchentag in Mecklenburg 1988, so die exakte Bezeichnung. Die Rahmenbedingungen waren ähnlich wie fünf Jahre zuvor. Unter dem Motto »Brücken bauen« sollte auch diesmal ein umfangreiches Programm stattfinden, das die unterschiedlichsten Alters- und Interessengruppen ansprechen sollte. Rund achtzig Veranstaltungen fanden schließlich an vier Tagen im Juni 1988 statt. Eine damalige Mitarbeiterin Gaucks erinnerte sich an dessen besondere Stärke, seine Helfer und Mitstreiter zu begeistern und zu motivieren: Die »Feinheiten der Organisation waren nicht seine Sache, aber er konnte die Arbeit der anderen wertschätzen und begeistern«.

Unter den Rostocker SED-Funktionären herrschte erneut Alarmbereitschaft. Ein Jahr zuvor hatten am Rand des Ost-Berliner Kirchentages rund sechshundert Menschen einen »Kirchentag von unten« abgehalten und vor dem Ende der Veranstaltung Transparente mit der Aufschrift: »Glasnost in Staat und Kirche« entfaltet. Diese Demonstration gegen den SED-Staat war ein Signal für seinen beginnenden Verfall gewesen. Die Machthaber hatten die Sprengkraft, die darin lag, erkannt. Keinesfalls durfte sich so etwas wiederholen.

Ständig musste Gauck beim Rat des Bezirkes über einzelne Programmpunkte verhandeln. Wieder einmal galt es, Kompromisse zu schließen und zu taktieren, um die erhoffte öffentliche Wirkung des geplanten Kirchentages nicht zu gefährden. »Das Ganze war immer von Angst besetzt«, blickte eine von Gaucks Mitarbeiterinnen auf ihre damalige Arbeit zurück. Der Chef des Kirchentages musste gewährleisten, dass oppositionelle Gruppierungen und Bewegungen keinen Einfluss auf den Ablauf des Kirchentages bekamen. Die Stasi dokumentierte: »Im gleichen Sinne wird die Arbeit der Basisgruppenarbeit – ›Kirche von unten‹ – von Larve gesehen. Er will diese Basisgruppenarbeit im vertretbaren Maße gegenüber den staatlichen Organen tolerieren, aber keine offenen politischen Provokationen zulassen.«

Zu denen, die die Öffentlichkeit des Kirchentages gern genutzt hätten, um ihre Anliegen vor einem großen Publikum ausbreiten zu können, gehörte der Bürgerrechtler und ehemalige Pastor Heiko Lietz. Bereits in den siebziger Jahren war Lietz der SED mit offenem Visier gegenübergetreten und hatte verschiedenen Oppositionsgruppen der DDR angehört. Lietz galt allen staatlichen Stellen als rotes Tuch, und das MfS hatte sich seiner im Operativen Vorgang »Zersetzer« angenommen. Aber auch unter den Kirchenleuten sahen viele in ihm einen schwierigen Charakter oder gar einen Querulanten. 1980 war er wegen seines Engagements in der DDR-Friedensbewegung aus dem Kirchendienst ausgeschieden.

Lietz und Gauck kannten sich schon ewig. Das Verhältnis des Leiters des Kirchentages zum Dissidenten Lietz war ambivalent. Einerseits schätzte Gauck ihn für sein offenes kritisches Auftreten, andererseits war ihm die Vorstellung, Lietz könnte versuchen, während des Kirchentages nicht erwünschte Aktionen loszutreten, ein Gräuel.

Das sah die Führung der evangelischen Landeskirche genauso, die weder ein Interesse an spektakulären Auftritten Ausreisewilliger während ihres Kirchentages hatte noch an Protestveranstaltungen der Basisgruppe »Kirche von unten«. Zunächst wurde Lietz darum ausgebremst und bei der Vorbereitung des Kirchentages nicht berücksichtigt. Erst als er sich bei Gauck über diese Tatsache beschwerte, setzte ihn dieser als Leiter einer Themengruppe im Vorfeld des Kirchentages ein. Wie fast vorhersehbar, kam es schon bald zu Missstimmung zwischen den beiden. Lietz war in Gaucks Augen ein »Radikaler«, der nicht in der Lage war, Maß zu halten, und regelmäßig übers Ziel hinausschoss. Der Stasi blieb das distanzierte Verhältnis der beiden nicht verborgen: »[...] immer wieder bekräftigt Gauck, dass er mit dem Herrn Lietz nichts gemein habe, dass er schon mehrere Gespräche mit Herrn Lietz geführt hat, dass dieser Mann keine Chancen hat, einen Kirchentag von unten zu organisieren.« Ein anderer IM wusste zu berichten, dass erkennbar sei, »dass ›Larve‹ an keinen Themen interessiert ist, die sich offen gegen die staatlichen Verhältnisse der DDR richten. [...] Obwohl in politischer Hinsicht zwischen ›Larve‹ und Lietz im Wesentlichen gleiche Zielstellungen bestehen, unterscheiden sie sich aber wesentlich im methodischen Vorgehen.« Kurz vor dem Beginn des Kirchentages wurde Lietz als Leiter seiner Arbeitsgruppe abgesetzt.

Gauck rechtfertigte später sein damaliges, taktisch bedingtes Verhalten: »An Mut mangelte es nicht. Aber ich brauchte eine Halle, ich brauchte Sonderzüge und vieles andere mehr.« Die Geheimpolizei ließ sich durch sein Taktieren nicht täuschen und hielt fest: »Insbesondere die Informationen der Abteilung XX lassen einen krassen Gegensatz zwischen den Äußerungen von Larve gegenüber staatlichen

Vertretern und seiner Meinung im Rahmen des Kirchentagsausschusses erkennen.« »Larve« genoss diesmal eine noch viel höhere Aufmerksamkeit der Stasi als beim vorangegangenen Kirchentag. 1987 waren ein Dutzend Inoffizielle Mitarbeiter auf ihn angesetzt, sein Telefon wurde abgehört, seine Post heimlich geöffnet und in seiner Wohnung waren Abhörwanzen installiert.

Lietz hegte damals und auch noch in späteren Jahren keinen Groll gegen Gauck. »Ich konnte doch auf dem Kirchentag reden. Dafür hat Joachim Gauck selber gesorgt.« Nach dem Kirchentag stellte sich Gauck gegenüber der Stasi zudem schützend vor Lietz. Es sei für ihn unverständlich, erklärte Gauck dem MfS-Hauptmann Wolfgang Terpe, dass ein Mann wie Lietz ständigen Repressalien und Gängeleien ausgesetzt sei. Er schätzte ihn als einen streitbaren, zwar sehr komplizierten Charakter ein, der jedoch letzten Endes nur positive Veränderungen für die Gesellschaft wolle. Als Gauck mehr als zwanzig Jahre später Kandidat für das Amt des Bundespräsidenten wurde, änderte sich der Ton, in dem Lietz über seinen alten Weggefährten sprach. 2010 und 2012 gehörte Lietz zu den Kronzeugen jener DDR-Bürgerrechtler, die Gauck vorwarfen, er sei im Gegensatz zu ihnen selbst nie ein richtiger Bürgerrechtler gewesen.

Als Höhepunkt des Kirchentages 1988 war eine Ansprache von Altbundeskanzler Helmut Schmidt von der Kanzel der Rostocker Marienkirche vorgesehen. »Das war natürlich ein Aufreger«, erinnerte sich Gaucks Mitarbeiterin Dietlind Glüer. Die SED reagierte angespannt und sprach sich gegen die Einladung Schmidts aus. Bei einem Gespräch mit dem Vorsitzenden des Rates des Bezirks Rostock wurden die anwesenden Kirchenvertreter aufgefordert, Schmidt wieder von der Tagesordnung zu streichen. Der Landesbischof Christoph Stier weigerte sich: »Wer soll ihn denn ausladen? Wenn Sie nicht wollen, dass er kommt, müssen Sie das tun.« Zur Überraschung von Gauck und Stier sprang unvermutet der Greifswalder Bischof Gienke der Staatsmacht bei, indem er anregte, die Einladung an den Altbundeskanzler zurückzuziehen. Gauck und Stier waren wie vor den Kopf gestoßen. »Bruder Gienke«, sagte Gauck sinngemäß »das werden wir doch wohl nicht hier erörtern?« Natürlich wussten die beiden nicht, dass Horst Gienke vom MfS als Inoffizieller Mitarbeiter geführt wurde. Stier schrieb im Anschluss an die Beratung einen Brief an Helmut Schmidt, in dem er den Altkanzler erneut bat, nach Rostock zu kommen und seine Einreise mit den ihm zur Verfügung stehenden Mitteln durchzusetzen. Stier ahnte, dass SED und MfS umgehend davon erfahren würden. Den Brief tippte eine Sekretärin, von der wenig später bekannt wurde, dass sie für die Stasi arbeitete.

Und Helmut Schmidt kam. Am 18. Juni 1988 sprach er von der Kanzel der größten Rostocker Kirche vor zweitausendfünfhundert Zuhörern. Gauck begrüßte ihn. »Helmut Schmidt, Sie sind uns herzlich willkommen.« Die Tonbandabschrift der Stasi von der Rede des Ex-Bundeskanzlers vermeldete »Jubelrufe, langanhaltender stürmischer Beifall«. Der Sozialdemokrat ging auf die Menschenrechtssituation in der DDR ein und sprach sich für eine Vertiefung des Dialogs zwischen den beiden deutschen Staaten aus. Besonders pikiert war die Stasi über die Stelle, in der Schmidt seinen Auftritt als einen »Augenblick der Einheit« bezeichnete.

Zum Umgang zwischen Staat und Kirche gehörte trotz der Auseinandersetzungen um wichtige und weniger wichtige Details des Kirchentages auch, dass man sich offiziell mit großer Höflichkeit begegnete. Gauck lud die Rostocker Vertreter des Staatsapparates während des Kirchentages zu einem Abendessen mit Helmut Schmidt und dessen Frau in den Salon »Seestern« des Hotels Neptun in Rostock-Warnemünde ein. Der Rostocker Oberbürgermeister Henning Schleiff lud umgekehrt wichtige Gäste des Kirchentages zu einem Empfang in den Festsaal des Rathauses ein. Die Veranstaltung war hoch aufgehängt und im Detail mit der Bezirksleitung der SED abgestimmt worden. Die finanziellen Mittel, zwanzig Mark pro Gast, steuerte der Staatssekretär für Kirchenfragen in Berlin bei. Als Geschenk für die Kirchenleute stellte Schleiff eine Erinnerungsplakette und eine Mappe mit historischen Stadtansichten bereit. Vor dem Bankett hielt Gauck eine Rede, in der er den Gastgebern Honig ums Maul schmierte. Er lobte die SED-Verantwortlichen für ihre Hilfe bei der Vorbereitung und Durchführung des Kirchentages, sprach vom konstruktiven Dialog zwischen Kirche und Staat und bedankte sich für die Berichterstattung in den Medien über das kirchliche Großereignis.

Zur selben Zeit wurden die Rostocker Genossen mit »Tagesinformationen« detailliert über den Ablauf des Kirchentages in Kenntnis gesetzt. Generalstabsmäßig waren SED-Mitglieder eingeteilt worden, um an den einzelnen Programmpunkten teilzunehmen und anschließend zu berichten, was sich dort jeweils zugetragen hatte. So wusste die Partei im Detail, wie viele Teilnehmer jede Veranstaltung gehabt hatte, wie die Altersstruktur und die Stimmung gewesen waren. Keine Wortmeldung, kein Thema ging verloren.

Dann kam die Abschlusskundgebung, und das Westfernsehen berichtete darüber. Der Landesausschuss des Kirchentages hatte entschieden, dass Joachim Gauck die Predigt beim Abschlussgottesdienst halten sollte. Der erklärte sich diese Entscheidung: »Ich redete auf dem Kirchentag, weil ich der Frechste war. Ich war unglaublich aufgeregt. Noch nie hatte ich vor so vielen Menschen gesprochen. Wie sollte ich die allgegenwärtige Kritik formulieren, die ich weder verschweigen wollte noch so anklagend vortragen durfte, dass der Staat künftige Kirchentage hätte verbieten oder zumindest stark behindern können?« Gauck löste dieses Problem durch ein formales Schlupfloch, wie er es im Übrigen regelmäßig tat. Das heißt, er predigte im klassischen Sinne und baute aktuelle politische Bezüge in seine Predigt ein. Über diesen wichtigen Auftritt schrieb er später: »Ich habe alles sorgfältig geistlich eingekleidet, aber Signalwörter ausgesprochen und Themenbereiche erwähnt, an die sich nur wenige Kirchenobere herantrauten.« Einerseits fand Gauck Worte der Ermutigung für die Teilnehmer: »So viele Abgründe warten auf Brücken, die engagierte Menschen bauen. [...] Nehmen wir Abschied, Freunde, vom Schattendasein, das wir leben in den Tarnanzügen der Anpassung.« Andererseits war seine Kritik an der Staatsmacht so deutlich, dass er sich später von einigen höherrangigen Kirchenleuten die Frage gefallen lassen musste: »War das jetzt nötig?« So griff Gauck beispielsweise eine der großen Sorgen der Menschen auf, das Wettrüsten zwischen Ost und West, indem er den DDR-Oberen zurief: »Aus unseren Wäldern soll das Teufelszeug der Raketen verschwinden.« Und seine Anspielung auf die Fluchtbewegung aus der DDR »Wir werden bleiben wollen, wenn wir gehen dürfen«, fand dann sogar den Weg in die bundesdeutsche *Tagesschau*. Ein Jahr vor der friedlichen Revolution in der DDR.

Das Terpe-Protokoll

Nach dem Rostocker Kirchentag war die Stasi ausnahmsweise zufrieden mit dem Verhalten von »Larve« und sah sich selbst wieder einmal auf dem Weg zum Erfolg. Es sei »ein Wandlungsprozess in positiver Hinsicht«, und »die Tendenz erkennbar, dass ›Larve‹ die Konfrontation mit dem Staat vermeiden will [...] Im Nachhinein lässt sich eindeutig aussagen, dass die Versprechen, die Gauck gegeben hat, auch von Herrn Gauck verwirklicht wurden.« Ein neues Ziel für den Organisator des Kirchentages wurde definiert. Entweder sollte die »weitere politische Wandlung« gelingen oder aber die »Entbindung von den überörtlichen kirchlichen Ämtern«.

Am 28. Juli 1988 kam es auf Wunsch des Stasihauptmanns Wolfgang Terpe zu einem Vier-Augen-Gespräch zwischen ihm und Joachim Gauck in dessen Arbeitszimmer. Ein neuer Mann aus dem Mielke-Apparat sollte die Wende bringen. Terpe nahm das Gespräch heimlich auf und ließ ein neunseitiges wortgenaues Protokoll davon anfertigen. Dieses Dokument, das sogenannte Terpe-Protokoll, belegt zweifelsfrei und durchgehend die unüberbrückbare Distanz zwischen Joachim Gauck und dem MfS. Gauck verhielt sich gegenüber seinem Besucher in fast rüder Weise ablehnend. Nachdem der Kirchentag erfolgreich durchgeführt war, gab es keinen Grund mehr für ihn, den staatlichen Organen schönzutun.

Er lehne die Methoden des MfS ab, ließ er Terpe wissen, und halte es für sehr nachteilig für dessen Ruf, dass es Menschen dazu zwinge, Spitzel- und Zuträgerdienste zu leisten. Das MfS sei ein Staat im Staate, der durch niemanden kontrolliert werde. Das »übertriebene Feindsuchen« des MfS weise »neurotische Züge« auf. Schließlich sei das Spitzel-Ministerium viel zu groß, mindestens sechzig Prozent seiner Mitarbeiter müsse man entlassen, in der Volkswirtschaft würden Arbeitskräfte ja dringend gebraucht. Einmal in Fahrt, lobte Gauck den Reformkurs Gorbatschows als Modell, um »eine echte innere Bindung der Menschen an die DDR langfristig zu erzeugen«. Er äußerte die Hoffnung auf Pressefreiheit auch in der DDR und bezeichnete das Eingreifen staatlicher Organe in das termingerechte Erscheinen einiger Kirchenzeitungen als »Willkürakt«.

Nur in einem einzigen Punkt gab es eine Übereinstimmung: Der Exodus der DDR-Bewohner musste ein Ende haben. Gauck zeigte sich »gewillt, einen positiven Beitrag« zu diesem Problem zu leisten. Vor diesem Hintergrund sei es dringend notwendig »die Attraktivität des Sozialismus entscheidend zu steigern«, erklärte Gauck weiter, damit »die Bürger ein echtes Heimatgefühl entwickeln« könnten. Diese Aussage war kein besonderes Zugeständnis an die Staatsmacht, sondern seine seit Jahren gehegte und gelebte Überzeugung. Gauck sicherte zu, in seiner Gemeinde darauf hinzuwirken, dass Übersiedlungswillige in der DDR blieben. Terpe wiederum dankte Gauck für die langfristige gute Zusammenarbeit mit dem Staat bei der Vorbereitung und Durchführung des Kirchentages. Ein Dank, den er explizit auch als Dank der Stasi übermittelte.

Dann packte er das Zuckerbrot aus, das dazu beitragen sollte, Gauck und das MfS einander ein Stück näherzubringen. Gaucks Mutter hatte für ihre beiden in den Westen übergesiedelten Enkel Christian und Martin einen Antrag auf Einreise in die DDR zur Feier ihrer Goldenen Hochzeit am 22. Oktober 1988 gestellt. Das MfS machte es möglich – entgegen der üblichen Praxis, nach der Ausgereiste auf eine Liste gesetzt wurden und für mehrere Jahre nicht mehr in die DDR einreisen durften. Terpe hielt in seinem Protokoll fest: »Gauck wurde durch den Mitarbeiter erklärt, dass der beantragten Einreise seiner in die BRD übergesiedelten Kinder durch die zuständigen staatlichen Organe zugestimmt wird und dass der Einreise seiner Kinder nichts mehr im Wege steht. Gauck zeigte sich bei dieser Äußerung des Mitarbeiters sehr bewegt und erklärte, dass er seit Jahren an der Übersiedlung seiner Kinder merklich zu leiden habe, dass ihn das stark belaste und letzten Endes auch er versagt hat und nicht alles dafür getan hat, dass seine Kinder in der DDR blieben.«

Dass Gauck von dem Zugeständnis des Staates berührt war, kann man nachvollziehen. Dass Terpe dagegen in dem Gespräch »gegenseitige Akzeptanz« verspürte und zur Auffassung gelangte, Gauck werde »seine Haltung zum MfS überdenken«, ist unbegreiflich angesichts der vorausgegangenen Attacken des Pastors auf Terpes Arbeitgeber. Zudem hatte Gauck keinen Zweifel daran gelassen, dass Terpe ihn zwar im Bedarfsfall anrufen könne, »dass er aber zu einem ständigen regelmäßigen Kontakt nicht bereit sei«. Schließlich hatte Gauck angekündigt, dass er seinen Landesbischof Christoph Stier über das Gespräch informieren werde und diese Ankündigung sogleich in die Tat umgesetzt. Christoph Stier bestätigte, dass Gauck ihn über das Gespräch informiert hatte. Damit war Joachim Gauck nicht mehr in der Gefahrenzone, denn wer sich der Konspiration verweigerte, für den war nach den üblichen Regeln im Umgang mit der Stasi das Thema Anwerbung vom Tisch.

Terpe aber wollte sich damit nicht abfinden und verkündete stasiintern: »Im Ergebnis des heutigen Gespräches ist einzuschätzen, dass die bisherigen Wertungen zur Person Gauck einer Präzisierung bedürfen. Es wird vorgeschlagen, den OV ›Larve‹ zu archivieren und einen IM-Vorlauf anzulegen.« Nach einer derartigen Akte wurde später mehrfach intensiv gesucht, ohne dass auch nur ein Hinweis darauf gefunden wurde. Das Motiv Terpes war dem letzten Satz seines Protokolls zu entnehmen: »Hierbei ist zu beachten, dass Gauck höchstwahrscheinlich auf die Person des jetzigen Mitarbeiters am ehesten positiv reagiert, und es erscheint unzweckmäßig, einen weiteren Mitarbeiter in die Kontaktgestaltung zu Gauck einzubeziehen.« Der neue Mann wollte den dicken Fisch Gauck selber an Land ziehen, um das bei seinem Arbeitgeber als Erfolg für sich verbuchen zu können. Der Rostocker Kirchenreferent Manfred Manteuffel kannte Gauck besser und riet von dem Vorhaben ab: »Lasst die Finger von dem Mann. Ich rate euch ab. Nicht Gauck!« Manteuffel war der Meinung, Gauck sei »charakterlich für die Tätigkeit als IM ungeeignet. Er war sehr egoistisch und voreingenommen, ein Mann, der sich immer überall in den Vordergrund geschoben hat.«

Am 21. November 1988 beschloss das MfS tatsächlich die Einstellung des Operativen Vorgangs »Larve« und die Archivierung der knapp zweihundert Seiten umfassenden Akte. Die Begründung lautete: »Im Rahmen der Vorgangsbearbeitung wurde ein maßgeblicher Beitrag zur Disziplinierung von ›Larve‹ erreicht. Aufgrund des Bearbeitungsstandes kann eingeschätzt werden, dass von ihm derzeitig keine Aktivitäten ausgehen werden, die eine weitere Bearbeitung im OV erforderlich machen.« Das war eine Fehleinschätzung durch den ehrgeizigen Terpe. Der letzte amtierende Stasichef in Rostock, Oberst Artur Amthor, ärgerte sich später: »Eine falsche Beurteilung dieses Gesprächs durch Mitarbeiter der KD Rostock führte zu dem Entschluss, den OV ›Larve‹ einzustellen und einen IM-Vorlauf anzulegen. Es war ein Trugschluss, dass Gauck sich in seinen politischen Ansichten grundsätzlich geändert habe. Er entpuppte sich schon bald als verbissener Gegner des MfS und seiner

Mitarbeiter.« Das Terpe-Protokoll sollte Joachim Gauck nach der Wende noch eine Menge Ärger bereiten, als es 1990 losgelöst von seiner Stasiakte an die Öffentlichkeit gelangte.

»Der Norden wacht auf!«

An meinem Klingelschild stand nicht Bürgerrechtler, sondern Pastor.
Joachim Gauck

Wir waren ziemlich sicher, er kriegt die Stimmen des Volkes. Das ist der Mann, den man wählen wird.
Dietlind Glüer, Die »Mutter der Revolution« in Rostock

Joachim Gauck spielt gerne mit dem Teufel. Er überschreitet bewusst Grenzen, um den Zuhörern die Augen zu öffnen.
Gaucks ehemaliger Amtskollege Sybrand Lohmann

Götterdämmerung

Sommer 1989. Dramatische Veränderungen liegen in der Luft. Der sowjetische Staats- und Parteichef Michail Gorbatschow hat mit seiner Reformpolitik ein politisches Erdbeben in den Ostblockstaaten ausgelöst. Vor allem die Tatsache, dass er den einzelnen Staaten des Warschauer Pakts einen eigenen Weg bei ihren inneren Reformen zugestanden hat, lässt das bisherige Machtgefüge im Ostblock in Trümmer zerfallen. Seit 1961 sind die DDR-Bürger nicht mehr so politisiert gewesen wie jetzt. Die Deutschen in Ost und West spüren: Etwas Grundlegendes bahnt sich an, etwas von historischer Bedeutung. Doch niemand weiß genau, was geschehen wird. Im besonders reformfreudigen

Ungarn werden die Reisebestimmungen gelockert und am 27. Juni 1989 in einem symbolischen Akt der Stacheldrahtzaun an der Grenze zu Österreich gekappt. Es ist nur ein kleiner Riss im Eisernen Vorhang, der sich vor Jahrzehnten zwischen Ost und West, zwischen Diktatur und Freiheit gesenkt hat. Doch für die Ostdeutschen ist er das Signal zu einem erneuten Exodus in den Westen, wie ihn die DDR seit dem Mauerbau nicht mehr gesehen hat. In Heerscharen lassen junge DDR-Bürger alles stehen und liegen und flüchten über die ungarische Grenze nach Österreich, als das nicht mehr lebensgefährlich ist. Tausende ihrer Landsleute haben sich zeitgleich auf die Gelände bundesdeutscher Botschaften in Warschau, Budapest und Prag gedrängt. Im Oktober erfüllen sich ihre Träume und Hoffnungen, und sie dürfen in Sonderzügen in die Bundesrepublik ausreisen. Insgesamt verlassen 1989 mehr als zweihunderttausend Menschen die DDR, die Einwohnerzahl von Erfurt oder von Lübeck.

Die Folgen dieses erneuten Aderlasses an Menschen sind allgegenwärtig, auch im unmittelbaren Umfeld von Joachim Gauck. »In meiner Gemeinde erlebte ich, dass erwachsene Menschen aufstanden im evangelischen Gottesdienst, wo alles sonst sehr gesittet zugeht, und sagten, sie könnten es nicht mehr ertragen. Das eigene Kind sei nun heute Morgen nicht mehr nach Hause gekommen, es sei wohl nun auch im Zug nach Prag oder Warschau oder Budapest. Früher hatten die Leute Angst, sich zu äußern, das hatten sie auch jetzt noch. Aber der Zorn darüber, dass man den Kindern keine Zukunft gab, wuchs an, und so begannen sie lauter zu werden.« Im September versuchen auch zwei junge Mädchen aus Gaucks Kirchgemeinde zu fliehen. Sie werden dabei verhaftet und in Untersuchungshaft genommen. Zusammen mit seinem Kollegen Sybrand Lohmann schreibt

Gauck einen Brief an Erich Honecker, in dem sich die beiden Pastoren für die Mädchen einsetzen. Der Staatschef antwortet nicht, er hat andere Sorgen. Knapp eine Woche später drängen ihn seine Politbürokollegen aus dem Amt. Am 18. Oktober muss Honecker als Parteichef zurücktreten, wenige Tage später auch als Staatsoberhaupt der DDR. Beide Ämter erbt sein langjähriger Kronprinz Egon Krenz.

Gauck persönlich empfindet den Sommer 1989 als eine »bleierne Zeit«. Gerade ist auch seine Tochter Gesine in den Westen gegangen, das dritte seiner vier Kinder. Er hat es noch nicht verwunden. Selbst die DDR zu verlassen ist für ihn nach wie vor keine Option. Er will bleiben und die Gesellschaft von innen heraus verändern, so wie er sich seit zwanzig Jahren mit dieser Aufgabe abmüht. Er hadert mit der Entwicklung: »Die Emotionen wurden immer stärker und die Verzweiflung. [...] Einerseits fühlten wir, sie hatten ein Recht darauf zu gehen. Gleichzeitig waren wir gnatzig. [...] Wir wollten ja nicht mit Honecker alleine bleiben.«

Im Herbst und Winter 1989 sprießen eine Reihe oppositioneller Organisationen aus dem so lange unfruchtbaren politischen Boden der DDR. Sie heißen Demokratie Jetzt, Neues Forum, Vereinigte Linke und Demokratischer Aufbruch. Die 1946 mit der KPD zwangsvereinigte SPD wird wiedergegründet. Im Leipzig entsteht im Januar 1990 unter den Fittichen der bayerischen CSU eine neue Partei, die Deutsche Soziale Union. Als die Bürgerrechtler der SED offen die Stirn bieten, steht Joachim Gauck abseits des politischen Geschehens. Nach dem Abschluss des von ihm organisierten Kirchentages im Sommer 1988 und den familiären Erschütterungen ist er in einer Phase der Neuorientierung. Heute würde man Midlife-Crisis dazu sagen.

In den zurückliegenden Monaten hat er kirchliche Fortbildungskurse am evangelischen Seelsorgeseminar in Halle besucht und daran gearbeitet, seine seelsorgerische Kompetenz auszubauen. Er will sich einer neuen Aufgabe zuwenden, nachdem der Kirchentag vorbei ist und er sein Amt als Jugendpastor aufgegeben hat. »Wenn die Wende nicht gekommen wäre, hätte ich diese neue Richtung in meiner Arbeit ausgebaut und intensiviert«, erzählt er später über diese Phase seines Lebens. »Die Teilnahme an der Weiterbildung am Seelsorgeseminar gab mir völlig neue Impulse – persönlich wie für die Gemeindearbeit. Ich hatte eine inspirierende Zeit, ein neuer Schwerpunkt tat sich auf.« Zum Leiter des Seminars, dem fast gleichaltrigen Klaus-Dieter Cyranka, der sein Vorgänger als Stadtjugendpastor in Rostock war, hat Gauck Vertrauen. Er führt lange, intensive Gespräche mit ihm, in denen es auch um seine eigene Verfassung geht, um eine Standortbestimmung in einer persönlichen Krisenzeit.

Als Gauck Anfang Oktober von seinem letzten Seelsorgekurs in Halle nach Rostock zurückkehrt, wird in Leipzig demonstriert. An der Leipziger Nikolaikirche treffen sich seit einiger Zeit regelmäßig protestierende Bürger. Am Anfang sind es weniger als tausend Menschen gewesen, die hier »Wir wollen raus!« und Ähnliches gerufen haben. Am 9. Oktober erwachsen daraus die Leipziger Montagsdemonstrationen, die alles verändern. Von da an protestieren in der Messestadt jede Woche Zehntausende gegen den SED-Staat. An der Ostsee geht noch niemand auf die Straße. Die Rostocker sind, wie andere auch, noch nicht so weit, sich gegen die SED-Herrschaft zu erheben.

Der Revolutionspastor

Erst Mitte Oktober tritt Joachim Gauck als Akteur auf die Bühne der Herbstrevolution von 1989. In seinen Memoiren kann man dazu lesen: »Wie lange hatte ich auf eine Veränderung gewartet – und als sie sich schließlich anbahnte, war ich innerlich ganz woanders. [...] Ich war wenig nach außen, aber stark nach innen gerichtet.«

Sein Rostocker Amtsbruder und Hausnachbar, Henry Lohse hat zwei Wochen zuvor zusammen mit anderen eine Fürbittandacht in der Rostocker Petrikirche gehalten, um für Leipziger Demonstranten zu beten, die inhaftiert worden sind. Die Resonanz auf die Andacht ist so groß, dass Lohse sie eine Woche später wiederholt. Diesmal ist der Andrang so überwältigend, dass die Veranstaltung in das größte Gotteshaus der Stadt, die Marienkirche, verlegt wird. Dreitausend Menschen drängen sich am 12. Oktober in dem mächtigen Backsteinbau zusammen, der nur tausendzweihundert Sitzplätze hat. Es sind keineswegs nur Christen, sondern Bürger, die das Gefühl haben, dass endlich etwas passieren muss.

Nach dieser Veranstaltung spricht Henry Lohse mit Joachim Gauck und bittet ihn, bei der geplanten dritten Fürbittandacht an seiner Stelle die Predigt zu halten. Er selbst will an diesem Tag eine lange geplante Fahrt nach Berlin antreten. Lohses spätere Erklärung, auf Gauck zuzugehen: »Er war dafür prädestiniert, weil er durch den Kirchentag Erfahrungen mit großen Menschenmengen hatte und im Umgang mit staatlichen Stellen.« Dietlind Glüer, eine Mitarbeiterin der evangelischen Kirche und zentrale Figur bei der Gründung des Neuen Forums in Rostock, trägt in diesen Tagen dieselbe Bitte an Gauck heran. »Ich dachte, jetzt muss ein Mensch reden, der die Leute ansprechen kann. Wir waren froh, dass wir einen solchen Menschen hatten.« Sie sagt zu Gauck: »Ich finde, Jochen, du musst hier jetzt das Wort ergreifen.« Der Angesprochene sei daraufhin sehr gerührt gewesen, erinnert sich Glüer und habe nicht »lange gefackelt. Wenn man ihn brauchte, ließ er sich brauchen.«

Also hält Gauck am 19. Oktober 1989 in der Marienkirche die Predigt der dritten Fürbittandacht. Zusammen mit einer kleinen Gruppe Vertrauter bereitet er sich auf den Gottesdienst vor. Was ist das aktuell wichtigste Thema? Welcher biblische Text und welche Lieder passen dazu am besten? Seine erste Frage an seine Mitstreiter ist immer: »Wie geht es euch?« Dann lässt er sie ihre Gedanken und Gefühle zum Geschehen aufschreiben. »So wusste er, wie weit die anderen sind, wie weit sie Mut hatten oder ängstlich waren.« Weil seine Predigt auch in der Petrikirche verlesen werden soll, muss Gauck sie gegen seine Gewohnheit ausformulieren und zu Papier bringen. Schnell spricht sich herum, dass diesmal Gauck die Andacht halten wird. Man kennt ihn seit seiner Rede auf dem Kirchentag ein Jahr zuvor. Die beiden Kirchen St. Marien und St. Petri können die Menschen nicht mehr aufnehmen. Dicht aneinandergedrängt, schwitzend, hören die Rostocker dem Pastor zu. Mit Lausprechern wird seine Ansprache nach draußen übertragen. Auch der Platz vor der Marienkirche ist voll. In und um das Gotteshaus sind etwa siebentausend Menschen versammelt, in der Petrikirche haben sich zweitausend Besucher eingefunden. Gauck besitzt die Chuzpe, auch die Stasileute im überfüllten Gotteshaus zu begrüßen. Heiterkeit im Kirchenschiff. Man kennt die Herren, mögen sie sich auch noch so gut verkleiden. Die Vertreter von »Horch und Guck« wirken fast hilflos. Innerhalb von drei Wochen ist aus einer überschaubaren kirchlichen Veranstaltung eine Massenbewegung geworden. Nicht nur in Rostock, auch

26 Gauck spricht in der Marienkirche 1989

in anderen Städten des Bezirks werden Fürbittandachten gehalten und finden politische Kundgebungen statt.

Gauck predigt zunächst im klassischen Sinne. Wie immer verwendet und interpretiert er dabei biblische Texte so, dass sie unmissverständlich auf die aktuelle Situation zugeschnitten sind. Diesmal hat er sich die biblische Figur des Amos ausgesucht: »Er sieht schlimme Dinge: Götzendienst, Ungerechtigkeit und soziales Unrecht bestimmten die Zeit.« Keiner seiner siebentausend Zuhörer missversteht, dass die DDR gemeint ist. Genauso wenig wie sie Gaucks Zitat von Rosa Luxemburg missverstehen: »»Ohne allgemeine Wahlen, ungehemmte Presse- und Versammlungsfreiheit, freien Meinungskampf erstirbt das Leben in jeder öffentlichen Institution, wird zum Scheinleben, in der die Bürokratie allein das tätige Element bleibt. Das öffentliche Leben schläft allmählich ein.« Dann spricht Gauck unverhüllt die aktuellen Ereignisse an: »Gibt es denn zwei Welten, in denen wir leben, die der herrschenden Parteischicht und die des Volkes? Wir wollen aber nicht in Schizophrenie unser Leben verbringen. Wir wollen hier leben in Wahrheit und Gerechtigkeit. Wir wollen nicht mehr hätscheln und entschuldigen, was uns krank macht. Wir wollen Recht Recht und Unrecht Unrecht nennen.« Das ist keine Predigt mehr, sondern eine politische Kampfansage. Gaucks alter Weggefährte, Christoph Kleemann, empfindet die Ansprache als »ein Mittelding zwischen Predigt und Rede. Alle, die Zweifel am System hatten, fühlten sich durch ihn bestärkt. Seine Rede hatte eine geradezu befreiende Wirkung.«

Gauck ruft die Menschen nicht dazu auf zu demonstrieren. Aber er zündet den Funken, auf den sie gewartet haben. Später wird er zu diesem Moment sagen: Man »wusste, dass es einfach eine Frage der Zeit war, bis die Menschen auf die Straße gehen würden«. Diese Selbsteinschätzung seines Beitrags zur ersten Rostocker Demonstration ist eine Untertreibung. Die Stasi identifiziert Gauck sofort als die zentrale Figur und interpretiert seine Worte als »Angriffe gegen SED und MfS«. Er habe »die Andachten so gestaltet, dass sie zum Aufputschen der Anwesenden, auf die Straße zu gehen«, geeignet gewesen seien. Am Ende des Gottesdienstes bricht etwas aus den Menschen heraus. Sie klatschen Beifall, manche weinen, dann strömen sie aus den beiden Kirchen, es ist wie eine Entladung. Der Menschenstrom vereinigt sich mit den draußen Stehenden, und erstmals gehen die Rostocker auf die Straße. Fünfzehntausend Menschen, die friedlich für mehr Demokratie,

Selbstbestimmung, freie Wahlen und gegen die Staatssicherheit demonstrieren. Es ist ein Aufbegehren gegen die alles beherrschende Staatspartei und zugleich ein Überwinden der eigenen Angst. Christoph Kleemann marschiert bei dieser ersten Rostocker Demonstration mit. »Ich hatte Schiss, als wir durch die Kröpeliner Straße zogen mit ihren vielen Quergassen. Ich fürchtete, für die Stasi könnte das ein gefundenes Fressen sein, dem Protestzug ein Ende zu bereiten. Immerhin stand sie unauffällig auffällig in Grüppchen bereits um die Marienkirche.« Tatsächlich sind rund um die Kirche Dutzende Polizisten und Stasimitarbeiter postiert. Sie machen Fotos und Videos von den Demonstranten, um spätere Strafverfahren gegen die Rädelsführer vorzubereiten. Auch der Einsatz von Waffen steht zur Disposition, um dem Spuk ein Ende zu bereiten.

Ein oppositioneller Jugendlicher hat einen bunten Schmetterling aus Pappe gebastelt und trägt ihn an einem Stock vor der Menge her. Darauf steht »Gewaltfrei für Demokratie«. Der Schmetterling wird auch bei allen künftigen Demonstrationen als eine Art Wahrzeichen vorneweg geführt werden. In einem langen Zug marschieren die Rostocker durch ihre Stadt bis zur August-Bebel-Straße, wo sich der riesige Komplex der Staatssicherheit befindet. Immer wieder klatschen die Menschen rhythmisch in die Hände, es ist ein alles durchdringendes Geräusch. Als die Demonstranten an einem Hochhaus vorbeikommen, wo bekanntermaßen viele Stasimitarbeiter wohnen, bricht die Menge in ein gellendes Pfeifkonzert aus. Viele, die mitmarschieren, haben Kerzen in den Händen, auch viele Fenster auf dem Weg sind mit brennenden Kerzen erleuchtet. Vor dem Gebäude der Staatssicherheit stellen die Demonstranten sie ab. Auf die Fenstersimse und am Eingangsportal, wo die bewaffneten Posten stehen. Die gefürchtete Stasizentrale wird an diesem Abend zum erleuchteten Mahnmal für die Wiedergeburt der Zivilcourage in Rostock. Am Abend nach der Demonstration geht Gauck mit seiner Frau durch die dunklen Rostocker Straßen nach Hause. Er schweigt und schluckt. »Was hast du?«, fragt ihn Hansi. »Ich denke an unsere Söhne, die hier nicht dabei sein können.« Dann kommen ihm die Tränen.

Als Joachim Gauck zum Akteur der Revolution wird, bringt er eine Waffe mit, die er beherrscht wie kein Zweiter in Rostock: seine Wortmacht. Auf der Kanzel ist er mitreißend, ja geradezu unwiderstehlich. Seine Predigt-Reden, die er von jetzt an jeden Donnerstag hält, werden in immer mehr, schließlich in sieben Rostocker Kirchen verlesen, damit möglichst viele Menschen sie hören können. Bald nennt man ihn den »Revolutionspastor«. »Jetzt wurde er bekannt. Er war die öffentliche Stimme«, erinnert sich Dietlind Glüer, »er stand dafür, er übernahm die Verantwortung.« Das Urteil über den Redner Gauck und seine damalige Wirkung auf die Menschen ist einhellig: »ein wortgewaltiger Prediger und Redner«, ein »begnadeter Redner«, der Mann mit dem »unglaublichen Selbstvertrauen«. Wer ihn hört, spürt danach »Hochgefühl« und »Kraft«. »Er hat den Menschen Mut gemacht zum aufrechten Gang.« »Man ging hin, nicht um irgendeine Predigt zu hören, sondern um ihm zuzuhören. Da stimmte jeder Satz, jedes Wort traf die Herzen der Teilnehmer. In diesen Momenten spürte Jochen, wo seine wirklichen Fähigkeiten liegen.«

Neben seiner herausragenden Qualität als Redner verfügt Gauck noch über eine zweite einzigartige Fähigkeit, nämlich die Stimmungen der Menschen zu erspüren und in die richtigen Worte zu kleiden. »Er besitzt die Fähigkeit, Sehnsüchte und Stimmungen der Bevölkerung in Worte zu fassen und daraus ein Handlungsgebot für die Menschen zu entwickeln«, sagt Harald Terpe, ein Rostocker Arzt, der sich im Rostocker Neuen Forum engagiert und in diesen Monaten ein wichtiger Weggefährte von Gauck ist. Eine Ironie des Schicksals ist dabei, dass sein Bruder Wolfgang Terpe für die Rostocker Bezirksverwaltung des MfS arbeitet. Er ist jener Stasi-Offizier, der sich das Ziel gesetzt hat, Joachim Gauck als IM anzuwerben. Gaucks Amtsbruder, Christoph Kleemann, teilt das Urteil Harald Terpes über Gauck: »Er ist nicht der, der sich ein Konzept baut und sich dann Leute dafür sucht. Er stellt sich eher an die Spitze, wenn jemand gebraucht wird, der ein wichtiges Anliegen formuliert. Dann ist er in der Lage, sich dieses zu eigen zu machen und dafür gradezustehen.«

Joachim Gauck ergriff das Wort und wurde – ehe er sich versah – zu einer Integrationsfigur der Basis.

Schließlich: Joachim Gauck ist nicht nur ein großartiger Redner und ein Medium für die Stimmungen seiner Mitmenschen, sondern auch ein Mann mit Courage. Denn noch ist es gefährlich, den Staat in dieser Weise herauszufordern. Der Krake Stasi lauert nach wie vor darauf, jeden Widerstand gegen das Machtmonopol der SED zu ersticken. Und noch werden Menschen allein dafür, dass sie ihre Meinung frei äußern, drangsaliert und verhaftet. Die Angst vor einer »chinesischen Lösung« ist allgegenwärtig. Die Angst also, dass die Greise im Politbüro zur Verteidigung ihrer Macht Panzer einsetzen werden, wie es die chinesische KP-Führung in diesem Sommer auf dem Platz des Himmlischen Friedens in Peking vorexerziert hat.

Die SED steht dem Geschehen ebenso hilflos gegenüber wie die Stasi. Am liebsten würde sie weitere Demonstrationen verbieten, aber das traut sie sich nicht angesichts der Demonstrationszüge und der Stimmung im ganzen Land. Soll man den nächsten Gottesdienst durch die Entsendung eigener Abordnungen stören? Oder sogar durch Provokationen Gewalt heraufbeschwören und so die Polizei zum Eingreifen zwingen? Oder doch lieber das Gespräch mit den vermeintlichen Anführern der Demonstrationen suchen? Im Vorfeld von Gaucks zweiter Andacht in der Marienkirche, am 26. Oktober, kommen warnende Telefonanrufe aus der Region. Die Parteisekretäre in den Betrieben rufen die SED-Mitglieder zur Teilnahme an diesem Gottesdienst auf. Für den Abend sind Störungen und Provokationen durch die Staatspartei zu erwarten, die das Geschehen nicht einfach so über sich ergehen lassen will. Bei den nächsten Demonstrationen treten die Rostocker Genossen mit einem großen Banner auf: »Politbüro mit neuem Blut, gebt uns für die Zukunft Mut!« Eine Anspielung auf die Ablösung von Erich Honecker durch Egon Krenz Mitte Oktober.

Gauck beschließt, auf die Warnungen offensiv zu reagieren. Er ruft beim Rat des Bezirks an und bittet um ein Gespräch. Am Mittag kommt es zu einem Treffen von Kirchenleuten und Vertretern der Stadt Rostock. Zunächst versucht der regionale Polizeichef, Druck zu machen. Er spricht von fehlenden Genehmigungen für die befürchtete erneute Demonstration und drohendem Chaos. Die Kirchenleute lassen sich nicht einschüchtern. »Wir machen keine Demonstration. Die Demonstrationen macht das Volk«, hält einer von ihnen, Fred Mahlburg, der damalige Leiter der evangelischen Akademie in Mecklenburg, dem entgegen. Der Polizeichef gibt überraschend schnell klein bei: »Ich will ja nur wissen, wohin ich meine Leute stellen soll, damit ich den Verkehr regeln kann.« Gauck ist verblüfft: »Wir mochten es noch gar nicht so recht glauben: Wir waren es gewesen, die Bedingungen gestellt hatten, und nicht umgekehrt!«

27 Im Rostocker Rathaus mit anderen Kirchenvertretern

Ende Oktober stellt die Landeskirche Gauck von der normalen Arbeit in seiner Gemeinde frei, damit er sich ganz auf die Donnerstagsgottesdienste konzentrieren kann. Sein Wirken als »Revolutionspfarrer« ist jetzt wichtiger. Nur er findet Sätze wie: »Ich bin noch in meinem Mauerland.« Christoph Kleemann beobachtet an seinem Amtsbruder: »Er trat couragiert auf und leistete viel Überzeugungsarbeit in persönlichen Gesprächen, denn viele Menschen waren doch anfangs sehr zögerlich und ängstlich.« Die SED hält in ihren täglichen »Informationen über die politische Lage« fest: »In 5 Rostocker Kirchen wurden am 2. 11. 1989 Gottesdienste durchgeführt. In allen Kirchen wurden die Predigten auf der Grundlage der Predigt von Pastor Gauck in der Marienkirche durchgeführt. Der Inhalt dieser Predigten war voll gegen die Partei gerichtet. (Partei ist Wolf im Schafspelz – glaubt ihnen nicht – sie haben noch nie mit dem Gesicht zum Volk gestanden – zweifelt alles an – die uns geknechtet haben, winden sich und geben es aus als Wende – sie haben uns lange genug irregeführt [...])« Nach diesem dritten Auftritt in der Marienkirche ist Joachim Gauck in aller Munde. Er wird zum Wortführer und zur Leitfigur der Revolution in Rostock.

Als eine Woche später die Mauer fällt, ist der Höhepunkt der revolutionären Bewegung im Norden erreicht. Die Stasi zählt bei dieser Donnerstagsdemonstration vierzigtausend Teilnehmer, es werden nie wieder so viele sein. Gauck resümiert später über diese Wochen: »Endlich verabschiedeten wir uns von unserer Angst.« Zugleich blickt er auch selbstkritisch auf den Herbst 1989 zurück: »[...] was uns vor allem fehlte, waren nicht nur die richtigen Worte, sondern vor allem die richtige Haltung. Wie auch – waren doch allzu viele von uns durch die Diktatur gebrochene Menschen. Niemand übersteht eine Diktatur schadlos, wenn er jahrzehntelang darin leben muss.«

Neues Forum

Die wichtigste oppositionelle Formierung im Herbst 1989 war in Rostock das Neue Forum. Nach dem Willen seiner Gründer war es zunächst keine Partei, sondern eine »Plattform«. Die dreißig Geburtshelfer um Bärbel Bohley, Katja Havemann, Rolf Henrich und Jens Reich wollten damit den Andersdenkenden in der DDR die Möglichkeit geben, sich öffentlich politisch zu artikulieren. Es war ein Experiment, die Suche nach einem neuen Weg für die DDR. Noch Ende Oktober sagte Rolf Henrich, einer der Mitbe-

28 Dietlind Glüer und Joachim Gauck anlässlich der Feier der Verleihung des Bundesverdienstkreuzes an beide

gründer, dass man vorläufig ohne ein umfassendes Programm auskommen wolle: »Wir müssen auch die ganze Kläglichkeit eines Anfangs ertragen lernen.«

Die Bürgerbewegung war zunächst auch im Norden vor allem ein Sammelbecken für das schwelende Protestpotential. Noch diffus, ohne klare Zielrichtung. »Wir suchten einen neuen Weg, da war uns jeder willkommen«, erinnerte sich Christoph Kleemann. Es begann in kleinen Zirkeln. Wer sich engagieren wollte, lud Gleichgesinnte in seine Wohnung ein, um mit ihnen zu diskutieren. Man sprach über Bürgerrechte, das alles überragende Thema Flucht und Ausreise, über das Bildungswesen, überhaupt über die ganze Misere der DDR. Auf Initiative der Gemeindepädagogin Dietlind Glüer fand am 11. Oktober der erste öffentliche Auftritt des Neuen Forums in der Michaeliskirche statt. Dreihundertfünfzig Menschen nahmen daran teil; das Treffen galt als die Gründungsveranstaltung der Bürgerrechtsbewegung in Rostock. Die »Mutter der Revolution« nannte man Glüer später, oder auch »den guten Geist des Neuen Forums«. 1995 bekam sie zusammen mit Joachim Gauck für ihr damaliges Engagement das Bundesverdienstkreuz.

Der Revolutionspastor gehörte nicht zu den Ersten, die im Neuen Forum mitmachten. Er war sich unsicher, ob er der neuen Oppositionsbewegung beitreten und in welcher Funktion er sich überhaupt am revolutionären Geschehen beteiligen sollte. Irgendwann Mitte Oktober fragte er Dietlind Glüer: »Soll ich da eigentlich eintreten?« Sie bestärkte ihn: »Ich glaube schon.« Die Szene war charakteristisch für Gaucks Agieren während der Wende. Er war keiner, der die Revolution antrieb, sondern einer, der sich von ihr mitziehen ließ. Er zögerte, fragte sich, wie weit er gehen dürfe. Nicht nur jetzt, bei seinem Eintritt in das Neue Forum, sondern auch, als es darum ging, dort Funktionen zu übernehmen oder sich als Kandidat für ein Volkskammermandat aufstellen zu lassen. Er brauchte seine Zeit dafür und musste sich mit anderen darüber beraten. Etwa mit Heiko Lietz, mit dem Gaucks Wege sich in irgendeiner Form immer wieder kreuzten, vom Studium bis heute. Lietz, ein Bürgerrechtler der ersten Stunde, gehörte auch jetzt wieder zu denen, die voneweg marschierten. Interessant ist die unterschiedliche Wahrnehmung der beiden Männer über ein gemeinsames Gespräch in diesen Tagen. Lietz erinnerte sich, er habe Gauck damals Mut gemacht und ihm zugeraten, dem Neuen Forum beizutreten. Nur so habe er eine

Chance, politisch etwas zu bewirken und zu verändern. Gauck merkte demgegenüber an, dass die Begegnung nicht dazu gedient habe, ihn zu ermutigen. Vielmehr hätten Lietz und er damals den strategischen Beschluss gefasst, dass es keine Zersplitterung der Kräfte geben dürfe und deshalb alle Oppositionellen dem Neuen Forum beitreten sollten.

Irgendwann in diesen Tagen rang Gauck sich dann dazu durch, der neuen politischen Bewegung beizutreten. Als das Neue Forum am 11. November seinen regionalen Sprecherrat wählte, gehörte der populäre Pastor zu den Wunschkandidaten. Dem zehnköpfigen Gremium sollten Personen angehören, »die über jeden Zweifel erhaben« waren. Und Gauck war über jeden Zweifel erhaben. Doch er wollte sich nicht in eine politische Funktion wählen lassen. Sein Platz war in der Kirche, von hier aus wollte er sich engagieren und an den gesellschaftlichen Veränderungen mitwirken. Außerdem gab es einen formalen Grund. Die Pfarrerdienstordnung seiner Kirche verbot ihm eine Funktion in einer politischen Organisation. Gauck hätte eine Ausnahmegenehmigung seines Landesbischofs einholen müssen. Zu einem späteren Zeitpunkt wurde er dann aber doch noch Sprecher des Neuen Forums.

Und er unterstützte die neue Bürgerrechtsbewegung aktiv. Das Neue Forum durfte den kirchlichen Kopierer nutzen, der im heruntergekommenen Anbau seines Hauses an der Nikolaikirche stand. Das war eine nicht zu unterschätzende Hilfestellung. Kopiergeräte waren eine Rarität. Es gab in den Rostocker Kirchgemeinden überhaupt nur zwei Stück davon. So konnten Flugblätter hergestellt und in Gottesdiensten ausgelegt werden. Dazu Aufrufe des Neuen Forums oder Alexander Solschenizyns Aufsatz »Lebt nicht mit der Lüge«, der in tausenden Exemplaren reproduziert und verteilt wurde. Auch die Donnerstagspredigten wurden hier

29 Einsatz für das Neue Forum: Heiko Lietz, Harald Terpe und Joachim Gauck

vervielfacht, damit sie in den diversen Kirchen verlesen werden konnten. Das war ein »Geschehen zwischen Zittern und Zagen«, erinnerte sich Gauck ein halbes Jahr später, manchmal habe er daran gezweifelt, ob er am nächsten Tag noch an seinem Schreibtisch sitzen würde.

Der Pastor gestattete dem Neuen Forum auch, nach seiner Gründung in seinem Hausflur einen Briefkasten mit der Adresse »Nathan Frank« aufzuhängen; Nathan von Nathan dem Weisen und Frank von Anne Frank. Die Anfangsbuchstaben standen für Neues Forum. Interessierte konnten sich so an die Bürgerrechtsbewegung wenden und bekanntgeben, dass sie mitmachen wollten. Das MfS notierte unterdessen: »Für die Formierung der Sammlungsbewegung werden die Potenzen und Strukturen der Kirchen genutzt. Aktivitäten und Demonstrationen erfolgen aus den kirchlichen Räumen heraus.« Eines Tages fand sich der Name Terpe im Briefkasten von Nathan Frank. Gauck war entsetzt: »Jetzt haben wir den Salat, jetzt haben wir schon die Stasi auf dem Zettel.« Gauck glaubte, dass es sich um den Stasihauptmann Wolfgang Terpe handelte, der ihn nach dem Kirchentag in seinem Büro besucht hatte. Tatsächlich hatte sich aber dessen Bruder Harald gemeldet, ein Rostocker Arzt, der sich im Neuen Forum engagieren wollte. Schon Mitte der achtziger Jahre hatte Harald Terpe den Kontakt zu seinem Bruder Wolfgang abgebrochen, nachdem er zur Überzeugung gelangt war, dass dieser für die Stasi tätig war.

Das Ende der Stasi

Am 4. Dezember 1989 – ein entscheidendes Datum auf dem Weg zur Entmachtung der SED – wurden in den Bezirken der DDR die Stasiniederlassungen von Bürgerrechtlern besetzt. Nur in Berlin dauerte es noch bis zum 15. Januar, bis das Stasihauptquartier in der Normannenstraße ebenfalls von Bürgerrechtlern in Besitz genommen wurde. Auslöser für die Aktionen war die Sorge, dass das MfS, das unterdessen in Amt für Nationale Sicherheit (AfNS) umbenannt worden war, heimlich seine Akten vernichten könnte. Die Führungskräfte der Staatssicherheit hatten mittlerweile erkannt, dass ihr Auftraggeber, die SED, sie für ihr Wirken in der Vergangenheit nicht hinreichend decken würde.

In Rostock befahl der regionale Stasichef, Generalleutnant Mittag, schon am 6. November, »Unterlagen, die keinen operativen Wert haben oder deren Wert angesichts der Lageentwicklung an Bedeutung verloren hat [...] kurzfristig zu entnehmen und zur Vernichtung vorzubereiten«. Generalleutnant Wolfgang Schwanitz, Nachfolger des Jahrzehnte amtierenden Stasichefs Erich Mielke, riet seinen Untergebenen Ende November dringend: »Was das Vernichten betrifft, Genossen, besonders in den Kreisdienststellen. Macht das wirklich klug und sehr unauffällig. Wir werden sehr stark kontrolliert [...]. Also realisiert die Aufgaben klug und so, wie sie angewiesen wurden. Es hat keinen Zweck, einen Haufen Papier mitzuschleppen, der uns in der gegenwärtigen und künftigen Zeit nichts nützt.« Die Genossen in den Kreisdienststellen machten es weder klug noch unauffällig. In Erfurt beobachteten Bürgerrechtler tagelang, wie dichter Qualm aus den Schornsteinen der Stasizentrale stieg. In einem wahrhaft revolutionären Akt besetzten sie die Bezirksverwaltung des MfS, um eine weitere Aktenvernichtung zu verhindern und das vorhandene Material zu sichern. Wie eine Welle schwappte diese Aktion auf alle anderen Außenstellen der Staatssicherheit über.

Im Rahmen dieses historischen Dramas erlebten Wolfgang und Harald Terpe ihr ganz eigenes, familiäres. Harald, heute Mitglied des Deutschen Bundestages für Bündnis 90/ Die Grünen, nahm am 4. Dezember 1989 an der Besetzung der Rostocker MfS-Dependance und ihrer Übernahme durch die Bürgerrechtler teil. Spät in der Nacht räumten die Stasiangestellten ihren Arbeitsplatz. Beim Hinausgehen wurden sie von Volkspolizei und Bürgerrechtlern kontrolliert, damit sie nicht heimlich Akten aus dem Gebäude trugen. Als die Geheimpolizisten den riesigen Gebäudekomplex verließen, war das wie die Kapitulation einer Armee. Einen, der in der Uniform und mit den Rangabzeichen eines MfS-Hauptmanns an Harald Terpe vorbeischlich, ohne ihn anzusehen, kannte er gut. Es war sein Bruder Wolfgang, der beim »VEB Horch und Guck« zuletzt für Joachim Gauck zuständig war. »So kann es kommen«, sagte Harald Terpe zweiundzwanzig Jahre später, »es war ein Riss durch die eigene Familie.«

Bei diesem Meilenstein der friedlichen Revolution in Rostock waren ihre wichtigsten Akteure vor Ort. Dietlind Glüer, Axel Peters, Harald Terpe und andere von Gaucks Mitstreitern nahmen in dieser Nacht all ihren Mut zusammen und beteiligten sich an dem riskanten Unterfangen. Das spektakuläre Ereignis sprach sich damals unter den Rostocker Bürgerrechtlern herum wie ein Lauffeuer. Sie benachrichtigten sich gegenseitig persönlich darüber, wo ein Telefon vorhanden war, per Fernsprecher, oder hinterließen einfach einen Zettel bei sich zu Hause: »Bin bei der Stasi«. Gauck, der im Rostocker Neuen Forum zusammen mit Dietlind Glüer und Axel Peters in dieser Phase die »entscheidende politische Troika« gebildet hatte, nahm an der Aktion erstaunlicherweise nicht teil. Er erklärte das im Nachhinein damit, dass er in dieser Nacht stattdessen intensiv mit Mitgliedern aus dem inneren Zirkel der Revolutionsbewegung über die deutsche Einheit diskutiert habe. »Ich wusste, dass Dietlind Glüer und Axel Peters vor Ort waren. Ich habe in intensiven Gesprächen mit beiden darüber nachgedacht, ob wir besetzen sollten. Als ich hörte, dass die anderen Städte mitmachten, habe auch ich meine Zustimmung gegeben. Ich wusste also, es würde laufen. Aber ich brauchte meine Verbündeten für einen wichtigen nächsten Schritt. Wir brauchten eine innere Verständigung über ein strategisches Ziel, das ich als Erster im Neuen Forum aufgegriffen habe, nämlich die Forderung nach der deutschen Einheit. Ich wollte hier einen Richtungswechsel und musste die Basisversammlung des Neuen Forums, die wenige Tage später stattfand, vorbereiten. Den jungen Leuten war aber das Thema deutsche Einheit fremd und auch suspekt. Ich brauchte intensive Debatten, um sie politisch auf die Linie derer zu bringen, die in Sachsen schon sehr deutlich die Einheit forderten.«

Es klingt nicht überzeugend, dass diese Diskussion ausgerechnet an diesem Tag geführt werden musste und dass sie wichtiger gewesen sein soll als die Besetzung der Rostocker Dependance der Stasi. Gauck drängte es offensichtlich nicht, an der Aktion teilzunehmen, und er setzte andere Prioritäten. Der Grund dafür liegt in seinem Wesen. Er war grundsätzlich ein Mann der Ordnung, kein Revoluzzer. Vermutlich wollte er das persönliche Risiko, das mit der Besetzung der Rostocker Stasizentrale verbunden war, nicht eingehen. Darum hielt er sich fern. Dazu sei erwähnt, dass Joachim Gauck dieser Beurteilung der Situation heftig widersprochen hat.

Bürgerrechtler

In den Gesprächen und Verhandlungen zwischen Bürgerrechtsbewegung und dem Staat trat eine weitere Begabung Joachim Gaucks zutage. Er erwies sich als unnachgiebiger und sehr erfolgreicher Verhandlungsführer für das Neue Forum. Harald Terpe erlebte Gauck in den Auseinandersetzungen mit der SED-Bezirksleitung als besonders »nervenstark, sehr konsequent und nicht nachgebend«. Der »Revolutionspfarrer« nutzte die Verunsicherung der Mächtigen und trat für das Neue Forum mit einem Machtanspruch auf, der in keinem Verhältnis zur wirklichen Stärke der Bürgerrechtler stand. Bei einer Verhandlung im Rostocker Rathaussaal erklärte Genosse Hass, stellvertretender Vorsitzender des Rates des Bezirks, dass eine Demonstration vor dem Gebäude der Rostocker Staatssicherheit keinesfalls in Betracht komme. Gauck ließ sich nicht einschüchtern. Der Protest der Bevölkerung richte sich ja gerade gegen die Stasi, erklärte er, weshalb eine Demonstration vor dem Gebäude der Stasi sicher stattfinden werde. »Gauck ist nicht zurückgewichen. Er hat auch taktiert. Aber er hat die Spielräume bis zum Anschlag ausgenutzt«, beobachtete Harald Terpe, der sich ein solches Auftreten selbst nicht zutraute. Donnerwetter, dachte er mit Hochachtung und fühlte sich durch Gauck »ermutigt«.

Geradezu dreist verhielt Gauck sich bei einer anderen Begebenheit. Kurz nachdem die Mauer gefallen war, kamen Ratsherren aus Bremen, Rostocks Partnerstadt, zu Besuch. Sie wollten sich persönlich ein Bild vom Umbruch im Osten machen und hatten sich dazu mit den »alten Genossen« in einem Hotel in Warnemünde verabredet. Dagegen muss man etwas unternehmen, dachte Dietlind Glüer, die von dem Treffen erfahren hatte. Sie rief Joachim Gauck an. Der war empört. »Ja, das geht doch überhaupt nicht!« Die beiden stiegen ins Auto und fuhren nach Warnemünde. Mit temperamentvollem Auftritt und wehendem Mantel platzte Gauck in das Treffen und stellte sich vor: »Meine Herren, Sie reden hier mit den Falschen – wir sind vom Neuen Forum und erwarten Sie nachher in der Petrikirche.« Der Auftritt machte Eindruck auf die Westdeutschen. Ein paar Stunden saßen sie mit Gauck und Glüer in Rostock zusammen.

Gauck selbst erzählte später eine andere bezeichnende Episode. Für eine geplante Aktion außerhalb der Stadt versammelten sich die Teilnehmer mit etwa zwanzig Autos auf dem St.-Georg-Platz in der Hansestadt. Dort befand sich die Zentrale der Deutschen Volkspolizei. Die Volkspolizisten befürchteten das Schlimmste. Sollte etwa nach der Stasizentrale auch das Hauptquartier der Polizei besetzt werden? Es kam zur aufgeregten, in der Erinnerung von Gauck »ängstlichen« Anfrage bei den bekannten Führungsfiguren des Neuen Forums. Gauck weiter: »Bei einem späteren Gespräch über diese Situation habe ich voller Verwunderung die Offiziere dort gefragt: ›Wie kommen sie denn darauf, dass wir uns an der Volkspolizei vergreifen würden? Wir haben doch gar nicht die Absicht. Wir wollen doch kein Chaos, und wir trauen es uns doch gar nicht zu. Wir sind doch völlig unbewaffnet.‹« Die Polizeioffiziere reagierten entgeistert: »Aber Herr Gauck, wenn sie die Staatssicherheit besetzen konnten, dann war es ihnen doch ein Leichtes, die Volkspolizei zu besetzen.‹ Daran hatten wir überhaupt nicht gedacht.«

In diesen Monaten des Umbruchs hetzten die Bürgerrechtler des Neuen Forums von einem Ereignis zum nächsten, alles war wie ein Rausch. Tagsüber gingen die Akteure ihren normalen Berufen nach, wie Harald Terpe als Arzt. Abends wurde in Arbeitsgruppen wild und endlos diskutiert. Besonders bewegte die Freizeitrevolutionäre die Frage: »Sind wir unterwandert?« Die Angst, die Stasi könnte sich in die junge Bewegung einschleusen, war allgegenwärtig. Die Sorge war nur allzu berechtigt. Zu diesem Zeitpunkt hatte das MfS das Neue Forum bereits in Teilen unterwandert: »Bisher gelang es in Rostock, 12 IM in Wohngebietsgruppen einzuführen. Davon sind zwei Gruppensprecher und einer stellvertretender Gruppensprecher.«

Gauck musste seine Predigten vorbereiten, nahm an Verhandlungen mit dem Rat der Stadt teil, gab als Sprecher des Neuen Forums Interviews und fuhr zu Sitzungen der »Zentrale« nach Berlin. Am 6. Dezember stand ein ganz besonderes Ereignis auf dem Programm. Ex-Bundeskanzler Willy

30 Mit Willy Brandt in der Rostocker Marienkirche

Brandt kam zu Besuch nach Rostock. Die Einwohner der Stadt bereiteten dem Sozialdemokraten einen triumphalen Empfang. Vierzigtausend Menschen strömten in die Rostocker Innenstadt, um ihn zu sehen. Joachim Gauck hielt in der »bis auf den letzten Quadratzentimeter« gefüllten Marienkirche die Laudatio auf den Ehrengast, der auf seinem Weg durch die Kirche von allen Seiten mit Blumen überschüttet wurde. »Lieber Willy Brandt, da begegnen wir uns nun, ›wir, das Volk‹ und Sie, der große Politiker«, begann Gauck seine Rede. Er erinnerte an Brandts Empörung beim Mauerbau, an seinen Kniefall in Warschau und seinen erzwungenen Rücktritt, als sich herausstellte, dass sein enger Mitarbeiter Günter Guillaume ein langjähriger DDR-Spion gewesen war. Gauck griff das auf mit den Worten: »Dein Blick, als diese graue Kreatur in Deiner Nähe enttarnt wurde. Da war Deine Enttäuschung ein Teil von unserer Wut. Dieselbe Mafia, die Dir zusetzte, hat uns jahrzehntelang verfolgt, überwacht, gedemütigt, geknebelt.« Bevor er das Rednerpult für Brandt freigab, fasste er in seiner unnachahmlichen Art die Stimmungslage der Rostocker im Dezember 1989 zusammen: »Wir sind jetzt richtig durcheinander. Da ist so viel Freude: Die Ketten fallen! Aber da ist auch Angst vor dem neuen. Mancher von uns hat Angst vor altem Stolz und altem Geld im Westen. Andere sehnen sich nach freier Selbstbestimmung. Wir wissen, was wir hassen, aber wir haben Schwierigkeiten, genau zu sagen, was wir lieben.«

Am Abend durfte Gauck zusammen mit dem Ex-Kanzler in einer Talk-Runde der ZDF-Sendung »Kennzeichen D« auftreten. Sein Bekanntheitsgrad stieg damit noch einmal sprunghaft, auch über Rostock hinaus. In der Sendung saß auch Wolfgang Schnur, sozusagen in der ersten Reihe. Er war als Vertreter der neuen Bürgerbewegung Demokratischer Aufbruch eingeladen worden. Obwohl der Elite-IM ursprünglich den Auftrag des MfS hatte, die Gründung des Demokratischen Aufbruchs zu verhindern, war er am 29. Oktober mit großer Mehrheit zu dessen Vorsitzenden gewählt worden. Der Anwalt mit den unterschiedlichen Identitäten war während der Revolution ständig im Zentrum des Geschehens anzutreffen. Zwei Tage zuvor, als in Leipzig die MfS-Bezirksverwaltung besetzt wurde, war er vor Ort und redete mit einem Megaphon der Volkspolizei beruhigend auf die Demonstranten ein. Am Tag nach der ZDF-Sendung war er in Ost-Berlin mit dabei, als sich im Dietrich-Bonhoeffer-Haus der Zentrale Runde Tisch der DDR konstituierte.

Gaucks Fernsehauftritt im ZDF folgten bald weitere. Drei Wochen später, am 28. Dezember, war er als Vertreter des Neuen Forums beim »Donnerstagsgespräch« im DDR-Fernsehen zu sehen. Erstmals waren dort Vertreter der Opposition eingeladen. Gauck und die anderen Teilnehmer wurden von den Moderatoren sofort mit einem aktuellen Ereignis konfrontiert. Am Vortag war im Treptower Park in Berlin das sowjetische Ehrenmal mit nationalistischen Parolen beschmiert worden. Ob jetzt nicht alle politischen Kräfte zusammenstehen sollten, um den Menschen die Angst vor dem Erstarken des Rechtsradikalismus zu nehmen, wollte man von Gauck wissen. Der konterte gelassen, die Leute hätten keine Angst vor den Neonazis, sondern vor dem Wiedererstarken der Stasi.

Die Geheimpolizei in Rostock hatte mittlerweile ihre Illusion, Gauck könne einer der ihrigen werden, längst beerdigt. Sie maß Gauck in diesen Tagen eine »Schlüsselrolle« unter den evangelischen Amtsträgern zu, die »die Stimmung gegen die Schutz- und Sicherheitsorgane anheizen«. Noch einmal planten die MfS-Offiziere Maßnahmen gegen ihn: »Der exponierte Pastor Gauck ist offensiv mit der Zielstellung zu bearbeiten, seine antisozialistischen Pläne, Absichten und Maßnahmen zu entlarven und seinen Einfluss zurückzudrängen.« Möglicherweise war eine Begegnung, die Gaucks Frau Hansi in diesen Tagen hatte, Teil dieser Offensive. »Einmal kam ein Mann. Er öffnete seinen Mantel, zeigte mir seine Waffe und fragte nach meinem Mann. Als ich sagte, er sei nicht zu Hause, ging er wieder. Das ist nur ein Beispiel. [...] Ich hatte dauernd Angst, dass meinem Mann etwas Schlimmes passiert, er einfach irgendwie weggeräumt wird, wie wir das von der Stasi kannten.«

Trotz ihrer Angst war auch Hansi Gauck von den Ereignissen elektrisiert: »Die Wendezeit nach der DDR war das Erlebnis meines Lebens!« Sie engagierte sich früh im Neuen Forum und half dabei, Namen und Adressen von Interessierten zu erfassen. Im Auftrag von Dietlind Glüer besuchte sie Mitglieder, um festzustellen, ob diese geeignet und bereit waren, Verantwortung in der Oppositionsbewegung zu übernehmen. »Sie hatte ein Gespür für Leute«, erinnerte sich Glüer. Wie eine Mitgliederwerbung für das Neue Forum damals ablief, notierte ein von Hansi und Joachim Gauck in Gemeinschaftsarbeit rekrutiertes Mitglied des Neuen Forums. »Auf meine Frage durch die Sprechanlage meldete sich eine Frauenstimme: ›Mein Name ist Gauck, kann ich Sie mal sprechen?‹ Es war Hansi Gauck, die als Werberin für das Neue Forum arbeitete. ›Mein Mann lässt fragen, ob Sie die Gründung eines Neuen Forums in Warnemünde übernehmen würden. Wenn Sie einverstanden sind, kommen Sie bitte morgen um 15.00 Uhr in die Michaeliskirche.‹« Der Mann folgte der Aufforderung und traf am vereinbarten Treffpunkt auf Joachim Gauck: »›Ich bin Jochen Gauck. Ich bin froh darüber, dass Sie in Warnemünde das Neue Forum auf den Weg bringen wollen, damit wir in Rostock komplett sind.‹ Darauf drückte er mir herzlich und fest die rechte Hand und seine Frau mir etwa 15 Zettel in die Linke: ›Das sind die Warnemünder, die wir bisher im Briefkasten von Nathan Frank gefunden haben. Laden Sie alle ein, am besten zu sich nach Haus. Und hier ist noch der letzte Aufruf des Neuen Forums und hier so was wie ein vorläufiges Programm. Mehr haben wir nicht. Ach ja, und hier unterschreiben Sie bitte Ihre Beitrittserklärung, und da sind noch welche für Ihre Gründungsversammlung. Ich wünsche Ihnen viel Glück.«

Deutsche Einheit?

Im November rückten im Neuen Forum Diskussionen um die politische Zukunft der DDR in den Vordergrund. Was sollte geschehen, wenn das SED-Regime tatsächlich beseitigt war? Welche Wirtschaftsverfassung sollte der Staat dann haben? Marktwirtschaft? Sozialistische Planwirtschaft? Man diskutierte über einen dritten Weg zwischen den bestehenden Systemen. Wunschdenken dominierte. Am besten wäre es, neutral zu sein, ohne Militär. Gut wäre eine Konföderation mit der Bundesrepublik. Die deutsche Einheit stand 1989 nicht auf der Tagesordnung des Neuen Forums. Das lag außerhalb des Denkens der Bürgerrechtler. Dietlind Glüer sagte später: »Ich konnte mir das nicht vorstellen.« Christoph Kleemann bekam einen »Heidenschrecken«, als der Gedanke einer baldigen Wiedervereinigung im Gespräch auftauchte.

Viele im Neuen Forum träumten von einer gerechteren, sozialeren und freieren DDR. Mit dem Westen verbanden sie eher Bilder von sozialer Ungerechtigkeit, höheren Mieten, steigenden Lebensmittelpreisen und Arbeitslosigkeit. Das marktwirtschaftliche Gesellschaftsmodell der Bundesrepublik stellte vor diesem Hintergrund für die meisten von ihnen keine gangbare Alternative dar. Eine Gruppe Rostocker Pastoren gründete die »Bürgerinitiative für eine bessere sozialistische Gesellschaft«. Ein reformierter Sozialismus erschien ihnen als der anzustrebende Weg. Mit dieser Zukunftsvision entfernten sie sich von denjenigen, die die Revolution auf der Straße vorantrieben. Dort skandierten die Menschen bald: »Kommt die D-Mark, bleiben wir, kommt sie nicht, geh'n wir zu ihr.« Mit ihrer Kernidee, einen besseren Sozialismus zu erfinden, lag die Mehrheit derjenigen, die im Neuen Forum mitmachten, inhaltlich auch auf einer ganz anderen Linie als Joachim Gauck, der sich in dieser Zeit politisch von einem großen Teil seiner Rostocker Amtsbrüder und Amtsschwestern entfernte. »Hier dividierte es sich auseinander«, beobachtete Dietlind Glüer.

Selbst die engsten Wegbegleiter und Freunde Gaucks konnten ihm am Anfang nicht folgen, als er begann, öffentlich über die deutsche Einheit nachzudenken. »Jochen, was soll das?«, fragten sie ihn. »Wir müssen doch in unserem Staat klarkommen!« Gauck konnte sich im Gegensatz zu seinen Mitstreitern eine Vereinigung der Bundesrepublik und der DDR sehr gut vorstellen. Er hatte begriffen, dass es den Menschen nicht um eine Konföderation ging. Sie wollten keine reformierte DDR. Sie wollten die Einheit. Ende November protestierten bei der Leipziger Montagsdemonstration zweihunderttausend Menschen. Der Ruf »Deutschland einig Vaterland« dominierte – ironischerweise eine Zeile aus der ersten Strophe der DDR-Nationalhymne. Auch in Rostock tauchten erste Plakate und Banner mit Parolen dieser Art auf. Gauck machte sich das in der für ihn typischen Art zu eigen und beschied seinen politischen Weggefährten: »Ihr seid nicht auf der Höhe der Zeit.« Sehr früh, als Erster im Neuen Forum in Rostock, trat Gauck für die Wiedervereinigung ein. Als das von seinen Widersachern als »rechte Meinung« disqualifiziert wurde, hielt er dagegen: »Wir sind nicht rechts, wir sind nicht links, wir sind geradeaus!« Er variierte die wichtigste Parole der Herbstrevolution »Wir sind das Volk« mit dem Satz »Wir sind ein Volk«. Anfänglich war das eine Minderheitsmeinung im Neuen Forum, doch er vertrat sie nachhaltig mit all seiner Energie und Wortmacht.

Mitte Dezember stand das Thema deutsche Einheit auf der Tagesordnung einer Rostocker Mitgliederversammlung des Neuen Forums. Geschickt argumentierte Gauck mit dem demokratischen Argument des Mehrheitswillens für seine Position: »Zahlreiche ehrliche, informierte und engagierte Menschen machen sich z. Zt. Gedanken, wie Idee und Staatsform des Sozialismus zu retten oder neu zu errichten sei. Zur selben Zeit verweigert ein großer Teil des Volkes seine Mitarbeit dabei und praktiziert stattdessen Elemente deutscher Einheit. Ich frage mich, ob es angebracht ist, diesen Einheitswillen zu diskreditieren oder zu zensieren. Im Neuen Form sollten wir das unterlassen.« Am Ende setzte Gauck sich durch. Das Rostocker Neue Forum beschloss, Kurs auf die Wiedervereinigung zu nehmen. Seine politischen Freunde gaben Gauck und zwei weiteren Rostocker Delegierten das Mandat, sich bei der ersten zentralen Tagung des Neuen Forums in Berlin auch auf nationaler Ebene für die deutsche Einheit einzusetzen.

Ende Januar tagten die Delegierten des Neuen Forums aus der ganzen Republik in Berlin. Es war eine zähe Veranstaltung, auf der sich unzählige lokale Gruppierungen mit teilweise sehr unterschiedlichen Vorstellungen zusammenraufen mussten, um ein gemeinsames Programm zu beschließen. Überraschend für die Gründer des Neuen Forums um Bärbel Bohley und Jens Reich trat Gauck ans Rednerpult und plädierte dafür, die deutsche Einheit als Ziel in das Programm der Bewegung aufzunehmen. Als sein Vorschlag von der Mehrheit der Stimmberechtigten angenommen wurde, war die Führungsriege konsterniert. So hatte sie sich die Zukunft der DDR nicht vorgestellt. »Damals hat Gauck uns eingebrockt, dass plötzlich im Programm die deutsche

Einheit stand«, erinnerte sich eine Delegierte, »denen im Präsidium fiel die Kinnlade runter, als sein Vorschlag die Mehrheit kriegte.«

Kandidat für die Volkskammer

Als die ersten freien Volkskammerwahlen in der Geschichte der DDR vor der Tür standen, sie waren auf den 18. März 1990 terminiert, musste sich das Rostocker Neue Forum entscheiden, wen es als seinen Spitzenkandidaten ins Rennen schicken wollte. »Je näher die Volkskammerwahl kam, desto mehr stellte sich die Frage, wer ist geeignet, um Verantwortung zu übernehmen«, erinnerte sich Harald Terpe. Die Entscheidung fiel den Rostocker Bürgerrechtlern nicht schwer. »Als es um die Volkskammerwahlen ging, war relativ schnell klar, dass Gauck das wird.« Vor allem aufgrund seiner rhetorischen Fähigkeiten war der Revolutionspfarrer inzwischen zur dominanten Figur geworden. »Na, der Gauck ist doch der geborene Politiker«, war die allgemeine Meinung. Christoph Kleemann, der bald neuer Oberbürgermeister von Rostock werden sollte, beobachtete an Gauck: »Er sah die Aufgabe und übernahm Verantwortung. Er ging in die Öffentlichkeit und beherrschte sie.« Gauck hätte damals auch Rostocker Oberbürgermeister werden können, als im März 1990 der langjährige SED-Amtsinhaber davongejagt wurde. Seine Mitstreiter drängten ihn dazu, aber Gauck wollte nicht. Er sah seine politische Tätigkeit als befristet an und seinen Platz nach wie vor in der evangelischen Kirche.

Wieder zögerte Gauck, als seine Mitstreiter an ihn herantraten, für die Volkskammer zu kandidieren. Gerade hatte er seinen fünfzigsten Geburtstag gefeiert. »Wenn ich zehn Jahre jünger wäre, würde es mir leichter fallen«, wehrte er zunächst ab. Seine politischen Freunde fragten ihn, baten, drängten. »Er ist immer gefragt worden. Er musste sich nicht wichtigtuerisch verhalten, andere haben sein Talent erkannt«, berichtete Johann-Georg Jaeger, ein Student, der zu den Ersten gehörte, die sich im Neuen Forum engagierten.

Joachim Gauck rang sich schließlich zum Ja durch. Während einer Sitzung des Neuen Forums, Ende 1989, meldete er sich zu Wort und erklärte: »Also gut, ich kandidiere.« Dietlind Glüer erinnerte sich, wie glücklich alle in diesem Moment waren und »total überzeugt von ihm«. Am Heiligabend verabschiedete sich der Pastor mit seinem letzten Gottesdienst in Evershagen von seiner Gemeinde. Viertausendfünfhundert Mitglieder zählte sie, nach achtzehnjähriger Aufbauarbeit durch Gauck, zu diesem Zeitpunkt. Das entsprach rund zwanzig Prozent der Bewohner dieses Rostocker Stadtteils. Das war viel für eines der in den siebziger Jahren errichteten Plattenbauviertel. 1989 gehörten insgesamt nur noch rund dreißig Prozent der DDR-Bewohner einer evangelischen Kirche an. Es war der Moment, in dem Gauck den »Freiraum Kirche«, den er vor mehr als zwanzig Jahren betreten hatte, verließ. Er glaubte in diesem Moment, dass die politische Aufgabe nur eine vorübergehende sein und er bald wieder in sein Amt als Seelsorger zurückkehren würde. Er irrte sich.

Bündnis 90

Um seine Wahlchancen für die Volkskammerwahl zu verbessern, schloss sich Anfang Februar der überwiegende Teil des Neuen Forums mit der Bürgerbewegung Demokratie Jetzt zum Bündnis 90 zusammen. »Wenn wir jemanden durchbringen wollen im Bündnis 90, dann Gauck«, kristallisierte sich in Rostock schnell als die vorherrschende Meinung heraus. »Wir waren ziemlich sicher, er kriegt die Stimmen des Volkes. Das ist ein Mann, den man wählen wird.« Gauck landete auf Platz zwölf der Liste des Bündnis 90 für die Volkskammerwahl. Als einziger Kandidat aus Mecklenburg-Vorpommern.

Am 23. Februar 1990 begann für das »Bündnis 90 – Bürger für Bürger« der Wahlkampf. Nur noch gut drei Wochen blieben bis zum Wahltag. Der Beobachter der Mecklenburgischen Volkszeitung war hingerissen von Gaucks Auftritt in Schwerin und wunderte sich, warum man den Rostocker erst am Ende der Veranstaltung hatte reden lassen: »Ist man sich nicht bewusst, dass Jochen Gauck einer der wenigen Redner des Neuen Forums ist, der es versteht, die jahrzehntelang mundtot gemachten Menschen unseres Landes anzusprechen? Der es versteht, die Probleme unserer Zeit auszudrücken? [...] Die Bürger brauchen Menschen wie Jochen Gauck, der ihnen Mut macht und ihnen sagt, wo es langgeht und wie es gemacht werden muss.«

Gauck reiste in den nächsten Wochen als Wahlkämpfer durch die Region, sprach auf Wahlkampfveranstaltungen in den größeren Städten Mecklenburg-Vorpommerns: Stralsund, Wismar, Güstrow, Greifswald. Er fuhr mit seinem privaten PKW zu den Veranstaltungen und warb für sich mit selbst produzierten Handzetteln. Ein aus Berlin angeliefertes Wahlplakat des Bündnis 90, das die Spitzenkandidaten wie auf einem Steckbrief präsentierte, kam in Mecklenburg nicht zum Einsatz. Gaucks politische Freunde waren über das Layout entsetzt und sammelten privat Geld, damit ihr Kandidat sich ein eigenes, besseres Plakat drucken lassen konnte. Das Thema bestimmte Gauck persönlich. Dietlind Glüer sieht ihn noch heute vor sich, wie er auf einem DIN-A4-Blatt handschriftlich seinen ersten Wahlslogan

31 Wahlkampf für die Volkskammer 1990

formulierte: »Freiheit. Wir haben sie gewollt. Wir gestalten sie.«

Gauck war als Wahlkämpfer ein Naturtalent. Er setzte auf das regionale Element, präsentierte sich als Mecklenburger, als »einer von hier«. In der Unterzeile seines Wahlkampfplakates stand: »Jochen Gauck. tatkräftig – zuversichtlich – mit norddeutschem Profil«. Was er in seinen Reden programmatisch vortrug, war klug und konnte von jedem seiner Zuhörer mitgetragen werden: Soziales Engagement für Ältere, Sicherung von Arbeitsplätzen für Frauen, Mieterschutz, Kindereinrichtungen und Befürwortung der sozialen Marktwirtschaft. Bei einer Rede in Rostock wich er zur Begrüßung von seinem üblichen Text ab, weil er in der Menge etwas entdeckt hatte, was ihn augenblicklich inspirierte. Er begann seine Ansprache mit »Liebe Rostockerinnen und Rostocker ...« Da fiel sein Blick auf einen Fahne mit dem Emblem des Landes Mecklenburg. Spontan griff er das auf und fuhr fort: »Liebe Mecklenburger und Mecklenburgerinnen ...« Schließlich entdeckte er in der Menge eine geschwungene Deutschlandfahne und beendete seine Begrüßung mit: »Liebe Deutsche«. Seinen Mitstreitern vom Neuen Forum stockte der Atem. »Er hat es geschafft, Formulierungen zu finden, bei denen wir geschluckt haben«, wissen Aenne Lange und Johann-Georg Jaeger bis heute.

Mit der Führungsriege des Neuen Forums in Berlin lag Gauck von Anfang an nicht auf einer Wellenlänge. Später beklagte er, dass wichtige Entscheidungen der Bürgerbewegung, wie das Ja zur deutschen Einheit oder zur Marktwirtschaft immer wieder durch führende Berliner Vertreter, die sich mit der Mehrheitsentscheidung nicht abfinden konnten, konterkariert wurden. Noch Jahre später konnte sich Gauck über die damaligen Führungsfiguren der Bürgerrechtsbewegung aufregen: »Eifrig schwadronierten die

Phantasten über die Ideen des Sozialismus. Für mich bestand und besteht weder ökonomisch noch politisch eine realistische Chance für einen dritten Weg zwischen dem gescheiterten Sozialismus und dem düster beschworenen Kapitalismus [...] die Politik- und Gedankenspiele einer Bärbel Bohley oder eines Klaus Wolfram entbehrten jeder wirtschaftlichen Grundlage. Solche Positionen waren im Rostocker Neuen Forum nicht konsensfähig.«

Im März 1990, wenige Tage vor der Wahl, kreuzte sich Gaucks Weg erneut mit dem von Wolfgang Schnur. Der umtriebige Rechtsanwalt und Elite-IM hatte mittlerweile eine atemberaubende Karriere hingelegt. Der Vorsitzender des Demokratischen Aufbruchs war mit seiner neugegründeten Partei im Februar dem von Helmut Kohl geschmiedeten Wahlkampfbündnis »Allianz für Deutschland« beigetreten, dem außerdem die Ost-CDU und die Deutsche Soziale Union angehörten. In den letzten Wochen war Schnur Seite an Seite mit Helmut Kohl im Volkskammerwahlkampf aufgetreten. Der Kanzler hatte die Vorsitzenden der drei Parteien seines Wahlbündnisses, Wolfgang Schnur (DA), Lothar de Maizière (CDU) und Hans Wilhelm Ebeling (DSU), überall mit dem Standardsatz angekündigt: »Das sind Männer, die Ihr Vertrauen verdienen.« Schnur sah sich bereits als künftiger Ministerpräsident der DDR. Sein Sturz, kurz vor dem Ziel, war ebenso steil wie sein Aufstieg. Joachim Gauck trug aktiv mit dazu bei.

Schon am 3. Januar ging beim Zentralen Runden Tisch in Berlin ein anonymes Schreiben ein, in dem mitgeteilt wurde, dass Schnur seit mindestens 1971 als Inoffizieller Mitarbeiter für die MfS-Außenstelle in Rostock tätig war. Beim Geschäftsführer des Demokratischen Aufbruchs, Karl-Ernst Eppler, mehrten sich in den nächsten Wochen Hinweise, dass an dem Schreiben mehr dran sein könnte, als ihm lieb war. »Die Kritik an Schnur nahm konkrete Formen an.« Eppler war einer der Gründer des Demokratischen Aufbruchs in Rostock und zugleich Mitglied des Zentralvorstandes. In seiner Not wendete er sich an Joachim Gauck – man kannte sich in der kleinen politischen Szene in Rostock – und teilte ihm seine Befürchtungen mit. Gauck nahm daraufhin Kontakt mit dem Kirchenjuristen Manfred Stolpe auf, einem der kommunikativen Strategen in der evangelischen Kirche der DDR. Es war in Kirchenkreisen ein offenes Geheimnis, dass Stolpe enge Kontakte zum Staat und zur Partei pflegte. Einige Monate später sollte sich herausstellen, dass er darüber hinaus auch zur Staatssicherheit ein enges Verhältnis gepflegt hatte. Joachim Gauck wunderte sich im Nachhinein: »Ich hätte nie gedacht, dass Stolpe, so wie er es getan hat, Stasikontakte akzeptierte.«

Damals stellte Stolpe sich voll hinter Schnur, der nicht nur ein Vertrauensanwalt der Kirche war, sondern auch verschiedene kirchliche Ehrenämter bekleidete. Epplers Zweifel wurden dadurch vorübergehend gemindert.

Kurz vor der Wahl kam Joachim Gauck spätabends in Epplers Büro und teilte dem Mann vom Demokratischen Aufbruch mit, dass im Rostocker Stasiarchiv Papiere gefunden wurden, die Schnurs IM-Tätigkeit belegten. Nicht weniger als achtunddreißig Aktenordner existierten über Schnur, alias »Torsten«, alias »Dr. Schirmer«. Es war die erste große Enthüllung über die Stasiverstrickung eines der neuen Spitzenpolitiker der DDR. Eilig trat der Vorstand des Demokratischen Aufbruchs zusammen, um die Vorwürfe zu klären. Beinahe gelang es dem beredten Schnur, seine Vorstandskollegen zu überzeugen, dass es sich um eine substanzlose Kampagne gegen ihn handele. Eppler: »Die Verteidigungsrede von Wolfgang Schnur vor dem gesamten Vorstand überzeugte die Vorstandsmitglieder von seiner Unschuld. Gegen mich richtete sich eine eisige Front.« Doch dann kam Gauck in Begleitung der Leute in die Sitzung, die die Schnur-Akten entdeckt hatten: »Mit dem Eintreffen von Joachim Gauck und Vertretern des Unabhängigen Untersuchungsausschusses mit den brisanten Dokumenten konnten wir den behaupteten Sachverhalt beweisen.« Gauck erinnerte sich daran, wie entsetzt der Mitgründer des Demokratischen Aufbruchs, Pastor Rainer Eppelmann, bei anderer Gelegenheit auf die Enthüllung reagierte: »Bruder Gauck, das kann nicht sein, das ist mein Freund!« Der Demokratische Aufbruch gab anschließend eine Pressekonferenz. Die Pressesprecherin – sie hieß Angela Merkel – wirkte aufgelöst, als sie die Stasiverstrickung von Schnur erklären musste. Später sagte sie: »Schnur war die größte Enttäuschung meines Lebens.« Drei Tage vor der Volkskammerwahl trat Wolfgang Schnur von allen politischen Ämtern zurück.

Am Abend des 18. März 1990 wurde abgerechnet. Für Joachim Gauck waren die ersten freien Volkskammerwahlen ein bewegender Moment. Als er seine Stimme abgegeben und das Wahllokal verlassen hatte, traten ihm Tränen in die Augen. »Ich musste fünfzig Jahre alt werden, um erstmals freie, gleiche und geheime Wahlen zu erleben [...]. In diesem Moment wusste ich auch: Du wirst nie, nie eine Wahl versäumen.« Das Wahlergebnis war für das Bündnis 90 ein Desaster. Nur 2,79 Prozent der Wähler gaben der Bewegung ihre Stimme. Es war die Quittung für den Kurs der Führung des Neuen Forums. Zu weit hatte sie sich mit ihren Visionen einer zwar reformierten, aber weiterhin sozialistischen DDR von den Wünschen und Zielen der Bevölkerung entfernt. Am Abend herrschte Katerstimmung. Nur Gauck persönlich hatte Grund zur Freude. Es gab bei dieser Wahl keine Fünf-Prozent-Klausel, so dass das Bündnis 90 mit zwölf Abgeordneten in die Volkskammer einzog. Der Zwölfte auf der Liste war Joachim Gauck. Sein Urteil für die Gründe des schlechten Abschneidens des Bündnis 90 war ebenso zutreffend wie gnadenlos: »Die grämlichen Kommentare einer Bärbel Bohley haben das Neue Forum um unzählige Wählerstimmen gebracht [...] Offensichtlich hatte das Volk Misstrauen und so geht das Wahlergebnis auch in Ordnung. Die Bevölkerung war damals total verunsichert, und eines wollte sie nicht: länger Versuchsobjekt sein für diejenigen, die ideologische Positionen ausprobierten [...] Sie wollten nicht wieder abgeschrieben sein, sie wollten die D-Mark, und sie wollten teilhaben an dem westlichen politischen System.«

Abgesang

Diestel hat seine Qualifikation entgegen den starken Worten zu Beginn seiner Amtszeit nicht unter Beweis stellen können.
Gauck über DDR-Innenminister
Peter-Michael Diestel

Ich habe einen großen aktiven Anteil an dieser Feindschaft.
Diestel über sich und Gauck

Ein Gauck und ein Diestel – das ging gar nicht.
Geigers Sekretärin Silvia Tzschentke

Volkskammerabgeordneter

Als sich am 5. April 1990 die letzte Volkskammer der DDR konstituierte, begann das zweite Berufsleben Joachim Gaucks. Zum ersten Mal in seiner Geschichte war das Parlament der DDR frei gewählt worden, und ein neuer Geist zog in den Plenarsaal im Palast der Republik ein, wo seit 1949 ein Scheinparlament agiert hatte. »Ballast« der Republik nannten ein paar Satiriker das Gebäude im Herzen Berlins darum auch.

In den sechs Monaten bis zur Wiedervereinigung erließ das letzte DDR-Parlament Gesetze wie am Fließband. Beschlussvorlagen türmten sich vor dem frisch gewählten Abgeordneten auf. Wie sollte man die Gesetzesvorlagen beurteilen ohne jegliches juristisches Wissen, ohne Erfahrung mit den Spielregeln der parlamentarischen Demokratie?

32 Volkskammerausweis

Gauck bereitete es Kopfzerbrechen, dass er »von so vielem wusste, was er nicht wusste […] Es war unendlicher Stress, viele Dinge rauschten nur so vorbei.« Die Konzentration auf die neue Aufgabe war so groß, dass der Parlamentsnovize aus Rostock beinahe vergaß, seinen bisherigen Arbeitgeber darüber zu informieren, dass er für eine gewisse Zeit nicht als Pastor zur Verfügung stehen würde. Mit Schreiben vom 3. April bat er um eine »unbezahlte Freistellung bzw. Beurlaubung«. Dabei ging er davon aus, dass seine Zeit in der Volkskammer begrenzt sein würde. »Möglicherweise kann ich bereits im kommenden Jahr (falls die Volkskammer dann ihre Arbeit beendet hat) wieder in den kirchlichen Dienst zurückkehren […] Nach meinen Möglichkeiten würde ich gerne in der Gemeinde gelegentlich predigen.« Seine Landeskirche entsprach seinem Wunsch und versetzte ihn am 13. August 1990 in den »Wartestand«, was einer unbezahlten Freistellung entsprach.

Am liebsten hätte Joachim Gauck im Ausschuss »Deutsche Einheit« der Volkskammer mitgearbeitet. Das war sein Thema während der Herbstrevolution und im Wahlkampf gewesen. Doch der Wunsch blieb unerfüllt, weil sich das Bündnis 90 in der Volkskammer mit den Grünen zu einer Fraktion zusammengeschlossen hatte und Gauck unter deren zwanzig Abgeordneten ein Hinterbänkler war. Andere, die das Wort führten, besetzten die beliebteren Ausschüsse. Für den Rostocker Abgeordneten blieb notgedrungen nur die Mitarbeit im Innenausschuss übrig.

Der Nachlass des MfS

Erst 1990 offenbarte sich das Wesen des Ministeriums für Staatssicherheit der Öffentlichkeit komplett. Im Laufe des Jahres wurden ständig neue, erschütternde Details über die Praktiken der Geheimpolizei der DDR bekannt. Die DDR-Bürger waren entsetzt. Im Juni wurden Pläne der Stasi aufgedeckt, Isolierungslager für oppositionelle DDR-Bürger einzurichten. Im selben Monat wurde die Zusammenarbeit zwischen dem MfS und Mitgliedern der bundesdeutschen Terrororganisation Rote Armee Fraktion bekannt. Die Stasi hatte einer Reihe von Terroristen Unterschlupf in der DDR gewährt. Mit neuer Identität versehen, hatten sie jahrelang unerkannt mitten unter der DDR-Bevölkerung gelebt und gearbeitet.

Der Gipfel der Enthüllungen war die Erkenntnis, dass der Stasikrake unbekannte Nachkommen an fast allen wichtigen Stellen der jungen Demokratie hinterlassen hatte. Ehemalige MfS-Mitarbeiter hatten sich in unvorstellbarer Weise überall in den Spitzen der alten und neuen Parteien sowie in sonstigen öffentlichen Einrichtungen eingenistet. Man konnte zeitweilig den Eindruck gewinnen, die politische Landschaft der DDR nach der Wende sei ein Marionettentheater, bei dem der greise ehemalige Stasichef, Erich Mielke, aus seinem Rollstuhl die Puppen tanzen ließ. Neben Wolfgang Schnur, dem Vorsitzenden des Demokratischen Aufbruchs, hatte auch der Vorsitzende der neu gegründeten SPD in der DDR, Ibrahim Böhme, seit 1969 unter verschiedenen Decknamen als IM an das MfS berichtet. Er trat am 2. April 1990 von seinen Ämtern zurück. Schnur wie Böhme hatten sich jeweils bereits als der künftige Ministerpräsident der DDR gesehen. Am Jahresende stellte sich dann heraus, dass auch der Wahlsieger, Ministerpräsident Lothar de Maizière (CDU), Kontakte zum Mielke-Ministerium gepflegt hatte. In der letzten Sitzung der Volkskammer am 28. September wurde öffentlich, dass nicht weniger als sechsundfünfzig Abgeordnete der Volkskammer stasibelastet waren. Stundenlang stritten sich die Volkskammerabgeordneten damals hochemotional darüber, ob es legitim war, die Namen der betreffenden Abgeordneten zu verlesen. Der Prüfungsausschuss weigerte sich, unter Verweis auf seine Schweigepflicht, das zu tun. Schließlich wurde der Beschluss gefasst, die Namen der fünfzehn am meisten Belasteten unter Ausschluss der Öffentlichkeit zu verlesen. Alle Genannten wiegelten ab, es sei alles nicht so schlimm gewesen, rechtfertigten sie sich. Kein Wort des Bedauerns, kein Gefühl für das eigene Versagen. Nur der letzte Mann erklärte mit bebender Stimme: »Ich kann leider nicht so auftreten wie meine Kollegen [...] Ich wünschte mir sehr, ich könnte sagen, ich sei kein IM gewesen. Aber es war nicht so.« Es wurde still in der Volkskammer. Joachim Gauck stand auf, ging zu dem Mann und reichte ihm die Hand. »Nicht wegen damals«, sagte er zu ihm, »aber wegen jetzt.«

Die Frage, was aus Mielkes Unterdrückungsapparat, seinen Mitarbeitern, dem weitverzweigten Immobilienimperium und den erheblichen Vermögenswerten des MfS werden sollte, war eines der großen Themen der Nachwendezeit und wurde zum Gegenstand heftigster Auseinandersetzungen. Die öffentliche Debatte drehte sich allerdings fast ausschließlich um die Frage, was mit den gigantischen Aktenbergen geschehen sollte. Die Hinterlassenschaft des MfS umfasste 1,3 Millionen Fotos, tausende von Filmen, Tonträger, Magnetbänder, Geruchsproben, die man teilweise an den Geschlechtsteilen abgenommen und in Einweckgläsern konserviert hatte. Vor allem aber sechs Millionen Personenakten. Hundertachtzig Aktenkilometer. In diesen Papierbergen war das Leben von fast jedem vierten DDR-Bürger und das von zwei Millionen Bundesbürgern aus Sicht der Staatssicherheit dokumentiert. Was sie über die SED und die Stasi gesagt hatten. Wann sie Besucher empfangen und welche Bücher sie gelesen hatten. Im Extremfall wann und mit wem sie Geschlechtsverkehr gehabt hatten.

Dabei existierten drei gegnerische Lager, die miteinander darum rangen, ihre Interessen in Bezug auf das Stasierbe durchzusetzen. Die Bürgerrechtsbewegung der DDR kämpfte zu diesem Zeitpunkt mehrheitlich dafür, das »Aktenerbe« der Stasi zu bewahren und den Opfern der Geheimpolizei ihre Akte zugänglich zu machen. Allerdings gab es im Bürgerrechtslager auch einige, die für eine Vernichtung der Akten plädierten. Zum einen bestand die Sorge, dass man mit der deutschen Einheit »vom Regen in die Traufe« kommen könne. Wer garantiere, dass die Akten künftig nicht von westlichen Geheimdiensten verwendet werden würden? Außerdem prophezeiten einige, dass es bei einer Öffnung der Stasiarchive zu Chaos und Gewalttaten kommen würde.

Das Interesse der ehemaligen Stasimitarbeiter, unterstützt von den alten Systemträgern, war demgegenüber eindeutig. Sie wollten die Spuren der eigenen Vergangenheit tilgen. Nur so konnte es ihnen gelingen, im wiedervereinigten Deutschland nahtlos an die alte Karriere anzuknüpfen. Es wird sich nicht mehr rekonstruieren lassen, wie viele Dossiers 1989/90 durch Mitarbeiter des MfS vernichtet oder manipuliert wurden. Es waren jedenfalls große Mengen.

Die Bundesregierung schließlich hätte die Akten am liebsten für Jahrzehnte im Bundesarchiv weggeschlossen oder gleich vernichtet. Ihr entscheidendes Motiv war die Befürchtung, dass sich in den heimlichen Aufzeichnungen der Stasi auch unerwünschte Informationen über bundesdeutsche Politiker befinden könnten. Das Bundeskabinett beschloss vor diesem Hintergrund am 28. März 1990, dass Stasiakten über West-Politiker grundsätzlich vernichtet werden sollten. Innenminister Wolfgang Schäuble war »von vornherein für einen möglichst restriktiven Um- und Zugang zu den Stasi-Akten. [...] Manchmal habe ich darüber nachgedacht, ob man sie nicht unbesehen alle vernichten könnte.« Neunhundertfünfundsiebzig laufende Meter Akten, die durch Stasiüberläufer in den Besitz bundesdeutscher Geheimdienste gelangt waren, wurden geschreddert. Die Konferenz der bundesdeutschen Innenminister kommentierte das mit den Worten: »Stasi-Schmutz gehört in den Reißwolf.«

Die politische Verantwortung für die brisante Stasiauflösung übertrug die letzte DDR-Regierung durch Beschluss vom 16. Mai 1990 dem Innenminister und stellvertretenden Ministerpräsidenten Peter-Michael Diestel. Der agierte bei der Erfüllung dieser Aufgabe von Beginn an unglücklich. Das Hamburger Landgericht stellte 1994 fest, dass Diestel zumindest die politische Verantwortung für die Vernichtung wichtiger Stasiakten während seiner Amtszeit trage, da er nichts dagegen unternommen habe, diese vor dem Reißwolf zu retten. Vor allem aber die Personalpolitik des Innenministers rückte ihn ins Zwielicht und beschädigte seine Glaubwürdigkeit nachhaltig. Ein Sturm der Entrüstung brach los, als bekannt wurde, dass Diestel in sein Beratergremium für die Auflösung der Staatssicherheit ausgerechnet Markus Wolf, den langjährigen Spionagechef der DDR und ersten Stellvertreter von Stasichef Erich Mielke, berufen wollte.

Doch Diestel hatte nicht nur Gegner, sondern auch starke Verbündete. Der DDR-Ministerpräsident Lothar de Maizière hielt an seinem umstrittenen Innenminister in Nibelungentreue bis zum Ende seiner Regierungszeit fest. Als im Dezember 1990 bekannt wurde, dass auch de Maizière mit der Stasi kooperiert hatte, wurde klar, warum. Es war dem Ministerpräsidenten mehr als recht, dass sein Innenminister so pfleglich mit den alten Stasikadern umging. Genauso wichtig: Der markige Diestel genoss auch in Bonn große Unterstützung. Dass der ostdeutsche Innenminister dabei behilflich gewesen war, die in der DDR untergetauchten RAF-Terroristen zu enttarnen und zu verhaften, hatte ihm einen Stein im Brett der Bundesregierung eingebracht. Vor allem aber, dass Diestel die Intentionen von Kohl und Schäuble teilte, die Stasiakten tunlichst zu vernichten, machte ihn zu ihrem wichtigsten Verbündeten in dieser Frage.

Der Sonderausschuss der Volkskammer

Die Volkskammerabgeordneten waren von Diestels Wirken mehr als irritiert und beschlossen am 7. Juni, einen »Sonderausschuss zur Kontrolle der Auflösung des MfS/AfNS« einzusetzen. Zu seinem Vorsitzenden wurde am 21. Juni 1990 Joachim Gauck gewählt. Bis zu diesem Zeitpunkt war er nicht als Stasiexperte in Erscheinung getreten. Weder hatte er an der Besetzung einer Stasizentrale teilgenommen noch an der Abwicklung des MfS mitgewirkt. Er hatte keine Rede zu diesem Thema gehalten und sich auch nicht programmatisch zur den komplexen Fragen geäußert. Wie schon während der friedlichen Revolution im Herbst des vergangenen Jahres fand auch diesmal die Aufgabe Gauck und nicht umgekehrt. Als er anfing, sich intensiv mit der Staatssicherheit zu beschäftigen, war das Ringen um den Nachlass des MfS längst im Gange.

Trotz dieses späten Starts entwickelte sich Joachim Gauck innerhalb von drei Monaten zur herausragenden Figur bei der Bewahrung von Mielkes Aktennachlass. Nicht seine Wahl in die Volkskammer, sondern erst die Wahl zum Ausschussvorsitzenden sollte Gaucks Leben endgültig in andere Bahnen lenken. So wie Erich Mielke dafür stand, die Aktenberge der Staatssicherheit erschaffen zu haben, sollte der Name Gauck ein Jahr später in einem Atemzug mit der Institution genannt werden, die das Aktenerbe nach der Wiedervereinigung verwaltete: Gauck-Behörde.

Die Gründe für seine Berufung an die Spitze des Sonderausschusses konnte er sich später selbst nicht recht erklären »Warum gerade ich? Ich weiß es nicht.« Warum seine Fraktion ihn in den Ausschuss entsandte, war einfach zu beantworten. In der kleinen Fraktion von Bündnis 90/Grüne arbeiteten mit Ausnahme von Gauck alle Abgeordneten bereits in ein oder zwei Ausschüssen mit, so dass in diesem Fall die Wahl fast zwangsläufig auf den Abgeordneten aus Rostock hinauslief, obwohl er keine große Ahnung von der Materie hatte und damals erst damit begann, sich mit dem Thema zu beschäftigen. Und warum wurde er Vorsitzender des Gremiums? David Gill gab die Erklärung, die immer wieder genannt wird, wenn es darum geht, Gaucks Erfolg zu erklären: »Im Ausschuss war er der Eloquenteste.«

Gill, ein dreiundzwanzigjähriger Theologiestudent und bis dahin Koordinator des Berliner Bürgerkomitees, wurde zum Sekretär des Sonderausschusses bestellt. Aus dieser Begegnung Gaucks mit dem jungen Mann im Alter seiner Söhne entwickelte sich eine intensive, mehrjährige Zusammenarbeit und eine Duzfreundschaft. Dem Ausschussvorsitzenden imponierte der junge Mann schon damals außerordentlich, weil dieser »wo immer er auftrat, Vertrauen erwarb – freundlich, engagiert, kompetent, verlässlich, für mich die Inkarnation aller Tugenden, die mir bei unseren jungen Mitstreitern während des revolutionären Umbruchs begegnet waren«. 2012, nach seiner Wahl zum Bundespräsidenten, ernannte Gauck David Gill zum Staatssekretär im Bundespräsidialamt.

Gaucks Büro lag abgeschieden im obersten Stockwerk des Hauses der Parlamentarier im Herzen Berlins. Zwischen 1959 und 1990 hatte das Gebäude unter anderem das Zentralkomitee der SED beherbergt. Jetzt waren hier die Arbeitsräume der Volkskammerabgeordneten untergebracht. Um seiner Aufgabe nachkommen zu können, schien dem Ausschussvorsitzenden die Zuteilung eines Dienstfahrzeugs wichtig. Am 3. Juli beantragte Gauck, ihm und David Gill »einen Pkw zur ständigen Verfügbarkeit bereitzustellen«. Der zuständige Herr Niggemeier bedauerte, dem nicht stattgeben zu können, und verwies auf den Fuhrpark der Volkskammer. »Ich werde die Fahrbereitschaft anweisen, Ihre Fahrzeuganforderung mit Vorrang zu behandeln.« Damit gab sich Gauck nicht zufrieden und intervenierte beim Präsidenten der Volkskammer. Er bat darum, »für diesen Fall eine Sonderregelung zu treffen […] die umfangreichen Aufgaben des Sonderausschusses erfordern für den Vorsitzenden und den Sekretär eine große Flexibilität und Mobilität«.

Die erste Aktion des Sonderausschusses war, seine nichtparlamentarischen Mitglieder darauf zu überprüfen, ob sie »sauber«, also nicht für das MfS tätig gewesen waren. Im Sonderausschuss arbeiteten nicht nur Abgeordnete, sondern auch Mitglieder der Bürgerrechtskomitees mit, die über die Akten in den besetzten Stasizentralen wachten. Die Abgeordneten der Volkskammer wurden unabhängig davon bereits unter Federführung des Innenausschusses überprüft. Das Ergebnis war beruhigend. Sieben der fünfzehn nichtparlamentarischen Mitglieder des Ausschusses waren Opfer der Staatssicherheit gewesen, keiner von ihnen Täter.

Offiziere im besonderen Einsatz

Furore machte der Sonderausschuss bei der Enttarnung der Offiziere im besonderen Einsatz (OibE). Seit den sechziger Jahren waren mehrere tausend Stasioffiziere unter Verheimlichung ihrer MfS-Zugehörigkeit in Schlüsselstellen im In- und Ausland platziert worden. Offiziell hatten sie einen Arbeitsvertrag mit der entsprechenden Institution. Insgeheim blieben sie hauptamtliche Mitarbeiter des MfS und erhielten von dort Ausgleichszahlungen, wenn ihre zivile Tätigkeit schlechter bezahlt wurde als es ihrem Dienstgrad im MfS entsprach. Der berühmteste OibE war Alexander Schalck-Golodkowski, der im MfS den Rang eines Obersten bekleidete und das Gehalt eines Generalleutnants bezog. Nach außen fungierte Schalck-Golodkowski als Staatssekretär im Außenhandelsministerium. Tatsächlich leitete er den dort angesiedelten, geheimen Bereich »Kommerzielle Koordinierung«, das wichtigste Instrument der DDR, sich dringend benötigte Devisen zu beschaffen.

Gaucks Sonderausschuss kamen schnell »erhebliche Zweifel«, dass der bei Innenminister Diestel angesiedelten Aufgabe, die OibE zu enttarnen, ernsthaft nachgegangen wurde. Deshalb nahm der Ausschuss sich des Themas Ende Juni selbst an. Im Juli wurde ein Magnetband sichergestellt, auf dem die komplette Gehaltsabrechnung des MfS für das Jahr 1989 gespeichert war. Rund hunderttausend Datensätze mit den Namen, Geburtsdaten und Dienststellen aller hauptamtlichen Mitarbeiter des MfS. Damit gelang es dem Sonderausschuss, eine OibE-Liste mit am Ende zweitausendvierhundertachtundvierzig Namen zusammenzustellen und herauszufinden, in welchen Stellungen sie tätig waren. Gauck über die Aktion OibE: »Weil wir dem Personal von Herrn Diestel misstrauten, hatten wir die Namenslisten der OibE in den einzelnen Bezirksstädten Vertrauenspersonen aus den Bürgerkomitees übergeben. Sie besorgten die entsprechenden Akten, dann begaben sich unsere Ausschussmitglieder in die einzelnen Regionen, um diese Offiziere unverzüglich aus ihren Positionen zu entfernen. Ich fuhr nach Rostock, bestellte die Leiter der Bezirksbehörde der Volkspolizei ein und erklärte: ›Wir sind gekommen, um Sie zu informieren, dass jene und jene Offiziere der Stasi sind.‹ Sie seien unverzüglich zu entlassen beziehungsweise zum Rücktritt zu bewegen. Sollte das nicht geschehen, würden wir die Sache öffentlich machen.« Laut David Gill war dieser Einsatz der Mitglieder des Sonderausschusses ziemlich erfolgreich. »Vor allem in den Bezirken ist dieses Ziel weitgehend erreicht worden.«

Diese Aktion des Sonderausschusses war ein wichtiger Schritt auf dem Weg zur Zerschlagung der Hinterlassenschaft des MfS. Formal gesehen war das Vorgehen allerdings ein evidenter Verstoß gegen das Prinzip der Gewaltenteilung. Gauck und seine Mitstreiter maßen sich damit exekutive Befugnisse an, die ihnen nicht zustanden. Der Sonderausschuss der Volkskammer war ein Kontrollorgan des

Parlaments und weder befugt, Recht über die OibE zu sprechen, noch ihre Entlassung zu verlangen. Diese Kritik hat umso mehr ihre Berechtigung, als Joachim Gauck immer hohe moralische und rechtsstaatliche Ansprüche vertreten hatte. »Für mich waren und sind Normen und Formen sehr wichtig [...] In der Beziehung bin ich durch und durch wertkonservativ.« Würde dasselbe heute geschehen, wäre ein öffentlicher Sturm der Entrüstung die Folge. Man kann diese Aktion nur unter den besonderen, postrevolutionären Umständen des Jahres 1990 erklären. Der Volkskammer und der Regierung war damals das Vorgehen des Sonderausschusses zumindest bekannt. Gauck hatte darüber vor dem Parlament berichtet, ohne dass es zu Einwänden gekommen war. Den meisten Beteiligten fehlte in dieser Frage schlicht das erforderliche rechtsstaatliche Wissen und damit Unrechtsbewusstsein.

Innenminister Diestel war schwer verärgert über diese Einmischung in seinen Geschäftsbereich. Als Retourkutsche auf Gaucks Affront sperrte er den Mitgliedern von Gaucks Sonderausschuss am 10. Juli den Zugang zu den Archiven. Schon am nächsten Tag musste er seine Weisung wieder zurücknehmen, nachdem Gauck beim Ministerpräsidenten und beim Präsidium der Volkskammer dagegen interveniert hatte. Diestel dachte gar nicht daran, sich vom Sonderausschuss in seiner Politik einschränken zu lassen. Er gestand später: »Ich habe mir von denen nichts sagen lassen. Gauck hatte doch nur ein kleines Amt. Unser Streit war eine Machtfrage.« Stattdessen bremste Diestel den Sonderausschuss aus, wo immer es ging. »Jeder unserer Schritte«, beschwerte sich Gauck, »musste erkämpft werden.« Diestels Haltung war ihm unbegreiflich. »Dass ein Innenminister der DSU [...] die Politik des pfleglichen Umgangs mit MfS-Mitarbeitern [...] nicht korrigierte, sondern unbeirrt die zögerliche und lasche Auflösung weiterbetrieb, konnte niemand verstehen.«

Ein einziges Mal setzten sich Gauck und Diestel an einen Tisch. Am 12. Juli nahm der Ausschussvorsitzende an einer Sitzung beim Innenminister teil. Aus dem Protokoll springt einem die gegenseitige Abneigung der beiden Männer geradezu entgegen. Gauck pochte darauf, dass sein Ausschuss nicht nur eine kontrollierende Funktion, sondern vielmehr auch das Recht zu direktem Eingreifen habe. Vor dem Hintergrund ihrer persönlichen Antipathie etwas naiv, trug Gauck außerdem den Wunsch vor, in seinem Sonderausschuss zusätzliche Bürgerrechtler einstellen zu können, die aber vom Innenministerium bezahlt werden sollten. Diestel erklärte sich dazu außerstande und verabschiedete sich an dieser Stelle. Wegen dringender Regierungsangelegenheiten könne er an der Beratung nicht länger teilnehmen. Der Affront gegenüber Gauck konnte nicht größer sein. Es blieb sein einziger Besuch im Innenministerium.

Nach vier Wochen Arbeit und zehn Sitzungen gab Gauck der Volkskammer am 20. Juli 1990 einen Zwischenbericht über die bisherige Arbeit des Sonderausschusses. Neben elf Parlamentariern arbeiteten zu diesem Zeitpunkt Sekretär David Gill und sechzehn Mitglieder aus Bürgerkomitees in dem Gremium mit. Gauck nahm vor allem zu den OibE Stellung und bat um Verständnis dafür, dass sein Ausschuss sich aufgrund der kurzen Zeit mit anderen Themen noch nicht hatte befassen können. Ein Seitenhieb gegen Diestel war Gaucks Anspruch: »[...] dass das Parlament mit der Gründung dieses Ausschusses eine letzte Adresse in allen Staatssicherheitsfragen geschaffen hat. [...] Wenn zum Beispiel das Innenministerium konkret versucht, Abgeordneten dieses hohen Hauses ihre Arbeitsaufgaben einzuschränken oder zu lenken, entstehen Probleme [...] Unser

Sonderausschuss lehnt deshalb einstimmig jede ministerielle Einengung unserer Handlungen ab.« Das Protokoll vermeldete Beifall.

Als im September aufgrund der Rechercheergebnisse des Sonderausschusses das unfassbare Ausmaß bekannt wurde, in dem sich OibE auf wichtigen öffentlichen Positionen eingenistet hatten, war die Empörung grenzenlos. Allein in Diestels Innenministerium arbeiteten dreizehn OibE, weitere siebenundvierzig in nachgeordneten Dienststellen. Am 13. September beantragte daraufhin eine fraktionsübergreifende Gruppe von zwanzig Abgeordneten, Ministerpräsident de Maizière solle seinen Innenminister wegen erwiesener Unfähigkeit entlassen. Das Innenministerium sei der zentralen Aufgabe der Auflösung aller Stasistrukturen nicht annähernd gerecht geworden und habe die Sicherheit von Informationen und Daten nicht gewährleisten können. Die politische Verantwortung dafür trage Diestel. Erstaunlicherweise wurde der Antrag mit einer klaren Mehrheit von hundertvierundachtzig zu hundertsieben Stimmen abgeschmettert. Neben seiner CDU-Fraktion stimmten in der geheimen Abstimmung Dutzende von Abgeordneten anderer Parteien für den Innenminister. Es war die Stunde der ehemaligen Stasimitarbeiter in der Volkskammer, die Diestel mit ihrem Abstimmungsverhalten dafür dankten, dass er so schonend mit ihrer Zunft umgegangen war. Diestel blieb bis zum Ende der Regierung de Maizière im Amt und setzte seine politische Karriere im Landtag von Brandenburg fort. Die Demütigungen, die er durch das Agieren des Sonderausschusses erfahren hatte, vergaß er Gauck nie.

Das Volkskammergesetz für die Stasiakten

Neben der Problematik der OibE war das zweite große Thema des Sonderausschusses der Entwurf eines Gesetzes über den Umgang mit den Stasiakten. Die Eckdaten von Gaucks Regelungsvorschlag waren die Lagerung der Akten auf dem Gebiet der DDR sowie die Etablierung eines für alle Akten verantwortlichen »Sonderbeauftragten«, der mindestens fünfunddreißig Jahre alt und ehemaliger DDR-Bürger sein sollte. Grundsätzlich sollten die Akten gesperrt sein, ganz besonders für geheimdienstliche Zwecke. Forscher sollten nur einen sehr eingeschränkten Zugang haben, und auch einzelne Betroffene sollten nur dann Auskunft erhalten, wenn sie einen erlittenen oder drohenden Schaden glaubhaft machen konnten. Der Vorschlag des Sonderausschusses kam damit den datenschutzrechtlichen Bedenken der Bundesregierung weit entgegen und blieb deutlich hinter den Nutzungsmöglichkeiten der Akten für Forscher und Stasiopfer im späteren Stasiunterlagengesetz zurück.

Trotzdem stieß Gauck mit seiner Vorlage in Bonn auf entrüstete Ablehnung: »Dem von den Mitarbeitern des Ausschussvorsitzenden Gauck erarbeiteten Entwurf wird nachdrücklich widersprochen.« Innenminister Wolfgang Schäuble hatte auf Wunsch von Diestel schon Wochen zuvor Eckart Werthebach, einen langgedienten Beamten seines Ministeriums, als Berater für das DDR-Innenministerium abgestellt. Mehrfach hatte dieser in den letzten Wochen darauf gedrängt, die Stasiakten zu vernichten, soweit sie sich auf Bundesbürger bezogen. »Dieses Material ist rechtswidrig erarbeitet worden, ist also vom juristischen Standpunkt aus zu vernichten.« David Gill beobachtete: »Wie Werthebach reinregierte, fanden wir ziemlich absurd. Das war für Diestel mehr von Bedeutung als die Vorgaben der DDR-Regierung.«

Schäubles Emissär empfahl jetzt erneut die zentrale Lagerung der Akten im Bundesarchiv und bestand auf einer »differenzierten Vernichtungsregelung«. Hätten DDR-Regierung und Volkskammer dem nachgegeben, wären die Akten, die Bundesbürger betrafen, vernichtet worden und der sonstige Aktennachlass des MfS an das Bundesarchiv gegangen. Mit der Folge, dass die von der Stasi über die DDR-Bürger gesammelten Informationen für Jahrzehnte gesperrt gewesen wären. Doch die Volkskammer verabschiedete am 24. August 1990 mit nur einer Gegenstimme den Entwurf ihres Sonderausschusses. Alle Fraktionen äußerten darüber hinaus die Erwartung: »Dieses Gesetz muss in der vorliegenden Form Bestandteil des Einigungsvertrages werden. Das sind wir denen schuldig, die im Herbst die Wende herbeigeführt und mit unvergleichlichem Mut die schwerbewaffneten Hochburgen der Stasi mit bloßen Händen eingenommen haben.« Es war ein großer Tag im Arbeitsleben des Ausschussvorsitzenden Joachim Gauck. Stolz erinnerte er sich später an seine damalige Leistung. »Zum ersten Mal in der Politikgeschichte gab es eine Umwidmung des gesamten Archivguts einer Geheimpolizei, die dem Einzelnen und der Öffentlichkeit das Recht eines geregelten Zugangs einräumte. Wir empfanden die Verabschiedung dieses Gesetzes als eine Sternstunde unseres jungen Parlaments.«

Die Bundesregierung dachte jedoch nicht daran, sich dem Votum der Volkskammer zu beugen. Schäuble, der »diese unsäglichen Akten« am besten vernichtet gesehen hätte, meinte rückblickend: »Die Volkskammer hat, zurückhaltend formuliert, nicht nur weise Beschlüsse gefasst.« Bei der DDR-Regierung traf der bundesdeutsche Innenminister auf mehr Verständnis als bei der Volkskammer. Im Einigungsvertrag vereinbarte Schäuble mit seinem ostdeutschen Verhandlungspartner Günther Krause, das Volkskammergesetz nicht in die Liste der Gesetze aufzunehmen, die nach der Vereinigung weiter gelten würden. Mit anderen Worten, das Gesetz über die Stasiunterlagen, das den DDR-Abgeordneten so sehr am Herzen lag, sollte am Tag der Vereinigung ungültig werden.

Aufstand in Ost-Berlin

Die Volkskammer und die DDR-Bürgerrechtler waren empört. Man wollte zunächst nicht glauben, dass der Volkskammerbeschluss aus der Vorwoche Makulatur sein sollte.

Noch einmal diskutierte das DDR-Parlament am 30. August über die Thematik. Gauck empörte sich vor dem Plenum: »Das Verhandlungsergebnis [...] entspricht nicht dem erklärten Willen dieses Hauses. Es ist unverständlich, dass der Wille des Parlaments ohne zwingende Gründe an wichtigen Punkten unberücksichtigt blieb.«

Diese Debatte in der Volkskammer war die wohl emotionalste der gesamten Legislaturperiode. Die Nichtfortgeltung des Volkskammergesetzes im Einigungsvertrag wurde als »demütigend« abgelehnt, die Grenze zur Kompromissfähigkeit sei damit überschritten. Ein SPD-Abgeordneter sprach von einem »Unterwerfungsvertrag«, der stellvertretende SPD-Vorsitzende Markus Meckel erklärte, dass der Einigungsvertrag an dieser Frage scheitern könne. Nahezu einstimmig forderte die Volkskammer, dass ihr Gesetz über die Stasiunterlagen nach der Wiedervereinigung fortgelten müsse.

Einen Tag später, am 31. August, paraphierten Wolfgang Schäuble und Günther Krause den Einheitsvertrag, ohne die Diskussion in der Volkskammer aufzugreifen. Es schien, als wären sie blind für die Stimmung im DDR-Parlament. Daraufhin formierte sich eine Koalition fast aller politischen Kräfte der DDR, um sich gegen das rabiate Übergehen ihrer Wünsche zu stemmen. Die Bürgerrechtler, die der DDR den Todesstoß versetzt hatten, traten erneut in Aktion. »Das ist unsere Krake gewesen, die haben wir selbst erwürgt, die wollen wir selbst sezieren und danach analysieren«, formulierte Jens Reich. Am 4. September besetzten vierundzwanzig Bürgerrechtler zum zweiten Mal einige Räume in der ehemaligen Berliner MfS-Zentrale. Unter ihnen der Liedermacher Wolf Biermann, Bärbel Bohley und Katja Havemann. Noch einmal herrschte Revolutionsatmosphäre. Die Besetzer spannten Transparente zwischen den Fenstern: »Besetzt. Die Akten gehören uns«. Wolf Biermann sang aufrührerische Lieder. Einige Tage später traten sie in einen unbefristeten Hungerstreik. Ihre Forderungen waren radikal und gingen weit über das Volkskammergesetz hinaus: Offenlegung der Akten, Entlassung aller Archivare, die schon für das MfS gearbeitet hatten, schließlich: Jedem bespitzelten Bürger sollte seine Akte persönlich ausgehändigt werden.

In kürzester Zeit wurden fünfzigtausend Unterschriften für die Fortgeltung des Volkskammergesetzes nach der Vereinigung gesammelt. Demonstrationen, Mahnwachen, Protestaktionen in Kommunen und Betrieben folgten. Volkskammerpräsidentin Sabine Bergmann-Pohl, vier Parteivorsitzende und der Ost-Berliner Bürgermeister besuchten die Bürgerrechtler demonstrativ im ehemaligen Stasikomplex. Nicht so Joachim Gauck. »Es war nicht zu übersehen, dass ich ein distanziertes Verhältnis zu der Aktion hatte. Wieso bedurfte es einer Besetzung, fragte ich mich, wenn nahezu die gesamte Volkskammer erklärt hatte, dass sie die Einkassierung des Stasiunterlagengesetzes nicht hinnehmen werde? Ich komme nun mal aus dem Norden und nicht aus Berlin. Ich mag keine Besetzungen und Blockaden«.

Joachim Gauck hatte den Gallionsfiguren des Neuen Forums um Bärbel Bohley politisch noch nie nahegestanden. Jetzt war die Distanz schier unüberbrückbar geworden. Jahre später höhnte Gauck über sie, »dass der Wohlfahrtsauschuss der Erleuchteten die Ordnung jeweils festlegt – nach Normen, die nur den Erleuchteten zugänglich sind«. Schon rein äußerlich hob sich der Bündnis-90-Abgeordnete, immer akkurat, meist mit Anzug und Krawatte gekleidet, von den leger gekleideten Revolutionären ab. Hier ein pragmatischer Anhänger des demokratischen Rechtsstaates, dort Idealisten, die nicht willens waren, mit verschiedenen Interessenlagen realistisch umzugehen. Der damalige Geschäftsführer von Bündnis 90/Grüne beobachtete: »Gauck war bedacht, zuverlässig, ruhig und hob sich deutlich ab von dem bunt zusammengewürfelten Haufen seiner Fraktion.« Gauck selbst kommentierte den Unterschied in der Kleiderordnung später: »[…] als ich Abgeordneter wurde, wollte ich nicht mit grün-alternativen Abgeordneten verwechselt werden und habe mir deswegen eine Krawatte umgebunden. Als ich merkte, dass es davon unterschiedliche gibt, habe ich mich über diesen Unterschied auch gefreut. Das ist natürlich für einen bestimmten Kreis sehr verdächtig. Ich lasse mir aber nicht nachsagen, mein Anzug würde die ernsthafte Aufgabenerfüllung verhindern.«

Die nach wie vor revolutionär angehauchten Bürgerrechtler fragten sich: War Gauck wirklich der richtige Mann, um sich gegenüber Bonn durchzusetzen? »Die Mehrheit glaubte nicht so recht daran«, erinnerte sich Jens Reich, der Gauck als einen Mann erlebte, der »durchaus zu polarisieren« verstand. Gauck selbst sah sich in eine Vermittlerrolle zwischen den anarchisch auftretenden Bürgerrechtlern und den nach Ordnung und Gesetzen verlangenden Westdeutschen gedrängt und beklagte später: »Im Osten dachten viele, ich wäre ein Verräter der eigenen Normen.«

David Gill rückblickend über die damalige Situation: »Im Nachhinein muss man sicher sagen, dass die Besetzungsaktion und der Hungerstreik der Sache genützt haben.« Beeindruckt von dem vehementen und medienwirksamen Widerstand, ruderte die Bundesregierung zurück. Der gesamte Einigungsvertrag schien in Gefahr. Am 12. September stimmte das Bundeskabinett einer Zusatzvereinbarung zum bereits paraphierten Einigungsvertrag zu, die die Bedenken der Volkskammer aufgreifen sollte. Schäubles Staatssekretär Hans Neusel und Joachim Gauck wurden gebeten, einen Kompromiss zu verhandeln, wie man mit dem leidigen Thema umgehen sollte. Also setzte der Vorsitzende des Sonderausschusses sich am 18. September in die Regierungsmaschine der DDR, um mit einer Verhandlungsdelegation nach Bonn zu fliegen.

Auch der von Gauck verhandelte Kompromiss sah nicht vor, das DDR-Gesetz als fortwirkendes Recht in den Einigungsvertrag aufzunehmen, wie die Volkskammer es gefordert hatte. Gauck gab diese wichtigste Forderung seines Parlaments preis. Lediglich im Hinblick auf die Verwahrung der Akten auf dem Gebiet der DDR und unter Verantwortung des von der DDR gewünschten Sonderbeauftragten setzte er sich durch.

Gauck bewertete sein Verhandlungsergebnis in seinen Erinnerungen: »Schöner wäre es gewesen, wir hätten uns ganz durchgesetzt, aber immerhin blieben die Kernpunkte des Gesetzes erhalten.« Das war eine jener Stellen in seiner

Autobiographie, in denen sein Bemühen, seine Leistungen in ein besseres Licht zu rücken, offensichtlich wurde.

Noch 1991, als er gerade Chef der Stasiunterlagenbehörde geworden war, hatte er das Resultat seiner Verhandlungen mit Neusel wesentlich kritischer gesehen. »Leider ist es nicht gelungen, dieses Gesetz als fortgeltendes Recht in den Einigungsvertrag mit aufzunehmen. [...] das Resultat all dieser Bedenken waren äußerst restriktive Bestimmungen zur Nutzung der Stasi-Akten.« Diese Einschätzung kommt der Wahrheit wesentlich näher als die Darstellung in seinen Memoiren. Auch der nachträglich von ihm persönlich verhandelte Kompromiss war weit von dem entfernt, was Volkskammer und Bürgerrechtler so vehement gefordert hatten. Der Ausschussvorsitzende wäre in der damaligen Situation, unterstützt durch alle Fraktionen der Volkskammer und die Bürgerrechtler, in der Lage gewesen, die Fortgeltung des Volkskammergesetzes durchzusetzen. Ob er darauf verzichtete, weil er seinem mit allen Wassern gewaschenen Verhandlungspartner Hans Neusel unterlegen war, ob sein grundsätzliches Harmoniebedürfnis ihn daran hinderte, härter aufzutreten, oder ob ein Schuss Opportunismus eine Rolle spielte, muss offenbleiben. Jedenfalls war das Verhandlungsergebnis für ihn maßgeschneidert. Die westdeutschen Politprofis fassten Vertrauen zu dem pragmatischen Bündnis-90-Abgeordneten, der sich durch Anzug und Krawatte von seinen Fraktionskollegen abhob und die Fähigkeit besaß, die Volkskammer auf sein Verhandlungsergebnis einzuschwören.

Gaucks Agieren als Sonderausschussvorsitzender zwischen Juni und September 1990 verschaffte ihm die Eintrittskarte in das neue gesamtdeutsche Establishment. Wer die künftige Stasiunterlagenbehörde leiten sollte, stand außer Frage. Dazu Wolfgang Schäuble lapidar: »In der Bonner

Koalition hatten wir uns bereits darauf verständigt, dass Gauck auch nach der Vereinigung Aktenbeauftragter bleiben solle.« Schäubles damalige Wahrnehmung von Gauck: »Ich kannte viele politische und gesellschaftliche Größen, aber im Gegensatz zu vielen von ihnen hatte ich Joachim Gauck gegenüber vom ersten Moment an ein Gefühl der Vertrautheit, der Zugehörigkeit.«

Nach dem Abschluss seiner Verhandlungen in Bonn fuhr Gauck am Abend zu den Besetzern der ehemaligen Stasizentrale, die nach wie vor im Hungerstreik waren. Nach der Einigung mit der Bundesregierung wollte er auch sie für den ausgehandelten Kompromiss gewinnen. Am nächsten Tag sollte der Einheitsvertrag von der Volkskammer verabschiedet werden, das sollte nicht durch missliebige Töne aus der Normannenstraße gestört werden. »Es war eine politische Notwendigkeit, dass jemand aus unseren Reihen mit den Besetzern der Stasi-Zentrale redete«, erinnerte sich der damalige Geschäftsführer von Bündnis 90/Grüne. Gauck ging nicht gern zu den Besetzern, aber er machte es. Sofort wurde die Unverbindlichkeit der von ihm erzielten Regelung erkannt und bemängelt. Bärbel Bohley zeigte sich enttäuscht über das Verhandlungsergebnis und erklärte: »Das ist insgesamt eine politische Niederlage.« Sie plädierte dafür, weiterhin Widerstand gegen die gerade getroffene Vereinbarung zu leisten. »Wir müssen unsere Radikalität beibehalten!«

Gauck fühlte sich in seiner Ehre gekränkt und drohte damit, das Amt des Sonderbeauftragten nicht anzunehmen. An dieser Stelle meldete sich Wolf Biermann in seiner ihm eigenen Weise zu Wort. »Ich habe den Eindruck, dass Gauck kein Schwein ist, dass er ehrlich ist und sich Mühe gibt.« Bohley blieb stur und meinte zu Biermann: »Geh du mit Gauck, ich nicht.« Jens Reich und Wolf Biermann befürworteten, dass Gauck das Amt des Sonderbeauftragten übernehmen solle. »Nur Gauck hat eine Chance«, meinte Reich und Biermann lästerte: »Vielleicht treten die dich ja auch in den Arsch und jagen dich als Sonderbeauftragter davon.« Gauck entgegnete bissig: »Ich bin jederzeit bereit, für einen anderen qualifizierten Kandidaten meinen Platz zu räumen.« Die Bürgerrechtler setzten ihren Hungerstreik fort, trotz der Bemühungen Gaucks, sie von seinem Kompromiss zu überzeugen. Enttäuscht bezeichnete er die Besetzer zwei Tage später als »inzwischen isolierte Gruppe ohne Rückendeckung in der Bevölkerung«. Es gebe zurzeit keine Bürgerbewegung oder Partei, die die Forderung der Besetzer nach Herausgabe der Akten an Betroffene unterstütze. Speziell auf Bärbel Bohley gemünzt meinte er, sie »vertritt nun mal nicht die Bürgerbewegung schlechthin«.

Sonderbeauftragter der Bundesregierung

Am 20. September 1990 wurde der Einheitsvertrag mit einer großen Mehrheit von zweihundertneunundneunzig Abgeordneten von der Volkskammer verabschiedet. Achtzig Parlamentarier aus der PDS-Fraktion und vom Bündnis 90/Grüne verweigerten ihre Zustimmung. Joachim Gauck gehörte zu den ganz wenigen Abgeordneten seiner Fraktion, die sich zum Einheitsvertrag bekannten. Welchen Bedeutungszuwachs er in den vergangenen Monaten erfahren hatte, zeigte sich daran, dass er zu den insgesamt sieben Abgeordneten des Bündnis 90/Grüne zählte, die vom 3. Oktober an bis zur geplanten ersten gesamtdeutschen Wahl am 2. Dezember 1990 in den deutschen Bundestag einziehen sollten.

Acht Tage später, am 28. September, wurde Gauck in der

letzten Arbeitssitzung der Volkskammer zum Sonderbeauftragten für die personenbezogenen Unterlagen des ehemaligen Staatssicherheitsdienstes der DDR gewählt. Er war zufrieden. »Dass ich [...] diese Koalition der Vernunft in der Volkskammer geschmiedet habe, betrachte ich als mein eigentliches politisches Werk. [...] Mit dem Amt des Sonderbeauftragten haben sie mich dafür quasi belohnt.« Tatsächlich herrschte damals ein breiter Konsens, dass die integrativen Fähigkeiten des Ausschussvorsitzenden ausschlaggebend dafür gewesen waren, dass sich über die Fraktionsgrenzen hinweg in der Volkskammer eine einheitliche Meinung zur Stasithematik hatte herausbilden können. Jens Reich: »Er war als Kandidat für alle Parteien akzeptabel, weil er keine ausgewiesenen Loyalitäten pflegen musste [...] Der Westen hat alle Vorstellungen des Ostens zu Fragen des Eigentums oder der Verfassung einfach weggewischt. Dass es gelang, die Akten dezentral zu lagern und sie der Forschung und der Bevölkerung zugänglich zu machen, ist ein historisch einmaliger Erfolg.« Diesem Urteil ist zuzustimmen. Ohne den nachhaltigen Einsatz von Joachim Gauck für den Erhalt der Stasiakten und ihre Verwahrung in einer eigenständigen Behörde würde es die BStU in ihrer heutigen Form nicht geben. Ein Reihe ehemaliger IM, die nach der Wende eine prominente Stellung im öffentlichen Leben einnahmen, wären wohl nie enttarnt worden. Schließlich und nicht zuletzt: Die umfangreiche Entfernung von stasibelasteten Mitarbeitern aus dem öffentlichen Dienst hätte in der Konsequenz und in dem Umfang, wie sie erfolgte, ohne Gaucks Wirken so nicht stattgefunden.

Als feststand, dass man ihm das Amt des Sonderbeauftragten übertragen würde, wurde ihm mulmig zumute. Sollte er die Aufgabe wirklich annehmen? Er war immer davon ausgegangen, dass er nach seiner Zeit als Abgeordneter wieder nach Rostock und in sein Pastorenamt zurückkehren würde. Jetzt war er gezwungen, eine elementare Lebensentscheidung zu treffen. Sollte er zum Langbewährten und Vertrauten zurückkehren oder unwiderruflich ein neues Leben beginnen? Die Entscheidung fiel ihm nicht leicht. Wieder einmal zögerte er. Seine Frau und seine jüngste Tochter Katharina hätten es gern gesehen, wenn er sich für ein Familienleben mit ihnen entschieden hätte und nach Hause zurückgekehrt wäre. Sie wussten um seine Zweifel und hatten bis zuletzt darauf gehofft, dass er das Amt nicht annehmen würde. Es ging bei der Entscheidung nicht nur um den beruflichen Neuanfang, sondern auch um die Trennung von seiner Frau. »Er hat gefürchtet, dass seine Ehe dann in die Brüche geht«, erinnerte sich sein damaliger Nachbar Henry Lohse. Gauck war zu diesem Zeitpunkt bereits seit einigen Wochen mit einer neuen Partnerin in Berlin liiert.

Er suchte Rat in Gesprächen mit Vertrauten, etwa mit Henry Lohse: »Mensch, ob ich das machen soll? Ich würde schon gerne, aber ich habe Zweifel.« Er traf sich mit seinem Landesbischof Christoph Stier und wälzte die Entscheidung vorwärts und rückwärts. Eines war klar, wenn er nach Berlin gehen würde, musste er sein Pastorenamt endgültig aufgeben. Sogar seine Ordinationsurkunde zurückgeben. Gerade das widerstrebte ihm in besonderem Maße. Er hatte sein ganzes Berufsleben in der Kirche verbracht. Hier war er verwurzelt, hier war seine geistige und geistliche Heimat. Später sollte er sagen: »Was ich geworden bin – und wie ich es geworden bin: Das alles hat seine Wurzeln in der Kirche.« Irgendwie war er nicht bereit zu akzeptieren, dass es nicht möglich sein sollte, das neue Amt anzunehmen und zugleich Pastor zu bleiben. Schließlich entschloss er sich, den Sprung in ein neues Leben zu wagen. Schweren

Herzens beantragte er die Entlassung aus dem Dienst seiner Kirche. Seine Entlassungsurkunde, mit Wirkung zum 30. November 1990, hielt in trockenen Sätzen fest: »Gemäß § 12 Absatz I (b) des Pfarrerdienstgesetzes hat er das Recht zur öffentlichen Verkündung des Wortes Gottes und zur Verwaltung von Taufe und Abendmahl einschließlich des Rechtes zur Führung der Amtsbezeichnung ›Pfarrer‹ oder ›Pastor‹ sowie das Recht zum Tragen der Amtskleidung verloren.« Das dürfte Gauck weniger geschmerzt haben als die Tatsache, dass er gleichzeitig seine Versorgungsbezüge verlor, die er über ein Vierteljahrhundert aufgebaut hatte: »Gleichzeitig verliert er für sich und seine Angehörigen alle in dem bisherigen Dienstverhältnis begründeten versorgungsrechtlichen Ansprüche und Anwartschaften.« Der Entschluss, völlig neu anzufangen, hatte einen hohen Preis.

Am 28. September wurde Gauck von der Volkskammer mit überwältigender Mehrheit zum »Sonderbeauftragten der Bundesregierung für die Verwaltung der Akten und Dateien des ehemaligen Ministeriums für Staatssicherheit« gewählt. Einen Gegenkandidaten gab es nicht. Joachim Gauck empfand »ein Gefühl der Ehre: ›Ausgerechnet ich, den Erich Mielkes Vasallen wie viele andere Landsleute auch möglichst kleinhalten wollten, sollte in Zukunft deren papierene Hinterlassenschaft verwalten.‹« Trotz seines großen Erfolgs war ihm an diesem Abend nicht zum Feiern zumute. Zu dramatisch, zu kraftraubend waren die Ereignisse der letzten Monate für den politikunerfahrenen Fünfzigjährigen gewesen. Wie jeden Abend fiel er übermüdet in sein Bett.

Am Abend des 2. Oktober 1990 feierte die DDR-Regierung mit der Creme der bundesdeutschen Politik im Ost-Berliner Schauspielhaus die Wiedervereinigung. Kurz vor dem Konzert, Beethovens neunter Symphonie, dirigiert von Kurt Masur, trat im Foyer plötzlich ein Beamter aus dem Bonner Innenministerium auf Joachim Gauck und seine Frau zu: »Herr Gauck, ich muss Ihnen noch eine Urkunde aushändigen.« Gauck, »ein wenig irritiert«, hätte sich am liebsten geweigert; er wollte in den Saal, um einen guten Sitzplatz zu bekommen. Aber der Mann ließ nicht locker. Es war die Urkunde mit der offiziellen Ernennung Gaucks zum Sonderbeauftragten. Dieses Papier musste Gauck vor Mitternacht in der Hand haben, da war die Ministerialbürokratie unerbittlich. Der künftige Behördenchef war natürlich einsichtig und nahm am späten Abend im Flur des Berliner Schauspielhauses seine Ernennungsurkunde entgegen. »Ich stand da, die Leute liefen um mich herum und ich wusste gar nicht, wohin mit dem Ding.«

Die Geburtsstunde des wiedervereinigten Deutschland erlebte Joachim Gauck auf den Stufen des Reichstages, eine Reihe hinter Bundeskanzler Helmut Kohl und Bundespräsident Richard von Weizsäcker. In seinen Erinnerungen schrieb er, wie er Hand in Hand mit seiner Frau Hansi dort stand und sie »noch einmal einen der inzwischen selten gewordenen Momente von Nähe« spürten. Es war ihr letzter gemeinsamer Auftritt als Ehepaar.

Ein neues Leben

Meine Mutter war die Verlassene. Er ging weg. Er hatte sein neues Leben. Mein Vater hat meine Mutter nicht immer fair behandelt. Er war manchmal ein Verdränger vor dem Herrn.
Joachim Gaucks Sohn Christian

Gauck hat manches zu sehr den Verwaltungsbeamten überlassen und sich zu wenig gekümmert. Er war kein richtiger Behördenchef. Geiger machte die eigentliche Arbeit, Gauck hat ihn gewähren lassen.
Behördenmitarbeiter Stefan Wolle

[...] den konkreten Aufbau mussten andere in die Hand nehmen. Ich konnte mir weder vorstellen, wie viele Räume gebraucht würden, noch wie viele Mitarbeiter welcher Qualifikation erforderlich wären, ganz zu schweigen davon, in welcher Gehaltsstufe sie einzuordnen wären.
Joachim Gauck über den Aufbau der BStU

Trennung

Mit der Wende, dem großen Umbruch im Leben von siebzehn Millionen DDR-Bürgern, kam für Joachim und Hansi Gauck auch das private Ende ihrer Ehe, die dreißig Jahre gedauert hatte. Ab April 1990 pendelte der Volkskammerabgeordnete zwischen Berlin und Rostock. Die alte Freundin der Familie, Beate Brodowski, beobachtete: »Unter der Woche war er in Berlin, am Wochenende stritten sie sich.«

»So, unser Abgeordneter hackt Holz«, frotzelte Nachbar Henry Lohse wenn er Gauck am Wochenende zu Haus antraf.

Gauck schrieb in seinen Erinnerungen: »Als die großen Kinder aus dem Haus waren, wurde immer deutlicher, dass der Vorrat an Gemeinsamkeiten wie das notwendige Maß an Auseinandersetzungen fehlten. [...] Ich wollte fort, vorwärts.« Hansi Gauck erinnerte sich demgegenüber, dass sie in dieser Zeit noch überlegten, ob sie gemeinsam nach Berlin ziehen sollten. »Aber irgendwann hat sich mein Mann ja von mir getrennt. Da hatte sich das dann ohnehin erledigt.«

Gauck stürzte sich in sein neues Leben in Berlin. Sein Muster, sich mit völliger Hingabe auf die Arbeit zu konzentrieren und darüber alles andere zu vergessen, wiederholte sich. Die Familie in Rostock trat mehr und mehr in den Hintergrund, seine Besuche im Norden wurden seltener. Selbstkritisch beschrieb er diese Phase seines Lebens: »Diesen Verlust von Bekannten und meiner Familie spürte ich sehr wohl und heute tut es mir zum Teil leid darum [...] Auch zu DDR-Zeiten mangelte es mir oft an der Intensität menschlicher Beziehungen: Darunter litt meine Ehe und die Beziehung zu meinen vier Kindern. Ich empfand Schuldgefühle, wollte aber auch nicht zurück.« Existenzielle Fragen mussten geklärt werden. Wovon sollten Hansi Gauck und Katharina leben? Und wo sollten sie wohnen, wenn der Familienvater kein Pastor mehr war und sie das Haus an der Nikolaikirche, das im Eigentum der Kirche stand, räumen mussten? Joachim Gauck hatte sich für materielle Fragen nie sonderlich interessiert. Seine Frau hatte mit seinem kargen Gehalt die sechsköpfige Familie irgendwie durchgebracht, es war nie genug gewesen. Joachim Gauck war zwar ein Ästhet und Genießer, aber genügsam in seinen eigenen Ansprüchen. »Viele Pastoren in der DDR beklagten sich über das lächerlich geringe Gehalt, er nie«, erinnerte sich Dietlind Glüer.

Gaucks Frau konnte mit ihrer Tochter noch ein paar Jahre in dem Haus an der Nikolaikirche wohnen bleiben. Sie hätte ihre Bleibe damals gern erworben, konnte sich den Kauf des Hauses aber nicht leisten. Später zog sie aus und noch später, als Joachim Gauck die Doppelhaushälfte in Brinckmansdorf gekauft hatte, in der früher seine Eltern gelebt hatten, zog sie dort ein. Ab und zu besuchten Hansi Gauck und Katharina den Familienvater in Berlin, als er schon Chef der Stasiunterlagenbehörde war. Dann stellte er die Arbeit zurück und blieb nicht die halbe Nacht in seinem Büro wie sonst oft. Für die jüngste Tochter, die zwölfjährige Katharina, war es natürlich ein Schock, dass der Vater sie und ihre Mutter verließ. Sie nahm es ihm übel, und ihr Kontakt sollte für einige Jahre sehr eingeschränkt sein. Ebenso gingen seine älteren Kinder in dieser Zeit auf Distanz zum Vater, wenn auch der Kontakt nie abriss. Für Christian kam die Trennung seiner Eltern nicht überraschend, er betrachtete sie eher als eine Zwangsläufigkeit. »Ich habe gedacht, das hätten sie eigentlich schon früher tun sollen.« Was die Kinder dem Vater wirklich übelnahmen, war seine Weigerung, sich mit ihnen auseinanderzusetzen. Sie suchten damals das Gespräch mit ihm, aber er war für sie nicht erreichbar. Christian Gauck: »Er hat damals viel verdrängt und immer gesagt, er könne sich darum jetzt nicht kümmern. Da war dieses neue, wahnsinnige Amt, die Stasiunterlagenbehörde, er war nur noch unterwegs, hat sich in die Arbeit geflüchtet. Wir waren in dieser Zeit mehr auf der Seite unserer Mutter und haben ihm oft gesagt, dass es so nicht geht.«

Die Verstimmung hielt jahrelang an. Als Gauck in den

Neunzigern, nach einer Veranstaltung in Lübeck, mit Freunden am Haus seines Sohnes Martin in Groß Grönau vorbeifuhr, zeigte er nur im Vorbeifahren darauf, ohne anzuhalten. »Ja, das kann wohl passieren, wenn Termine warten«, meinte Gauck Jahre später dazu, »aber natürlich habe ich auch diese Familie besucht und nicht nur einmal.« Im Jahr 2000 hielt er einen Vortrag in der Evangelischen Akademie in Hamburg. Keines seiner in Hamburg lebenden Kinder und Enkelkinder zeigte sich. Gaucks Freunden, Martina und Rüdiger Schmidt, fiel das auf, und sie fragten sich nach den Gründen. Im selben Jahr eröffnete Gauck eine Ausstellung im Lübecker Rathaus. Kein Familienmitglied nahm an der Veranstaltung teil, obwohl sein Sohn Martin mit seiner Familie ganz in der Nähe lebte. Vor dem anschließenden Essen sagte Gauck nachdenklich zu Rüdiger und Martina Schmidt: »[...] denn kommt mal mit, ihr seid dann meine Kinder.«

Obwohl Joachim und Hansi Gauck seit mehr als zwanzig Jahren kein Paar mehr sind, sind sie bis heute miteinander verheiratet. Ein paar Jahre nach ihrer Trennung entkrampfte sich ihr Verhältnis wieder. Die Familie wurde größer, es gab Taufen, Konfirmationen, Hochzeiten. Vier Kinder, elf Enkelkinder und eine wachsende Zahl von Urenkeln, die immer wieder Anlass gaben, miteinander zu sprechen und sich zu treffen. Hansi Gauck: »Anfangs, als sich mein Mann von uns getrennt hatte, waren Familienfeiern ein schwieriges Thema, weil im Vorfeld geklärt werden musste, ob er oder ich komme.« Inzwischen sind bei den Familienfeiern beide Elternteile dabei. Wenn Joachim Gauck nach Rostock kommt, besucht er dabei regelmäßig seine Frau. Auch den Tag ihrer goldenen Hochzeit verbrachten sie 2009 gemeinsam. Die inzwischen über Siebzigjährige arbeitet an vier Tagen in der Woche für ein paar Stunden ehrenamtlich im Kaffee Marientreff, einer gemeinnützigen Einrichtung, die in einem kleinen Backsteinbau, direkt neben der Marienkirche, untergebracht ist. Hansi Gauck hatte den Trägerverein 1998 gemeinsam mit ihrer Freundin Dietlind Glüer gegründet. Sie kümmert sich um Spenden, die Verwaltung, organisiert die Dienstpläne und bedient Gäste.

Privater Neubeginn

Der Beginn eines neuen Lebens in Berlin und die Lösung von Familie und Freunden wurde Gauck dadurch erleichtert, dass er 1990 die Journalistin Helga Hirsch kennenlernte, die seine neue Lebenspartnerin wurde. Die damalige Warschau-Korrespondentin für DIE ZEIT war nach Berlin geschickt worden, um einen Artikel über die Volkskammerwahlen zu schreiben. Bei ihrer ersten Begegnung mit Gauck war dieser gerade dabei, für das Neue Forum einen Wahlwerbespot für das Fernsehen zu drehen. Er begrüßte sie in seiner typischen spontanen Art: »Da kommt ja eine schöne Frau, die kann für uns die Moderation machen.« Es folgten ein Interview, gegenseitige Sympathie und bald die ersten Reisen von Gauck zur neuen Freundin nach Warschau. Im Laufe des Jahres wurden Hirsch und Gauck ein Paar. Gaucks Schwester Marianne hatte Verständnis dafür, dass ihr Bruder sich einer neuen Frau zuwandte. »Das war zu erklären und konnte man verstehen. Da hat er einiges von dem nachgeholt, was er durch seine frühe Heirat als Student versäumt hat.«

Der Volkskammerabgeordnete wohnte zu dieser Zeit ausgerechnet in einer ehemaligen konspirativen Wohnung des MfS in der Leipziger Straße. Warum die Stasi mit ihrem besonderen Humor bei der Vergabe von Decknamen die möblierte Zweizimmerwohnung »Terrasse« genannt hatte, wird für immer ihr Geheimnis bleiben. In dem Plattenbau war es aufgrund der auf der Straße vorbeidonnernden LKW oft so laut, dass Helga Hirsch ihre Matratze nahm und in den Flur legte, anders hätte sie kein Auge zumachen können. Die Unterkunft, die Gauck vom Bundesvermögensamt zugewiesen worden war, verfügte noch über die originale Einrichtung: Durchreiche von der Küche ins Wohnzimmer, braune, glänzende Schrankwand, in der große Cognacschwenker standen, Ecksofa mit Beistelltisch, zwei plüschige Kunstfellsessel. »Es war schrecklich«, erinnerte sich Helga Hirsch, »ich habe erst mal stundenlang alles abgewaschen.« Joachim Gauck räumte im Hinblick auf seine damalige Behausung ein: »Eigentlich wohnte ich in jenen Jahren gar nicht. Ich war unterwegs.«

Gelegentlich besuchte Gauck seine Schwester Sabine in ihrem Berliner Haus oder seinen Cousin Gerhard Schmitt, der mit seiner Familie in einer großen Altbauwohnung in Kreuzberg wohnte. Der Kontakt zwischen den Vettern war nie abgerissen. Als Gauck in den letzten Jahren der DDR regelmäßig nach West-Berlin hatte reisen dürfen, hatte er entweder bei seinem Onkel Gerhard Schmitt oder dessen Sohn Gerhard junior übernachtet. Jetzt sahen sie sich wieder häufiger. Gauck kam gelegentlich einfach nur mal vorbei, um sich von seinem anstrengenden Job in der Volkskammer zu erholen, und legte sich in der Wohnung seines Cousins eine Stunde aufs Ohr. Oder er kam mit Helga Hirsch zum Abendessen.

Im Oktober 1990, als Gauck Behördenchef geworden war, verließ er seine Heimatstadt Rostock endgültig. Weihnachten zog er mit seiner neuen Lebensgefährtin in eine gemeinsame Wohnung in der Voßstraße in Berlin-Mitte. Gauck und Hirsch gehörten zu den ersten Mietern, die in den Neubau einzogen. Besonders genossen sie den Blick aus ihrer Wohnung – damals konnte man von dort bis zum Potsdamer Platz schauen – und verfolgten, quasi vom Balkon aus, die überwältigende architektonische und historische Entwicklung des Platzes nach der Wiedervereinigung. Weniger erfreulich war die Wärmedämmung des Gebäudes, die nicht heutigen Standards entsprach. In warmen Sommern heizten sich die Wohnungen bis auf vierzig Grad auf. Nach sechs Jahren Plattenbau zog das Paar 1996 noch einmal um, in eine Altbauwohnung in Schöneberg. Hier lebte Joachim Gauck bis zu seinem Umzug in die Villa des Bundespräsidenten im Sommer 2012.

In ihrer Freizeit pendelten Gauck und Hirsch bis 1995 zwischen Berlin und Warschau hin und her, solange Gaucks Lebensgefährtin als Korrespondentin für DIE ZEIT in Polen arbeitete. In diesen Jahren brachte sie ihrem Freund Polen näher, woraus sich ein Faible Joachim Gaucks für das östliche Nachbarland Deutschlands entwickelte. Besonders die Freiheitsliebe der Polen imponierte ihm. Hirsch und Gauck machten zusammen Urlaub in Masuren, unternahmen Bootsfahrten, wohnten bei Freunden in einem Holzhaus mitten im Wald. Auch politisch eröffnete Helga Hirsch ihrem Partner neue Perspektiven. Ein Teil ihrer polnischen Freunde aus der Opposition kam aus dem kommunistischen Umfeld. Für Joachim Gauck, den glühenden Verächter des Kommunismus nicht nur stalinistischer Prägung, war es eine interessante und bewegende Erfahrung, wie gut er sich, trotz ihrer gegensätzlichen politischen Einstellung, mit ihnen unterhalten konnte. Hirsch begleitete ihren Partner auf Vortragsreisen nach Paris und Budapest. Auch Israel besuchten sie gemeinsam, wo der ehemalige Pastor »auf biblischen Pfaden wandelte«, wie es Helga Hirsch ausdrückte. Regelmäßig einmal im Jahr machten sie gemeinsam Urlaub in Wustrow. Anders als für ihren Freund war das kleine Ost-

33 Mit seiner Lebensgefährtin Helga Hirsch bei einem Urlaub in der Schweiz

seedorf für Helga Hirsch nicht das Ziel ihrer Reiseträume. Sie hätte gern auch einmal neue, unbekannte Ziele kennengelernt.

Wie in jeder Beziehung war nicht alles Gold, was glänzte, auch im gemeinsamen Leben von Gauck und Hirsch gab es Reibungspunkte. Nur die »Frau an seiner Seite« zu sein, empfand Hirsch als schwierig. »Ich hatte als Korrespondentin in Warschau einen großen Bekanntenkreis und kannte mich gut in polnischen Belangen aus. Ich war damals in Polen ziemlich bekannt, galt in der Warschauer Politszene als ›eine von uns‹. Da ich die meiste Zeit in Polen lebte, hatte ich wenig Ahnung davon, was um Joachim in Berlin im Detail vor sich ging. In Warschau fühlte ich mich zu Hause, in Berlin war ich zu Besuch.« Gauck und Hirsch diskutierten viel miteinander, über Ost und West, Opposition in der DDR und Opposition in Polen, Nationalsozialismus und Stalinismus, Aufarbeitung im Rechtsstaat und überhaupt über die Haltung zum Leben. Hirsch: »Jochen hat tendenziell Angst vor Dissonanzen, Aggressionen und Brüchen – mich hat es als Journalistin nicht selten dahin gezogen, wo es um eben solche Brüche und gewalttätige Spannungen ging, wie etwa in Jugoslawien.« Als Hirsch während des Krieges in Jugoslawien mehrfach beruflich dort hinreiste, war das ihrem Lebensgefährten nicht geheuer. »Der Tod zieht dich doch an«, warf er ihr einmal vor. 1998 trennte sich Hirsch von Gauck. »Ich bin dann gegangen. Es war mir zu viel Nähe, das hat mich in Panik versetzt. Mir war das alles zu dicht, denn im Grunde bin ich kein Typ fürs Zusammenleben.« Andere dagegen vertraten die Meinung, dass Hirsch Gauck verließ, weil sie nicht akzeptieren wollte, dass ihr Lebensgefährte dauerhaft nicht bereit war, sich von seiner Frau Hansi scheiden zu lassen.

Aber auch nach ihrer Trennung verband die beiden eine dauerhafte, enge Freundschaft, eine »Seelenverwandtschaft«, wie Hirsch es empfindet. Neben Gaucks heutiger Lebensgefährtin, Daniela Schadt, ist Helga Hirsch die engste Freundin des Bundespräsidenten. Bis heute arbeiten die beiden immer wieder beruflich zusammen. So unterstützte Hirsch ihren ehemaligen Partner bei seinen beiden Kandidaturen für das Amt des Bundespräsidenten.

Bau auf, bau auf

Joachim Gauck gehörte zu jenen hundertvierundvierzig Abgeordneten, die von der Volkskammer mit Wirkung zum 3. Oktober 1990 in den nunmehr gesamtdeutschen Bundestag delegiert worden waren. Gleich am nächsten Tag legte er sein Bundestagsmandat nieder. Es war mit seiner Funktion als Leiter einer Bundesbehörde seiner Meinung nach nicht vereinbar. »Ich dürfte der Parlamentarier mit der kürzesten Amtszeit im Deutschen Bundestag gewesen sein«, schrieb er in seinen Erinnerungen, »aber dieser eine Tag als Abgeordneter des Deutschen Bundestages war mir wichtig.« Zur selben Zeit trat er aus dem Bündnis 90 aus. Zu groß waren die inhaltlichen Differenzen zwischen ihm und den meisten seiner Parteifreunde geworden. Er wollte die neue Behörde führen können, ohne Rücksicht auf parteipolitische Zwänge nehmen zu müssen. Seither gehörte Joachim Gauck keiner Partei mehr an.

Das Amt des Sonderbeauftragten für die Stasiunterlagen war eine der schwierigsten Verwaltungsaufgaben, die im wiedervereinigten Deutschland zu vergeben waren. Der Ex-Pastor und Ex-Volkskammerabgeordnete verfügte über keinerlei Erfahrung in der staatlichen Verwaltung. Schlimmer noch, Verwaltungsarbeit und Mitarbeiter zu führen war ein Metier, das ihm nicht lag. Selbst Briefe beantworten fiel ihm gelegentlich schwer, gar nicht zu reden vom Ausfüllen von Statistiken. Und Abrechnungen konnte er jahrelang liegenlassen. So war es nicht verwunderlich, dass einige seiner ehemaligen Mitstreiter in Rostock sich »vor Lachen den Bauch hielten«, als sie erfuhren, dass Gauck Chef einer Großbehörde werden sollte. »Für den Umgang mit der für uns neuen Bürokratie hatte er wenig Sinn«, meinte etwa sein Freund Klaus Richter.

Nun sollte Gauck also eine Organisation aufbauen, von der am 3. Oktober 1990 nichts, wirklich nichts existierte, außer einem Chef und drei Mitarbeitern, die alle keine Verwaltungserfahrung besaßen. Zugleich sollte diese Behörde von der Stunde null an im Mittelpunkt des öffentlichen Interesses stehen. Die Aufdeckung des unglaublichen Umfangs, in dem die aus der DDR stammende Führungselite früher als IM tätig gewesen war, wurde ab Ende 1990 zur Zerreißprobe für die deutsche Gesellschaft. Gauck fiel die Aufgabe zu, diesen Prozess als die entscheidende Autorität zu begleiten und mitzugestalten.

Zum Start blieben Gauck und seine drei Mitarbeiter, die er aus dem ehemaligen Sonderausschuss der Volkskammer übernommen hatte, einfach in den Räumen sitzen, in denen sie schon bisher gearbeitet hatten. Neben David Gill waren das Christian Ladwig, ein ehemaliger Bühnenbildner und Gaucks persönlicher Referent in der Volkskammer, sowie dessen Frau Elisabeth, die die Sekretariatsarbeiten erledigte. David Gill berichtete über den Start der »Behörde«: »Wir fingen einfach an. Ich war am Anfang ›Mädchen für alles‹, habe Journalisten durch das Haus geführt, war die rechte Hand von Gauck und leitete das Rechercherefarat.« In den ersten Tagen herrschte eine Atmosphäre wie in einer Wohngemeinschaft, alles wurde basisdemokratisch gemeinsam besprochen. Gill und seine damalige Freundin, die zu Hause keine Dusche hatten, nutzten ab und zu das Badezimmer, das zu den Büroräumen gehörte. Wenig später wurde das gekachelte Bad zum weiteren Arbeitsplatz umfunktioniert und die Registratur der Behörde darin untergebracht.

Die Arbeitsbedingungen waren gemessen an heutigen Maßstäben unvorstellbar. Es gab weder ausreichend funktionierende Telefonverbindungen noch eine brauchbare

Büroausstattung. Die Behördenführung hatte kaum Ahnung von dem Inhalt und der Aussagekraft der Akten, um die es ging. Eine einzige mechanische Schreibmaschine stand zur Verfügung, und bei der war das »e« kaputt. Zwei Monate später zogen Gauck und seine Mitarbeiter in die Behrenstraße, hinter der Komischen Oper, wo ein Büro in der zweiten Etage bezogen wurde. Hier bekam der Sonderbeauftragte erstmals ein eigenes Büro. Gauck wusste, dass er unverzüglich jemanden mit juristischer Kompetenz und Verwaltungserfahrung benötigte, um seine diesbezüglichen Defizite zu kompensieren. Durch eine Empfehlung stieß er auf Hansjörg Geiger, damals Referatsleiter beim bayerischen Landesbeauftragten für den Datenschutz, und machte ihm das Angebot, Direktor der neuen Behörde zu werden. Der selbstbewusste bayerische Jurist akzeptierte, was sich für seinen Behördenchef als Glücksgriff erweisen sollte. Ohne Hansjörg Geiger wäre die Geschichte der Behörde, aber auch die Karriere von Joachim Gauck vermutlich anders und wohl weniger erfolgreich verlaufen. Fünf Jahre lang sollten Gauck und sein Direktor Tür an Tür zusammenarbeiten und alle politischen Stürme, die über ihre Behörde fegten, gemeinsam durchstehen. Geiger schuf die organisatorischen Grundstrukturen, lieferte das juristische Knowhow und beriet Gauck auch privat, etwa im Hinblick auf die Trennung von seiner Frau oder in Steuerangelegenheiten.

Im Bundesinnenministerium war man irritiert. Wolfgang Schäuble hatte einen elf Mann starken Aufbaustab nach Berlin geschickt, um der seinem Ministerium zugeordneten Behörde auf die Beine zu helfen. Ganz unkonventionell war der für Haushaltsangelegenheiten zuständige Beamte mit zwanzigtausend D-Mark in bar erschienen, mit denen man die ersten, unverzichtbaren Anschaffungen tätigen konnte.

Und jetzt besetzte dieser »grüne Ossi« auf eigene Faust die wichtigste Position, ohne sich vorher abzustimmen. Gauck erinnerte sich: »In Bonn spürte ich Befremden, weil ich Geiger einstellen wollte. Man hielt mich dort für wenig berechenbar, eigensinnig – eben ein Abgeordneter aus dem Bündnis 90.« Geiger hatte ähnliche Empfindungen: »Die dachten, jetzt kommt da ein ›grüner Zausel‹ aus Bayern.« Der zuständige Ministerialdirektor atmete erleichtert auf, nachdem er Geiger persönlich kennengelernt hatte.

Obwohl sich Gauck vollkommen klar darüber war, dass er die Aufgabe nicht allein lösen konnte, sondern die Hilfe von Verwaltungsfachleuten benötigte, spürte er zugleich einen Widerwillen, sich komplett den westdeutschen Profis aus dem Innenministerium anzuvertrauen. »Nun waren Spezialisten gefragt, und Spezialisten waren wir nicht. Die waren drüben. Und so kam zu der alten Erfahrung von Ohnmacht ein neues Gefühl von Ungenügen.« Geiger war die Zielrichtung des Innenministeriums klar. »Die wollten das in der Hand haben, damit es ordentlich und in ihrem Sinne läuft. Herr Gauck hätte dann zusehen können, wie westdeutsche Beamte die Aufgabe entsprechend ihren Kriterien erledigten.« Geiger weiter: »Gauck hatte zu Recht ein Gefühl des Unbehagens. Er spürte, dass ihm das Zepter aus der Hand genommen worden wäre, wenn er die Bonner hätte gewähren lassen. Ich sorgte dann dafür, dass die Arbeitsgruppe aus dem Innenministerium etwas beiseitegeschoben wurde«.

Gaucks Arbeitsweise

Nach Einschätzung von Hansjörg Geiger war es anfänglich irritierend für Gauck, dass sein Vize sich als ihm ebenbürtig verstand. Geiger ohne falsche Bescheidenheit: »Ich habe mich nicht als Untergebener verstanden. Wir haben das in vielerlei Hinsicht im Sinne einer Aufgabenteilung gemeinsam gemacht. Auch in der damaligen Zeit hat man uns als Duo verstanden.« Geigers Sekretärin, Silvia Tzschentke, die in einem Doppelsekretariat auch für Gauck tätig war, bestätigte das: Es war eine »Symbiose, perfekt für diese Zeit, perfekt für diese Behörde«. Tzschentke über die tägliche Zusammenarbeit ihrer beiden Chefs: »Geiger kam um acht Uhr, Gauck um neun Uhr, abends ging es meist bis spät in die Nacht hinein. Jeder von beiden hat zu offiziellen Briefen oder Positionspapieren eigene Formulierungen eingebracht. Geiger hat das dann umgesetzt. Bevor er ein Papier unterschrieb, fragte Gauck immer bei uns Sekretärinnen nach: ›Ist das mit Geiger abgestimmt?‹ Er hat sich sehr auf ihn verlassen. Ich hatte das Gefühl«, meinte Tzschentke, »die sind sich sehr nahe, das sind richtig dicke Kumpels.« Ein Bild von Gauck hatte sich der Chefsekretärin besonders eingeprägt: »Ich sehe ihn noch, wie er seine Tür aufreißt, hinter sich zuknallt, durch das Sekretariat läuft, Geigers Tür aufreißt und hinter sich zuknallt.«

Tzschentke weiter: »Von Verwaltung hatte Gauck null Ahnung und war darum sehr angewiesen auf ein gut funktionierendes Sekretariat. Er war immer in Gedanken, rief einem manchmal nur ein Wort zu, daraus musste man dann etwas machen.« Gaucks Schwester Sabine erlebte ihren Bruder im privaten Bereich ähnlich. »Er ist mit seinen Gedanken immer woanders.« Dieser Wesenszug, intensiv seinen Gedanken nachzuhängen, hatte eine auffällige Schusseligkeit Gaucks zur Folge. Ständig ließ er irgendwo persönliche Gegenstände liegen: seinen Kalender im Zug, das Portemonnaie und den Haustürschlüssel in der Plastikschale bei der Flughafenkontrolle. Mal vergaß der Behördenchef seine Aktentasche auf dem Rücksitz eines Taxis. Dann wieder meldete sich ein Mitarbeiter vom Kaufhof in der Chefetage der BStU: »Wir haben die Geldbörse von Herrn Gauck gefunden, mit allen Karten drin.« Gaucks Vergesslichkeit ging so weit, dass enge Mitarbeiter in der Behörde sich gegenseitig ermahnten: »Geben Sie Herrn Gauck bloß keine Unterlagen mit, seine Aktentasche ist ein Bermudadreieck.« Weil Gauck ständig seine Brille verlegte, schenkten ihm seine Sekretärinnen an einem seiner Geburtstage ein Bäumchen mit Lesebrillen. »Das waren bestimmt fünfzehn Stück. Nach einem halben Jahr waren alle weg. Er hatte sich draufgesetzt oder sie verloren.«

Als Vorgesetzter konnte Gauck sehr charmant sein und brachte seinen Sekretärinnen an ihren Geburtstagen Blumen mit. Andererseits konnte er auch durchaus gereizt reagieren, wenn man ihn in seinen Gedanken störte. Als Geigers Sekretärin ihm einmal Stullen schmierte, weil er den ganzen Tag nichts gegessen hatte, und ihm diese ins Zimmer brachte, fuhr er sie an: »Frau Tzschentke, Sie sind nicht meine Mutter!« Regelmäßig versuchte Gauck sich vor der Bearbeitung der Post oder dem Leisten von Unterschriften zu drücken: »Ach, das kann ich doch noch morgen machen«, sagte er dann zu seinen Sekretärinnen. Die mussten ihn ständig drängen, tätig zu werden. »Jetzt müssen sie mal zu Potte kommen!« Irgendwann fügte sich ihr Chef dann auch. »Die guckt mich jetzt schon wieder so böse an, dann muss ich das jetzt wohl machen.«

Hansjörg Geiger leistete die eigentliche Aufbau- und Verwaltungsarbeit, während Gauck die Behörde repräsentierte. Der Sonderbeauftragte verstand sich als moralische und überparteiliche Instanz, zuständig für die grundlegenden Weichenstellungen. Sein persönlicher Beitrag zum organisatorischen Aufbau seiner Behörde war gering. In seinem Büro war der Sonderbeauftragte nicht ständig anzutreffen,

34 Der Sonderbeauftragte mit einer von der Stasi angelegten Geruchsprobe

sondern oft zu Besprechungen unterwegs. Die Details des künftigen Stasiunterlagengesetzes mussten in Bonn verhandelt werden, die Bürgerrechtler über die Entwicklung auf dem Laufenden gehalten werden. Gerne führte er Gäste persönlich durch das Archiv, unter anderen Angela Merkel. Einer seiner Untergebenen urteilte über Gaucks Arbeitsstil: »Er schwebte in den höheren Sphären, war viel unterwegs, auch international. Er repräsentierte die Behörde, hielt Vorträge und hat unser Anliegen unglaublich überzeugend vertreten.«

Gauck wusste natürlich, was er an seinem Direktor hatte, und lobte Geiger später in den höchsten Tönen: »Er war der juristische Mentor für unsere Juristen ebenso wie für die vielen Neueinsteiger und ganz besonders für mich.« Nach der Einschätzung von Hansjörg Geiger kam es nur einmal zu einer ernsthaften Verstimmung zwischen ihm und Gauck, nämlich als der Bundesbeauftragte den Eindruck gewann, Geiger säge an seinem Stuhl und versuche, sich als sein Nachfolger zu positionieren. Doch Geiger hatte eigene Pläne und konnte Gaucks Misstrauen schnell ausräumen. 1995 verließ er die Behörde, um Präsident des Bundesamtes für Verfassungsschutz zu werden, ein Jahr später wechselte er in die Position des Präsidenten des Bundesnachrichtendienstes. Schließlich beendete er seine berufliche Karriere als Staatssekretär im Bundesjustizministerium. Als Geiger die Behörde verließ, war das für Joachim Gauck ein bitterer Moment. »Da habe ich ihn traurig gesehen wie nie«, erinnerte sich Silvia Tzschentke. Gauck selbst klagte: »Als diese Führungspersönlichkeit, die sich im besten Sinne des Wortes als Diener des Gemeinwesens erwiesen hatte, die Behörde verließ, war das ein herber Verlust.« Siebzehn Jahre später bedankte sich Gauck noch einmal bei Hansjörg Geiger. Im November 2012 verlieh er seinem ehemaligen Direktor im Schloss Bellevue persönlich den Verdienstorden der Bundesrepublik Deutschland.

Personalpolitik

Das Hauptproblem in den ersten Monaten war, genügend qualifizierte Mitarbeiter zu finden, mit deren Hilfe man die Flut von Auskunftsersuchen bewältigen konnte. Bis 1993 sollte die Behörde des Bundesbeauftragten auf rund dreitausenddreihundert Mitarbeiter anwachsen. Irgendwann in diesen Tagen klagte Gauck laut Aussage von Schäubles Staatssekretär Hans Neusel: »Sagen Sie mal, wie soll ich das bewerkstelligen? Soll ich das mit Friseuren und Bäckern machen?«

Die Besetzung einiger Stellen erfolgte anfangs per Handschlag, die Verwaltung kam nicht immer damit hinterher, die benötigten Arbeitsverträge rechtzeitig zu erstellen. »Du fängst gleich nächste Woche an«, erinnerte sich Klaus Richter an seine Einstellung im Februar 1991, seinen Arbeitsvertrag bekam er erst zwei Wochen später. Ähnlich war es bei Geiger. »Mein Gehalt zahlte weiterhin der Freistaat Bayern. Bis ich offiziell abgeordnet wurde und eine entsprechende Urkunde erhielt, hat es noch Monate gedauert. Richtig übernommen […] wurde ich erst im Jahr 1992.«

Bei der Auswahl des einzustellenden Personals legten Gauck und Geiger Wert darauf, dass ihre Mitarbeiter überwiegend aus den neuen Bundesländern kamen. Darüber hinaus bauten sie auf »vorwiegend ältere, erfahrene Mitarbeiterinnen und Mitarbeiter«. Mit dieser Einstellungspraxis setzten Gauck und Geiger einen bewussten Kontrapunkt in die damalige Landschaft, die von der Abwicklung von Betrieben und Massenentlassungen geprägt war, wovon in erster Linie ältere Arbeitnehmer betroffen waren. Durch die vielen Einstellungen in kürzester Zeit war eine ordentliche Einarbeitung des neuen Personals naturgemäß nicht möglich. »Bei den massenhaften Einstellungen wurden zwangsläufig Einäugige, die bereits erste Erfahrungen gemacht hatten, zu den Vorgesetzten und Anlernern der nächsten Welle von Neuen«, erinnerte sich Klaus Richter.

Akteneinsicht

Schon zu Volkskammerzeiten hatte es eine Vielzahl von Wünschen, sowohl aus der Bevölkerung als auch von staatlichen Institutionen, auf Akteneinsicht gegeben. Nach Amtsantritt des Sonderbeauftragten wurde der Erwartungsdruck der Öffentlichkeit noch größer. Schon vierzehn Tage nachdem Gauck zum Sonderbeauftragten ernannt worden war, forderte einer der damaligen Staatssekretäre im Innenministerium die unverzügliche Überprüfung einer Reihe wichtiger Personen im öffentlichen Dienst.

Geiger war konsterniert. »Ich hatte noch nicht mal eine Akte gesehen. Niemand wusste so recht, was wir an Material von der Stasi überhaupt zur Verfügung haben. Es gab zudem keinerlei Erfahrung, wie derartige Prüfungen rechtsstaatlich durchzuführen seien.« Hinzu kam: Das Stasiarchiv in der Normannenstraße war zu diesem Zeitpunkt personell gar nicht in der Lage, Anfragen in größerem Umfang zu bearbeiten. Zum Jahresende hatte die Behörde insgesamt erst zweiundfünfzig Mitarbeiter. In seiner Not entwarf Geiger die ersten Bescheide der Behörde persönlich und von Hand. Als er kurz darauf ein altes DDR-Diktiergerät bekam und es erstmalig verwendete, las er am nächsten Tag auf den getippten Mitteilungen statt »Bericht« überall »Beichte«. Alles musste noch einmal geschrieben werden.

Mitte Dezember 1990 trat eine vorläufige Benutzerordnung für die Akten der ehemaligen Staatssicherheit in Kraft. Auch sie war von Hansjörg Geiger entworfen worden. Als die Behörde daraufhin am 2. Januar 1991 erstmals ihre Türen für einige Betroffene öffnete, spielten sich eindrucksvolle Szenen ab. Hunderte Wartende bildeten schon am frühen Morgen eine lange Schlange vor dem Gebäude in der

35 Mit Rainer Eppelmann am ersten Tag der Akteneinsicht bei der Gauck-Behörde

Behrenstraße. Nur mit Mühe konnten die Wachleute verhindern, dass die Menschen das Gebäude stürmten. Einige besonders prominente Bürgerrechtler waren unter den Ersten, die erfahren durften, welche Informationen die Stasi über sie gesammelt hatte. Bärbel Bohley saß vor nicht weniger als zwei Dutzend Aktenbänden. Vera Lengsfeld erfuhr, dass ihr Ehemann sie an die Stasi verraten hatte, und musste das verarbeiten. Ulrich Schacht freute sich, dass keiner seiner Freunde über ihn berichtet hatte. Nach dem Studium seiner Akten sagte er glücklich zu Gauck: »Niemand hat mich verraten, ich schreibe denen allen einen Dankesbrief.« Am Abend gab es keine Antragsformulare zur Beantragung der Akteneinsicht mehr. In den ersten eineinhalb Jahren wurden 1,7 Millionen Anträge auf Akteneinsicht und sonstige Ersuchen bei der Behörde gestellt. Bei dieser Antragsflut sollte es in den kommenden Jahren bleiben. Hansjörg Geiger erinnerte sich stolz, dass die Erledigung von Ersuchen Mitte der neunziger Jahre »lief wie die Käferproduktion«.

Ein großes Problem für die junge Behörde waren Begehrlichkeiten der bundesdeutschen Geheimdienste, auf die Akten zugreifen zu können. Der damalige Chef des Bundesamtes für Verfassungsschutz, Gerhard Boeden, forderte öffentlich »eingegrenzten und kontrollierten« Zugang zu den Akten, auch wenn das den Vereinbarungen des Einigungsvertrages widersprach. Bei einem Gespräch im Bundesministerium des Inneren saßen Gauck und Geiger einmal der geballten Macht von dreißig Vertretern aus dem Ministerium, vom Verfassungsschutz, militärischem Abschirmdienst, Bundesnachrichtendienst und Bundeskriminalamt gegenüber, die ihre Hände nach den Akten ausstreckten. Geiger wehrte die Begehrlichkeiten von Geheimdiensten und Polizei kompromisslos ab. Gauck, immer auf Konsens bedacht, litt während der Verhandlung Höllenqualen, aber er ließ Geiger gewähren. Seine Rolle im Rahmen solcher Gespräche schätzte er realistisch ein. »Mir war klar, dass es in diesen Verhandlungen ganz anders wirken würde, wenn ein versierter Jurist denen gegenübertritt an Stelle eines ehemaligen Pfarrers und Bürgerrechtlers, der kaum etwas anderes konnte, als ihnen nach dem Motto ins Gewissen zu reden: Das ist doch wichtig, und das muss jetzt sein.« Nach dem Gespräch gestand der Behördenchef seinem Direktor bewundernd: »Herr Geiger, ich wusste gar nicht, dass man mit so hohen Leuten so umgehen kann.« Dem war klar, was in seinem Chef vorging. »Er war als Pastor sozialisiert. Einer, der Konflikte auflöst und nicht Streit vom Zaun bricht. Das war bis dahin sein Lebensweg gewesen.«

IM »Czerny«

Der Druck aus der Politik auf die Behörde, den Wünschen der Geheimdienstler nachzugeben, war gewaltig. Zu Gaucks Weigerung, diesen den Zugriff auf die Akten zu ermöglichen, kam aus Sicht der Bonner CDU-Regierung eine weitere »Verfehlung« des Sonderbeauftragten: sein öffentliches Auftreten im Fall »Czerny«. Seit dem Sommer hatten sich Gerüchte gehalten, unter diesem Decknamen verberge sich der letzte Ministerpräsident der DDR, Lothar de Maizière. Im Dezember 1990 fischte ein profunder Kenner der Stasiakten ein folgenschweres Stück Pappe aus dem Aktenlabyrinth des MfS. Es verriet, dass der IM »Czerny« die gleiche Wohnadresse gehabt hatte wie Lothar de Maizière: Am Treptower Park 31. Als das öffentlich wurde, ließ de Maizière, mittlerweile stellvertretender CDU-Bundesvorsitzender, sofort seine politischen Ämter bis zur Klärung der Vorwürfe ruhen. Der Fall war so brisant, dass Hansjörg

Geiger mit dem spärlichen Material, über das die Behörde zu diesem Zeitpunkt verfügte, unter Polizeischutz zum Flughafen fuhr und von dort zu Innenminister Schäuble nach Bonn flog. Geiger zur damaligen Situation: »Wir hatten damals nur ein paar Aktenblätter. Später hätte man daraus keine Schlüsse gezogen. Zu diesem Zeitpunkt aber dachte man, wenn eine Karteikarte existiert, dann ist das ein Beweis. Schäuble ließ sich jedoch nicht von der Hysterie anstecken.«

Der Innenminister beauftragte Gauck mit weiteren Recherchen. Am 22. Januar 1991 lag der Bericht seiner Behörde vor. Danach war klar, dass »Czerny« seit 1982 als IM erfasst war, seit 1984 als Inoffizieller Mitarbeiter mit Feindberührung. De Maizière stritt ab, mit »Czerny« identisch zu sein und jemals etwas mit der Stasi zu tun gehabt zu haben. Dabei blieb er auch dann noch, als der Führungsoffizier von »Czerny«, Major Edgar Hasse, bestätigte, sich in konspirativen Wohnungen zehn- bis zwölfmal pro Jahr mit de Maizière getroffen zu haben.

Die CDU-Spitze stellte sich wie im Fall Schnur hinter ihren stellvertretenden Parteivorsitzenden. Helmut Kohl zeigte sich »menschlich tief bewegt« und ließ wissen, dass de Maizière weiterhin sein »volles Vertrauen« genieße. Wolfgang Schäuble sah in dem Fall eine »Tragödie« und erklärte, es bestehe »keinerlei zwingender Hinweis«, dass de Maizière von seiner IM-Erfassung gewusst habe. CDU-Generalsekretär Volker Rühe erklärte de Maizière für entlastet, und der nahm daraufhin seine Parteiämter wieder auf. Zwei Mitarbeiter der Stasiunterlagenbehörde, die Historiker Armin Mitter und Stefan Wolle, die das Gutachten verfasst hatten, wollten sich damit nicht abfinden. »Wir konnten es nicht fassen. Wir waren der Meinung, dass das Gutachten sehr eindeutig war.« Erbost gingen die beiden an die

Öffentlichkeit und erklärten in der nächsten Ausgabe des *Spiegel*, Wolfgang Schäuble habe Indizien, die seinen Parteifreund de Maizière belasteten, unterschlagen und das wahre Ausmaß von dessen IM-Tätigkeit heruntergespielt. Aus dem Behördenbericht sei de Maizières Spitzeltätigkeit klar hervorgegangen. Seine Einlassung, er sei womöglich unwissentlich als IM geführt worden, beurteilten sie als »absurd«.

Wolle und Mitter nahmen in Kauf, dass sie mit dieser Aktion ihre Entlassung aus der Behörde provozierten. Stefan Wolle erinnerte sich an seine damalige Haltung. »Nie wieder Kompromisse. Das mussten wir durchexerzieren. Es war eine Frage der Selbstachtung.« Als sie zum Gespräch mit der Behördenleitung zitiert wurden, gossen sie zusätzlich Öl ins Feuer, indem sie Gauck zum Rücktritt aufforderten. Er habe seinen Kredit als Behördenchef verspielt, warfen sie ihm an den Kopf, weil er Schäubles eigenwilliger Interpretation des Gutachtens nicht widersprochen habe. Gauck blieb keine andere Wahl, er musste die beiden entlassen. »Wer Romantiker sein will, hat in der Behörde nichts zu suchen.« Rückblickend gab Wolle zu: »Wir haben ihn dazu gezwungen. Ich hab's damals sehr verbissen gesehen. Das würde ich heute nicht mehr.« Gauck wiederum, der Wolle und Mitter schätzte und ihre Motive nachvollziehen konnte, war unglücklich darüber, so handeln zu müssen. Zum Abschied umarmte er seine beiden Behördendissidenten. Jahre später bot Gauck Wolle in einer großen menschlichen Geste sogar an, in die Behörde zurückzukehren.

Der Sonderbeauftragte geriet im Fall »Czerny« zwischen alle Fronten. Die Bürgerrechtler waren außer sich. Die Entlassung von Mitter und Wolle erfolge, um einen belasteten Spitzenpolitiker reinzuwaschen, kritisierten sie Gauck und warfen ihm vor, er habe damit die Seiten gewechselt. Sie hatten nicht einem Mielke getrotzt, war ihre Haltung, um jetzt vor Helmut Kohl zu kuschen. Gauck sah das wohl ähnlich und ließ erkennen, dass zwischen dem Bericht seiner Behörde und der offiziellen Stellungnahme Schäubles »ein Unterschied« bestehe. Deutlicher wollte und konnte er seinen Dienstherrn Schäuble nicht öffentlich kritisieren. Doch das reichte schon, um es Gauck als »Sündenfall« auszulegen. Plötzlich blies dem Sonderbeauftragten der Wind von allen Seiten ins Gesicht. Aus Verfassungsschutzkreisen hieß es, »die Kompetenz Gaucks sei umstritten«. Ein Staatsschützer, der unbekannt bleiben wollte, erklärte der Deutschen Presseagentur, die Behörde »arbeite bisher unprofessionell und dilettantisch«. Im Fall de Maizière habe Gauck es versäumt, »rechtzeitig für eine differenzierte Aufklärung zu sorgen«.

Andere griffen diese gezielt gestreute Kritik auf. Er habe seine eigenen Leute nicht im Griff, warf man ihm vor, es müsse »Lecks« in der Behörde geben. Es sei »unerträglich«, dass gezielt Einzelfälle aus den Stasiakten ausgebreitet würden. Brandenburgs Ministerpräsident Manfred Stolpe meinte, so könne es nicht weitergehen. Wie derzeit mit Stasimaterial gehandelt werde, könne zu einer Belastung für das ganze Land werden. Gottfried Forck, der Bischof der Evangelischen Landeskirche Berlin-Brandenburg, verlangte eine Schließung der Stasiakten und den Verzicht auf eine weitere Suche nach ehemaligen Stasispitzeln. Im Januar 1991 forderte das Bonner Innenministerium den Präsidenten des Bundesarchivs auf, ein Büro beim Sonderbeauftragten einzurichten. Das war schon kein Wink mit dem Zaunpfahl mehr, sondern das Signal, dass es auch ohne die Person Gauck ging. Innenminister Schäuble erklärte in einem Zeitungsinterview, er denke über die Einsetzung einer parlamentarischen Kontrollkommission zur Überprüfung der Arbeit des Stasibeauftragten nach. Gauck beeilte sich, diesen Vorschlag seines disziplinarischen Vorgesetzten zu begrüßen, und verwies darauf, dass er schon vor Errichtung seiner Behörde die parlamentarische Begleitung seiner Aufgaben angeregt habe.

Dann begannen böse Gerüchte die Runde zu machen. Gauck sei selbst Inoffizieller Mitarbeiter des MfS gewesen, wurde in Journalistenkreisen gemunkelt. Hansjörg Geiger erhielt einen Telefonanruf von Schäubles Staatssekretär Hans Neusel. Der informierte Gaucks Direktor darüber, dass drei Rostocker Stasimitarbeiter diesen Vorwurf erhoben hatten. Das war eine Anschuldigung, die Gaucks Karriere als Behördenchef zweifellos sofort zerstört hätte, wäre sie wahr gewesen. Die Kritik am Sonderbeauftragten entpuppte sich als regelrechte Kampagne mit dem Ziel, Gauck von seinem Amt abzulösen. Weitsichtig schrieb die *tageszeitung* bereits am 30. Januar 1991: »Der I-Punkt der Kampagne gegen ihn und die verhasste Behörde besteht nämlich darin, Gauck als angeblichen informellen Stasimitarbeiter zu denunzieren. Der entsprechende Text soll schon formuliert sein.«

Bald darauf erfuhr ein Millionenpublikum von der angeblichen Stasiverstrickung des Sonderbeauftragten. SUPERillu, die auflagenstärkste Illustrierte in Ostdeutschland, berichtete auf einer Doppelseite: »Das schlimmste Gerücht, Gauck war Stasi-Spitzel«. Der sonst so beredte Sonderbeauftragte verlor kurzfristig seine Eloquenz und verteidigte sich gequält: »Das ist ja völlig unsinnig. Das ist doch abenteuerlich! Sehr interessant! Ich bin da völlig gelassen.« Rücktrittsforderungen gegenüber Gauck wurden laut. Im April 1991 meldete das ZDF »schwere Zweifel«, ob der »Herr der Stasi-Akten« als Behördenchef integer genug sei. Zum Vorwurf, Gauck sei IM gewesen, kam die Anschuldigung hinzu, Gauck habe im vergangenen Jahr im Rostocker Stasiarchiv seine eigene Akte eingesehen, wobei er stundenlang ohne Zeugen allein gewesen sei. Als Gauck vor laufender Kamera von dem ZDF-Redakteur mit dem Vorwurf konfrontiert wurde, kam seine cholerische Ader in ihm durch. »Ihnen könnte ich gerade eine knallen«, ging er den ZDF-Redakteur an. Gauck zu der Szene zwanzig Jahre später: »Ich konnte nicht fassen, dass man mir so was anhängte. Ich war außer mir, dass mir jemand eine derart perfide Unterstellung machte. Dass ich ihm aber angedroht habe, ihn zu verprügeln, glaube ich nicht.«

Das Problem war, dass der zweite Vorwurf den Tatsachen entsprach. Gauck hatte als Sonderausschussvorsitzender tatsächlich am 2. und 3. August 1990 für mehrere Stunden Einblick in seine Stasiakte und in die einiger über ihn berichtender IM genommen. Dabei war er ohne Aufsichtspersonal allein mit dem Dossier, das das MfS über ihn angelegt hatte, gewesen. Das war ein Fehler, wie Gauck bald schmerzhaft erfahren musste. Er öffnete damit seinen Gegnern Tür und Tor für die Unterstellung, er habe diese Gelegenheit dazu genutzt, belastendes Material aus seiner Akte zu entfernen. Der SPD-Politiker Dankwart Brinksmeier bewertete Gaucks Akteneinsicht in Rostock »auf jeden Fall als illegal«, »geschmacklos« und »als sich dem Verdacht aussetzend, dass er etwas vertuschen will«. Gaucks Intimfeind Peter-Michael Diestel höhnte noch Jahre später: »Das Alleinsein mit seiner Akte gleicht einem Bordellbesuch: Keiner glaubt einem, dass man rein da rauskommt.«

Zu allem Überfluss tauchte zum damaligen Zeitpunkt auch noch das Gerücht auf, Gauck sei homosexuell und ihn verbinde mit seinem Pressesprecher David Gill mehr als nur ihre berufliche Beziehung. Gauck erinnerte sich: »Das kam zeitversetzt, quasi als Zweitschlag. Die Frage hinter vorgehaltener Hand, ist er nicht vielleicht schwul, dieses Muster kannte ich von der Stasi. David Gill und ich haben damals darüber gelacht und uns auf die Schenkel geschlagen.« Offensichtlich waren Kräfte am Werk, mit dem Ziel, den Sonderbeauftragten zu Fall zu bringen. Als Beleg für seine angebliche MfS-Vergangenheit diente auch das Terpe-Protokoll. Jemand, der Gaucks Integrität ein für alle Mal zerstören wollte, hatte es losgelöst von der Akte »Larve« öffentlich gemacht. *Die Welt* druckte das Papier im April 1991 ab, ein PDS-naher Verlag folgte kurz darauf. Seither schwirrt der Irrtum von MfS-Hauptmann Terpe, es könne ihm möglicherweise gelingen, Gauck als IM anzuwerben, durch unzählige Broschüren, Bücher und Internetauftritte. Gauck war außer sich und bezeichnete die Veröffentlichung von Material aus seiner Akte als »ungeheuerlich«, man wolle ihn offensichtlich zwingen, das Feld zu räumen. Zu Recht sah er sich als das Opfer einer Kampagne und erklärte, dass er nicht an Rücktritt denke.

Hansjörg Geiger setzte sich damals in seinen Porsche, um sich im Rostocker Stasiarchiv persönlich ein Bild über die Vorwürfe zu verschaffen. »Ich bin allein nach Rostock gefahren und habe dort die Original-Akten eingesehen. Zu Gauck sagte ich: ›Ich fahre nach Rostock, ich gehe allein.‹« Geiger kam zum selben Ergebnis wie jeder, der die Akte »Larve« unvoreingenommen liest. Gauck war ein erklärter Gegner des SED-Staates. Ein Opfer der Stasi, keiner ihrer Zuträger. Zugleich stellte der bayerische Jurist fest: »Die Akte war noch verplombt. Ein Entfernen einzelner Blätter oder Manipulieren war danach nicht möglich.« Die Tatsache, dass Gauck sich damals dadurch, dass er die Akten allein einsah, überhaupt angreifbar gemacht hatte, erklärte sich Geiger mit dessen gutherziger Naivität. »Gauck konnte sich gar nicht vorstellen, dass man ihm daraus einen Vorwurf machen könnte, das lag außerhalb seines Vorstellungsvermögens.« Genauso sah es Gaucks Freund und Abteilungsleiter in der Behörde, Klaus Richter. »Das war ungeschickt. Aber er denkt nicht so, es war ihm fremd, dass man ihm daraus einen Vorwurf machen könnte.«

Gauck stand die Kampagne gegen sich durch und blieb im Amt. Innenminister Schäuble stärkte ihm nach einer internen Untersuchung den Rücken und hielt an ihm fest. Tatsache bleibt, dass Gaucks Karriere im Frühling 1991 auf Messers Schneide gestanden hatte. Wie stark die damals erlittenen Verletzungen beim Sonderbeauftragten waren, lässt sich nur erahnen. In seinen Erinnerungen schweigt er sich zu seinen diesbezüglichen Gefühlen aus.

In der Kritik

Kein anderer Bürgerrechtler stand ab 1991 so im Rampenlicht wie Joachim Gauck. Unter den meisten seiner Mitarbeiter genoss er hohes Ansehen. »Wir Mitarbeiter waren stolz, für die Behörde zu arbeiten und auch für Joachim Gauck. Es war so was Tolles für uns«, schwärmte seine Sekretärin. Stefan Wolle, der von Gauck aufgrund der »Czerny«-Affäre entlassen worden und darum ein unvoreingenommener Zeuge war, sprach zwanzig Jahre später geradezu liebevoll über seinen Ex-Chef. »Er hatte eine Menge natürlicher Autorität und war ein guter Griff für die Behörde. Vor allem: Er hatte Stehvermögen, trotz all der Kritik, die ihn sehr kränkte.«

Die Medien liebten Gauck für seine klaren Worte und Auftritte und räumten ihm in ihrer Berichterstattung einen Logenplatz ein. Den SED- und Stasikadern jedoch standen die Akten nach wie vor im Weg. Sie fürchteten sich vor dem, was die Archive über sie preisgeben könnten, und konzentrierten ihre Ängste, ihre Wut und ihren Widerstand zunehmend auf den Mann, der diese Akten nach dem Willen der neuen politischen Machthaber verwalten sollte. So wurde Gauck nicht nur zur Symbolfigur für die Aufarbeitung der MfS-Vergangenheit nach der Wende, sondern zugleich zum Hassobjekt der Linken. Mehrfach versuchten seine linken Gegner, ihn politisch zu diskreditieren, und schreckten dabei vor Intrigen nicht zurück.

Zu dieser Feindschaft trug Joachim Gauck einen gehörigen Teil bei. Gelegentlich schürte er mit Genuss das Feuer der gegenseitigen Aggression. Mal piesackte er seine Gegner: »Wenn ich von den Kommunisten angegriffen werde, das adelt mich«; ein anderes Mal stichelte er: »Es ist wunderbar, die richtigen Feinde zu haben und im Visier der Ewiggestrigen zu sein«. Seine kompromisslose Weigerung, etwas Positives im SED-Staat zu sehen, musste polarisieren. Gauck hatte seine antisozialistische Haltung zeit seines Lebens demonstrativ vor sich hergetragen. *Der Tagesspiegel* bezeichnete ihn deswegen einmal als »Antikommunist von Gottes Gnaden«.

Ein besonders eindrückliches Beispiel für das unerschütterliche, gelegentlich martialische Auftreten des Sonderbeauftragten gegenüber ehemaligen Stasimitarbeitern ist der Fall von Heinrich Fink, Theologieprofessor und Rektor der Humboldt-Universität, der als IM »Heiner« für das MfS gearbeitet hatte. Fink wurde nach der Aufdeckung dieser Tatsache durch die Stasiunterlagenbehörde 1992 vom Berliner Wissenschaftssenator fristlos entlassen. Die Magnifizenz reagierte wie fast alle enttarnten IM: Er leugnete und erklärte, dass es sich um eine Kampagne gegen ihn handle mit dem Ziel, »eine eigenständige demokratische Entwicklung auf dem Gebiete der ehemaligen DDR zu verhindern«.

Fink klagte gegen seine Entlassung und verlor durch alle Instanzen bis zum Bundesgerichtshof.

Die Empörung unter Teilen der DDR-Intelligenzija war groß. Wortwütig fiel sie über den Überbringer der schlechten Nachricht her, als habe er den Rausschmiss des Rektors selbst verfügt. Der Schriftsteller Christoph Hein interpretierte die Entlassung Finks als »Drohung gegen alle Menschen, die sich nicht als willfährig erweisen«. Sein Berufskollege Stefan Heym polterte, selbst bei der Inquisition sei es milder zugegangen als bei der Gauck-Behörde, und der Journalist Günter Gaus bezeichnete Gauck als »nicht frei von Besessenheit«. Tausende Studenten demonstrierten für ihren Rektor vor der Behörde und übergaben einen Protestbrief. Am Abend stellten sich Gauck und Geiger im großen Hörsaal der Universität den Studenten. Über der Eingangstür hatte Gauck ein Transparent mit der Aufschrift »Schluss mit der Gaucklerei« empfangen. Die Stimmung im Saal war geradezu feindselig. Die Studenten johlten und deklamierten: »Unsern Heiner nimmt uns keiner!« und »Gauckler in den Zirkus!«. Als der Bundesbeauftragte endlich zu Wort kam, schleuderte er der Menge entgegen: »Gelassen und voller Freude erwarte ich die Proteste einer PDS-gesteuerten Hochschulöffentlichkeit.« Dazu reckte er den buhenden Studenten lutherisch die Faust entgegen. Hansjörg Geiger war der Meinung, dass Gauck damals die Stimmung bewusst aufgeheizt habe: »Das stachelte ihn aber nur an. Daraus sog er Kraft.«

Neben den ganz linken Kräften waren auch Teile der Bürgerrechtsbewegung unzufrieden mit der Amtsführung des Bundesbeauftragten. Einige von ihnen sahen ihre Leistung während der friedlichen Revolution und bei der Demontage des MfS nicht genügend gewürdigt. Als es darum ging, ihr zurückliegendes Engagement mit einer Anstellung in der Gauck-Behörde zu entlohnen, gingen manche von ihnen, die sich um eine Stelle in der Behörde beworben hatten, leer aus. Bis Mitte der neunziger Jahre wurden dreitausendfünfhundert Mitarbeiter eingestellt, doch nur rund achtzig von ihnen stammten aus dem Bürgerrechtslager. Es war nicht so, dass Gauck ihre Einstellung abgelehnt oder verhindert hätte. Der Personalaufbau unterhalb der Ebene der Führungskräfte war, wie in einer Behörde dieser Größenordnung üblich, nicht seine, sondern die Sache seiner Mitarbeiter. Die Beamten des Bonner Aufbaustabes schüttelten sich innerlich, wenn wieder einer dieser eifernden Bewerber mit Rauschebart und in Jesuslatschen vor ihnen saß. Stefan Wolle, der eingestellt worden war, schätzte die Stimmung der Beamten aus Bonn realistisch ein: »Die Bürgerrechtler waren den ›Bundesverwaltis‹ höchst suspekt. In deren Augen waren wir Anarchisten, bestenfalls aktenklauende Romantiker.« Wolle weiter: »Gauck selbst hatte ein offenes Verhältnis zu den Bürgerrechtlern. Aber er hat Geiger bei den Einstellungen gewähren lassen.«

Dass gleichzeitig eine nennenswerte Zahl ehemaliger Mitarbeiter des MfS in der Gauck-Behörde eine Anstellung fand, verschärfte den Konflikt mit den Bürgerbewegten. Bis zur Jahresmitte 1991 stellte die Behördenführung mindestens achtundsechzig ehemalige Hauptamtliche und zwei Inoffizielle Mitarbeiter des MfS ein. Die größte Gruppe von ihnen, rund fünfzig Mann, waren frühere Angestellte der Hauptabteilung Personenschutz des MfS gewesen. Sie galten der Behördenleitung als »normale Wachschutzmitarbeiter, wie es sie überall gibt«. Sie waren zunächst vom Bundesministerium des Inneren übernommen worden und wurden später bei verschiedenen Bundes- und Landesbehörden angestellt.

Weitere siebzehn ehemalige Stasiangestellte waren als

Sachbearbeiter tätig und bekamen zunächst befristete Verträge. Alle hatten ihre vorherige Arbeit für das MfS offengelegt, was Gauck und Geiger bekannt war. Ganz besonders sauer stieß den Bürgerrechtlern die Einstellung von zwei hochrangigen ehemaligen MfS-Offizieren auf. Oberst Gerd Bäcker und Oberstleutnant Bernd Hopfer wurden von den Bürgerrechtlern mehr als argwöhnisch beäugt.

Gerd Bäcker war stellvertretender Leiter der zentralen Auswertungs- und Informationsgruppe im MfS gewesen, quasi des Gehirns des Kraken. Vierhundert Mann hatten in dieser Abteilung aus der Unmenge an Berichten und Daten aus der gesamten Republik die wichtigsten Informationen herausgefiltert und ausgewertet. Ihre Lageeinschätzungen und Vorschläge zur »Feindbekämpfung« gingen an die MfS-Spitze und ans Politbüro der SED. Bäcker, laut seinem Vorgesetzten Klaus Richter »ein analytischer, scharf denkender Mann«, verfügte über besondere Kenntnisse der Struktur der Archive, die es ihm ermöglichten, Informationen über bestimmte Personen oder Vorgänge auch dann aus den Aktenlabyrinthen herauszufiltern, wenn die entsprechende Akte selbst vernichtet worden war. Vor diesem Hintergrund galten seine Fähigkeiten als unersetzlich.

Joachim Gauck musste sich von Anfang an immer wieder dafür rechtfertigen, dass er in seiner Behörde auch auf das Mitwirken ehemaliger Stasimitarbeiter setzte. Über Gerd Bäcker urteilte der Sonderbeauftragte: »Er wusste, wo sich welche Unterlagen befanden, und er konnte sie interpretieren, wenn wir zunächst nur Mutmaßungen anstellten. Er war einer der wenigen kooperativen und umkehrwilligen Stasimitarbeiter, die mit ihren Kenntnissen dem Bürgerkomitee geholfen hatten. Das empfahl ihn für unsere Behörde, und so haben wir ihn eingestellt.«

Der zweite MfS-Obrist, an dem sich die Bürgerrechtler

störten, war Oberstleutnant Bernd Hopfer. Er war schon bei der Stasi Bäckers wichtigster Mitarbeiter gewesen und wurde es in der Gauck-Behörde erneut. Seine Personalakte beim MfS enthielt ein Belobigungsschreiben für die Bearbeitung eines BRD-Bürgers wegen »staatsfeindlichen Menschenhandels, die zu dessen Inhaftierung führte«. Damit war die Verhaftung eines Fluchthelfers gemeint. Das allein wäre ein triftiger Grund gegen seine Einstellung gewesen. Außerdem galt er im Hinblick auf seine Recherchefähigkeiten gegenüber Bäcker als weniger wichtig. Dennoch wurde an Hopfer festgehalten. Bäcker, der an allen Fronten isoliert war, brauchte einen Vertrauten und bestand darum auf der Mitarbeit des alten Kollegen. Bei seinen ehemaligen MfS-Kameraden galt er als Verräter, der geschnitten wurde und Drohbriefe bekam, weil er seine Fähigkeiten in den Dienst der »Sieger« gestellt hatte.

Auch der Lebenslauf von Klaus Richter, ab Anfang 1992 Leiter des Referats Sonderrecherche, wies eine Besonderheit auf. Er war früher »Spionagelehrling« bei der Hauptverwaltung Aufklärung des MfS gewesen und sollte ausgebildet werden, um künftig für das MfS in der Bundesrepublik zu spionieren. Doch dann hatte er die Zusammenarbeit mit dem MfS von sich aus beendet. Der ehemalige Geschäftsführer von Bündnis 90/Grüne war ein Duzfreund von Joachim Gauck aus Volkskammertagen, wo er unter Tränen seine MfS-Vergangenheit offengelegt hatte. Der Sonderbeauftragte holte ihn dennoch in seine Behörde und vertraute ihm das sensible Sachgebiet »Sonderrecherche«, später »Spezialrecherche« an und machte ihn damit zum Chef von Bäcker und Hopfer. So entstand die skurrile Situation, dass drei Männer, deren Vergangenheit mehr oder weniger eng mit der Staatssicherheit verknüpft gewesen war, für die Aufgabe verantwortlich waren, die die größte gesellschaftliche

Relevanz hatte und auf das höchste Medieninteresse stieß: die Recherche und Erstellung von Gutachten im Fall prominenter Persönlichkeiten, die verdächtigt wurden, IM gewesen zu sein.

Die beiden ehemaligen Stasioffiziere hatten Zugang zu fast allen Akten und konnten sich unkontrolliert in den Archiven bewegen. Das führte zu jahrelangen Kontroversen. Im Juli 1993 machten Mitarbeiter der Behörde ihrem Unmut in einem offenen Brief Luft, der in der *Frankfurter Rundschau* abgedruckt wurde. Dass zweieinhalb Jahre nach Gründung der Behörde immer noch Stasimitarbeiter beschäftigt würden, mit unkontrolliertem Zugang zu Karteien und Akten, fanden sie unerträglich. Als noch schlimmer empfanden sie, dass diesen »in inhaltlichen Fragen [...] oftmals sogar die entscheidende Deutungskompetenz zugemessen« werde. Auch im Beirat der Gauck-Behörde wurde diese Tatsache hitzig und konfrontativ diskutiert. Vor allem Beiratsmitglied Jürgen Fuchs, Schriftsteller und DDR-Dissident, der 1975 als »Konterrevolutionär« und »Staatsfeind« vom Studium ausgeschlossen worden war, kritisierte Gauck in diesem Punkt unerbittlich, bis hin zur Aufforderung, Gauck und Geiger sollten ihre Meinung zu den ehemaligen MfS-Mitarbeitern korrigieren oder »von ihren Ämtern zurücktreten«. 1998 verließ Fuchs aus Protest gegen die Personalpolitik des Bundesbeauftragten den Beirat der Behörde.

Gauck fühlte sich durch die persönliche Kritik angegriffen und verletzt – und hielt an seinen Personalentscheidungen fest. Standfest wies er zehn Jahre lang alle Vorwürfe gegen die in seiner Behörde beschäftigten ehemaligen MfS-Mitarbeiter zurück. »Wir können auf ihre Spezialkenntnisse in bestimmten Abteilungen und im Archivwesen des MfS nicht verzichten, denn nicht selten gleichen die langwierigen

Forschungen im ungeordneten Material der sprichwörtlichen Suche nach der Stecknadel im Heuhaufen. Besonders bei komplizierten Überprüfungsfällen, bei der Interpretation aus unterschiedlichen MfS-Bereichen ist ihre Mitarbeit wichtig. Wir brauchen sie, um dem gesetzlichen Auftrag in ausreichender Qualität entsprechen zu können.«

Intern sagte er es weniger staatstragend: »Man kann sie nicht ausquetschen wie eine Zitrone und dann wegschmeißen.« Hansjörg Geiger formulierte es ähnlich: »Ich hielt es für unanständig, die Leute zu feuern, jetzt, wo man sie im Prinzip nicht mehr brauchte. Bäcker blieb jedoch für uns unersetzlich bis zum Schluss.« David Gill ist bis heute der gleichen Auffassung. »Ohne ihn hätten wir die Dinge nie gefunden.« Was die damalige Führung der Behörde nicht sagte: Gerd Bäcker war ihre Top-Quelle über das ehemalige Ministerium der Staatssicherheit schlechthin. Der ranghöchste Stasioffizier, der der Behörde als dauerhafter Informant zur Verfügung stand. Bäcker war viel mehr als nur ein Rechercheur. Er war der Schlüssel zur Kammer des Wissens über das MfS. Er war es gewesen, der bereits am 15. Januar den Zentralen Runden Tisch über die Existenz der OibE, ihre Aufgabenstellung und wo man sie zu suchen hatte, ausführlich informiert hatte. Und es war Bäcker, der die entscheidenden Informationen in den Fällen de Maizière, Stolpe und Gysi beschaffte, in denen keine eigentlichen IM-Akten mehr existierten. Ohne ihn wären die Lücken in den Archivbeständen, die die Vernichtungsaktionen der Stasi 1989/90 geschlagen hatten, nicht zu schließen gewesen.

Das Stasiunterlagengesetz

Um die endgültige gesetzliche Reglung, wie mit den Stasiunterlagen umgegangen werden sollte, wurde, auch in Anbetracht der ständigen spektakulären Enthüllungen, lange gerungen. Im April 1991 drohte Gauck sogar mit seinem Rücktritt, sollte das Aktengesetz nicht die historische und politische Aufarbeitung der Staatssicherheit gewährleisten, wie es ihm im Herbst 1990 in Bonn zugesagt worden war. Mehr als ein Jahr nach der Gründung der Behörde wurde das Stasiunterlagengesetz am 28. Dezember 1991 im Bundesgesetzblatt veröffentlicht. Erst damit bekam die von Gauck geführte Organisation endlich ihre gesetzliche Grundlage. Ihre offizielle Bezeichnung lautete: Die Behörde des Bundesbeauftragten für die Unterlagen des Staatssicherheitsdienstes der ehemaligen Deutschen Demokratischen Republik (BStU). Dieser Bandwurmname konnte sich nie durchsetzen. Schon bald nannte man die Behörde nur noch nach ihrem Chef: Gauck-Behörde. Intern lästerten ein paar Kritiker, die Abkürzung Gauck stehe für »Größte Aktenumwälzungsanlage unter Christlicher Kontrolle«. Der bisherige Sonderbeauftragte der Bundesregierung musste seine Visitenkarten wegwerfen. Mit Inkrafttreten des Stasiunterlagengesetzes mutierte er zum Bundesbeauftragten für die Unterlagen des Staatssicherheitsdienstes der ehemaligen DDR.

Das Erbe des Kraken

> *Er erfüllte die ihm zugedachte Rolle als Großinquisitor. Als Herr der Akten fand er justament immer dann ein belastendes Papier, wenn eines gebraucht wurde – mal gegen Stolpe, mal gegen Gysi, mal gegen Stefan Heym [...] Die Gauck-Behörde und die von ihr monopolistisch verwalteten Akten wurden systematisch zur Kriminalisierung der DDR und ihrer Protagonisten eingesetzt.*
> Ex-DDR-Ministerpräsident Hans Modrow

> *Um der Wahrheit die Ehre zu geben: Ich habe unter den Auseinandersetzungen mit den ewig Gestrigen nicht gelitten, sondern mit Lust und Freude für die Aufklärung gestritten.*
> Joachim Gauck

> *Die Angriffe auf ihn haben ihn gewurmt. Darauf hat er dann mit der Einstellung reagiert – jetzt erst recht.*
> Geigers Sekretärin Silvia Tzschentke

IM »Sekretär«

Die spektakulären Enthüllungen über die frühere IM-Tätigkeit von Spitzenpolitikern, die aus der ehemaligen DDR stammten, nahmen kein Ende. Das nächste politische Schwergewicht, das in den Verdacht geriet, als Inoffizieller Mitarbeiter tätig gewesen zu sein, war Manfred Stolpe, seit dem 1. November 1990 Ministerpräsident des Landes Brandenburg. Auch in seinem Fall wurde keine Akte oder Verpflichtungserklärung gefunden. Anders als Wolfgang Schnur, Ibrahim Böhme oder Lothar de Maizière trat Stolpe nicht von seinem Amt zurück. Im Januar 1992, gab der Ministerpräsident zu, »umfangreiche Gespräche« mit der Stasi geführt zu haben. Seine Begründung: Er habe im Auftrag der Kirche mit dem MfS kommuniziert, um »den SED-Staat durch seine eigenen Machtmittel zu überlisten«. Kirchliche Ziele sollten über den Umweg Staatssicherheit erreicht werden. Daraufhin setzte der brandenburgische Landtag einen Untersuchungsausschuss ein, der die Vorwürfe gegen Stolpe klären sollte. Die BStU wurde gebeten, zu diesem Zweck ein Gutachten zu erstellen. Gauck, der den Kirchenjuristen Stolpe seit den achtziger Jahren aus Gremien in der evangelischen Kirche kannte, hatte zunächst keinerlei Misstrauen gehegt. Noch im Sommer 1990, als Gauck zusammen mit anderen Bürgerrechtlern die Theodor-Heuss-Medaille verliehen worden war, wünschten sich die Preisträger, dass Stolpe die Laudatio halten sollte. Gauck: »Stolpe war doch einer unserer wichtigsten Protagonisten.«

Ende März 1992 lag das Gutachten der Gauck-Behörde vor. Es kam zum Ergebnis, dass Brandenburgs Ministerpräsident »nach den Maßstäben des MfS über einen Zeitraum von ca. 20 Jahren ein wichtiger IM im Bereich der evangelischen Kirche der DDR war«. Wie emotional und teilweise irrational die Debatte im Fall Stolpe geführt wurde, wird besonders deutlich an der Präsentation des Gutachtens vor dem Potsdamer Untersuchungsausschuss. Zwei Mitarbeiter der BStU fuhren die Untersuchungsergebnisse am 10. April nach Potsdam und übergaben sie dem Ausschussvorsitzenden Lothar Bisky. Die Akten waren in grüne Leinensäcke verpackt, die aus Beständen des MfS stammten und in der Behörde üblicherweise zum Aktentransport verwendet wurden. Im Anschluss an die Sitzung bezeichnete

36 Zeuge im Stolpe-Untersuchungsausschuss

das FDP-Ausschussmitglied Rosemarie Fuchs es als eine »Schweinerei« der Gauck-Behörde, dass die Unterlagen in einem unversiegelten »Campingbeutel« transportiert worden seien.

Der Fall Stolpe war ein Wendepunkt in der Aufarbeitung der Stasivergangenheit. Er polarisierte die Öffentlichkeit von Anfang an und war eine Steilvorlage für alle, die schon immer für ein Wegsperren der Akten gewesen waren. Nicht nur seine SPD-Parteifreunde solidarisierten sich mit Stolpe, sondern er erhielt Zuspruch aus allen Lagern. Die sozialdemokratischen Altbundeskanzler Willy Brandt und Helmut Schmidt gaben ebenso Ehrenerklärungen für ihn ab wie die FDP-Politiker Otto Graf Lambsdorff und Dietrich Genscher. David Gill, damals zuständig für die Öffentlichkeitsarbeit der Behörde, erinnerte sich, dass es Anfang der neunziger Jahre einen breiten Konsens der Unterstützung der Behörde gegeben habe, sowohl durch die Politik als auch in den Medien. »Ich hatte es relativ leicht. Der Rückhalt war lange Zeit groß. Erst mit Stolpe begann es, schwieriger zu werden.«

Bestärkt durch die Vielzahl der Solidaritätsadressen gelang es dem SPD-Politiker, von seiner eigenen Verstrickung abzulenken, indem er die Angriffe auf ihn in einen Ost-West-Konflikt umdeutete: »Das ist Plattmachen Ost. Seit dem Sommer 1991 soll Stolpe gezielt gestoppt werden«, behauptete er. Stolpe sprach damit vielen, deren Hoffnungen auf Teilhabe und materiellen Erfolg sich in den ersten Jahren nach der Wiedervereinigung nicht erfüllt hatten, aus dem Herzen. Prominente wie der Bürgerrechtler Friedrich Schorlemmer machten sich Stolpes Argumentation zu eigen. Der sprach von einer »Art Bürgerkrieg mancher Westdeutscher gegen die Ostdeutschen«. Seine Parteinahme gipfelte in der Aussage, Stolpe sei »der verlängerte Arm des Widerstandes gewesen«.

Zugleich richtete sich der Unmut über den Umgang mit Stolpe gegen Joachim Gauck, dem man vorwarf, er lasse sich von persönlichen Interessen leiten. Die PDS brandmarkte den Bundesbeauftragten als modernen Großinquisitor, der nach Gutdünken Karrieren beenden und Köpfe rollen lassen könne. Der Spiegel orakelte, Gauck gefalle sich einfach in seiner Rolle als eine der »umstrittensten Persönlichkeiten der deutschen Innenpolitik«. Tatsächlich agierte Gauck im Fall Stolpe emotionaler, als er es sonst tat. Zum einen fühlte er sich durch die geradezu hysterisch geführte öffentliche Debatte persönlich angegriffen. Zum anderen war er betroffen, dass er sich in dem Kirchenmann Stolpe getäuscht hatte. Geigers Sekretärin Silvia Tzschentke konnte sich gut erinnern. »Es war für ihn absolut klar, dass Stolpe ein IM war, das hat ihn berührt. Ansonsten war er nicht so verbissen, wenn es um IMs ging, sondern hat das von allen Seiten beleuchtet.« Ähnlich erinnerte sich auch Gaucks Referatsleiter Klaus Richter: »In diesem Fall hat Gauck sich persönlich eingebracht und unter anderem an entscheidenden Sitzungen der Textbearbeitung selbst teilgenommen.« Gaucks persönliches Engagement ging in diesem Fall so weit, dass Hansjörg Geiger seinen Behördenchef mahnte, sich in der Angelegenheit nicht zu stark zu exponieren, weil er Gefahr lief, über den gesetzlichen Auftrag der BStU hinaus zu agieren.

Für Gauck war klar: Ein Pakt mit dem MfS war unter allen Umständen ausgeschlossen, wenn man integer bleiben wollte. Wer sich heimlich mit der Stasi getroffen und ihr Informationen geliefert hatte, war damit selbst Teil des Unrechtssystems der DDR geworden. In seinen Augen disqualifizierte ein derartiges Verhalten den Betreffenden für die Übernahme eines öffentlichen Amts. Sei es als Ministerpräsident, sei es als Rektor einer Universität. Die Gegenposition Stolpes und seiner Anhänger war: Ja, natürlich, man durfte Kontakte zum MfS gehabt haben. Eventuell musste man das sogar, um seine Ziele gegenüber dem Staat durchsetzen zu können. Wer beispielsweise als Anwalt in einem politisch motivierten Verfahren etwas für seinen Mandanten erreichen wollte, konnte nach ihrer Auffassung gar nicht anders, als darüber mit der Stasi zu verhandeln. Ein solches Verhalten war keineswegs moralisch verwerflich gewesen, argumentierten sie. Und erst recht war es kein Grund, nach der Wiedervereinigung kein öffentliches Amt bekleiden zu können.

Erstmals zeigte sich am Fall Stolpe auch, dass die Rechtsprechung nicht in der Lage war, diesen gesellschaftspolitischen Konflikt zu lösen und für Rechtsfrieden zu sorgen. Während Wolfgang Schnur wegen seiner Stasibelastung noch zum Rücktritt gedrängt worden war und Lothar de Maizière sich freiwillig aus der Politik zurückgezogen hatte, hielt Stolpe an seinen Ämtern fest und versuchte mit Hilfe der Gerichte, die Stasivorwürfe aus der Welt zu schaffen. Im Herbst 1992 erhob Brandenburgs Ministerpräsident Klage vor dem Berliner Verwaltungsgericht, mit dem Ziel, Joachim Gauck verbieten zu lassen, ihn als IM zu bezeichnen. Am 3. Juni 1993 gaben die Richter Stolpe in diesem wichtigen Punkt recht. Sie untersagten Gauck, weiterhin zu behaupten, der SPD-Politiker sei nach Maßstäben des MfS ein wichtiger Inoffizieller Mitarbeiter gewesen. Dafür lägen trotz des Gutachtens der Gauck-Behörde keine ausreichenden Beweise vor. Der Bundesbeauftragte reagierte betroffen. »Manfred Stolpe hat in diesem Fall nicht die Wahrheit gesagt. In der Politik geht Derartiges nicht immer negativ aus.« Es war nach Gaucks Erinnerung der einzige Fall in seiner Amtszeit, in dem ihm gerichtlich untersagt wurde, eine Aussage zu wiederholen. Als er bei seinem Ausscheiden aus dem Amt im Jahr 2000 gefragt wurde, was seine bitterste Niederlage während seiner Amtszeit gewesen sei, nannte er nach längerem Nachdenken den Fall Stolpe. »Die Entscheidung des brandenburgischen Untersuchungsausschusses, Stolpe vom IM-Verdacht freizusprechen, war für mich und die Mehrheit meiner Beschäftigten nicht nachzuvollziehen.«

Die rechtlichen Auseinandersetzungen um Stolpe zogen sich über Jahre hin. Längst konnte der normale Bürger Dichtung und Wahrheit nicht mehr auseinanderhalten, als der Bundesgerichtshof am 16. Juni 1998 entschied, es dürfe behauptet werden, der brandenburgische Ministerpräsident habe im Dienst der Staatssicherheit gestanden. Sieben Jahre später hob das Bundesverfassungsgericht dieses Urteil auf und urteilte, dass eine Bezeichnung Stolpes als ehemaliger Stasimitarbeiter oder »Inoffizieller Mitarbeiter« nicht zulässig sei. Es war eine Never-ending-Story, die letztlich keine Klarheit brachte und beide Kontrahenten beschädigte. Stolpe konnte sich vom Vorwurf, IM gewesen zu sein, nie reinwaschen. Joachim Gauck verlor ein Stück Glaubwürdigkeit. Rückblickend meint David Gill: »Mit Stolpe, das hätte Gauck gerne anders gehabt. Unser Problem war, wie Stolpe mit dem Ganzen umgegangen ist. Im Zweifel hätte es ihm nicht so sehr geschadet, wenn er von Anfang an seine Zusammenarbeit mit dem MfS offengelegt hätte.«

IM »Notar«

Der nächste Spitzenpolitiker aus Ostdeutschland, der Anfang 1992 in den Verdacht geriet, unter den Decknamen »Gregor«, »Notar« und »Sputnik« dem MfS zugearbeitet zu haben, war Gregor Gysi, der Chef der Partei des Demokratischen Sozialismus, die der SED nachgefolgt war. Ihn traf der Vorwurf, als Rechtsanwalt namhafte Bürgerrechtler unter seinen Mandanten an das Mielke-Ministerium verraten zu haben. Gysi stritt wie Stolpe alles ab. »Hat mich die Stasi nicht zum IM gemacht, dann macht es Gauck auch nicht.« Auch im Fall Gysi zogen sich die juristischen Auseinandersetzungen um seine vermeintliche IM-Tätigkeit über viele Jahre hin. Das Ergebnis war ähnlich wie bei Manfred Stolpe. Gysi setzte sich regelmäßig vor den Gerichten durch, die Stasivorwürfe verstummten dennoch nie und frei machen davon konnte er sich bis heute nicht. Zuletzt ermittelte die Staatsanwaltschaft im Februar 2013 wegen falscher eidesstattlicher Erklärung im Hinblick auf seine angeblichen Stasikontakte gegen ihn.

Am 9. Februar 1995 beschloss der Immunitätsausschuss des Deutschen Bundestages, die Stasivorwürfe gegen den PDS-Abgeordneten zu klären. Wieder wurde bei der BStU ein Gutachten in Auftrag gegeben. Die Expertise der Gauck-Behörde kam zum Ergebnis, »dass Gysi als Rechtsanwalt von Oppositionellen die Interessen des MfS mit durchzusetzen half und mandantenbezogene Informationen an das MfS weitergab«. Das vierundvierzigseitige Gutachten hatte einen umfangreichen Dokumentenanhang: Gesprächsprotokolle, Treffberichte und das Arbeitsbuch des für Gysi zuständigen Führungsoffiziers. Die Möglichkeit, dass Gysi von der Stasi lediglich »abgeschöpft« worden sei, schloss die Gauck-Behörde aus, zumal das MfS den Juristen mehrfach mit Geld belohnt hatte. Der Spiegel spekulierte bereits über das Ende von Gysis politischer Karriere. Doch es sollte anders kommen.

Die Rechercheergebnisse und weiteres internes Material aus der Gauck-Behörde wurden noch im Entwurfsstadium öffentlich bekannt. Erneut gab es ein Leck beim Bundesbeauftragten. Gysi konnte so belegen, dass das Gutachten während seiner Entstehung mehrfach redaktionell bearbeitet und dabei zu seinen Ungunsten verschärft worden war. Der clevere Anwalt ging zum Gegenangriff über. Das Gutachten sei »manipuliert« worden und »schlampig« erstellt, behauptete er. Die Behörde verfolge offensichtlich das Ziel, ihn »aus der Politik zu drängen«. Gysis Parteifreunde tobten. »Gauck nutzt seine Möglichkeiten, um von ihm als solche erkannte Feinde zu bekämpfen, nach Möglichkeit zu vernichten. Der Versuch, Gregor Gysi [...] im Rahmen des Überprüfungsverfahrens des Bundestages beruflich und politisch zu zerstören, ist ein Beispiel.«

37 Der Bundesbeauftragte 1998 in seinem Amtssitz

In Verdacht, die behördeninternen Informationen weitergegeben zu haben, geriet Bernd Hopfer, einer der beiden ehemaligen Stasioffiziere in der Arbeitsgruppe Sonderrecherche, die Gauck seit Jahren immer wieder gegen alle Angriffe verteidigt hatte. Ein Beweis für den angeblichen Verrat Hopfers konnte jedoch nicht geführt werden. Gauck verzichtete sowohl auf eine Strafanzeige gegen Hopfer als auch auf dessen Entlassung. Das Prozessrisiko erschien zu hoch. Hansjörg Geiger urteilte rückblickend zur Beschäftigung von Hopfer in der Behörde: »Hopfer war ein Fehler. Als Bäcker von dem angeblichen Verrat von Hopfer erfuhr, war er entsetzt.« »Bäcker hat mit seinem einstigen Freund und Genossen Hopfer wegen des doppelten Vertrauensbruches ihm selbst und der Behörde gegenüber von da an kein Wort mehr gesprochen«, bestätigte Klaus Richter.

Auch an diesem Fall zeigte sich, dass das Festhalten an den beiden ehemaligen MfS-Offizieren ein politischer Fehler von Joachim Gauck war. Zugegeben: Mit hoher Wahrscheinlichkeit wäre Lothar de Maizière, Manfred Stolpe und Gregor Gysi ihre Nähe zum MfS ohne die Mitarbeit von Gerd Bäcker nie nachzuweisen gewesen. Die Rechercheergebnisse von Bäcker und Hopfer beeinflussten die politischen Karrieren der drei genannten Spitzenpolitiker maßgeblich. Doch der Zweck heiligt nicht alle Mittel. Für die mit Hilfe der ehemaligen MfS-Offiziere gewonnenen Erkenntnisse war ein hoher Preis zu bezahlen. Die öffentliche Kritik an der Beschäftigung von Bäcker und Hopfer sollte nie verstummen und beschädigte die Glaubwürdigkeit der BStU massiv. Noch 2012 kritisierte der neue Bundesbeauftragte Roland Jahn die Beschäftigung ehemaliger Stasiangehöriger als einen »Schlag ins Gesicht der Opfer«.

Als 2006 in der *Welt* erstmals über das volle Ausmaß der Beschäftigung ehemaliger Stasimitarbeiter in der Behörde berichtet wurde, war die Resonanz so enorm, dass sich der Beauftragte der Bundesregierung für Kultur und Medien, Bernd Neumann, genötigt sah, ein »Gutachten über die Beschäftigung ehemaliger MfS-Angehöriger bei der BStU« in Auftrag zu geben. Die Verfasser kamen zum Ergebnis, dass sowohl an der Einstellung der MfS-Archivkräfte und

Rechercheure nichts zu beanstanden war als auch an der Übernahme der Wachkräfte der Behörde aus dem MfS. Das Gutachten kritisierte allerdings Gaucks Kommunikationspolitik: »Jahrelang hatte die Behörde, auch unter Gauck, bewusst falsche Angaben über das Ausmaß der Beschäftigung von Stasileuten in der Behörde gemacht. [...] Es scheint, als ob von Beginn an nicht die Weitervermittlung von ›Herrschaftswissen‹ gefragt, sondern die langfristige Bindung ehemaliger MfS-Angehöriger – aus welchen Gründen auch immer – das Ziel ihrer Beschäftigung war. [...] Das Verschweigen der ehemaligen MfS-Personenschützer, der früheren Zeitsoldaten des MfS-Wachregiments und der IM kann als bewusste Irreführung von Parlament und Öffentlichkeit betrachtet werden.«

Außerdem bemängelten die Gutachter: »Nahezu alle ehemaligen MfS-Bediensteten hatten in den ersten Jahren des Aufbaus der Behörde [...] die Möglichkeit des Missbrauchs. Sie konnten Akten vernichten, verstellen oder herausschmuggeln, denn sie hatten [...] zum Teil ungehinderten und unbeaufsichtigten Zugang zu erschlossenem, aber auch zu unerschlossenem Material.« Gauck war diesem Vorwurf während seiner Amtszeit immer entgegengetreten. »Diese ehemaligen Stasi-Mitarbeiter haben aber nicht die Möglichkeit, eigenständig mit den Akten zu arbeiten oder gar Manipulationen vorzunehmen. Wir sind uns bei diesen Kollegen auch sicher, dass sie derartige Manipulationsversuche nicht vornehmen würden, wenn sie Gelegenheit dazu hätten.« Doch der Fall Hopfer war nicht der einzige, in dem sich Gauck in dieser Hinsicht irrte. 1992 versuchte ein ehemaliger Stasimajor, der im Archiv beschäftigt war, MfS-Akten aus der Behörde zu schmuggeln und an den Verfassungsschutz zu verkaufen. Er wurde nach seiner Festnahme am 29. Juni 1992 fristlos gekündigt und am 24. November desselben Jahres vom Amtsgericht Tiergarten wegen Verwahrungsbruch zu einer Freiheitsstrafe von sechs Monaten auf Bewährung verurteilt.

Der Fall Knabe

Ende der neunziger Jahre kam es noch einmal zu einem Konflikt zwischen Gauck und einem seiner Mitarbeiter, ähnlich wie zu Anfangstagen mit den Historikern Wolle und Mitter. Diesmal war es der Historiker Hubertus Knabe, dem es schwerfiel, den rechtlichen Rahmen, den das Stasiunterlagengesetz für die Nutzung der Akten vorgab, zu akzeptieren. Knabe war 1991 einer von zwei Co-Autoren von Gaucks erstem Buch »Die Stasi-Akten. Das unheimliche Erbe der DDR« gewesen und arbeitete seit 1992 in der Forschungsabteilung der BStU. Der Leiter der Abteilung Sonderrecherche, Klaus Richter, erinnerte sich an ihn: »Knabe hatte sich schon vorher als schwieriger Mitarbeiter erwiesen, den sein unmittelbarer Vorgesetzter entlassen wollte. Doch Gauck hatte sich vor Knabe gestellt.«

Jetzt arbeitete der Forscher an einer Studie zur »West-Arbeit« des MfS, die 1999 in der Schriftenreihe der Behörde veröffentlicht werden sollte. Als die Arbeit fertig war, sorgte der Autor dadurch für Wirbel, dass er ankündigte, sein Buch unter dem Titel »Die unterwanderte Republik« mit erweitertem Inhalt gleichzeitig in einem anderen Verlag zu veröffentlichen. Das amtliche Werk der Gauck-Behörde sei mehrfach zensiert worden, begründete er diesen Affront gegenüber seinem Arbeitgeber. Knabe wollte nicht akzeptieren, dass Erkenntnisse, die er aus seiner Arbeit mit den Akten gewonnen hatte, in der Behördenbroschüre teilweise nicht veröffentlicht werden sollten. Als behördeninterner Forscher konnte Knabe in alle Akten samt darin enthaltener Personendaten sehen, die für externe Forscher nach den Regeln des Stasiunterlagengesetzes nicht zugänglich waren. Mit seiner Parallelveröffentlichung unterlief Knabe das Stasiunterlagengesetz. David Gill kritisierte dieses Vorgehen. »Er hat der ganzen Konstruktion einen Bärendienst erwiesen.« Peter Busse, der Nachfolger von Hansjörg Geiger, sprach von einem »großen Schaden nach innen und außen«. Der Bundesbeauftragte entzog Knabe daraufhin seinen Posten als kommissarischer Sachgebietsleiter der Forschungsabteilung. Bald darauf verließ Knabe seinen Arbeitgeber und wurde 2001 wissenschaftlicher Direktor der Gedenkstätte Berlin-Hohenschönhausen im ehemaligen zentralen Untersuchungsgefängnis der Staatssicherheit.

Der Vorgang ist deshalb bemerkenswert, weil er zeigt, wie sehr Gauck als Behördenchef immer wieder in die öffentliche Kritik geriet, ohne dass ihn dabei ein persönliches Verschulden traf. Allein die Tatsache, dass er einem seiner Mitarbeiter unter Hinweis auf die Gesetzeslage die Veröffentlichung bestimmter Informationen untersagte, führte zu einem Proteststurm gegen die Behörde und ihren Leiter. Hier werde ein guter Rechercheur kaltgestellt, behaupteten die Kritiker des Bundesbeauftragten, ein Mann, der für die Forschung unverzichtbar sei. Prominente Bürgerrechtler und Politiker solidarisierten sich mit Knabe. Der damalige Ministerpräsident von Mecklenburg-Vorpommern, Harald Ringstorff, glaubte zu wissen, dass die BStU die Erforschung der Stasitätigkeit in Westdeutschland behindere. Am besten wäre es daher, der Behörde den Forschungsetat zu kappen. Gauck konnte es schlechterdings nicht allen gesellschaftlichen Kräften recht machen – immer wieder saß er zwischen allen Stühlen.

Der Fall Kohl

In seinem letzten Amtsjahr geriet Gauck noch einmal unvermutet in die Schlagzeilen. Diesmal ging es um Helmut Kohl. Im Frühling 2000 untersuchte ein parlamentarischer Untersuchungsausschuss den illegalen Umgang des Ex-Kanzlers mit Parteispenden. In diesem Zusammenhang forderte der Ausschuss von der BStU Telefonmitschnitte an, die die Hauptabteilung Aufklärung der Stasi tausendfach von Gesprächen bundesdeutscher Politiker erstellt hatte und die der Vernichtung entgangen waren. Wie es der damaligen Behördenpraxis und herrschenden Rechtsauffassung entsprach, sagte der Bundesbeauftragte zu, das gewünschte Material zu liefern. Zehn Jahre nach der Wende erhitzten sich erneut die Gemüter. Angela Merkel, damals CDU-Generalsekretärin, bedrängte Gauck gemeinsam mit CDU-Juristen, die fraglichen Dokumente nicht herauszugeben. Gauck beharrte auf seiner Rechtsauffassung.

Die Linken pochten dagegen auf Gleichbehandlung. »Gleiches Recht für alle«, forderte Manfred Stolpe, »wenn zehn Jahre lang die Ossis mit Hilfe der Papierfetzen zum Teil in unfairer und ungerechter, die Menschwürde verletzender Weise behandelt wurden, muss das jetzt auch so ausgehalten werden von denen, die von der Biografie her an anderer Stelle gesessen haben.«

Der »Kanzler der Einheit« war empört. So habe er sich das nicht vorgestellt mit dem Stasiunterlagengesetz, teilte er Gauck am Telefon mit. Er klagte gegen die Herausgabe der angeforderten Unterlagen durch die BStU. Das Verwaltungsgericht Berlin gab ihm recht und entschied, dass ohne Kohls Einwilligung seine personenbezogenen Daten nicht veröffentlicht werden durften. Bald darauf empfing Kohl den Bundesbeauftragten im Bonner Kanzleramt. Er wollte

Gauck damit signalisieren, dass die Auseinandersetzung nichts Persönliches war. Gauck erinnerte sich: »Er trug die Strickjacke, die schon so viele Besucher vor mir beeindruckt hatte. Er sprach über sich, ich sprach über mich, es dauerte länger als geplant. Er wollte mir offensichtlich ein Friedenssignal geben. Ich war beruhigt.« Der Bundestag nahm den Vorgang zum Anlass, das Stasiunterlagengesetz im Jahr 2002 erneut zu ändern. Mit dieser Novellierung sollte sichergestellt werden, dass Informationen über Personen der Zeitgeschichte, Inhaber politischer Funktionen und Amtsträger in bestimmtem Umfang auch ohne deren Einwilligung durch die BStU zugänglich gemacht werden durften. Zu diesem Zeitpunkt war Joachim Gauck bereits aus der Behörde ausgeschieden.

Eine Männerfeindschaft

Im Fall Kohl hatte sich wieder einmal Peter-Michael Diestel, Gaucks Gegner aus Volkskammertagen, zu Wort gemeldet und den Bundesbeauftragten attackiert. »Charakterlump nannte man früher jemanden, der sich borniert, undankbar und selbstsüchtig gegen die wendet, die ihn einst förderten.« Diestel hatte nie aufgehört, seinen Kontrahenten aus Volkskammertagen anzugreifen, wenn sich dazu eine Gelegenheit bot. Als der Bundesbeauftragte Anfang 1991 mit dem Vorwurf konfrontiert worden war, er sei selbst IM gewesen, war sein alter Gegenspieler sofort zur Stelle. »Absetzen, er ist überfordert«, ließ Diestel sich von SUPERillu zitieren. In der Auseinandersetzung um Manfred Stolpe hatte der letzte DDR-Innenminister Partei für den brandenburgischen Ministerpräsidenten ergriffen und dessen Argumentation aufgenommen, dass es offenbar darum gehe, die Ostdeutschen »plattzumachen«. Im Januar 1994 behauptete Diestel im *Neuen Deutschland*, über Gauck existiere ein IM-Vorlauf, die Stasi habe also geplant, Gauck als IM anzuwerben. Als Beweis führte Diestel, mittlerweile ein erfolgreicher Anwalt, erneut das Terpe-Protokoll aus dem Jahr 1988 an. Der Bundesbeauftragte erwirkte daraufhin eine einstweilige Verfügung gegen seinen Dauergegner. Diestel und dem *Neuen Deutschland* wurden ihre Behauptung untersagt.

Im Mai 2000 meldete Diestel sich erneut zu Wort. Wieder diente ihm das Neue Deutschland als Sprachrohr. Als IM durfte er Gauck nicht bezeichnen, dass ein IM-Vorlauf über den Bundesbeauftragten angelegt worden sei, auch nicht behaupten. Also versuchte er es mit einer neuen Formulierung, diesmal bezeichnete er Gauck als »Begünstigten« der Staatssicherheit. Diestels jüngste Argumentation: »Den Begriff Täter oder Opfer gibt es nach dem Stasi-Unterlagengesetz nicht. Aber Herr Gauck ist in klassischer Weise – und diesen Begriff gibt es im Gesetz – ein Begünstigter durch die Staatssicherheit. Er hat das seltene Privileg genossen, dass er mit Unterstützung eines Stasi-Anwaltes, des allgemein bekannten Anwalts Wolfgang Schnur, seine Kinder in den Westen reisen lassen konnte. Herr Gauck durfte erleben, dass seine Kinder, nachdem sie mit Unterstützung der Stasi ausreisen durften, auch wieder einreisen konnten. Vergleichbares gibt es nur selten.« In der Tat konnte Diestel sich formaljuristisch auf das Stasi-Unterlagengesetz stützen. Dort war definiert: »Begünstigte sind Personen, die 1. vom Staatssicherheitsdienst wesentlich gefördert worden sind, insbesondere durch Verschaffung beruflicher oder sonstiger wirtschaftlicher Vorteile […]«

Ein weiteres angebliches »Privileg«, das damals ins Feld geführt wurde, um die These zu stützen, Gauck sei ein Begünstigter der Staatssicherheit gewesen, war der VW-Bus, den Gauck in den achtziger Jahren in Rostock gefahren hatte. Der Besitz eines solchen Fahrzeuges war für einen DDR-Bürger mehr als ungewöhnlich, er war eine Sensation. Aus Gaucks Stasiakte geht jedoch zweifelsfrei hervor, dass es sich bei dem Bus um ein Geschenk aus West-Berlin handelte und nicht um eines der Stasi. »Operativ zu beachten ist, dass ›Larve‹ 1985 von dem Pastor der Dreifaltigkeitskirche in Steglitz/WB einen VW-Bus als Geschenksendung erhalten hat. Gaucks Schwester Sabine hatte Anfang der 80er Jahre Kontakt zu einem West-Berliner Diakonieverein aufgenommen, um ›Larve‹ bzw. der Kirchgemeinde Rostock-Evershagen ein Kfz zukommen zu lassen. Den VW-Bus sollte ›Larve‹ persönlich erhalten. Um ihn zollfrei einführen zu können, wurde die Kirchgemeinde als Empfänger genannt.«

Gauck war über diesen Angriff auf seine Integrität erschüttert. »Dieser Vorwurf hat ihn sehr betroffen gemacht. Er war extrem angegriffen«, erinnerte sich sein damaliger Rechtsanwalt Johannes Weberling. Erneut ging der Bundesbeauftragte juristisch gegen die »ehrverletzenden Behauptungen« seines Intimfeindes vor. Wieder erwirkte er eine Unterlassungserklärung. Doch im Widerspruchsverfahren setzte sich zunächst Diestel durch. Er präsentierte acht eidesstattliche Versicherungen zur Untermauerung seiner Behauptung, Gauck sei ein »Begünstigter der Staatssicherheit« gewesen. Überwiegend handelte es sich dabei um ehemalige hauptamtliche oder Inoffizielle Mitarbeiter des MfS. Allen voran der ehemalige IM Wolfgang Schnur und der ehemalige Stasihauptmann Wolfgang Terpe. Die Richter entschieden, dass man Gauck weiterhin einen »Begünstigten« nennen dürfe. Gauck ging in die Berufung. Knapp ein Jahr später, am 26. März 2001 trafen sich Gauck und Diestel im Anschluss an die Berufungsverhandlung vor dem

Oberlandesgericht Rostock auf Anregung des Gerichts zu einem Vergleichsgespräch in Berlin und einigten sich darauf, ihren Rechtsstreit in der Hauptsache zu beenden. Das Oberlandesgericht Rostock legte im Anschluss daran Diestel die vollen Verfahrenskosten beider Instanzen auf, ein Indiz dafür, dass er ohne das Vergleichsgespräch in dem Rechtsstreit wohl unterlegen gewesen wäre. Wolfgang Schnur wurde im Nachklang wegen Abgabe einer falschen eidesstattlichen Versicherung strafrechtlich zur Verantwortung gezogen. Über seinen langjährigen Widersacher sagt Diestel heute: »Gaucks Leben in der DDR war ehrenwert und legitim. Er verhielt sich wie jeder, der in einer Diktatur lebt und sich mit ihr arrangieren muss.« Was Diestel Gauck dagegen auch heute noch vorwirft: »Er hat dazu beigetragen, dass das Land gespalten bleibt, dass die Stasileute dauerhaft ausgegrenzt werden bis heute. Er trägt Mitschuld daran, dass es eine Art Nebengerichtsbarkeit gibt. Für die Wiederintegration ehemaliger Stasimitarbeiter hat er nichts getan.«

Ehrungen

Trotz aller Anfeindungen, Schmähungen und juristischen Auseinandersetzungen – Joachim Gauck machte seine Sache als Chef der Stasiunterlagenbehörde gut. Als seine erste Amtszeit als Bundesbeauftragter 1995 zu Ende ging, stand außer Frage, dass ihn der Bundestag erneut für fünf Jahre im Amt bestätigen würde. Einzig die PDS stimmte gegen seine Wiederwahl am 25. September 1995, so wie sie immer gegen ihn stimmte. Der Herr über die Stasiakten war da längst zur Ikone geworden und sein Name beinahe ein Synonym für das Aktenerbe der Stasi. In der Bevölkerung genoss der Bundesbeauftragte hohe Popularität, und meist begegneten ihm die Menschen mit offener Sympathie. Klaus

Richter erlebte das eindrucksvoll bei einer gemeinsamen Fahrt mit Gauck in seine alte Heimatstadt Plauen, wo eine Veranstaltung aus Anlass des zehnten Jahrestages des Mauerfalls stattfand. Gauck saß im Podium des Stadttheaters von Plauen. Die Stimmung war aufgewühlt. Offenbar verkannten einige der Anwesenden Gaucks Rolle als Behördenchef. Von den Zuhörern rief jemand in gepflegtem Vogtländisch: »Herr Gauck, räumen Sie mit den roten Socken im Rathaus auf!« Klaus Richter hatte den Eindruck: »Wenn Gauck in dieser Situation gesagt hätte, lasst uns jetzt das Rathaus stürmen, wären ihm zweifellos viele Plauener gefolgt.« Natürlich wirkte Gauck dann beruhigend auf die Menge ein.

Verehrt von einer großen Mehrheit, geschmäht von einer Minderheit, wurde Gauck während seiner zehnjährigen Amtszeit mit Ehrungen und Preisen überhäuft. Schon 1991 hatte er zusammen mit anderen die Theodor-Heuss-Medaille verliehen bekommen, stellvertretend für »die friedlichen Demonstranten des Herbstes 1989 in der damaligen DDR«. Fünf Jahre später bekam er den Hermann-Ehlers-Preis, eine Medaille, die an Bürger vergeben wird, die »sich um die freiheitlich-demokratische Grundordnung in Deutschland verdient gemacht« haben. Es folgte der Hannah-Arendt-Preis (1997) und zwei Jahre später steuerte Ungarn die erste ausländische Auszeichnung bei, die Imre-Nagy-Gedenkplakette. Am 9. November 2009 durfte Gauck im Rahmen des Festaktes im Deutschen Bundestag zum zehnten Jahrestag des Mauerfalls als Repräsentant der ostdeutschen Bürgerrechtsbewegung sprechen. In seiner Rede prägte er einen Satz, der berühmt werden sollte: »Wir haben vom Paradies geträumt und wachten auf in Nordrhein-Westfalen.« Das Protokoll verzeichnete Heiterkeit.

Da für die Leitung seiner Behörde gesetzlich nur zwei Amtszeiten vorgesehen waren, räumte Gauck seinen Platz

38 Mit seiner Nachfolgerin Marianne Birthler

als Behördenchef am 10. Oktober 2000 für seine Nachfolgerin Marianne Birthler. Zuvor hatten einflussreiche Politiker wie Innenminister Otto Schily und Oppositionschef Wolfgang Schäuble erwogen, Gauck mit einer Gesetzesänderung auch über das Jahr 2000 hinaus an der Spitze der Behörde wirken zu lassen. Man fragte ihn an, ob er bereitstünde. Gauck dachte nach, zögerte wie eh und je vor wichtigen Entscheidungen und lehnte das Angebot schließlich mit der Begründung ab: »Wegen einer Personalie ändert man ein gutes Gesetz nicht.« Ein anderes Mal sagte er: »Ich sah den Nutzen nicht.« Zehn Jahre als Chef der BStU waren ihm genug. Er hatte sich als erster Bundesbeauftragter unsterblich gemacht und an der Geschichte des wiedervereinigten Deutschlands mitgeschrieben. Mehr ging nicht. Gauck entschied sich zu gehen.

Im Jahr seines Ausscheidens aus dem Amt überschlugen sich die Preisverleiher geradezu. 2000 wurde Gauck mit dem Dolf-Sternberger-Preis, dem Wartburgpreis und dem

Cicero-Rednerpreis für Förderung der Redekultur geehrt. Der Bundespräsident verlieh ihm das Große Verdienstkreuz mit Stern der Bundesrepublik Deutschland. Noch einmal richteten sich die Kameras und Mikrophone auf den Bundesbeauftragen, und die Journalisten würdigten ihn in großen Porträts. Gauck beschrieb die Aufmerksamkeit und die Ehrungen, die ihm zuteilwurden mit einem von ihm oft genutzten Bild: »Es war Oktober, die Zeit des Erntedankfestes in der Kirche. [...] ich fühlte wie einst: ›Die Ernte war groß‹.« Schließlich verabschiedete er sich in einer Rundreise von den Mitarbeitern der fünfzehn Außenstellen der BStU – und war Privatmann.

Was bleibt?

Joachim Gauck hat in seinen zehn Jahren an der Spitze der BStU bewundernswerte Arbeit geleistet. Aus dem Nichts baute er eine Dreitausend-Mann-Behörde auf und machte sie in kurzer Zeit arbeitsfähig. Sicher im Auftreten, selbstbewusst bis zur Arroganz, nie um eine Antwort verlegen, gelegentlich mit pastoralem Zungenschlag entwickelte er sich vom unerfahrenen Behördenleiter zur international anerkannten moralischen Instanz bei der Aufarbeitung des Stasierbes. Als Bundesbeauftragter setzte er sich beharrlich und erfolgreich gegen starke Kräfte und Akteure zur Wehr, die einen anderen Umgang mit den Stasiakten forderten, als der Gesetzgeber das vorgesehen hatte.

Der Zweck, weswegen die Behörde geschaffen worden und was eine der Hauptforderungen der Revolutionäre im Herbst 1989 gewesen war, wurde schließlich erreicht: die Öffnung der Akten für die heimlich von der Stasi observierten und politisch Verfolgten. Im Ergebnis konnten hunderttausend Opfer Klarheit über bestimmte Ereignisse in ihrem Leben gewinnen. Wer sie hintergangen und verraten hatte. Wer Freund und wer Verräter gewesen war. Endlich konnten sie nach Jahren verstehen, wer damals den Schulverweis betrieben hatte oder warum ihnen ihr Wunschberuf verwehrt geblieben war. Wer für Schikanen am Arbeitsplatz gesorgt hatte und warum sie keinen beruflichen Erfolg gehabt hatten. Woran Freundschaften und Ehen zerbrochen waren. Im schlimmsten Fall, warum sie jahrelang in Haft gesessen hatten.

Schließlich: Die historische und publizistische Aufarbeitung der deutschen Nachkriegsgeschichte war in ganz anderer Weise möglich, als dies ohne die Gründung der BStU der Fall gewesen wäre. Gauck selbst bewertete seine Tätigkeit als Behördenchef: »Im Rückblick scheint mir unsere Lösung trotz aller Turbulenzen, Einschränkungen und Fehler doch gelungen. Wir haben den Opfern ihre Würde zurückgegeben, Rehabilitierungen und Entschädigungen ermöglicht, wir haben einen relativ weitgehenden Elitenwechsel in Politik und Gesellschaft erreicht, einen Teil der Schuldigen und Verantwortlichen an den Rand gedrängt, einige wenige auch bestraft.«

Bei alldem bewies Gauck ein bemerkenswertes Stehvermögen. Kein anderer Behördenchef stand in den neunziger Jahren so in der öffentlichen Kritik, die oft die Grenze zur Anfeindung überschritt, wie der Leiter der BStU. Viele andere an seiner Stelle hätten vorzeitig aufgegeben und wären vom Amt des Bundesbeauftragten zurückgetreten. Gauck hielt zehn Jahre lang ohne sichtbare Blessuren durch.

Mängel der Stasiaufarbeitung

Der Bundesbeauftragte löste seine schwierige Aufgabe also gut. Unabhängig davon gab es aber bei der Aufarbeitung der Erblast der Staatssicherheit auch eklatante Mängel zu beklagen. Der erste war, dass man nach der Wende die »Kleinen hängte und die Großen laufen ließ«. Die Tätigkeit als IM wurde im vereinigten Deutschland jahrzehntelang in hunderttausenden von Fällen verfolgt und mit Sanktionen belegt. Hauptsächlich dadurch, dass der Betreffende seinen Arbeitsplatz verlor oder indem man ihn gesellschaftlich ächtete. Die politisch für das flächendeckende Spitzelsystem verantwortlichen SED-Funktionäre mussten dafür keine Verfolgung befürchten. Joachim Gauck war sich über dieses Defizit bei der Vergangenheitsbewältigung vollkommen im Klaren. »Von heute aus betrachtet wäre es politisch wohl eher angemessen gewesen, die Führungselite der SED gleichzustellen mit den Stasioffizieren und den IM. Ich finde es bedauerlich, dass Mitglieder von SED-Kreis- und Bezirksleitungen sowie des Zentralkomitees nach der Wiedervereinigung weit bessere Karrierechancen hatten als der kleine IM. Das stellt die Fürsten von einst unverdientermaßen besser als die Bauern – ein politischer Fehler.«

Schon als Volkskammerabgeordneter und mehrfach danach hatte Gauck eine strafrechtliche Verfolgung der alten SED-Eliten gefordert, sich damit aber nicht durchsetzen können. Ende 1991 unterstützte er einen umstrittenen Vorschlag aus dem Bürgerrechtslager für diejenigen SED-Politiker, die in besonderer Weise für das DDR-Unrechtsregime verantwortlichen waren, ein Tribunal zu schaffen. Wer für die schlimmen Folgen der DDR-Diktatur verantwortlich gewesen sei, argumentierte Gauck, dem müsse dies auch bescheinigt werden. Auch wenn eine solche Feststellung strafrechtlich nicht relevant sei, müsse sie im Bewusstsein der Bürger den gleichen Wert haben wie ein Urteil in einem Strafprozess. Gedankliches Vorbild dieses Vorstoßes waren sogenannte »Wahrheitskommissionen«, wie die Rettig-Kommission in Chile oder die Vorläufer der Wahrheits- und Versöhnungskommission in Südafrika. Mit dieser Idee blieben Gauck und die Initiatoren allein.

Das zweite Problem war die unterschiedliche »Verfolgung« der IM in der Bundesrepublik und in der DDR. Auch den westdeutschen Staat hatte die Stasi intensiv bearbeitet. Während frühere Schätzungen von bis zu dreißigtausend IM ausgingen, die für das MfS in der Bundesrepublik tätig gewesen sein sollten, wird derzeit eine Größenordnung von nur dreitausend für möglich gehalten. Zuständig für die IM in der Bundesrepublik war die Hauptverwaltung Aufklärung (HVA) des MfS. Im Gegensatz zu allen anderen Teilen des Ministeriums für Staatssicherheit hatte der Zentrale Runde Tisch der DDR der HVA am 23. Februar 1990 erlaubt, sich selbst aufzulösen. In der Folge wurde deren Aktenbestand fast vollständig vernichtet. Das war der Hauptgrund, warum es später nur in Ausnahmefällen gelang, IM, die in der Bundesrepublik tätig gewesen waren, zu enttarnen. Auch dieser Ungerechtigkeit versuchte Gauck, so gut er konnte, entgegenzuwirken. Etwa indem er im Oktober 1991 vorschlug, dass sich die Abgeordneten des Deutschen Bundestages freiwillig auf eine mögliche Zusammenarbeit mit dem ehemaligen MfS überprüfen lassen sollten. Das brachte dem damaligen Sonderbeauftragten viel Unmut ein, weil viele Parlamentarier seinen Vorstoß als Zumutung empfanden. Auch in diesem Punkt gelang es Gauck nicht, sich durchzusetzen.

Ein weiterer Mangel im Umgang mit dem Stasi-Erbe war, dass in nicht wenigen Fällen allein aufgrund der Etikettierung als IM durch die Arbeitgeber Kündigungen ausgesprochen wurden, ohne dass die gebotene Einzelfallabwägung stattfand. Also ob der Betreffende persönliche Schuld auf sich geladen hatte, ob er vielleicht von der Stasi erpresst worden war, als IM tätig zu werden, oder ob er denjenigen, über die er berichtet hatte, Schaden zugefügt hatte. Der Bundesbeauftragte wandte sich regelmäßig gegen eine pauschale Verurteilung von IM, etwa indem er darauf verwies, dass bei den Stasizuarbeitern »[...] der Grad der Hilfsbereitschaft sehr unterschiedlich war und dass man oftmals auch spürt, dass hier nur aus Angst oder einer Drucksituation heraus mitgearbeitet wurde. Man kann da sehr wohl unterscheiden.« Ein anderes Mal sagte er: »[...] auch die Inoffiziellen Mitarbeiter der Stasi können nicht pauschal als Täter abgestempelt werden, denn unter ihnen gab es nicht wenige Menschen, die immer Gegner des SED-Regimes gewesen waren und die nur aufgrund besonderer Druck- und Krisensituationen ihre Unterschrift gegeben oder ja zu einer Mitarbeit gesagt haben. In jedem Einzelfall ist daher sorgfältig zu untersuchen, warum wer was der Stasi berichtet hat.« Als 1991 bei der Berliner Straßenreinigung (BSR) achtundsechzig durch ihre Stasivergangenheit belastete Straßenkehrer mit der Begründung entlassen wurden: »Wir sind ein sauberes Unternehmen, wollen unseren guten Ruf nicht verlieren«, protestierte Gauck bei einer Podiumsdiskussion gegen dieses pauschale Vorgehen und erklärte, dass durch die Aufarbeitung der Stasivergangenheit die Bürger der ehemaligen DDR neues Vertrauen in den öffentlichen Dienst gewinnen sollten. Gauck weiter: »Ich akzeptiere aber nicht, dass eine ›saubere Straßenreinigung‹ dabei herauskommt.«

Privatier

Ich werde unangemessen geliebt, und ich werde unangemessen gehasst.

Joachim Gauck

Es hat mir dazu verholfen, ein Stück näher zu mir zu kommen, zu meinen Gefühlen, auch zu meiner verdeckten, verborgenen Trauer über ein Leben in Unfreiheit.

Joachim Gauck über sein Buch
»Winter im Sommer – Frühling im Herbst«

Freunde

Mit seinem Ausscheiden aus dem Amt gewann der Sechzigjährige ein großes Stück privater Freiheit zurück. Mal wieder plattdeutsch schnacken und die Familie besuchen, ohne sich hetzen zu müssen. Zeit für Gartenarbeit in Wustrow: Rasen mähen, Früchte ernten, Apfelmus und Marmelade kochen. Am Samstag Fußball in der Sportschau gucken. In der Ostsee schwimmen, gern auch ohne Badehose. Mit einem kleinen Segelboot über den Bodden schippern. Zum siebenhundertfünfundsiebzigjährigen Dorfjubiläum nach Lüssow fahren, wo er ein Vierteljahrhundert zuvor seine erste Pfarrstelle angetreten hatte. Mit Burkhard Schliephake und dessen Schwester Heidi in deren Garten oder in der Laube sitzen, die es schon gab, als sie noch Kinder waren. »Er ist ein ganz treuer Freund«, versicherte Heidi Lüneburg, »er geht zu jedem, schnackt mit jedem, besucht alle, wenn er in Wustrow ist.«

Gauck liebte es, in Gesellschaft essen zu gehen und Feste zu feiern. Klassentreffen, Geburtstagsfeiern, Familienfeste waren Ereignisse ganz nach seinem Geschmack. Seinen fünfzigsten Geburtstag hatte er noch mit einem Empfang im Rostocker Hotel Warnow gefeiert. Als er sechzig wurde, lud er seine Gäste in die Villa der American Academy ein, direkt am Wannsee in Berlin gelegen. Angela Merkel, damals Generalsekretärin der CDU, kam und reihte sich zwanglos in den Chor von Gaucks Familie und Freunden ein, die einige Choräle für das Geburtstagskind sangen. Jemand hatte Notenblätter mitgebracht. Bevor Gauck zu seiner Feier kam, verzogen sich die Mitglieder des Laienchors in den Keller der Villa, um dort ungestört ihr Ständchen proben zu können.

Zehn Jahre später kam Angela Merkel erneut, jetzt als Bundeskanzlerin, und hielt die Festrede anlässlich der Vorstellung von Gaucks Buch »Winter im Sommer – Frühling im Herbst« in der Repräsentanz des Bertelsmann Verlages Unter den Linden. Die dabei waren, sprachen von einer großen Nähe zwischen Jubilar und Laudatorin. Die Kanzlerin wich bei ihrer Rede von ihrem Manuskript ab und erzählte auch sehr Persönliches von sich selbst. »Man hätte eine Stecknadel fallen hören können«, berichtete einer der Gäste. Danach blieb Angela Merkel viereinhalb Stunden auf der Feier und mischte sich unter die Gäste, als wäre sie hier zu Hause.

In diesen Tagen feierte Gauck auch seinen siebzigsten Geburtstag, diesmal im Gebäude der Evangelischen Kirche Deutschlands am Berliner Gendarmenmarkt. Wieder wurde gemeinsam gesungen. Gaucks ehemaliger Rostocker Amtsbruder, Arvid Schnauer, hatte ein Lied für das Geburtstagskind getextet: »Jetzt kommen die siebzig Jahre, sechzig ade«. Gaucks Schwester Marianne hatte zu diesem

Anlass eine private Festschrift in einer Miniauflage für ihren Bruder produziert, mit Beiträgen von Freunden und Prominenten wie dem südafrikanischen Erzbischof und Friedensnobelpreisträger Desmond Tutu. Wieder war es ein großes Fest, und erneut waren alle da, die Mitarbeiter aus der Behörde, Bürgerrechtler, die alten Freunde aus Rostock und vom Fischland. Es war eine Feier für einen Mann, der den Zenit des Lebens längst überschritten hatte und im Herbst seines Lebens stand. Keiner ahnte, auch er selbst nicht, was für ein Frühling noch auf ihn wartete.

Einen Männerfreund, einen Kumpel, mit dem Gauck Skat spielte, mal ein Bier trinken ging oder mit dem er Fußball guckte, sucht man demgegenüber vergebens. Christoph Kleemann, sein Berufskollege und Nachbar aus Rostocker Zeiten, meinte gar: »Die ihn kennen, wissen nicht, ob er einen richtigen Freund hat.« Gauck hatte seine Jugendfreunde und ging auch im fortgeschrittenen Alter noch engere persönliche Bindungen ein. Dazu zählen etwa Klaus Richter, ein jovialer, freundlicher Sachse, der Gauck bedingungslos zugetan war, oder David Gill, heute einer seiner engsten Vertrauten. Beide Männer hatte er während seiner Volkskammerzeit kennengelernt. Grundsätzlich hatte Joachim Gauck immer mehr Freundinnen als Freunde. Als Kind hatte er gelernt, wie er sich in einem Umfeld, das überwiegend aus Frauen bestand, verhalten musste, um seine Wünsche durchsetzen zu können. Die Verhaltensmuster, die er damals lernte, behielt er als erwachsener Mann bei. »Er hatte eine besondere Gabe, bei anderen Hilfsinstinkte auszulösen«, erzählte seine Schwester Sabine »es gab genügend Frauen, die darauf angesprungen sind. Meine Mutter hat ihn schwer verwöhnt, er hatte ständig Sonderrollen.« Hansjörg Geiger beobachtete: »Er hatte es gerne, wenn die Leute ihn verwöhnen. Bei den Frauen verstand er es, mütterliche Instinkte zu wecken.« Geigers Sekretärin beispielsweise, Silvia Tzschentke, schmierte Gauck nicht nur Stullen, sondern nähte ihm bei Bedarf auch fehlende Knöpfe ans Hemd.

Gauck selbst führte als Grund für seine höhere Affinität zu Frauen an: »Zwischen vierzig und fünfzig habe ich viele Bücher über Psychologie und über Beziehungsfragen gelesen, vor allem aus dem Westen. Man lernt, wie bescheuert das ist, wenn man immer nur den starken Mann gibt. Über solche Fragen und Themen konnte ich vor allem mit Frauen reden.« Das war eine präsidiale Antwort, der Bundespräsident konnte natürlich schlecht sagen, dass ihn an Frauen oft mehr als der rein freundschaftliche Aspekt interessiert hatte. Freunde und Bekannte aus seiner Rostocker Zeit machten durchweg die Beobachtung, dass Gaucks Interesse an attraktiven Frauen groß war. Seine Jugendfreundin Heidi Lüneburg etwa erklärte: »Er kann unheimlich flirten. Und es ist ihm dabei ganz egal, in welchem Alter die Frau ist. Er kann auch eine Achtzigjährige so begeistern, dass sie Gefühle entwickelt, von denen sie schon lange keine Vorstellung mehr hatte. Dani sitzt daneben und betrachtet das amüsiert.«

Daniela Schadt

Dani, so wird Gaucks Lebensgefährtin Daniela Schadt genannt, mit der er seit dem Jahr 2000 liiert ist. Die Zeitungsjournalistin lernte ihren Partner beruflich, bei einem seiner Vorträge kennen, den er in Nürnberg hielt. Der Bundesbeauftragte gefiel ihr, auch als Mann. Als Gauck bald darauf erneut in die Region kam, sagte Daniela Schadt in der Redaktion: »Oh, der Gauck kommt, den Termin mache ich.« Im Anschluss wollte sie sich gern noch mit dem Bundesbeauftragten auf ein Bier treffen. Weil sie dabei »nicht wie ein Groupie« erscheinen wollte, verdonnerte sie einen Kollegen der Nürnberger Nachrichten, an dem Treffen teilzunehmen. So lernten sie sich persönlich näher kennen. Ein weiteres Treffen in Berlin folgte. »Dann hat sich das entwickelt«, beschrieb Schadt, wie aus diesen Begegnungen der damals Vierzigjährigen mit dem zwanzig Jahre älteren Bundesbeauftragten eine Beziehung wurde. Um genau zu sein: Eine Wochenendbeziehung. Mal traf sich das Paar in seiner Schöneberger Altbauwohnung, mal in ihrer Etagenwohnung im Stadtzentrum von Nürnberg. Oft auch irgendwo in der Republik, wo Gauck gerade einen seiner zahlreichen Vorträge hielt. »Ich bin ihm quer durch die ganze Republik nachgereist«, erinnerte sich Daniela Schadt, »da hat man Ecken kennengelernt, in die man sonst nie gekommen wäre.«

Schadt im Steckbrief: Geboren am 3. Januar 1960 im hessischen Hanau. Regional verwurzelt im Raum zwischen Nürnberg und Frankfurt. Relativ klein, energiegeladen, attraktiv. Studium der Germanistik, Politik und französischen Literatur in Frankfurt. Journalistisches Praktikum beim Hanauer Anzeiger. Seit 1986 freie Mitarbeiterin und Volontärin bei der Nürnberger Zeitung. 1992 Redakteurin, schließlich Leiterin des Politikressorts beim selben Blatt. Mitglied im Vorstand des Nürnberger Presseclubs. Keine Ehe, keine Kinder.

Bodenständig und bescheiden sind zentrale Eigenschaften, die sie charakterisieren. Freimütig bekannte Schadt später, dass ihre ersten Berufsjahre wirtschaftlich nicht einfach gewesen waren und sie sich damals darüber freuen konnte, wenn es aus beruflichem Anlass ein ordentliches Buffet gab. »Früher, als freie Mitarbeiterin, hat man sich bei Presse-Terminen schon mal durchgefuttert. Wenn es dann nur Butterbrezeln gab, war man fast ein bisschen enttäuscht.«

39 Mit seiner Lebensgefährtin Daniela Schadt

Für Joachim Gauck wiederholen sich im Jahr 2000 die Ereignisse. Wieder knüpfte er eine neue Beziehung, als ein großer Umbruch in seinem Leben stattfand. Diesmal war es das Ausscheiden aus der BStU und der Eintritt in eine Lebensphase, in der das Berufsleben üblicherweise ausklingt. Erneut ging er eine Verbindung mit einer jüngeren Journalistin ein. Nicht nur das verband Helga Hirsch und Daniela Schadt: Beide waren blond, die eine wie die andere sehr attraktiv, jede intellektuell mit ihm auf Augenhöhe.

Über die Frage, was das bisher schönste Geschenk war, das Joachim Gauck ihr bislang gemacht hatte, musste Schadt lange nachdenken. Schließlich antwortete sie: »Er hat mir mal meinen Schreibtisch aufgeräumt, ohne dass ich ihn darum gebeten hätte. Und zwar genau so, wie ich mir das gewünscht hätte. Das war bestimmt schwierig, denn mein Schreibtisch war wirklich chaotisch.« Eine Anekdote über ihre Wohnung im Zentrum von Nürnberg bestätigt, dass Luxus in Schadts Leben kaum eine Rolle spielte. Besagte Unterkunft war relativ klein und hatte einen einfachen Standard. Als wieder einmal die Tür des Backofens klemmte, der seine guten Zeiten schon lange hinter sich gelassen hatte, stieß Daniela Schadt frustriert einen Seufzer aus. »Lieber Himmel, kann nicht mal jemand da oben dafür sorgen, dass ich eine neue Wohnung kriege – ich hab doch für so was keine Zeit.« Vierzehn Tage später stand fest, dass Joachim Gauck Bundespräsident werden und sie zu ihm nach Berlin ziehen würde. Schadt wandte sich noch mal ironisch an den Herrn: »Lieber Gott, so habe ich das nun auch nicht gemeint.« Sie selbst sagte über ihr Domizil einmal: »Meine Wohnung war sehr übersichtlich für zwei Personen.« Ihr Lebensgefährte beschrieb die Unterkunft seiner Freundin dagegen in seiner typischen, direkten Art: ein »Wohnklo«.

Neue Aufgaben

Gauck genoss seine wiedergewonnene private Freiheit, die mit dem Ausscheiden aus der Behörde verbunden war. Doch es zeigte sich schnell, dass es zu früh für den Sechzigjährigen war, ein Leben als Ruheständler zu führen: »Ich bin 60 und möchte mir nicht vorstellen müssen, dass ich jetzt nur noch für die schönen Dinge des Lebens da sein darf.« Noch einmal orientierte er sich um und suchte sich neue berufliche Herausforderungen. Eine Zeitlang experimentierte er, um herauszufinden, was ihm lag und was er konnte. Der damalige Innenminister Otto Schily bot ihm an, Chef der Bundeszentrale für politische Bildung zu werden. Gauck lehnte ab. Behördenchef war er lange genug gewesen, das war nicht das Ziel seiner Träume. Dann schon eher Professor. Jungen Menschen etwas vom eigenen Erfahrungsschatz und Wissen vermitteln. Im Wintersemester 1999/2000 lehrte er als Gastdozent an der Medizinischen Universität Lübeck. Das Thema seiner Vortragsreihe hieß: »Vom Untertan zum Bürger«. Es blieb eine einmalige Angelegenheit.

Vielleicht den Jugendtraum verwirklichen und Journalist werden? Als die ARD ihn fragte, ob er eine Talkshow moderieren wolle, zögerte er zunächst wie immer bei großen Richtungsentscheidungen. »Ich kann zwar dynamisch sein, aber wenn es um meine eigenen Interessen geht, fällt es mir schwer. Ich möchte mich gerne zu etwas rufen lassen.« Schließlich wagte er es, sich auf sein nächstes berufliches Abenteuer einzulassen. Von Januar bis November 2001 moderierte er in der ARD die vierzehntägig ausgestrahlte WDR-Sendung »Joachim Gauck«. Sie wurde kein Erfolg. Nach elf Monaten und zwanzig Sendungen lief der Vertrag aus und das Format wurde abgesetzt. Die Fernsehkritiker waren einheitlich der Meinung, dass der Moderator zu viel selbst geredet und zu wenig von seinen Gästen hatte wissen wollen. Gauck selbst meinte, die Sendung habe unter einer »gewissen Spannungsarmut« gelitten. Anderen die Bühne des Redners zu überlassen – das fiel ihm schwer. Jahre später erinnerte er sich: »Ich habe dann selbst aufhören wollen, was dem Sender auch passte.«

Es gab damals wohl keinen zweiten politischen Kopf außerhalb des Parteibetriebs, der so populär war wie Gauck, auch im Ausland. Als er im Sommer 1999 im polnischen Krakau eine Ausstellung über die Stasi eröffnete, wurde er gefeiert wie ein Volksheld, und die Medien rissen sich um

40 Talkshow-Moderator

41 Mit Innenminister Otto Schily und Bundeskanzler Gerhard Schröder

ein Interview mit ihm. »Einen Mann wie Gauck würden wir uns zum Präsidenten wünschen«, sagte ein Historiker bei der Eröffnung der Ausstellung. Ein Jahr später kam der damalige Bundeskanzler Gerhard Schröder zu Besuch, nannte die Behörde eine »Apotheke gegen Diktaturen« und prophezeite, dass auf ihren Chef noch große Aufgaben warteten. Schon damals gab es Stimmen, die in Gauck einen künftigen Bundespräsidenten sahen.

Gauck wartete, getrieben vom immer noch glühenden Wunsch nach Anerkennung, auf entsprechende Angebote.

Doch sie kamen nicht. Nach seinem missglückten Engagement als Moderator wurde er gefragt, ob er jetzt in die Politik gehe. Gaucks Antwort: »Nein, jedenfalls habe ich dazu kein konkretes Angebot. Es ist aber so, dass ich mir schwer vorstellen kann, nichts mehr zu sagen.« Wenn es um die Verteilung einflussreicher politischer Posten ging, stand Gauck regelmäßig mit auf der Liste, aber letztlich wurde die Position an jemanden vergeben, der sich innerhalb der üblichen Spielregeln des politischen Systems bewegte. Es wurde stiller um den pensionierten Chef der »Gauck-Behörde«, ohne dass er verstummte. Sein Sohn Christian erlebte in dieser Zeit einen Vater, der für eine Weile »ganz in sich selbst versunken und depressiv geworden« war.

Der Pensionär begann, sich ehrenamtlich zu engagieren. Von 2001 bis 2004 war er im Auftrag der Bundesregierung Mitglied des Verwaltungsrates der Europäischen Stelle zur Beobachtung von Rassismus und Fremdenfeindlichkeit in Wien. Eine Organisation mit dem Auftrag, Rassismus und Ausländerfeindlichkeit in Europa vorzubeugen und sie zu bekämpfen. Nach einem entsprechenden Beschluss des Bundeskabinetts übersandte das Auswärtige Amt Joachim Gauck am 30. Mai 2001 die entsprechende Vereinbarung. Gauck erhielt dafür keine Vergütung, sondern lediglich einen pauschalen Ersatz seiner Aufwendungen.

Das wichtigste Ehrenamt, das Gauck 2003 übernahm, war der Vorsitz des Vereins »Gegen Vergessen – Für Demokratie«. Thema und Ziel des Vereins passten zu Gaucks Lebensthema »Freiheit« wie die Orgel zur Kirche. Das Wachhalten der Erinnerung an die Gräuel totalitärer Regime – das war der Kern von Gaucks Freiheitsmission. Hätte es den Verein nicht schon gegeben, er hätte ihn gründen müssen. Dennoch gab es Bedenken unter den Mitgliedern, als Gauck für das Amt des Vorsitzenden vorgeschlagen wurde.

Die gemeinnützige Organisation, die heute zweitausenddreihundert Mitglieder hat und der eine Reihe bekannter Persönlichkeiten des öffentlichen Lebens angehören, war damals in erster Linie auf die Verbrechen der Nazi-Diktatur fokussiert. »Der hat doch keine Ahnung von Nazi-Deutschland«, meinten manche Vereinsmitglieder und befürchteten, »jetzt kriegen wir einen, der DDR-Kram macht.« Letztlich wurde Gauck trotz dieser Bedenken als neues Aushängeschild des Vereins zum Vorsitzenden gewählt. Als eine Art »Gegengift«, um der Gefahr vorzubeugen, dass der Verein zu sehr auf die DDR-Geschichte ausgerichtet wurde, wählte man gleichzeitig Cornelia Schmalz-Jacobsen, die ehemalige Ausländerbeauftragte der Bundesregierung, zu Gaucks Stellvertreterin.

Sie erlebte, wie Gauck im ehemaligen KZ Sachsenhausen mit dreißig seiner vormaligen Insassen zusammentraf. Schmalz-Jacobsen war sehr beeindruckt, wie ihr Vereinschef trotz der schwierigen Situation »einfühlsam, herzlich und selbstverständlich« auf die ehemaligen KZ-Häftlinge einzugehen vermochte. »Es war einfach wunderbar, wie er den Ton getroffen hat.« Als Schmalz-Jacobsen das als Kompliment an Gauck weitergab, entgegnete der trocken: »Na hören Sie mal, ich war ja schließlich Pastor.« Schließlich fand Gauck seine neue Berufung als »Vortragsreisender«. Er begann als Redner und Diskussionsteilnehmer in Veranstaltungen, Podien und Talkshows durch die Republik zu reisen, von einem Auftritt zum anderen. Mehrere Agenturen vermittelten ihn an Interessenten, die den schon fast legendären Gauck als Redner buchen wollten. Am Anfang war er froh, wenn er von einer Volkshochschule die Reisekosten erstattet bekam. Dann wuchs die Nachfrage, und die Honorare begannen zu steigen. Später bezeichnete er sich gern als erfolgreiches »Einmannunternehmen«. Mal

42 Der Vortragsreisende

waren es tausend Euro plus Mehrwertsteuer und Fahrtkosten, die er vom Landkreis Leer für seinen Vortrag bei einem Neujahrsempfang kassierte. Lukrativer waren zwei Auftritte beim Bankhaus Oppenheim, die den Bankern jedes Mal zehntausend Euro wert waren. Sein absolutes Spitzenhonorar in Höhe von fünfundzwanzigtausend Euro erhielt er für einen Auftritt beim »Atriumtalk« der Bochumer Stadtwerke. Gaucks Kommentar: »Das hatte ich nicht gefordert, das war da der Satz. Meine Empfindung in der Sprache meiner Enkelin: ›Hossa!‹«

Das Programm, das er in diesen Jahren rein physisch absolvierte, war beeindruckend. Es gab praktisch keine Anfrage, die er ablehnte. Auch nicht die Bitte um ein Interview für das Kundenmagazin der dm-Drogerien, alverde. Im Januar 2012 zierte sein Konterfei dessen Titelseite. Was scheinbar nach großer Anstrengung aussah, war für ihn ein Quell der Lebenskraft. Die ständigen Begegnungen und Diskussionen mit immer neuen Menschen hielten ihn jung. Zeitweilig war sein Kalender damals so voll, dass er monatelang keinen freien Termin mehr hatte. »Wenn er diese Aufgabe nicht gehabt hätte, wäre er zusammengesackt«, urteilte seine ehemalige Lebensgefährtin Helga Hirsch. »Er war unglaublich viel unterwegs. An fünf Abenden die Woche, das hat ihm einfach Spaß gemacht. In den Begegnungen mit anderen Menschen tankte er Zuwendung. Das war das Wichtigste für ihn: ›Ich reise – ich bin Demokratielehrer.‹« Gauck selbst sagte: »Die Lesungen und Vorträge haben mir Spaß gemacht, weil ich ja diesen pädagogischen Eros habe. Ich möchte, dass die Leute etwas kapieren.« Er war glücklich. »Ich habe ein wunderbares Leben, bin jeden Tag unterwegs und treffe viele Menschen.« Das war es, worum es ihm im Kern sein ganzes Leben gegangen war. Jetzt konnte er das ohne die belastende Bürde eines Amtes nach freiem Willen gestalten.

Auch nach seinem Ausscheiden aus dem Amt wurde Gauck fast im Jahresrhythmus mit Preisen geehrt und wurde so zu einer der am meisten ausgezeichneten Persönlichkeiten der Bundesrepublik. Erich-Kästner-Preis, weitere Ehrendoktorwürden, Ludwig-Börne-Preis, Hambacher Preis, Orden der Republik Estland und so weiter und so fort.

2011 lud man ihn ein, als Festredner die Salzburger Festspiele zu eröffnen. 2012 wurde er zum Ehrenbürger seiner Heimatstadt Rostock gekürt. Dabei war er sich für keine Annahme eines Preises und einer Auszeichnung zu schade. Auch nicht für das »Das Goldene Lot«, die »Goldene Henne«, die »Schärfste Klinge« und den »Internationalen Deutschen PR-Preis 2010«.

Gaucks Freiheitsgedanken

In dieser Zeit wurde aus dem Ex-Pastor und Ex-Behördenchef der Missionar des Freiheitsgedankens. Ein politischer Prediger, der bei unzähligen Auftritten an den hohen Wert der Freiheit und ihre Unverzichtbarkeit für das Gemeinwesen erinnerte. »Entscheidend ist die Teilhabe an der Macht oder die Unterwerfung unter die Macht, die uns zu Bürgern oder Nichtbürgern macht.« Unter allen Werten gebührte der Freiheit nach seiner Auffassung der erste Platz. Es ist »meine tiefe Überzeugung, dass die Freiheit das Allerwichtigste im Zusammenleben ist, und erst die Freiheit unserer Gesellschaft Kultur, Substanz und Inhalt verleiht«. Er hatte sich damit kein Thema ausgesucht, mit dem er dem Mainstream huldigte. Gauck wusste, dass die Deutschen die Freiheit als etwas Selbstverständliches hinnahmen. Etwas, das im Überfluss vorhanden war und darum oft nicht geschätzt wurde. Genau dagegen wollte er ankämpfen. Denn das Verkommen des Wertes der Freiheit hatte seiner Auffassung nach fatale Folgen. »Wenn die Freiheit ihre Strahlkraft völlig verliert, verstärkt sich, was wir bereits massiv erleben: Der Mensch tauscht seine Existenz als Citoyen gegen eine Existenz als Konsument. Er geht nicht mehr wählen, beteiligt sich an keiner Bürgerinitiative, zieht sich aus dem öffentlichen, dem politischen Raum zurück. Nichts gegen den Konsum, aber Konsum als einziger, als zentraler Lebenszweck macht die Menschen nur so lange glücklich, bis sie ihre – sicher variablen – Grundbedürfnisse gestillt haben.«

Sein Freiheitsplädoyer war auch deshalb ein anspruchsvolles Unterfangen, weil in Deutschland der Wert der Freiheit nie an erster Stelle gestanden hatte. Anders als etwa in den USA, in Polen oder in Frankreich. Unter den Deutschen rangierte die Gleichheit auf Platz eins. Was »sozial gerecht« war, galt für die Mehrheit als gut und richtig. Demgegenüber musste die Freiheit oft hintenanstehen. Es konnte nicht ausbleiben, dass Gaucks Engagement für Freiheit im linken Teil der Gesellschaft auf Ablehnung stieß. Wo die »soziale Gerechtigkeit«, mit anderen Worten die Umverteilung von Wohlstand, den höchsten Stellenwert genoss, musste die Freiheit nachrangig sein. Friedrich Schorlemmer, Pfarrer und Oppositioneller in der DDR, sprach vielen Gleichgesinnten aus dem Herzen, wenn er über Gauck urteilte: »So überzeugend er über Freiheit reden kann, so wenig überzeugt mich, dass Gerechtigkeit fast ausgeblendet bleibt. Manche seiner Äußerungen über die Schwachen in unserer Gesellschaft empören mich geradezu.«

Dem hielt Gauck entgegen, dass die Gerechtigkeits- und Sozialstaatsdebatte in Deutschland nicht unterrepräsentiert sei. Er legte keinen Wert darauf, dem Zeitgeist gerecht zu werden. Er und seine Familie waren in Unfreiheit aufgewachsen, das war die alles entscheidende Erfahrung und Prägung seines Lebens gewesen. Er hatte sich in der DDR als »Insasse« gefühlt, »festgehalten und eingeschlossen wie die Insassen eines Pflegeheims, einer Krankenanstalt, einer geschlossenen Station, eines Gefängnisses«. Das sollte und durfte sich nie wiederholen, nicht für ihn und auch nicht für alle anderen.

Winter im Sommer – Frühling im Herbst

Im Jahr 2009 erschienen Gaucks Erinnerungen unter dem Titel »Winter im Sommer – Frühling im Herbst«. Viele Verlage hatten zuvor bei ihm angefragt, ob sie seine Memoiren verlegen dürften. Er hatte immer abgelehnt, offiziell mit der Begründung, dass er keine Zeit dafür habe, eine Autobiographie zu schreiben. Der wirkliche Grund aber waren innere Widerstände gegen dieses Projekt. Die Erinnerungen an die Trennung von seiner Frau, die Ausreise seiner Kinder aus der DDR und die Entfremdung von ihnen bedrückten ihn lange Zeit, so dass er sich nicht entschließen konnte, sich diesen Themen zu öffnen. Als er sich nach langem Zögern doch dazu durchgerungen hatte, erklärte er: »Das Buch war eine Möglichkeit, mein Leben noch mal zu reflektieren, was ich damals so nicht beabsichtigt hatte. Ich wäre auch fast gescheitert, weil da etwas in mir war, was gar nicht hinwollte zu den dunklen Kapiteln meines Lebens.«

Das Buch entstand in Zusammenarbeit mit Helga Hirsch. Acht Monate lang stand Gauck seiner früheren Lebensgefährtin dafür als Gesprächspartner zur Verfügung. Teile des Buches schrieb er selbst, insbesondere die markanten Formulierungen stammten von ihm. Das meiste aber erzählte er Helga Hirsch, die es aufnahm, für ihn aufschrieb und den Stoff ordnete. Seine Co-Autorin führte für das Buch Interviews mit Gaucks Kindern und einer Reihe Verwandten. Gaucks Tochter Gesine fand in diesem Zusammenhang Briefe wieder, die der Familienvater an seine Kinder geschrieben und längst vergessen hatte und entdeckte unbekannte Dokumente zur Familiengeschichte. Bereits Gaucks erstes Buch, das er 1991 über die Stasiakten veröffentlicht hatte, war nicht von ihm allein geschrieben worden, sondern entstand mit Hilfe zweier Co-Autoren, Hubertus Knabe und Margarethe Steinhausen.

»Es war ziemlich schwierig«, berichtete Hirsch über die Zusammenarbeit mit ihrem ehemaligen Lebensgefährten, »er ist immer abgehauen und hat sich verdrückt, wenn es um für ihn schwierige Stellen ging.« Privates hätte Gauck im Buch am liebsten ausgespart, und er versuchte, sich selbst und seiner Mitautorin einzureden, das sei nicht wichtig. Vor allem vor dem Kapitel »Gehen oder Bleiben«, bei dem es um die Ausreise seiner Kinder aus der DDR ging, schreckte er immer wieder zurück. »Er hatte Angst, dass da was hochkommt«, war der Eindruck seiner Mitautorin. Gauck selbst bekannte später freimütig: »Ohne Helga Hirsch wäre das Buch nicht fertiggeworden.«

Joachim Gauck ließ sich in dieser Zeit auch psychotherapeutisch beraten, um sich bei der Aufarbeitung der Themen, die er jahrzehntelang verdrängt hatte, professionell helfen zu lassen. Seine Therapeutin gehört zu den Personen, die Gauck in seinem Buches namentlich erwähnt und denen er besonders dankt.

Ihm wurde damals klar, dass er in der Vergangenheit zu oft Gefühle, besonders Schmerz und Trauer, unterdrückt hatte. »Damals habe ich mir die Welt so erklärt«, hatte er sich schon einige Jahre zuvor eingestanden, »dass sie mir keine Schmerzen machte […] Meine Frau, die die emotionale Integrität besaß, konnte mich nicht verstehen […] Ich habe nicht nur mein Wissen, sondern auch meine Gefühle verloren. Ich hab mich nicht nur von der politischen Realität, sondern auch von meiner Frau entfernt.«

Mitte der neunziger Jahre schrieb er jedem seiner Kinder Briefe und suchte das Gespräch mit ihnen. »Ich wollte meine Beziehung zu ihnen verbessern bzw. intensivieren.« Auch mit seinem Sohn Christian, der ihm am kritischsten gegenübergestanden hatte. Bei der Feier des siebzigsten Geburtstages seines Vaters hielt sein Ältester eine hochemotionale Rede, die Joachim Gauck sehr berührte. »Er hat es doch tatsächlich fertiggebracht, eine lange Rede zu halten, die so warmherzig war und in der er nichts verschwiegen hat von den Problemen, die wir hatten. Das bedeutete für mich Glück.« Gauck ließ sich damals von seinem Ältesten in der Hamburger Klinik, in der dieser arbeitete, untersuchen. Mehrmals im Jahr sehen die beiden sich bei Familientreffen und anderen Anlässen. Heute sagt Christian Gauck über den Familienpatriarchen: »Mein Vater hat viel an sich gearbeitet. Heute sind wir als Familie sehr stolz auf das, was er erreicht hat.« Wenn er den früheren Joachim Gauck mit dem heutigen vergleiche, müsse er sagen: »Das ist ein völlig anderer Mensch!«

Nach anfänglich gutem, aber nicht sensationellem Erfolg explodierten die Verkäufe des Buches im Jahr 2010, nachdem Gauck für das Amt des Bundespräsidenten nominiert worden war. Mehr als eine Viertelmillion Exemplare wurden von seinen Memoiren bislang verkauft. Zudem wurde ihm in diesem Jahr für das Werk der renommierte Geschwister-Scholl-Preis verliehen. Ebenfalls 2010 veröffentlichte Gauck ein weiteres Buch: »Freiheit – Ein Plädoyer«. Es handelte sich dabei um einen Vortrag, den er zu seinem Hauptthema der letzten Jahre gehalten hatte. Auch dieser dünne Band verkaufte sich gut, Gauck blieben der Erfolg und das Glück treu.

Nach dem Erscheinen seiner Memoiren machte er sich auf eine lange Lesereise durch die Republik. Bis heute las er mehr als zweihundertmal öffentlich aus seinen Erinnerungen vor. Routiniert und treffsicher setzte er dabei seine Pointen. »Warum bin ich eigentlich hier?«, fragte er 2012 zu Beginn einer Lesung in Altenkirchen auf Rügen rhetorisch. »Ich weiß es nicht. Eigentlich habe ich ja Urlaub.« Die Lacher seiner Zuhörer waren ihm sicher. Gegen Ende sorgte er erneut für Heiterkeit. »Wenn Sie es nicht mehr aushalten, können Sie jederzeit gehen. Sie sind das Volk.« Anfänglich begleitete ihn Helga Hirsch drei oder vier Mal bei seiner Lesereise und übernahm den Vortrag des privaten Kapitels. Für Gauck selbst stellte das öffentliche Lesen dieses Teils am Anfang eine zu hohe emotionale Hürde dar, und er brach dabei in Tränen aus. Sein ältester Sohn Christian erklärte das so: »Während der Arbeit an seiner Autobiographie ist ihm bewusst geworden, was er alles verdrängt hatte, da hat ihn in der Rückschau vieles aufgewühlt, und das tut es manchmal noch heute, wenn er daraus liest.« Später übernahm Gauck das Lesen dieses Parts selbst. Wenn dabei die Gefühle zu stark wurden, machte er eine kurze Pause, atmete durch und las weiter.

Kandidat für das Amt des Bundespräsidenten

Als Gauck siebzig geworden war, ereignete sich ein weiteres kleines Wunder in seinem Leben. Am 31. Mai 2010 war Bundespräsident Köhler zu Beginn seiner zweiten Amtsperiode völlig unvorhergesehen von seinem Amt zurückgetreten. Vorausgegangen war ein Interview, in dem Horst Köhler den Einsatz von Bundeswehr-Truppen in Afghanistan befürwortet und dies unter anderem mit wirtschaftlichen Argumenten gerechtfertigt hatte. Das provozierte heftige Kritik in verschiedenen politischen Lagern. Von »Kanonenbootpolitik« war die Rede, von einem »präsidialen Fehler« und »extremen Positionen«. Die Vorwürfe gipfelten in der Aussage, der Bundespräsident stehe damit nicht mehr auf dem Boden des Grundgesetzes. Köhler fühlte sich so getroffen und gekränkt von den Angriffen, dass er mit einem politischen Paukenschlag vom Amt des Bundespräsidenten zurücktrat.

Schon drei Tage später nominierte die Regierungskoalition unter Angela Merkel den niedersächsischen Ministerpräsidenten Christian Wulff (CDU) als Kandidaten für die Köhler-Nachfolge. SPD und Grüne einigten sich daraufhin auf einen parteiunabhängigen Gegenkandidaten: Joachim Gauck. Der fühlte sich geschmeichelt: »Tja, wer sich jetzt so alles meldet beim alten Gauck«, meinte er lachend, als ihn der *Spiegel* anrief. Dass die Wahl der Opposition auf ihn, einen Parteilosen, gefallen war, war eine große Überraschung. Seit zehn Jahren war er Privatier und hatte sich abseits des engeren Politikbetriebs bewegt. Er war siebzig Jahre alt und wäre im Fall seiner Wahl bei Amtsantritt der älteste Bundespräsident gewesen, den die Republik je gehabt hatte.

SPD und Grüne stellten ein paar ihrer Leute ab, um ihrem Kandidaten eine professionelle Kandidatur zu ermöglichen. Von der SPD kam der neunundzwanzigjährige Johannes Sturm, der bislang als Pressereferent in der Parteizentrale der Sozialdemokraten gearbeitet hatte. Andreas Schulze, damals Pressesprecher von Marianne Birthler in der BStU, sollte die Pressearbeit für Gauck machen. Als man Schulze dem Präsidentschaftskandidaten vorstellte, war der zunächst misstrauisch und erklärte: »Ich weiß nicht, ob ich mit Ihnen arbeiten will.« Gauck, wie immer auf Unabhängigkeit bedacht, wollte sich im Vorfeld der Wahl nicht fernsteuern lassen. Er hätte es vorgezogen, nur mit Vertrauten, wie seinem ehemaligen Pressesprecher bei der BStU, Johann Legner, ins Rennen zu gehen. Die Politikprofis von SPD und Grünen redeten auf den Kandidaten ein, um ihn von Schulze zu überzeugen. Schließlich lenkte Gauck ein. »Es wird ja viel zu tun geben. Da können wir für die Pressearbeit auch einen Pressesprecher gebrauchen.«

Gauck selbst bat David Gill, Helga Hirsch und Johann Legner, in seinem Team mitzuarbeiten und ihm bei seiner Kandidatur zur Seite zu stehen. Auch Hansjörg Geiger stand als Berater zur Verfügung. Gill, zu diesem Zeitpunkt beim Rat der Evangelischen Kirche Deutschlands beschäftigt, hatte in den zurückliegenden Jahren immer den Kontakt zu Gauck gehalten. Er hatte seinen ehemaligen Chef zu seiner Hochzeit eingeladen, der Jüngere kam zu den runden Geburtstagen des Älteren. Darüber hinaus hatten sie sich ein, zwei Mal im Jahr gesehen oder auch nur mal telefoniert. Am besten dürfte ihre Beziehung als ein Vater-Sohn-Verhältnis beschrieben sein. Geigers ehemalige Sekretärin Silvia Tzschentke meinte zu dem Umgang von Gauck und Gill: »Zu ihm hat Gauck eine besondere Nähe.« Heute bestätigt Johannes Sturm: »Es ist für jeden sichtbar, dass Gill ihm am nächsten ist.« David Gill, auf das Vater-Sohn-Thema angesprochen, wies das allerdings peinlich berührt zurück.

Was verband Gauck und Gill über ihre berufliche Zusammenarbeit hinaus? David Gill meinte: »Ähnliche Erfahrungen. Das Aufwachsen in Unfreiheit, das Erlebnis der Freiräume, die man in der Kirche hatte. Ich kann sehr viel mit seiner Message anfangen.« Und Gauck? »Ich habe eine so unglaubliche Freude an dem Mann. Zum einen verbindet uns der christliche Glaube. Man muss weit gehen, um unter intelligenten Leuten jemanden zu finden, der so ›arglos und edel‹ ist wie er. Zum anderen zeichnet ihn sein großes Leistungsvermögen aus. Vielleicht ist es so, dass ich mir wünsche, als junger Mann mehr so gewesen zu sein wie er. Es ist eine schöne Verbindung über Generationen hinweg. Er ist einfach toll.«

Vor allem lag Gauck aber die Mitarbeit von Helga Hirsch bei seiner Kandidatur sehr am Herzen. Von Beginn an stellte er klar: »Ohne Frau Hirsch geht hier gar nichts.« Seine ehemalige Lebensgefährtin kümmerte sich dann in erster Linie um die Interviews, die er gab, und las sie Korrektur. Sie drängte Gauck, das Spektrum seiner Themen zu erweitern. Seine Konzentration ausschließlich auf sein favorisiertes Sujet Freiheit, mit dem er es sich nach ihren Worten »so eingerichtet« hatte, schien ihr zu wenig. »Du bist wie eine Platte«, kritisierte sie ihn deshalb. Gaucks Freund, Klaus Richter, sah das ähnlich: »Wenn man ihn zehnmal gehört hatte, wurde es langweilig. Er hatte im Kern ja immer dasselbe Thema.«

Es war klar, dass die »Mission Bundespräsident« keine ernsthafte Aussicht auf Erfolg hatte, weil Union und FDP in der Bundesversammlung über eine eindeutige Mehrheit verfügten, um ihren Kandidaten Christian Wulff durchzusetzen. Für Gauck und seine kleine Mannschaft konnte es deshalb nur darum gehen, sich als würdige Alternative zu präsentieren. »Ich bin Realist, und ich kann auch zählen«, meinte Gauck zu seinen Chancen. »Ich habe aber in meinem Leben Ereignisse erlebt, die lange als unwahrscheinlich galten.« Von der Bevölkerung wurde die Kandidatur des ehemaligen Bundesbeauftragten mit großer Sympathie begleitet. Der Kandidat schwebte auf einer Welle der Zustimmung durch das Land. Bild am Sonntag erschien mit der Schlagzeile »Yes, we Gauck« in Anspielung auf den berühmten Wahlkampfslogan des amerikanischen Präsidenten Barack Obama »Yes we can«. Eine bundesweite Bürgerinitiative »Wir für Gauck« bildete sich, gestützt vor allem auf soziale Netzwerke im Internet. Es war ein »summer of love«, wie sich Andreas Schulze ausdrückte, »die Leute haben ihn geliebt. Manche glaubten, Gauck könne über Wasser gehen, er zeigt es bloß nicht.« Gaucks enorme Popularität in diesen Wochen als Präsidentschaftskandidat erklärte sich Johannes Sturm: »Er stand nicht unter dem normalen Druck des Politikers, sondern war ein Mann außerhalb des Systems. Die Themen, zu denen er Stellung nehmen wollte, konnte er selber bestimmen. Er hatte nie schwierige Wahrheiten verkünden und es sich darum auch mit niemandem verscherzen müssen. Es war fast ein bisschen ungerecht.« Gaucks Pressesprecher Andreas Schulze beobachtete: »Es war merkwürdig. Er verwendete die üblichen Codes und Regeln nicht. Wir haben dann schnell verstanden, dass er besser war, wenn er nicht nach den Regeln des Berliner Politikbetriebes spielte, sondern bei sich selbst blieb.«

Am Tag der Wahl, dem 30. Juni 2010 wurde es spannender als erwartet. Christian Wulff benötigte drei Wahlgänge, bis er die erforderliche Mehrheit der Wahlmänner und -frauen auf sich vereinigen konnte und zum zehnten Bundespräsidenten gewählt wurde. Während seine Lebensgefährtin, Daniela Schadt, auf der Zuschauertribüne mitfieberte, ging Gauck während der Versammlung zwischendurch in den Andachtsraum des Bundestages, »mit sich selbst beschäftigt und in sich versunken«. »Dass es einen dritten Wahlgang gab, war der perfekte Abschluss einer perfekten Idee«, resümierte Andreas Schulze, »die ganze Bundesversammlung, die politische Klasse, stand auf und applaudierte.«

Zwei Tage nach der Wahl besuchte Gauck am 2. Juli als »fröhlicher Bürger« das Sommerfest des neuen Bundespräsidenten Christian Wulff. Damit nicht genug, als Altrocker Peter Maffay spätabends auf der Bühne vor Schloss Bellevue das Lied »Über sieben Brücken musst du gehn« anstimmte, sprang Gauck spontan von seinem Stuhl auf, stellte sich zu Maffay auf die Bühne und sang unter großem Beifall des

43 Mit Daniela Schadt und dem Ehepaar Wulff

Publikums den Refrain des Liedes mit. Das war sein ganz persönlicher Abschluss dieses knapp vier Wochen dauernden »Sommermärchens«. So unkonventionell, wie er seinen Wahlkampf um das Amt des Bundespräsidenten 2010 geführt hatte, so beendete er ihn auch.

Hassobjekt der Linken

Die größten Gegner von Gauck waren und blieben die Sozialisten. Auch noch zehn Jahre nach seinem Ausscheiden aus dem Amt blieb der Gründervater der Stasiunterlagenbehörde ein rotes Tuch für sie. Sie konnten ihm nie verzeihen, dass er die dunklen Kellerräume des MfS so akribisch ausgeleuchtet hatte. Die gemäßigteren Vertreter der Linken warfen ihm vor, dass er ein »Spalter, kein Versöhnler« sei. Er trage die Verantwortung dafür, dass nach der Wende »stigmatisiert« und »ausgegrenzt« worden sei und »dass die Gräben so tief seien«. Andere beschimpften ihn als »Brunnenvergifter« und »Hexenjäger«, nannten ihn den »Kandidaten der kalten Herzen« und bezeichneten seine Aussagen als »rufmörderisches Gequake«. Als er 2007 im Sächsischen Landtag eine Rede aus Anlass des Jahrestages der Deutschen Einheit hielt, wurde sein Auftritt von der Fraktion der Linken boykottiert. Nach seiner Wahl zum Bundespräsidenten klebte die »Sozialistische Alternative« in Rostock Plakate mit der Aufschrift »Gauck, not my President« und prangerte sein Gehalt von zweihunderttausend Euro an.

Zum gegen ihn gerichteten Hass aus dem sozialistischen Lager hat Joachim Gauck ein gehöriges Maß beigetragen. Mehr noch, er hat ihn manchmal geradezu heraufbeschworen, etwa wenn er sich über das »SED-Gespinne von antiimperialistischer Solidarität« auslieẞ oder polemisierte: »Und gegen all jene naiven Trottel, die über die DDR sprechen wie meine Oma über die Nazizeit [...] gegen ihr Gefasel von ›Kindergärten, Vollbeschäftigung und keine Kriminalität‹ – erinnern wir uns an Zeiten, als es uns schwer war, hier zu sein, wo unsere Heimat ist.«

Um überhaupt eine Chance zu haben, zum Bundespräsidenten gewählt zu werden, hätte Gauck im dritten Wahlgang in der Bundesversammlung die Stimmen der Linken benötigt. Doch ausgerechnet diesem Mann ihre Stimme zu geben, dazu konnte sich die Linke nicht durchringen. »Nicht wählbar«, lautete das Urteil der Parteispitze über den rot-grünen Präsidentschaftskandidaten. Gauck hatte im Vorfeld der Wahl auch nicht einen Moment um die Stimmen aus dem sozialistischen Lager geworben. Im Gegenteil. Im Zuge seiner Kandidatur hatte er sich für die Beobachtung von Teilen der Linkspartei durch den Verfassungsschutz ausgesprochen und erklärt, er könne »noch immer keine Bindung der Linken an das europäische Demokratieprojekt erkennen«. Mit deren Fraktionschef Gregor Gysi verbinde ihn »persönlich eher wenig – um nicht zu sagen nichts«.

Generell war dort, wo die Linke einen hohen Wähleranteil hatte, die Zustimmung zu Gauck geringer als in anderen Regionen der Bundesrepublik. In seiner Heimat, in Mecklenburg-Vorpommern, blieb Gauck umstritten. Der Prophet galt weniger im eigenen Land als anderswo. Nach der Wende hatten die Landschaften im Nordosten Deutschlands nicht so zu blühen begonnen, wie die meisten es sich erhofft hatten. »Wir sind auf der Strecke geblieben«, so empfanden viele Mecklenburger zwanzig Jahre nach der Wende. Dass Joachim Gauck, einer von ihnen, es im vereinten Deutschland bis an die Spitze des Staates brachte, machte viele seiner Landsleute nicht stolz. Als diskutiert wurde, ob Gauck Ehrenbürger von Rostock werden sollte, befragten die beiden großen Regionalzeitungen des Landes, die Schweriner Volkszeitung und die Ostsee-Zeitung, ihre Leser, was sie davon hielten. Die Teilnehmer an den Umfragen sprachen sich mehrheitlich gegen diese Ehrung ihres Landsmanns aus. Kritisiert wurde vor allem, dass der Bundespräsident sich angeblich zu stark in Szene setzte. Die Rostocker Bürgerschaft bestimmte Joachim Gauck am 4. April 2012 dennoch mit großer Mehrheit zum Ehrenbürger seiner Heimatstadt. Nur die Fraktion der Linken war geschlossen gegen Gauck. Wie immer.

Die Kritik der Bürgerrechtler

Als Joachim Gauck zwei Jahre später erneut Kandidat für das Amt des Bundespräsidenten wurde, sprachen sich erstaunlicherweise eine Reihe ehemaliger Bürgerrechtler gegen seine Wahl aus. Ihr Vorwurf: Gauck sei nie ein Dissident gewesen, sondern ein »Bürgerrechtler der letzten Stunde«. Er habe sich »nur im Rahmen der Institution Kirche« bewegt und nicht in der ersten Reihe der Revolutionäre gestanden, »als sich landesweit die Opposition vernetzte, illegal, mit Risiken«. Er sei nicht mit dabei gewesen, als die Dissidenten Friedensseminare in Dörfern veranstaltet und Verhöre in Stasigefängnissen über sich ergehen lassen mussten. »Sein Ort waren geschützte Räume«, kritisierte ihn sein alter Weggefährte Heiko Lietz. Der ehemalige Pastor Hans-Jochen Tschiche, 1990 wie Gauck Volkskammerabgeordneter für das Bündnis 90/Grüne, meldete sich zu Wort. »Er ließ sich in München bei einer Preisverleihung mit den Geschwistern Scholl vergleichen und wurde noch nicht einmal schamrot. Er hat niemals zur DDR-Opposition gehört, deren Akteure man im heutigen Sprachgebrauch Bürgerrechtler nennt. [...] Und er reist ohne Skrupel auf diesem Ticket durch die politische Landschaft. Er ist kein Vater der protestantischen Revolution, sondern er gehört zu denen, die sie beendet haben. [...] Laut und deutlich will ich aussprechen: Gauck ist die falsche Person.«

Joachim Gauck hatte von sich selbst nie behauptet, ein Dissident gewesen zu sein. Im Gegenteil, er hatte immer klargestellt, dass andere vor ihm und unter Eingehung größerer persönlicher Risiken gegen den Staat opponiert hatten. So etwa in einem Interview 1991, lange bevor die entsprechenden Vorwürfe gegen ihn auftauchten. »Ich war ein Pastor, der im Grunde normalen kirchlichen Dienst gemacht hat, dabei seiner Jugend, seinen Gesprächskreisen und seiner Gemeinde im Gottesdienst die Wahrheit nicht schuldig blieb – das war in Rostock bekannt –, der aber trotzdem keiner politischen Gruppierung angehörte.« In seinen Erinnerungen schrieb er: »Sicher bin ich aus Rücksicht auf das kirchliche Amt manchmal nicht so weit gegangen wie beispielsweise unser Freund Heiko Lietz, der auf sein Pfarramt verzichtete, um sich in der Basisgruppenarbeit eindeutiger positionieren zu können.«

Gauck fühlte sich durch die Kritik getroffen. »Es hat mich schon gewurmt, dass die ehemaligen Oppositionellen es nötig hatten, mich in dieser Weise anzugreifen. […] Alles was die in ihren Zirkeln und Kreisen gemacht haben, das habe ich innerhalb der Kirche auch gemacht.« Er hielt seinen Kritikern entgegen: »Ich muss da nicht sagen, entschuldigen Sie bitte, ich hab zu spät daran gedacht, Oppositioneller zu werden. Das ist eine Missdeutung meiner Laufbahn.« Dass Joachim Gauck kein Umstürzler gewesen war, der vor 1989 die Absicht gehabt hatte, die DDR-Diktatur zum Einsturz zu bringen, stand außer Frage. Aber er war mehr als zwanzig Jahre lang ein erklärter Gegner der SED-Herrschaft gewesen und hatte sie öffentlich, von der Kanzel herab kritisiert. Er erreichte damit regelmäßig Hunderte von DDR-Bürgern und beeinflusste sie. In seltenen Fällen, wie beim Kirchentag 1988, waren es viele Tausende. Das machte ihn zu einem Sämann der friedlichen Revolution. Er hatte jahrelang den Boden beackert, aus dem 1989 die Kraft der Menschen erwuchs, gegen das System aufzustehen. Zu Recht urteilte Christoph Kleemann darum über seinen ehemaligen Amtsbruder: »Er gehörte zu denen, die den Oppositionsgruppen ein schützendes Dach gaben, ohne die kirchliche Arbeit zu gefährden. Den Schutzraum der Kirche haben alle in Anspruch genommen.«

Was war es, was Männer wie Tschiche und Lietz gegen Joachim Gauck aufbrachte? Bei einigen war zweifellos Neid im Spiel. Das bittere Gefühl, dass die eigenen Anstrengungen vor und während der friedlichen Revolution nicht richtig gewürdigt worden waren. Die Kränkung, dass einer, der ihrer Meinung nach während der Herbstrevolution 1989 in der zweiten Reihe gestanden hatte, nach der Wende eine beispiellose Karriere machte. Dabei lag dieser Entwicklung nicht Glück und auch kein Zufall zugrunde, sondern sie beruhte auf den unterschiedlichen Begabungen der Akteure. Joachim Gauck verfügte über geniale rhetorische Fähigkeiten, eine herausragende Begabung, die Stimmungen anderer Menschen aufzunehmen und großen persönlichen Mut. Schließlich, aber nicht zuletzt: Immer wieder stellte er auf seinem Weg seine besondere Fähigkeit unter Beweis, andere Menschen zu ermutigen. Heiko Lietz dagegen hatte viel von einem Eigenbrötler und Querulanten. Dietlind Glüer urteilte über ihn: »Kontinuierlich mit anderen zusammenzuarbeiten fiel ihm schwer.«

Ein anderer Grund für die Aggressionen aus dem Lager der Bürgerrechtler gegenüber Gauck war, dass manche der damaligen Akteure mit ihren Ideen von einer gerechteren Welt und einer besseren DDR gescheitert waren. Sie hatten den SED-Staat reformieren wollen, nicht abschaffen, und darum gekämpft, ihre Vision vom »dritten Weg« zwischen Kapitalismus und Sozialismus Realität werden zu lassen. Über allem hatte ein utopisches Element geschwebt.

Die Zurückweisung der eigenen politischen Ziele durch die überwältigende Mehrheit der Bevölkerung schlug bei einigen in Verbitterung um. »Wir waren nur der Türöffner«, klagte Tschiche Jahrzehnte später resigniert. »Das bundesdeutsche System wollte Leute, die sich anpassten, Gauck ist so, wie sie ihn brauchten.«

Schließlich verübelten seine Kritiker aus dem Bürgerrechtslager Gauck, dass er im Laufe der Jahre politisch von links nach rechts gewandert war. Aus dem Pastor, der sich darauf eingerichtet hatte, dauerhaft im Sozialismus leben und sich mit ihm arrangieren zu müssen, war in der Bundesrepublik ein konservativer »Vortragsreisender« geworden. Darüber empörte sich sein Kritiker Tschiche: »Er gehört zu den Typen, die wegen ihres eigenen Erfolges die Nöte vieler anderer gar nicht mehr wahrnehmen.« Ähnlich äußerte sich Camilla Lohmann, die Frau von Gaucks ehemaligem Pastorenkollegen in Evershagen. »Jetzt, schon in den vergangenen Jahren habe ich das Gefühl: Er hat wohl die Bodenhaftung verloren. […] Ich vermisse bei ihm, dass da kein Aufschrei kommt: ›Was läuft hier an sozialer Gerechtigkeit in diesem Staat?‹ […] Freiheit ist für viele nichts, wenn sie gar keine Bewegungsmöglichkeit haben.« Fast die identische Formulierung verwendete Friedrich Schorlemmer: »Mich stört, dass er Freiheit ohne soziale Gerechtigkeit denken kann. Für mich gehört das untrennbar zusammen.«

Joachim Gauck versteht sich selbst allerdings nicht so: »Ich bin, was meine Werte betrifft, eher liberal-konservativ, und links im Hinblick auf Chancengleichheit, Aufstiegsfragen, Bürgerrechte und freie Gewerkschaften.« Er bezeichnete sich damals gern als »Parteiloser, der sich als linker, liberaler Konservativer versteht«. Das war ein Bonmot, das oft und gern zitiert wurde, inhaltlich aber an der Realität vorbeiging. Zutreffend war daran lediglich die Beschreibung »parteilos«. Ansonsten war und ist Joachim Gauck ein gestandener Konservativer. Sein Verständnis von Freiheit bezog sich explizit auch auf die Wirtschaftsordnung. Er war ein Verfechter des Leistungsprinzips. Jemand, der vor zu viel Fürsorge durch den Staat warnte. Ein Anhänger der sozialen Marktwirtschaft, der regelmäßig Positionen vertrat, die den Marktkräften den Vorrang vor planwirtschaftlichen Gedanken gaben.

Die zweite Kandidatur 2012

Im Februar 2012 hatte die Bundesrepublik Deutschland erneut ein Problem mit ihrem Staatsoberhaupt. Zum zweiten Mal hintereinander war ein Bundespräsident von seinem Amt zurückgetreten. Nach Horst Köhler war es jetzt Christian Wulff, der nach nur anderthalbjähriger Amtszeit das Handtuch geworfen hatte. Vorausgegangen war eine wochenlange öffentliche Diskussion über finanzielle Unregelmäßigkeiten in seiner Zeit als niedersächsischer Ministerpräsident. Als die Staatsanwaltschaft schließlich Ermittlungen wegen des Verdachts der Vorteilsnahme gegen ihn einleitete, gab Wulff seinen Rücktritt bekannt.

Wie zwei Jahre zuvor einigten sich SPD und Bündnis 90/ Grüne erneut auf Joachim Gauck als gemeinsamen Kandidaten für das Amt des Bundespräsidenten. Anders als 2010 passierte daraufhin etwas, was die Sachlage grundlegend änderte. Die FDP, der Koalitionspartner in Angela Merkels CDU-Regierung, sprach sich überraschend ebenfalls für Gauck als neuen Bundespräsidenten aus. Die Kanzlerin wurde von diesem Vorstoß der Liberalen überrumpelt. Zunächst versuchte sie, die Freien Demokraten energisch umzustimmen, und drohte sogar mit dem Bruch des Regierungsbündnisses, um Gauck zu verhindern. »Eins ist klar: Gauck wird's nicht«, ließ sie das CDU-Präsidium in einer Telefonkonferenz wissen. Einer der Gründe für ihre eigene hohe Akzeptanz in der Bevölkerung lag darin, dass sie selbst einen präsidialen Führungsstil pflegte. In dieses Regierungskonzept passte kein Staatsoberhaupt, das über das Potenzial verfügte, ihr diese Rolle streitig zu machen. Merkel konnte durch die Wahl Gaucks nichts gewinnen, aber einiges verlieren.

Erst als sie erkannte, dass die FDP nicht nachgeben würde, wechselte sie die Strategie und machte sich den Kandidaten Gauck notgedrungen ebenfalls zu eigen.

Am Abend des 19. Februar trafen sich die Parteichefs der im Bundestag vertretenen Parteien mit Ausnahme der Linken bei Angela Merkel im Kanzleramt. Gauck solle es werden, verkündete die Kanzlerin sogleich, sie werde ihn nun anrufen. Der Kandidat saß gerade im Flugzeug auf dem Weg von Wien nach Berlin, so dass Merkel nur auf seine Mailbox sprechen konnte. Schließlich kam ein Gespräch zustande, als Gauck auf dem Weg vom Flughafen nach Hause im Taxi saß. Der Dialog zwischen der Kanzlerin und dem designierten Bundespräsidenten dauerte dreißig Sekunden. Dann bekam der Taxifahrer ein neues Ziel: Willy-Brandt-Straße 1, Bundeskanzleramt. Gauck sagte – wohl mehr zu sich selbst als zum Fahrer – »Sie fahren den neuen Bundespräsidenten«. Der Chauffeur glaubte, Gas geben zu müssen. »Wegen mir müssen sie nicht rasen«, beruhigte ihn sein Fahrgast. Als Gauck, sichtlich ergriffen, im Kanzleramt erschien, gab er jedem der Anwesenden die Hand, erklärte sich bereit, die Kandidatur anzunehmen, wobei ihm die Augen vor Rührung feucht wurden. Wenig später saß er eingerahmt von Kanzlerin und den Parteichefs von CSU, Grünen, FDP sowie SPD im Pressesaal des Kanzleramtes und wurde der Öffentlichkeit als designierter Bundespräsident vorgestellt. »Ich komme aus dem Flieger«, sagte er, »ich bin noch nicht mal gewaschen. Es schadet auch nix, dass Sie sehen, dass ich überwältigt und ein wenig verwirrt bin.« Alle lachten, auch die Kanzlerin.

Nach seiner Nominierung sagte Gauck fast alle Termine in seinem bis zum Jahresende komplett ausgebuchten Terminkalender ab, um sich bei seinen Wählern in der Bundesversammlung vorzustellen. Er besuchte die Bundestagsfraktionen, die Parteizentralen der im Bundestag vertretenen Parteien und präsentierte sich vor einigen Landtagen.

Unterstützt wurde er vom selben Team, das ihm auch 2010 zur Seite gestanden hatte: David Gill, Helga Hirsch, Andreas Schulze, Johannes Sturm. Letzterer erinnerte sich: »2012 war nicht so fröhlich wie 2010. Gauck war nachdenklicher. Er kannte schon den einen oder anderen Fallstrick, und er wusste diesmal, dass er tatsächlich auch Bundespräsident werden würde.« Gaucks Kritiker prophezeiten, dass es nur eine Frage der Zeit sei, bis der Kandidat für das Amt des Bundespräsidenten in ein Fettnäpfchen treten werde. Doch Joachim Gauck entsprach diesen Erwartungen nicht, weder vor seiner Wahl noch in den ersten eineinhalb Jahren, seiner Präsidentschaft. Er wusste sehr genau, dass er von nun an in der Öffentlichkeit präsidialer auftreten musste, als er es bisher praktiziert hatte: »Ich bin ja nicht mehr der Bürger Gauck, sondern die Bundesrepublik.«

Bundespräsident

Ich habe seit einigen Jahren das Gefühl, dass in meinem Leben Erntedankfest ist.
Joachim Gauck

Die deutsche Öffentlichkeit tut so, als hätte sie nach einigen Nieten nun das große Los gezogen. Sie behängt ihn mit Würdigungen, die er nicht verdient.
Hans-Jochen Tschiche über Gauck

Start ins neue Amt

Nach einem Gottesdienst am Morgen wurde Joachim Gauck am Nachmittag des 18. März 2012 mit einer Mehrheit von über achtzig Prozent der abgegebenen Stimmen zum elften Bundespräsidenten der Bundesrepublik Deutschland gewählt. Er war das erste Staatsoberhaupt, das zum Zeitpunkt seiner Wahl keiner Partei angehörte. Der erste Bürger aus der ehemaligen DDR, der in dieses Amt gewählt wurde. Und mit zweiundsiebzig Jahren zu Beginn seiner Amtszeit der bislang älteste Gewählte.

Die Medien reagierten mit überwältigender Zustimmung auf Gaucks Wahl. Die *Berliner Zeitung* titelte am nächsten Tag: »Gauck sei mit uns«, der *Stern* veröffentlichte einen Artikel unter der Überschrift: »Er ist das Volk« und die *Frankfurter Allgemeine* schrieb: »Es war ein guter Sonntag für unser Land, als Joachim Gauck Bundespräsident wurde.« Die Erwartungen an das neue Staatsoberhaupt waren riesig. Man wünschte sich einen »Bürgerpräsidenten« und erwartete von ihm, dass er die Würde des beschädigten

Amtes wiederherstellte. Man konnte den Eindruck gewinnen, als sei ein politischer Wunderheiler auf einen virtuellen Thron der Bundesrepublik gestiegen. Zugleich fragten sich alle, wie Gauck diesem übermenschlich anmutenden Erwartungsdruck gerecht werden sollte. Er selbst wusste nur allzu genau: »Diese Erwartungen waren so hochgeschraubt, dass fast so etwas wie Erlösung eine Rolle spielte. Kein Mensch kann dieser Erwartung gerecht werden.«

Neuer Staatssekretär im Bundespräsidialamt wurde David Gill. Gleich am Tag nach seiner Nominierung hatte Gauck seinen Vertrauten angerufen und ihm das Angebot gemacht, das Amt des Staatssekretärs im Bundespräsidialamt zu übernehmen. »Es war klar, dass für den Fall der Wahl von Gauck zum Bundespräsidenten dies für mich eine berufliche Veränderung mit sich bringen würde«, sagte Gill, »dass es allerdings das Amt des Staatssekretärs sein würde, war weder ausgemacht noch so von mir erwartet.« Der frischgebackene Staatssekretär kannte seinen künftigen Arbeitsplatz bereits bestens. Im Jahr 2000 hatte er dort als junger Jurist ein halbes Jahr lang für den damaligen Bundespräsidenten Johannes Rau gearbeitet. Auch die anderen Vertrauten Gaucks, die ihn während seiner beiden Kandidaturen um das Amt 2010 und 2012 unterstützt hatten, arbeiten weiterhin für den Bundespräsidenten. Andreas Schulze als Leiter strategische Kommunikation im Bundespräsidialamt, Johannes Sturm als persönlicher Referent des Bundespräsidenten und Helga Hirsch als externe Beraterin. Gegenwärtig unterstützt sie ihn bei der Vorbereitung wichtiger Reden. Vor allem in publizistischen Fragen legt der Bundespräsident großen Wert auf ihr Urteil. »Fragen Sie mal Helga«, sagt er regelmäßig zu seinem Pressesprecher Andreas Schulze, wenn es darum geht, ob und wie er sich zu einer bestimmten Frage öffentlich äußern soll.

Als Gauck am 23. März 2012 vereidigt wurde, hielt er eine rhetorisch und inhaltlich perfekte Antrittsrede, die auf breite Zustimmung stieß. Die Medien waren sich einig: Besser hatte der Start ins Amt nicht gelingen können. Was keiner der Zuhörer ahnte, das Manuskript der Rede war erst in der Nacht zuvor fertiggeworden. Gauck hatte am Vortag bis etwa sechzehn Uhr zusammen mit David Gill, Johannes Sturm und Helga Hirsch daran gearbeitet und sich dann zu einer privaten Feier anlässlich seiner Vereidigung mit Freunden und Weggefährten im Café Einstein verabschiedet. »Das ist so was von typisch für ihn«, lachte Helga Hirsch, die mit Gill und Sturm bis nach Mitternacht weiter an der Redevorlage feilte. Als das Werk endlich vollbracht war, wurde eine Flasche Perlwein geöffnet, die sich zufällig im Kühlschrank befand, Helga Hirsch hatte Geburtstag. Am nächsten Morgen brachte sie das Redemanuskript persönlich zu ihrem ehemaligen Lebensgefährten, um sicherzugehen, dass er es vor seiner großen Rede auch wirklich in Händen hielt. Joachim Gauck hatte zu diesem Zug seines Wesens einmal gestanden: »Von Haus aus bin ich nicht besonders der Ordnung verpflichtet.«

Schon drei Tage später, am 26. März 2012, unternahm das neue Staatsoberhaupt seine erste Auslandsreise. Gauck besuchte Deutschlands östlich gelegenes Nachbarland Polen, für ihn eine »Herzensangelegenheit«. Die Worte Herz und Sehnsucht kamen in den ersten Monaten seiner Amtszeit in seinem Vokabular oft vor. Als er sich zum ersten Mal vor Schloss Bellevue den Fotografen stellte, sagte er: »Es pocht hier drin«, und legte dabei die Hand aufs Herz. Bald darauf besuchte er sein »Sehnsuchtsland« Schweden. Und als er Ende Mai zum Staatsbesuch nach Israel flog, war das für den Bundespräsidenten ein »Herzensanliegen«.

Am 30. März 2012 empfingen Bundespräsident Joachim

44 Bei der Bundeswehr in Afghanistan

Gauck und Frau Daniela Schadt, so die offizielle protokollarische Bezeichnung für Gaucks Lebensgefährtin, im Schloss Bellevue ihre ersten Staatsgäste, den mongolischen Präsidenten, Tsakhia Elbegdorj und dessen Frau Khajidsuren Bolormaa. Militärische Ehren, roter Teppich, Pressefotos, festliches Staatsbankett, freundliche Worte. »Ich freue mich, dass die Mongolei der Partnerschaft mit Deutschland so hohe Bedeutung beimisst«, sagte der Bundespräsident. Solche der Diplomatie geschuldete Sätze sollte Gauck künftig ständig sagen. Nicht weil er es nicht besser gekonnt hätte, sondern weil Diplomatie auf der Ebene der Staatsoberhäupter eine der zentralen Aufgaben des Bundespräsidenten ist. Ende des Jahres sagte Gauck bei einer Begegnung mit dem afghanischen Präsidenten Karzai in Kabul: »Wir wollen nicht in den Verdacht geraten, dass wir unsere Freundschaft vergessen würden.« Natürlich war sich Gauck dabei darüber im Klaren, dass der Teil der deutschen Bevölkerung, der sich Afghanistan freundschaftlich verbunden fühlte, gegen null tendierte. Aber darum geht es bei der Pflege der Beziehungen zwischen Staaten nicht.

Gesellen- und Meisterstück

Die erste wirkliche Bewährungsprobe des Bundespräsidenten stand Anfang Mai 2012 an, als er seinen Antrittsbesuch in den Niederlanden machte und dort vermintes Terrain betreten musste. Als erster Deutscher sollte Gauck am 5. Mai, dem niederländischen Befreiungstag, in der Liebfrauenkirche von Breda die Rede zum siebenundsechzigsten Jahrestag der Befreiung von den deutschen Besatzungstruppen halten. Das offizielle Thema der Niederlande für diesen Tag lautete: »Vrijheid geef je door« – Freiheit gibt man weiter. Wieder wurde der Entwurf von Gaucks Rede nicht rechtzeitig fertig. Das Manuskript sollte vorab an die Organisatoren in den Niederlanden geliefert werden, damit diese die Rede im Vorfeld drucken und verteilen konnten. Das entsprechende Papier wurde schließlich geliefert – fünf Tage zu spät.

Im Vorfeld von Gaucks geplanter Rede hatte es vereinzelt Widerstand jüdischer Organisationen gegen seinen Besuch gegeben. Hintergrund war der Fall des neunzigjährigen ehemaligen Mitglieds der Waffen-SS Klaas Carel Faber, der in den Niederlanden als Kriegsverbrecher verurteilt worden war, aber unbehelligt in Deutschland lebte, weil die Bundesrepublik dem niederländischen Auslieferungsersuchen nicht stattgegeben hatte. Diese Tatsache war für einige Holländer ein Grund, den Bundespräsidenten als nicht willkommen zu betrachten. Die Rahmenbedingungen für Gaucks Auftritt in den Niederlanden waren also nicht einfach. Doch der Bundespräsident erledigte die Aufgabe mit Bravour. Mit seiner Rede in der Kirche von Breda erreichte er die Herzen der Niederländer. Am Ende seiner Ansprache erhoben sich die vierhundert geladenen Gäste, um zu applaudieren. Gauck hatte sein Gesellenstück als Bundespräsident abgeliefert.

Sein Meisterstück lieferte der Bundespräsident noch im selben Monat ab. Ende Mai 2012 reiste er auf Einladung des israelischen Präsidenten Schimon Peres zum Staatsbesuch nach Israel. Das Land, in dem die historische Erblast Deutschlands am schwersten wiegt. Reisen bundesdeutscher Politiker in das Heilige Land standen von der Gründung der Bundesrepublik an immer unter einem besonderen Stern und wurden von den Medien argwöhnisch beobachtet. Es hatte nach dem Krieg vierzig Jahre gedauert, bis 1985 mit Richard von Weizsäcker zum ersten Mal ein Bundespräsident nach Israel reisen konnte. Damals war von einem historischen Wendepunkt in den Beziehungen der beiden Völker die Rede gewesen. Seither hatte der Staatsbesuch in Israel bei allen Bundespräsidenten auf der Liste ganz oben gestanden. Am 16. Februar 2000 durfte Bundespräsident Johannes Rau als erster deutscher Politiker vor der Knesset eine Rede halten. Als Bundespräsident Horst Köhler weitere fünf Jahre später erneut vor dem israelischen Parlament sprach, regte sich in Israel im Vorfeld Protest dagegen, dass Köhler seine Rede auf Deutsch halten wollte, in der »Sprache der Täter«. Bis heute werden die deutsch-israelischen Beziehungen maßgeblich durch die Verbrechen des Nationalsozialismus mitbestimmt.

Es stand vor diesem Hintergrund außer Frage, dass jedes Wort Joachim Gaucks bei seiner Israel-Reise in besonderem Maße abgewogen und jede seiner Gesten noch einmal in Zeitlupe betrachtet werden würde. Einige Wochen später gestand er, dass er diesmal nicht gern in das Land gefahren war, das er zuvor bereits mehrfach als Privatmann bereist hatte. »Ich sah nicht, wie man das grundlegende Problem zwischen Juden und Palästinensern lösen könnte«, erklärte er. »Ich habe diese Hoffnungslosigkeit gesehen. So was lähmt mich, deshalb bin ich nicht gerne hingefahren.«

Gaucks politischer Bewegungsspielraum in Israel war klein, so wie für seine Vorgänger auch. Wie diese besuchte selbstverständlich auch der elfte Bundespräsident in Jerusalem die Holocaust-Gedenkstätte Yad Vashem, die an die Opfer der Shoa erinnert. Es gelang dem Bundespräsidenten, dort ein Zeichen zu setzen, das über die Pflicht hinausging. Es war nur eine kleine Geste, aber sie erzeugte gewaltige Wirkung. Im Ergebnis konnte Gauck dadurch dem Fundament der deutsch-israelischen Beziehungen einen kleinen, symbolischen Stein hinzuzufügen.

Als er sich in das Gästebuch der Gedenkstätte eintrug, verharrte er sieben ewig erscheinende Minuten vor dem kleinen Stehpult und schrieb. Die Anwesenden mussten in der israelischen Mittagshitze stehen und warten. Der eine oder andere wurde unruhig und fragte sich, warum in aller Welt das Staatsoberhaupt so lange für seinen Eintrag brauchte. Endlich steckte der Bundespräsident seinen Stift ein und las vor, was er geschrieben hatte: »Wenn du hier gewesen bist, sollst du wiederkommen. Zuerst nur: die Flut der Gefühle, erschrecken vor dem Ausmaß des Bösen, mitleiden, mitfühlen, trauern – wegen eines einzigen Kinderschicksals oder wegen der Millionen unschuldiger Opfer. [...]«

Für diese symbolhafte Handlung in Yad Vashem wurde Gauck mit Lob geradezu überschüttet. Das Urteil, er habe auf seiner Reise überall den richtigen Ton getroffen, war einhellig. Die Lobeshymnen gipfelten in Sätzen wie, sein Eintrag im Gästebuch habe »literarische Qualität« oder »jetzt ist er wirklich Präsident«. Gauck hätte es bei dem Eintrag bewenden lassen können, ohne ihn vorzulesen. Aber er wollte, dass jedermann erfuhr, was er geschrieben hatte. Es war ein überlegtes, kalkuliertes Signal an die Welt, das seine beabsichtigte Wirkung entfaltete.

Zeichen setzen

Neben der öffentlichen Rede sind symbolhafte Handlungen, das Setzen von Zeichen, das entscheidende Mittel, mit dem ein Bundespräsident politischen Einfluss nehmen und wirken kann. Gerade weil er selbst kaum Entscheidungs- und Gestaltungsmacht hat, wird besonders genau beobachtet und interpretiert, wie er sich in bestimmten Situationen verhält. Eine kühle Begrüßung eines anderen Staatsoberhauptes kann so zur Botschaft, unter Umständen zum Affront werden. Und es hat Bedeutung, ob der Bundespräsident eine Schirmherrschaft übernimmt, einen Orden verleiht oder ob er das möglicherweise demonstrativ ablehnt.

Neben seinem Eintrag im Gästebuch von Yad Vashem versandte Gauck in seinem ersten Amtsjahr eine ganze Reihe derartiger Botschaften. Als der Bundespräsident Anfang Juni 2012 Kreml-Chef Wladimir Putin im Schloss Bellevue empfing, ließ er all seine Herzlichkeit, die ihn sonst auszeichnet, vermissen. Bestenfalls die Andeutung eines Lächelns, ansonsten war Joachim Gauck ungewöhnlich ernst, konzentriert und distanziert. Als er sich im Vorfeld seiner Wahl zum Staatsoberhaupt bei den Grünen vorgestellt hatte, war er von einem ehemaligen DDR-Bürgerrechtler gefragt worden, wie er mit ausländischen Repräsentanten à la Putin umgehen würde. Der Kandidat hatte geantwortet:

»Das ist die schlimmste Frage, die Sie mir stellen können.« Jetzt sah das Protokoll nach dem Eintrag in das Gästebuch im Schloss Bellevue einen Handschlag mit dem russischen Präsidenten vor. Er dauerte vielleicht zwei Sekunden und fiel demonstrativ kühl aus. Vor dem Treffen mit Putin hatte der Bundespräsident mit Mitarbeitern des Bundespräsidialamtes in Rollenspielen geübt und verschiedene Formulierungen für das Treffen ausprobiert. Das eigentliche Treffen fand dann unter Ausschluss der Öffentlichkeit statt. Es ist schwer vorstellbar, dass der Bundespräsident dabei mit dem russischen Potentaten Süßholz raspelte.

Große Wirkung hatte Ende April Gaucks Absage seiner für Mitte Mai 2012 geplanten Reise in die Ukraine zu einem Treffen zentraleuropäischer Präsidenten in Jalta. Die Stornierung wurde mit Berlins tiefer Besorgnis über die Inhaftierung der früheren Ministerpräsidentin Julija Timoschenko begründet. Diesem demonstrativen Schritt des Bundespräsidenten schlossen sich in den folgenden Tagen neun weitere europäische Staats- und Regierungschefs an, die ihre Reise gleichfalls absagten. Die Regierung der Ukraine sah sich daraufhin genötigt, das Treffen ausfallen zu lassen. Es war eine für das Regime unter Präsident Wiktor Janukowitsch peinliche Bloßstellung, die Gauck initiiert hatte.

Ähnlich wirkungsvoll war ein innenpolitisches Signal, dass Gauck im September 2012 setzte. Der Bundespräsident wandelte das traditionelle Sommerfest des Staatsoberhauptes in ein zweitägiges Bürgerfest um. Gauck verzichtete dafür weitgehend auf die Unterstützung von Sponsoren, die in den beiden vergangenen Jahren jeweils über drei Millionen Euro zum Etat des Festes beigetragen hatten – das Bundespräsidialamt zahlte die Feier diesmal selbst. Die Botschaft eins war: Schluss mit der Kungelei mit der Wirtschaft. Die Bundesrepublik Deutschland kann sich leisten, dass das deutsche Staatsoberhaupt einmal im Jahr ein Bürgerfest selbst finanziert. Botschaft zwei: Das Staatsoberhaupt ist ein Bürgerpräsident, nicht nur der Präsident der oberen Zehntausend. Gaucks Vorgänger hatten Sommerfeste für die High Society veranstaltet, Gauck machte aus der Veranstaltung ein volkstümliches Bürgerfest.

Am ersten Tag lud der Bundespräsident viertausend Menschen ein, die sich in der Vergangenheit durch ihr soziales Engagement um das Land verdient gemacht hatten. Am zweiten Tag wurde der Park von Schloss Bellevue für die Bevölkerung geöffnet. Fünfzehntausend Menschen nutzten die Gelegenheit und nahmen lange Wartezeiten in Kauf, um eingelassen zu werden. Es gab Eis, Kuchen, Wurst und Matjes und einen Bundespräsidenten zum Anfassen. Gauck und Schadt gingen durch die Reihen schüttelten Hände, begrüßten Bekannte, gaben Autogramme und ließen sich mit ihren Gästen ablichten. »Wenn Sie uns ein bisschen am Leben lassen, wäre es einfacher«, versuchte Gauck sich der drängelnden Massen zu erwehren. Das neue Konzept für das Fest kam hervorragend an. »Keine VIPs, sondern wir«, lobten die Berliner, die mit dem Bundespräsidenten feierten »wie mit einem alten Freund«. Die Medien fanden freundliche Überschriften wie »Grillparty mit Staatsoberhaupt« oder »Gauck zum Anfassen« und lobten die unglaubliche Nähe, die der Bundespräsident zu den Bürgern herstellen konnte.

Ein anderes Signal, das Gauck in seinem ersten Amtsjahr mehrfach sendete, war die moralische Unterstützung der Bundeswehr und ihrer Soldaten. Bei einem Besuch der Führungsakademie der Bundeswehr im Juni 2012 bezeichnete er die Soldaten als »Mut-Bürger in Uniform«, wies auf ihren hohen Einsatz, im Extremfall den Einsatz des eigenen Lebens, hin und erklärte: »Für diese unsere Bundeswehr bin ich sehr dankbar! Das sagt der Bürger Joachim Gauck genauso wie der Bundespräsident.« Wie seine Vorgänger Horst Köhler und Christian Wulff flog auch Gauck Mitte Dezember 2012 nach Afghanistan, um die dort stationierten Truppen zu besuchen und sich mit dem afghanischen Staatspräsidenten Hamid Karzai zu treffen. Er nahm die Gelegenheit wahr, sich demonstrativ hinter die Bundeswehr wie auch hinter in Afghanistan stationierte Polizisten und Entwicklungshelfer zu stellen: »Ihre Bereitschaft, als Soldat Entbehrungen in Kauf zu nehmen, ist Ausdruck einer in unserer Gesellschaft nicht selbstverständlichen Bereitschaft zum Dienen und zur Hingabe.« Schließlich nutzte Gauck auch seine erste Weihnachtsansprache, um den Bundeswehrsoldaten und zivilen Helfern in Afghanistan für ihren Einsatz zu danken.

Eigenwillige Formulierungen

Im ersten Jahr seiner Amtszeit sprach Joachim Gauck bei verschiedenen Anlässen Sätze oder sogar nur einzelne Worte aus, die anschließend zu öffentlichen Kontroversen führten. Regelmäßig geschah das dann, wenn Gauck sich nicht an die für ihn vorformulierten Texte hielt, sondern eigene Redewendungen benutzte. Ein Beispiel dafür war die Rede bei seinem Besuch der Führungsakademie der Bundeswehr in Hamburg, als er sagte: »Und dass es wieder deutsche Gefallene gibt, ist für unsere glückssüchtige Gesellschaft schwer zu ertragen.« Spontan und intuitiv hatte er in sein vorbereitetes Redemanuskript das Wort »glückssüchtig« eingefügt, das dort vorher nicht gestanden hatte. Linke und Teile der SPD schrien zetermordio. Das sei »Kriegspropaganda«, Gauck betreibe »Werbung für Kriegseinsätze im Amte des Staatsoberhauptes«. In diesem Fall hatte die Verwendung des einen Wortes »glückssüchtig« in Kombination mit »deutsche Gefallene« die Gemüter erregt und bewirkt, worum es Gauck ging: die Würdigung der deutschen Soldaten in Afghanistan, die dabei ihr Leben riskieren.

Ähnliche Wirkung entfaltete die Neufassung eines Satzes seines glücklosen Vorgängers Christian Wulff. Dessen bedeutendste politische Aussage seiner kurzen Amtszeit hatte gelautet: »Der Islam gehört zu Deutschland.« Gauck formulierte diesen Satz in einem Interview mit der ZEIT um und sagte: »Die Muslime, die hier leben, gehören zu Deutschland.« Daraufhin zeigten sich muslimische Organisationen »irritiert« und »enttäuscht«. Grünen-Chef Cem Özdemir meldete sich zu Wort und stellte klar, wenn »Muslime, die hier leben, zu Deutschland gehören, dann gehört natürlich auch ihr Islam zu Deutschland«. Mit nur einem Satz hatte Gauck die öffentliche Debatte über den Islam in Deutschland in eine differenziertere Richtung gelenkt. Dabei hatte er sich inhaltlich nur um eine Nuance anders ausgedrückt als sein Vorgänger Christian Wulff. Er hatte dessen Aussage seine eigene persönliche Tonalität gegeben; statt von einem abstrakten Fakt ging er von den Menschen aus. Gaucks Pressesprecher, Andreas Schulze, erklärte Gaucks Ansatz so: »Er dekonstruiert Sätze und bildet sie neu. Als Pfarrer hat er gelernt: Die großen Worte des Glaubens müssen neu formuliert, neu ausgesprochen werden. Sonst wird das von den Leuten nicht aufgenommen.«

Im März 2013 war es wieder nur ein Wort, das zu empörten Reaktionen führte. Anlass dazu war der FDP-Politiker Rainer Brüderle, der in der Woche zuvor an den Pranger gestellt worden war, weil er in einem nächtlichen Gespräch an einer Bar mit einer Journalistin, eine von ihr als unpassend erachtete Bemerkung über ihr Dekolleté gemacht hatte. Gauck, in einem *Spiegel*-Interview zum öffentlichen

Umgang mit Brüderle in dieser Angelegenheit befragt, antwortete: »Wenn so ein Tugendfuror herrscht, bin ich weniger moralisch, als man es von mir als ehemaligem Pfarrer vielleicht erwartet.« In seiner ansonsten diplomatischen Stellungnahme zu dem Vorgang hatte Gauck mit einem einzigen Wort, Tugendfuror, zum Ausdruck gebracht, was er wirklich darüber dachte. Der Aufschrei derjenigen, die Brüderles Bemerkung als sexistisch betrachteten, war groß.

»Alles nicht so schlimm«, meinte Gauck zu den kontroversen Debatten, die die von ihm gewählten Formulierungen gelegentlich auslösten, er habe eben »Ecken und Kanten«. Bei seiner Wahl zum Bundespräsidenten habe es niemanden gegeben, »der sich nicht gewünscht hätte, ich sollte der bleiben, der ich bin«. Der Zweiundsiebzigjährige betonte: »Das ich nach fünf Jahren überhaupt nicht mehr Gauck bin, das will ich überhaupt nicht.« Dennoch bemühte er sich, sich in dieser Hinsicht zu disziplinieren: »Was ich lernen musste, ist das Amtsbewusstsein. Früher konnte ich jederzeit offen meine Meinung sagen und damit auch mal ordentlich anecken.« Helga Hirsch urteilte über diese besonderen Formulierungen ihres ehemaligen Lebensgefährten: »Das ist keine Strategie, sondern wenn er solche Sachen sagt, entspricht das einfach seinem Weltbild.«

In seinem Willen, authentisch zu bleiben und nicht zum reinen Vorleser vorgefertigter diplomatischer Redemanuskripte zu werden, machte Gauck das eine oder andere Mal auch erstaunliche Fehler. Bei seinem Afghanistan-Besuch im Dezember 2012 sagte er den Satz: »Von verwundeten oder getöteten Soldaten, Polizisten und Entwicklungshelfern hören wir verlässlich – von neuen Stromanschlüssen, gelungenen Unternehmen, erfolgreichen Schulabschlüssen selten.« Zwar wurde dieser misslungene Vergleich von den Medien nicht thematisiert und eine öffentliche Diskussion darüber blieb aus. Gleichwohl war die Verbindung zwischen der Tragödie gefallener Soldaten und der Banalität eines Stromanschlusses ein bemerkenswerter Fauxpas des ansonsten so herausragenden Redners Gauck.

Das größte Fettnäpfchen, in das Joachim Gauck im ersten Jahr seiner Amtszeit trat, war seine Kritik an der Bundeskanzlerin während seiner Israelreise. Angela Merkel hatte zuvor die Aussage getroffen, dass die Sicherheit Israels »Teil der deutschen Staatsräson« sei. Der Bundespräsident distanzierte sich von dieser Haltung, indem er öffentlich darüber nachdachte, ob diese Garantieerklärung der Kanzlerin gegenüber Israel im Ernstfall durchsetzbar sei. Beobachter und Kommentatoren waren sich einig: Eine derartige öffentliche Kritik an der Bundeskanzlerin durch den Bundespräsidenten, gerade in Israel, war unangemessen und ein politischer Fehler. Umfragen in der Bevölkerung dokumentierten dieselbe Einschätzung. Dieser Eingriff des Bundespräsidenten in das Regierungsgeschehen wurde als Patzer empfunden. Am nächsten Tag hielt Gauck es dann auch für geboten klarzustellen, es gebe in der Sache keine Unterschiede zwischen der Bundeskanzlerin und ihm.

Erste Bilanz

Nach hundert Tagen zogen die Medien eine erste Bilanz der Präsidentschaft von Joachim Gauck. Die Kommentare und Urteile fielen ungewöhnlich positiv aus. Der *Stern* äußerte sich geradezu euphorisch: »Dieser Bundespräsident ist ein Glücksfall für die Nation« und »Gauck hat dem höchsten deutschen Staatsamt jene Autorität zurückgegeben, die seine beiden unmittelbaren Amtsvorgänger Horst Köhler und Christian Wulff nachhaltig verspielt hatten«. *Der Tagesspiegel* wählte für sein Hundert-Tage-Resümee die Überschrift: »Wie Joachim Gauck zum Präsidenten der Herzen wurde«. *Bild-Online* fragte: »Wird er der beliebteste Präsident aller Zeiten?« Die *Süddeutsche Zeitung* lobte: Der neue Bundespräsident »tut meist mit schlafwandlerischer Sicherheit das Richtige«. Alle waren sich einig: »Wo er hinkommt, macht er eine gute Figur.« Sein Pressesprecher Andreas Schulze erklärte sich den gewaltigen Erfolg seines Chefs so: »Er wird im Kontrast wahrgenommen. Das ist sein Vorteil. Er spricht einen anderen politischen Dialekt, der näher an den Menschen dran ist. Damit gelingt es ihm, die hohen Erwartungen einzulösen.«

In der Bevölkerung kam Gauck ebenso gut an. Hundert Tage nach Amtsantritt bekam der Bundespräsident bei einer repräsentativen Umfrage Bestnoten. Achtundsiebzig Prozent der Befragten äußerten sich im Hinblick auf seine Arbeit zufrieden oder sogar sehr zufrieden. Wenn der Bundespräsident sich unter die Menschen mischte, etwa als er im Oktober 2012 die Frankfurter Buchmesse besuchte, glich das mehr und mehr dem Auftritt eines Monarchen, dem seine Untertanen huldigen. Schon zu Beginn seines Messerundgangs wurden das Staatsoberhaupt und seine Lebensgefährtin von zahlreichen Besuchern mit Beifall begrüßt. Der spontane Applaus wiederholte sich an jedem Stand, den sie besuchten. Der Präsident reagierte mit freundlichem Winken und Zurufen. Der Andrang der Reportermenge am Stand des Suhrkamp Verlags, wo Gauck einen längeren Zwischenstopp einlegte, überrumpelte Co-Geschäftsführer Thomas Sparr sichtlich. Selbst Nobelpreisträger führten gemeinhin nicht zu einem derartigen Auflauf an Presseleuten und neugierigen Bürgern.

Die Gründe für den Erfolg

Die wohl entscheidenden Gründe für die große Sympathie, die Joachim Gauck entgegengebracht wird, sind seine Glaubwürdigkeit und Authentizität.

Dieser Bundespräsident übernimmt nicht die üblichen Floskeln des politischen Betriebes, sondern bemüht sich darum, eigene Formulierungen zu finden. Das vermittelt einem das gute Gefühl: Da steht ein Mann wie du und ich. Als er noch Bundesbeauftragter war, hatte sein Direktor Hansjörg Geiger ihn oft davor gewarnt, zu offen zu sein: »Herr Gauck, wenn Sie das sagen, hat das Folgen, dann steht das morgen so in der Zeitung.« Der Bundesbeauftragte hatte darauf meist pikiert reagiert, sich dann aber doch beeinflussen lassen. »Er hat nicht gleich im selben Gespräch seine Meinung geändert, aber er hat es dann doch angenommen«, erinnerte sich Geiger. Wenn Gauck jetzt bei Gelegenheit sehr offen aussprach, was aus ihm herausdrängte, dann konnte das möglicherweise unter diplomatischen Gesichtspunkten zu beanstanden sein, doch die Menschen nahmen ihm das nicht übel, sondern rechneten es ihm eher positiv an.

Gauck hat kein Problem damit, sich öffentlich zu seinen Fehlern und Schwächen zu bekennen. Ein paar Monate nach Amtsübernahme gestand er, dass er zu Beginn seiner außenpolitischen Begegnungen sehr angespannt gewesen sei. »Ich habe damals nach meinen offiziellen, außenpolitischen Terminen in Bellevue oft meine Berater fragend angesehen: War auch alles richtig? Habe ich was falsch gemacht?« Bei seiner ersten großen Rede zum Thema Europa im Februar 2013 räumte er ein, dass er einen Satz, den er zu Beginn seiner Amtszeit gesagt hatte, nämlich »Wir wollen mehr Europa wagen«, so »heute nicht mehr formulieren würde«.

Genauso bekennt sich Gauck zu seinen Emotionen. Wenn ihn etwas berührt, zeigt er das. Nach einer Privataudienz bei Papst Benedikt XVI. im Dezember 2012 hielt der Bundespräsident mit seiner Ergriffenheit nicht hinter dem Berg, so dass es keinem der anwesenden Journalisten entging. Immer wieder kam es vor, dass Gauck bei offiziellen Anlässen seine Tränen nicht zurückhalten konnte. Bei seinem ersten Besuch in den Niederlanden wurden ihm während des Festaktes in der Kirche von Breda die Augen feucht. Nur mit Mühe und unter Zuhilfenahme seines Taschentuchs wurde er der Gemütsregung Herr. Als ihn bei derselben Reise plötzlich unerwartet eine Frau umarmte, die er von früher kannte, übermannte ihn erneut Rührung, und er gestand: »Da kullern dann doch die Tränen.« Auch bei seiner Israel-Reise konnte er bei einer Begegnung mit Holocaust-Überlebenden nur mit größter Anstrengung verhindern, vor den Augen der Weltöffentlichkeit weinen zu müssen.

Manche journalistischen Beobachter kreideten Gauck das an. Er könne auf ein inneres Signal hin weinen, glaubten sie zu wissen und kritisierten, »[...] die tränenreiche Ergriffenheit ist in den vergangenen Jahren ein Teil der Routine des Vortragsredners Gauck geworden«. Der kommentierte das ironisch: »Das Feuilleton zählt inzwischen meine Tränen.« Diejenigen, die diese Kritik übten, verstanden sein Wesen nicht. Gauck spielt seine Emotionalität nicht. Es kostet ihn vielmehr allergrößte Mühe, sie im Zaum zu halten. Genauso schnell, wie er zu Tränen gerührt sein kann, ist es möglich, dass er in Rage gerät, etwa wenn er das Gefühl hat, dass ihm Unrecht geschieht. Cornelia Schmalz-Jacobsen beobachtete: »Er kann sich, wenn es um andere geht, auch sehr ärgern und dabei geradezu explodieren. Insbesondere wenn er von Menschen Ratschläge bekommt, die er für nicht integer hält.« Deutschland hatte noch keinen Bundespräsidenten, der sein Inneres so wenig vor der Öffentlichkeit abschirmt wie Gauck. Bei der überwiegenden Mehrheit der Menschen kommt das geöffnete Fenster zur Seele des Bundespräsidenten gut an.

Über seine Glaubwürdigkeit hinaus besitzt Joachim Gauck eine außergewöhnliche Ausstrahlung, mit der er sich ebenfalls von den meisten anderen Politikern abhebt. Der Journalist Dieter Bub beschrieb das als »starke, zwingende Präsenz. […] Er ist überall der Mittelpunkt. Er weiß um die Wirkung, genießt sie, bekennt sich zu seiner, wie er meint, ›gelegentlichen Eitelkeit‹, die in Wahrheit ein Charakterzug ist, wie bei allen guten Pastoren.« Stefan Wolle drückte es so aus: »Er hatte eine Menge natürlicher Autorität. Er war fast schon eine Vaterfigur, ein Mann, zu dem man Vertrauen haben konnte.« Hansjörg Geiger schließlich beobachtete: »Wenn er den Raum betrat, wurde es oft sehr still, seine Ausstrahlung hat ihm wohl selbst am meisten imponiert.« Geiger weiter: »Wenn wir in einen Raum voll Menschen kamen, starrten die Leute in seine Richtung, selbst wenn sie ihm vorher den Rücken zugewandt hatten, das hatte ich so noch nicht erlebt, es war frappierend.«

Das größte Pfund Joachim Gaucks, seine Begabung als Redner, kommt ihm im Amt des Bundespräsidenten in besonderer Weise zugute. Wo auch immer er auftritt, er trifft fast immer den richtigen Ton. Hansjörg Geiger über Gaucks Fähigkeiten zu formulieren: »Er hat einen sehr breiten aktiven Wortschatz. Wow, denkt man, das ist es, wenn er mit einem einzelnen Wort, das einem selber nicht einfallen würde, auf den Punkt das beschreibt, worum es geht.«

Gauck spricht sehr pointiert und verwendet gelegentlich drastische Formulierungen. Die Rechtsradikalen kanzelte er beispielsweise schon mal als die »Bekloppten« ab

45 Der Redner

und stellt sich ihnen angstfrei mit offenem Visier entgegen. »Worauf die stolz sind, das hasse ich. Ich bin aber stolz auf das, was die hassen.« Die DDR-Nostalgiker erinnert er an den »verbrecherischen Kommunismus der fünfziger Jahre und den maskierten Stalinismus der späteren Zeit«.

Gaucks Kernbotschaft aber ist eine positive. Sie lautet: Ihr wohnt in einem freien, wunderbaren Land, seid stolz darauf! Der elfte Bundespräsident will dazu beitragen, dass Politik und Bürger sich wieder näherkommen. Seine zentrales Anliegen ist: »Ich würde gerne noch mehr Menschen in diesem Land sehen, […] die bewusst und selbstbewusst etwas gestalten wollen und auch mal eine Führungsaufgabe übernehmen.« David Gill beschrieb das mit eigenen Worten. »Er will Deutschland voranbringen und die Menschen für ihr Land begeistern. Er möchte eine Gesellschaft, die sich als Gemeinwesen versteht, und am besten soll sich jeder Einzelne in dieses Gemeinwesen einbringen.«

Wie alle großen Redner besitzt Gauck ein gewisses Maß an Suggestionsfähigkeit, eine Gabe, der er sich sehr wohl bewusst ist. »Ich habe auf meinem Lebensweg erlebt, dass ich Menschen durch meine Art, mit ihnen zu reden, zu ihren Kräften bringen konnte. Es ist mir oft so gegangen, dass Menschen dann auch besser verstanden haben, was sie selber können, und das auch wollen.« Ein anderes Mal drückte er es noch deutlicher aus. »Es ist mir immer gelungen, Menschen zu etwas zu bringen, was sie sonst nicht getan hätten.«

Natürlich sind die rednerischen Fähigkeiten des Bundespräsidenten nicht gottgegeben. Andreas Schulze meinte: »Da ist auch viel Übung dabei, Training, Routine, seine ganze Erfahrung.« Ein rhetorischer Kniff, auf den Gauck regelmäßig zurückgreift, ist, sich scheinbar erstaunt über das große Interesse an seiner Person zu zeigen. Als er 1991 an einer Podiumsdiskussion in der Petrikirche in Lübeck teilnahm, für die ein Eintrittsgeld verlangt wurde, sagte er zu seinen Freunden: »So viele Besucher, die kommen meinetwegen und zahlen dafür noch Eintritt.« »Ein Flugzeug nur für mich«, wunderte sich der Bundespräsident im Bundeswehr-Airbus, als er im Mai 2012 zu seinem Antrittsbesuch nach Schweden flog, »eine unglaubliche Geschichte.« Noch neun Monate nach Beginn seiner Amtszeit kokettierte er: »Allerdings muss ich mich manchmal noch kneifen, wenn ich von zu Hause morgens ins Schloss Bellevue fahre. Dann denke ich mir, Hoppla, das bin ja ich!« Mehrfach stilisierte er sich während der ersten Monate seiner Amtszeit zu einem »Lernenden« und bezeichnete seine Präsidentschaft als einen »Selbstversuch mit offenem Ausgang«. Und auch nach dem ersten Jahr seiner Amtszeit sagte er zum Balanceakt zwischen dem Eintreten für Menschenrechte und dem staatspolitisch gebotenen Umgang mit Vertretern totalitärer Regime: »Da übe ich manchmal noch.« Auch Botschaften dieser Art trugen dazu bei, Nähe zwischen dem Bundespräsidenten und den Bürgern zu schaffen, und stützten seine Popularität.

Eine andere wichtige Komponente von Gaucks rhetorischen Fähigkeiten wurde von ihm in seinen späteren Jahren gelegentlich vernachlässigt. Nach wie vor verfügt er über die Gabe, Stimmungen um sich herum aufzunehmen und diese spontan in passenden Worten wiederzugeben. Hansjörg Geiger beschrieb das so: »Er bekommt bei seinen Reden Erwiderung aus dem Raum und nimmt das auf.« Doch Gaucks alte Rostocker Freunde, wie etwa seine ehemalige Kirchgemeinderätin Rosemarie Albrecht, registrierten, dass es dem älteren Gauck schwerer fiel, anderen zuzuhören, als früher. Christoph Kleemann etwa meinte: »Er kann heute nicht so gut zuhören, wie er reden kann. Er ist einer, der auch gerne doziert.«

Bisweilen konnte sich Gauck an seinen eigenen Worten regelrecht berauschen. »Habe ich das nicht gut gesagt?«, fragte er dann Umstehende, wenn ihm gerade wieder eine besonders schöne Formulierung gelungen war.

Bei einem Fernsehinterview konnte es geschehen, dass die Worte so ungebremst aus Joachim Gauck heraussprudelten, dass der Interviewer überhaupt nicht mehr zu Wort kam. Und es konnte auch vorkommen, dass Gauck zwei Stunden am Stück sprach, wo eigentlich nur fünfundvierzig Minuten Redezeit vorgesehen waren. Cornelia Schmalz-

Jacobsen meinte dazu: »Das Schwerste ist für ihn, sich an die Zeit zu halten. Er gehört zu den Menschen, bei denen die Gedanken beim Reden entstehen.« Helga Hirsch kritisierte diese gelegentlichen Redeexzesse Gaucks mit den Worten: »Er macht dann Blasen.«

Die Frau an seiner Seite

Einen nicht zu unterschätzenden Beitrag zum Erfolg und zur großen Beliebtheit von Joachim Gauck leistet seine Lebensgefährtin Daniela Schadt. Von Beginn seiner Präsidentschaft an ist sie bei zahlreichen seiner öffentlichen Auftritte an seiner Seite zu finden. Es scheint so, als hätten sie und ihr Partner die Vereinbarung getroffen, das Amt gemeinsam auszuüben, nach dem Motto: »Wir sind Bundespräsident!« Auch Gaucks Lebensgefährtin übernahm, wie ihre Vorgängerinnen Ehrenämter, so etwa die Schirmherrschaft für das Kinderhilfswerk UNICEF Deutschland, die traditionell vom Ehepartner des Bundespräsidenten übernommen wird, oder die Schirmherrschaft für das Müttergenesungswerk. Doch anders als Partnerinnen früherer Bundespräsidenten beschränkt sie sich nicht darauf, sondern tritt bei den wichtigeren Anlässen als seine Begleiterin auf. Insofern ist sie ein Novum. Die Erste ihrer Art sozusagen, eine Zugabe zum Verfassungsorgan des Bundespräsidenten.

Schon Ende Mai 2012 schrieben Bewunderer des neuen dualen Führungssystems im Schloss Bellevue: »Die Gaucks haben dem Amt seine Würde zurückgegeben.« Ihre permanente mediale Präsenz an der Seite des Bundespräsidenten erklärte Schadt damit, dass »die Darstellung eine andere geworden ist, das hat etwas mit der Personalisierung der Medien zu tun«. Ein anderes Mal meinte sie: Es gab bisher mehr Termine des Bundespräsidenten ohne mich als mit mir, aber die Wahrnehmung ist eine andere. Tatsache bleibt, dass die Medien nur das ins Bild setzten konnten, was tatsächlich zu sehen war: Gauck und Schadt gemeinsam beim Empfang durch Queen Elizabeth II., auf dem Bundespresseball 2012 oder bei der mehrtägigen Reise des Bundespräsidenten durch Südamerika im Mai 2013.

Nach der Wahl ihres Lebensgefährten zum Staatsoberhaupt gab Schadt ihren Beruf als Journalistin auf, um an seiner Seite ins Schloss Bellevue einzuziehen. Zwar äußerte sie zunächst, dass es ihr nicht leichtgefallen sei, sich von ihrer bisherigen Arbeit zu verabschieden. Tatsächlich war die neue Aufgabe, nach fünfundzwanzig Jahren Lokalzeitungsjournalismus, für sie jedoch eine sehr verlockende Perspektive. »Wer sagt, der 30. Kommentar zur Pflegereform sei spannender als das, was ich jetzt mache«, erklärte sie ein paar Wochen später, »der hat einen an der Waffel.«

Die Neudefinition der Rolle der Frau an der Seite des Bundespräsidenten war ein kluger Schachzug, der sich unter PR-Gesichtspunkten schnell als äußerst erfolgreich herausstellen sollte. Neben den Medienliebling Gauck trat zusätzlich die Sympathieträgerin Schadt. »Das ist eine von uns«, ist im Hinterkopf der Journalisten, wenn sie über Gaucks Lebensgefährtin und damit auch über den Bundespräsidenten berichten. Für Schadt ist der Umgang mit Journalisten vertrautes Terrain, ein Heimspiel. Sie gewann ihre Kollegen im Handstreich, wenn sie zu ihnen sagte; »manchmal komme ich mir vor wie eine geteilte Daniela, dann denke ich, eigentlich stehst du doch dort«. Sie spricht dieselbe Sprache wie die Reporter und Kameraleute und gewinnt durch ihre unprätentiöse Art in kürzester Zeit die Herzen ihrer Berufskollegen. Wie ihr Lebensgefährte sagte sie Sätze, die man von Berufspolitikern sonst nicht hört. »Manche finden, ich sei zu fetzig angezogen« oder »die Sonne zwingt mich manchmal zu Schlitzaugen«. Sie übe jetzt schon mal »für das Damenteetrinken mit Michelle« diktierte sie einem Journalisten ins Mikrofon.

Äußerlich tritt sie souverän und ähnlich locker auf wie ihr Lebenspartner. Hinter der Fassade steckt allerdings eine gehörige Portion Aufregung und Anspannung, um beim öffentlichen Auftritt oder im Interview alles richtig zu machen. Am Anfang gab sie, trotz vieler Anfragen, keine Interviews. »Normalerweise bin ich es doch, die die Fragen stellt«, erklärte sie einmal selbstironisch dazu. Und bei anderer Gelegenheit: »Es ist eine sonderbare Verkehrung der Situation. Das Interesse an mir ist ein abgeleitetes Interesse. Eigentlich gilt es dem Bundespräsidenten.« Es dauerte zehn Monate, bis sie mit einem Neujahrsempfang für die Ehegatten des diplomatischen Korps ihren ersten eigenen offiziellen Auftritt im Schloss Bellevue hatte. Und erst im Februar 2013 gab sie der *Frankfurter Allgemeinen Sonntagszeitung* ihr erstes großes Interview. Schadt hätte am liebsten an der Seite Gaucks dessen öffentliches Leben geteilt, ohne selbst zur öffentlichen Person zu werden. Das war legitim, aber ein Ding der Unmöglichkeit.

Auf die Frage, wie sie ihren persönlichen Einfluss auf Joachim Gauck einschätze, antwortete sie: »Schwer zu sagen, weil wir in vielem ähnlich denken. Ich wüsste aber keinen Fall, wo ich ihn zu etwas überredet hätte, was nicht ohnehin schon seine Meinung war.« Das sehen andere aus dem Umfeld des Präsidenten anders. »Auf Frau Schadts Einschätzung legt Gauck allergrößten Wert. Was ihr politisch nicht einleuchtet, das kriegt man auch bei ihm nicht durch«, meinte Andreas Schulze. Tatsächlich ist Daniela Schadt eine der wichtigsten Ratgeberinnen des Bundespräsidenten und hat maßgeblichen Einfluss auf ihn. Wie

46 Mit Daniela Schadt in Warnemünde bei der Hansesail 2012

engagiert Schadt in politischen Fragen tatsächlich ist, wurde nach ihrer gemeinsamen Israel-Reise deutlich, als Kritik an Gauck laut geworden war, weil er die Aussage von Angela Merkel, dass die Sicherheit Israels Teil der deutschen Staatsräson sei, relativiert hatte. Auf dem Rückflug von Israel nach Deutschland wurde Schadt deswegen regelrecht giftig: »Es ist nicht jeder deutsche Politiker, der nach Israel kommt, verpflichtet ›Staatsräson‹, ›Staatsräson‹, ›Staatsräson‹ zu rufen«, ereiferte sie sich. Dabei schnippt sie bei jeder »Staatsräson« mit dem Finger. Joachim Gauck weiß, was er an ihr hat. »Eine wunderbare Stütze«, und ein »großer Schatz« für ihn und sein Amt.

Bemerkenswert war, dass Schadt ihren Beruf ohne jede

materielle Kompensation aufgab. Sie übernahm ihre neue
Aufgabe unentgeltlich, ohne materielle Absicherung. Für
die Frau an der Seite des Bundespräsidenten sind keine
Planstelle und kein Gehalt vorgesehen. Darauf angesprochen meinte Schadt: »Ich bin da erst mal ›reingehupft‹. Sicherlich werden wir dazu noch eine Reglung finden müssen. Es gibt manchmal solche Situationen im Leben, da muss
man das Beste daraus machen. Man kann nicht alles planen.«

Ehefrau und Lebensgefährtin

Nach seiner Nominierung für das Amt des Bundespräsidenten flackerte eine öffentliche Diskussion darüber auf, dass
Gauck als Lebenspartner von Daniela Schadt auftrat, während er gleichzeitig nach wie vor mit seiner Frau Hansi verheiratet ist. Auch noch im ersten Jahr seiner Präsidentschaft
löste diese Tatsache immer wieder Kritik, vor allem aus konservativen Kreisen, aus. Besonders Frauen blickten mit Unbehagen auf diese Doppelrolle des Bundespräsidenten. Diese Skepsis fand jedoch wenig Resonanz in den Medien, und
größere Kritik am Bundespräsidenten wegen dieses Umstandes blieb aus. Aus seinem Umfeld wurde regelmäßig
beschwichtigend betont, dass mit seinen privaten Lebensverhältnissen schon alles in Ordnung sei. Gaucks Tochter
Gesine etwa meinte: »Die Scheidung war und ist nicht notwendig, für die drei ist es so richtig, wie es jetzt gerade ist.«

Die Äußerungen von Daniela Schadt über ihre Beziehung zum Bundespräsidenten klangen demgegenüber mehr
wie ein diplomatisches Statement: »Es ist ungewöhnlich, es
ist für einige ein Affront, von uns allerdings nicht so gemeint, da wir ja kein bestimmtes Rollenmodell propagieren möchten. Es hat sich einfach ergeben. Aber da die Familie damit leben kann und wir damit leben können, glaube

ich, kann man das so lassen.« Der entscheidende Grund für die besondere Konstellation ist bei Hansi Gauck zu suchen. Sie trägt bis heute ihren Ehering, für den sie schon als Schülerin gespart hatte. Eine Scheidung scheint für sie ausgeschlossen. »Das war so nicht abgesprochen«, sagte sie im Sommer 2012, »wir waren 19, als wir geheiratet haben. Ich denke, das wird auch so bleiben.«

Gaucks Frau hatte all die Jahre seit der Trennung von ihrem Mann eisern geschwiegen und sich jedem Gesprächswunsch eines Journalisten verweigert. Erst nach der Wahl von Joachim Gauck zum Bundespräsidenten gab sie ihr bislang einziges Interview. Daraus wurde deutlich, dass sie ihrem Mann nach wie vor verbunden war. »Natürlich hat mich mein Mann geprägt«, sagte sie, »wir telefonieren, aber nicht oft. Bei vier Kindern und so vielen Enkeln bleibt es gar nicht aus, dass wir Kontakt haben. Ich habe Jochens Handynummer. Wenn etwas Wichtiges wäre, könnte ich ihn sofort erreichen. Aber ich rufe ihn nicht einfach mal so an, um ihn zu fragen, wie es ihm geht. [...] Ich bemühe mich seit vielen Jahren, dass er nicht mehr wichtig ist für mich. Ich muss ja seit 20 Jahren allein leben. Das musste ich mir hart erkämpfen. Aber natürlich werde ich oft an ihn erinnert, weil ich ihn jetzt oft im Fernsehen sehe. [...] Ich musste erst lernen, dass er weg ist. Nun ist er aber wieder dauernd da. Es ist schwierig.« Auf die aktuelle Lebensgefährtin ihres Mannes angesprochen, sagte sie knapp: »Ich bin ihr schon einmal begegnet.«

Man könnte die Meinung vertreten, die Beziehungen von Joachim Gauck seien seine Privatsache. Das würde außer Acht lassen, dass er als Bundespräsident ein Verfassungsorgan verkörpert und damit in besonderer Weise dem grundgesetzlich verankerten Schutz der Ehe verpflichtet ist. Mit dieser verfassungsrechtlichen Pflicht ist sein öffentlicher

Auftritt in der Doppelrolle als Ehemann und Lebenspartner einer anderen Frau nicht in Einklang zu bringen. Das gilt ungeachtet der Tatsache, dass die ganz überwiegende Mehrheit der Bundesbürger keinen Anstoß am Privatleben von Joachim Gauck nimmt oder dieses zumindest toleriert. Das Lebensgefühl einer Mehrheit in Deutschland ändert nicht das Grundgesetz. Hinzu kommt, dass das Staatsoberhaupt die Bundesrepublik nicht nur im Inland, sondern auch gegenüber anderen Staaten, Organisationen und Religionsgemeinschaften repräsentiert, wo vielfach ein traditionelleres Bild von der Ehe besteht als in der liberalen bundesdeutschen Gesellschaft. Das wurde besonders deutlich, als Joachim Gauck Anfang November 2012 seinen Antrittsbesuch im Vatikan bei Papst Benedikt XVI. machte. Es war eine der wenigen Auslandsreisen des Bundespräsidenten, bei denen er nicht von Daniela Schadt begleitet wurde. Es war eine vorbeugende Maßnahme, um jeder potenziellen Kritik, die sich aus einem gemeinsamen Besuch beim Pontifex hätte ergeben können, von vornherein den Wind aus den Segeln zu nehmen.

Die Last des Amtes

Eine große Belastung, die das Amt des Bundespräsidenten für Joachim Gauck mit sich brachte, war der damit verbundene Verlust an unbehelligtem Privatleben. Bereits unmittelbar nach seiner Nominierung wurden Gaucks öffentliche Auftritte von Beamten des Bundeskriminalamtes gesichert. Ab sofort galt für ihn »Sicherheitsstufe eins«, Personenschutz rund um die Uhr. Seinem Freund Jörn Reiche klagte er noch vor seiner Wahl zum Bundespräsidenten: »Mir fehlen drei Eier zum Frühstück. Weißt du, ich kann jetzt nicht einfach losgehen und die holen. Ich muss vorher erst mal beim Personenschutz anrufen.« Schon 1990, als Chef der BStU, war er zum ersten Mal von Leibwächtern begleitet worden. Es war ihm unangenehm gewesen. »Ein Jahr nach der Wende kam ich wieder mal nach Rostock. Ich traf mich mit all meinen Freunden in der Marienkirche. Ich wurde von Bodyguards begleitet, dafür habe ich mich geschämt.«

Unmittelbar vor der Wahl war Gauck angesichts des drohenden Verlustes an Privatheit geradezu depressiv gestimmt. »Jetzt kann ich nicht mehr am FKK-Strand baden gehen«, klagte er gegenüber Helga Hirsch traurig. Wenn er künftig als Staatsoberhaupt eine Reise unternahm, gehörten neben den Sicherheitsleuten immer ein Arzt und ein Sanitäter zu seinem Begleittross. Selbst wenn er im Urlaub eine Fahrradtour machte, wurde er dabei von Sicherheitsleuten begleitet. Als er während seines Sommerurlaubs 2012 in Wustrow zu seinen Freunden radelte, war keiner der Personenschützer zu sehen. »Wo sind die denn?«, fragten Burkhard Schliephake und Heidi Lüneburg. »Keine Ahnung«, meinte Gauck, »irgendwo treiben die sich schon rum.« Als er später mit Daniela Schadt nach Hause fuhr, beobachteten seine Freunde, wie zwei kräftige Männer in Freizeitkleidung und auf Rädern wie aus dem Nichts auftauchten und den Bundespräsidenten und seine Lebensgefährtin mit etwas Abstand begleiteten.

Zu diesem Verlust an persönlicher Freiheit kam der Zwang, sich bei seinen Auftritten als Redner zurückzunehmen. Auf jedes Wort zu achten, das er sagte, gehörte zu den größten Herausforderungen für Joachim Gauck. Seine Rede im holländischen Breda etwa las er gegen seine Gewohnheit wörtlich vom Blatt ab und wirkte dabei ungewöhnlich nervös. Das wiederholte sich später bei weiteren besonders wichtigen Anlässen, beispielsweise bei seiner ersten großen Rede zum Thema Europa, ein Jahr nach seinem Amtsantritt. Auch diese Ansprache hielt er nicht frei, sondern las sie vor, worunter seine übliche Lockerheit sichtbar litt. »Er mag es nicht, dass er den Text jetzt ablesen muss«, meinte Helga Hirsch dazu, »bei der Disziplin, die er da anlegen muss, da fließt es nicht. Seine Stärke ist, dass er eine Beziehung zum Publikum aufbauen kann. Das geht jetzt nicht mehr.« Gauck selbst klagte über die diesbezügliche Bürde des neuen Amtes: »Ich bin nicht nur Gauck, ich bin der Präsident dieses großen Landes.« Und bei anderer Gelegenheit: »Die Öffentlichkeit untersucht jeden Halbsatz auf seine Deutungsmöglichkeiten. Daraus habe ich gelernt, manche Eigentümlichkeiten, Frechheiten oder zugespitzte Formulierungen nur noch sehr zurückhaltend einzusetzen.«

Schließlich lasteten die physischen und psychischen Anforderungen des Amtes auf dem Dreiundsiebzigjährigen. »Er hat in den letzten hundert Tagen bestenfalls einen Tag pro Woche frei gehabt«, berichtete Helga Hirsch über den Arbeitsalltag von Joachim Gauck im ersten Vierteljahr, »irgendwann führt das natürlich zu Ermüdungserscheinungen. So hat er sich die Beanspruchung vorher nicht vorgestellt.« Gauck selber urteilte über seine Arbeitsbelastung: »Es gibt viele Zusagen von meinem Vorgänger, die versuche ich möglichst einzuhalten. Darüber hinaus gibt es aktuelle Termine, die ich einfach wahrnehmen muss. Es soll aber nicht in diesem Tempo und in dieser Intensität weitergehen.«

Es ging genauso weiter. Selbst während seines ersten Sommerurlaubes 2012 nahm Gauck eine ganze Reihe offizieller Terminen wahr: Eröffnung der XX. Olympischen Spiele in London, Besuch eines Rockfestivals in Kostrzyn gemeinsam mit seinem polnischen Amtskollegen, Buchlesung in einer Kirche auf Rügen, Empfang der Ehrenbürgerwürde seiner Heimatstadt auf einem Festakt in Rostock,

Eröffnung der Hansesail am gleichen Tag. Der Terminkalender des Bundespräsidenten war immer auf Wochen ausgebucht. Und die Hinweise aus Gaucks Umfeld, dass die intellektuelle und körperliche Bürde des Amtes ihn deutlich mehr belasteten, als er sich das vorgestellt hatte, mehrten sich nach Ablauf des ersten Jahres seiner Amtszeit.

Die Frage ist: Warum hat er sich das aufgebürdet? In seinem Alter und nach all den Schlachten, die er in seinem Leben schon geschlagen hat? Die Antwort liegt in einer bestimmenden Eigenschaft seines Charakters: Joachim Gauck genießt nichts so sehr wie ihm entgegengebrachten Respekt und Anerkennung. Das war die Hauptmotivation für den Zweiundsiebzigjährigen, erneut auf die öffentliche Bühne und ins Rampenlicht zu treten. Der Auftritt als Redner war und ist sein Lebenselixier. Das Bad in der Menge bedeutete Gauck mehr als die Möglichkeit, unerkannt in ein Restaurant gehen zu können. Letztlich war das Thema, das er in den letzten Jahren als Redner besetzt hatte – die Freiheit –, nicht die eigentliche Triebfeder für ihn gewesen, sondern nur Mittel zum Zweck. Das Vehikel, mit dessen Hilfe er zum eigentlichen Ziel gelangte: öffentliche Anerkennung und Bewunderung. Es war Erntedankfest in Gaucks Leben, so hatte er es mehrfach selbst beschrieben, und er wollte die Früchte seiner Lebensarbeit genießen.

Bereits die Berufswahl hatte es angedeutet. Pastor zu sein heißt, sich zu exponieren. Sich vor andere Menschen zu stellen und ihnen den richtigen Weg zu weisen. Schon Mitte der achtziger Jahre hatte er seine Rolle mehr im großen Auftritt gesehen als in der stillen Seelsorge. Als damals der Norddeutsche Rundfunk nach Mecklenburg gekommen war, um einen Film über das Wirken der evangelischen Kirche zu drehen, standen der damalige Landesbischof Heinrich Rathke und Joachim Gauck vor der Kamera. Vor dem Hintergrund der kahlen Plattenbaulandschaft in einem Rostocker Neubaugebiet, die Hände in seine Lederjacke gekrallt, erklärte Gauck stellvertretend für eine Hundertschaft evangelischer Pastoren die Arbeit der Kirche im Sozialismus. Es war kein Zufall, dass er interviewt wurde und nicht einer seiner Amtsbrüder. Genauso wenig wie es ein Zufall war, dass er 1988 auf dem Rostocker Kirchentag die Abschlussrede vor Zehntausenden Gläubigen hielt.

Joachim Gauck wollte diese Einschätzung seiner Motive nicht teilen und wandte dagegen ein: »War da eigentlich gar nichts anderes als eine bestimmte charakterliche Prägung? Pastor in der Diktatur – im atheistischen Umfeld – ist das die beste Möglichkeit ›Anerkennung und Bewunderung‹ zu erlangen? Ist ein jahrzehntelanger Dienst als Pastor nur so zu erklären? Gibt es nicht in dem beschriebenen Mann so etwas wie ein Grundvertrauen – und woher kommt das, außer der Liebe und Zuwendung, die er als Kind erfahren hat? Vielleicht doch aus dem Glauben?«

Und dennoch: Mit den Jahren hatte er es immer besser gelernt, sich instinktsicher in Szene zu setzen. Ein Mittel, das er im ersten Jahr seiner Amtszeit als Bundespräsident des Öfteren einsetzte, war der Besuch von sportlichen Großereignissen. 2012 saß er beim deutschen Fußballpokalfinale in Berlin ebenso auf der Tribüne wie beim Finale der Champions League in München. Er wohnte der Eröffnungsfeier der Olympischen Spiele in London bei und reiste zu den Paralympics erneut an die Themse. Die Fotos, die Gauck zwischen den jubelnden Spielern des Pokalsiegers 2012, Borussia Dortmund, zeigten, waren aus PR-Sicht genial. Besser kann ein Politiker sich bei einem Sportereignis schlichtweg nicht in Szene setzen. Ein Jahr später war er beim Pokalfinale 2013 wieder im Berliner Olympiastadion und gab in der Halbzeitpause ein Fernsehinterview. »Seine

47 Unter Siegern

Schwächen waren eine gewisse Selbstgefälligkeit und Eitelkeit«, urteilte sein alter Rostocker Weggefährte Christoph Kleemann, »die ihm mit zunehmendem Alter aber mehr und mehr abhandenkommen.« Das ist ein Eindruck, den viele Beobachter teilen. Trotzdem reagierte Joachim Gauck mit Unverständnis und einer gewissen Bitterkeit auf diese Erwähnung alter Schwächen: »Muss der Zweiundsiebzigjährige wirklich nur noch sein Ego nähren, darf er nicht Werte haben, die ihm zum Engagement veranlassen? Darf er in einer späten Schlüsselposition seines Lebens nicht von sich selber das verlangen, was für ihn die Freiheit ausmacht: Verantwortung. War ich so süchtig, dass ich nach und während all der Anerkennung vor 2012 jetzt die Präsidentschaft auch noch brauchte, um meine Sucht zu befriedigen? Ach!«

Wie wird es in den nächsten Jahren der Amtszeit des

elften Bundespräsidenten weitergehen? Schon als Joachim Gauck im September 2012 im Park von Schloss Bellevue sein erstes Bürgerfest feierte, sagte er bei seiner Ansprache: »Ich träume zwar jetzt schon bisweilen von der Rente mit 77, aber nicht jeder hat so ein klares Ziel vor Augen und fragt sich schon in meinem Alter, wohin, wenn meine Kräfte schwinden.« Das war auf die Überalterung der Gesellschaft gemünzt, nicht unmittelbar auf ihn selbst, und dennoch steckte in diesem Satz auch ein Kern persönlicher Wahrheit. Joachim Gauck wird sein Amt fünf Jahre lang ausüben und unter keinen Umständen vorzeitig zurücktreten, sollten die Umstände auch noch so schwierig werden. Das ist er Deutschland und dem Amt nach seinem Verständnis schuldig. Genauso sicher wird Joachim Gauck keine Wiederwahl anstreben. Er weiß, 2017 wird er alles geleistet haben, was er für sein Land, für sich und für die Menschen, die ihm nahestehen, leisten kann. Nur wenn besondere Umstände eintreten sollten, die es als unabdingbar erscheinen lassen würden, über diesen Zeitpunkt hinaus als Bundespräsident zur Verfügung zu stehen, könnte er es sich noch einmal anders überlegen. Und auch nur dann, wenn der an ihn herangetragene Wunsch einer zweiten Amtsperiode so groß ist, dass er einfach nicht nein sagen kann.

In den nächsten dreieinhalb Jahren seiner Amtszeit wird Joachim Gauck Deutschland im besten Sinne und mit großer Würde im In- und Ausland repräsentieren. Er wird ab und zu mit einer Formulierung anecken, aber kaum so, dass daran wirklich ernsthaft Anstoß genommen werden wird. Seine Arbeit wird weiterhin von einer Welle der Sympathie in den Medien begleitet werden, und seine Popularität in der Bevölkerung wird ungebrochen sein. Die eine, alles überragende große Rede, die gelegentlich von ihm eingefordert wird, werden wir von ihm nicht zu hören bekommen. Dafür sehr viele sehr gute Reden. Mehr muss ein Staatsoberhaupt nicht leisten, um als »guter« Bundespräsident in die Geschichte einzugehen.

Dank

Es ist mir ein großes Bedürfnis, den Menschen, die mir beim Schreiben dieses Buches in besonderer Weise geholfen haben, zu danken. An erster Stelle meiner Lektorin Ulla Mothes, die viel mehr geleistet hat, als man das von einer guten Lektorin erwarten darf. Sie war für mich eine wichtige Gesprächspartnerin und Ratgeberin und hat in dieser Arbeit ihre eigenen Spuren hinterlassen. Ein besonderer Dank gebührt dem Geschäftsführer des Suhrkamp Verlages, Thomas Sparr, der vom ersten Moment an begeistert war, als ich ihm meine Idee für diese Biographie vorgestellt habe. Er hat mir mehrfach den Rücken gestärkt, als unvorhersehbare Probleme aus ganz unterschiedlichen Richtungen zu bewältigen waren.

Der Inhalt dieses Buches ist entscheidend durch die fast 40 Zeitzeugen geprägt worden, die ich teilweise mehrfach befragen durfte. Stellvertretend für sie alle möchte ich die enge Vertraute und frühere Lebensgefährtin von Joachim Gauck, Helga Hirsch, erwähnen. Sie hat den Kontakt zum Bundespräsidenten für mich hergestellt und später mehrfach im Fluss gehalten. Ein Dankeschön nach Österreich: Stefan Karner hat mir die NKDW-Personalakte über Joachim Gaucks Vater zur Verfügung gestellt. Keineswegs vergessen bleiben sollen die vielen Mitarbeiter im Suhrkamp Verlag, im Rostocker Stadtarchiv, im Bundesarchiv und der BStU, die mir meine Recherchen ermöglicht und mich dabei unterstützt haben.

Schließlich möchte ich mich bei der Hauptperson dieser Arbeit bedanken. Der Bundespräsident war nicht nur bereit, sich von mir befragen zu lassen, sondern hat mir eine Reihe persönlicher Bilder und Unterlagen zur Verfügung gestellt sowie eine Vielzahl von sachlichen Hinweisen zu seinem Leben gegeben. Ohne die Bereitschaft von Joachim Gauck, an meinem Vorhaben mitzuwirken, wäre dieses Buch erheblich weniger wert.

Mario Frank, im Sommer 2013

Bezüge der Kapitel

Seeleute sind immer abwesend

Indianer in Wustrow: Interviews mit Marianne Gauck, Heidi Lüneburg, Burkhard Schliephake, Jörn Reiche, Beate Brodowski, Sibylle Hammer; Gauck, Joachim, *Winter im Sommer – Frühling im Herbst*

Herkunft: Interviews mit Jörn-Michael Schmitt, Gerhard Schmitt, Heidi Lüneburg, Marianne Gauck; Gauck, Joachim, *Winter im Sommer – Frühling im Herbst*; Deutsche Dienststelle, Personalnachweis des Oberleutnants zur See der Reserve, Wilhelm Joachim Gauck; Robers, Norbert, *Joachim Gauck*. Schmitt, Franz Gerhard, *Erinnerungen*; Opitz, Olaf, Linke Internet-Angriffe auf Gaucks Vater

Der erste Sohn: Interviews mit Marianne Gauck, Gerhard Schmitt; Persönliche Unterlagen von Joachim Gauck; Gauck, Joachim, *Winter im Sommer – Frühling im Herbst*; Hitler, Adolf, *Mein Kampf*

Die Russen kommen: Interviews mit Marianne Gauck, Gerhard Schmitt, Jörn-Michael Schmitt; Deutsche Dienststelle, Personalnachweis des Oberleutnants zur See der Reserve, Wilhelm Joachim Gauck, Mitteilung der Deutschen Dienststelle an Marianne Gauck; Gauck, Joachim, *Winter im Sommer – Frühling im Herbst*; Bub, Dieter, *Begegnungen mit Joachim Gauck*; Robers, Norbert, *Joachim Gauck*

Umzug nach Rostock: Interviews mit Gerhard Schmitt, Jörn-Michael Schmitt. Marianne Gauck; Robers, Norbert, *Joachim Gauck*

Abgeholt

Stalins Opfer: Interviews mit Marianne Gauck, Sabine Pannwitz. Bub, Dieter, *Begegnungen mit Joachim Gauck*; Gauck, Joachim, *Winter im Sommer – Frühling im Herbst*; Robers, Norbert,

Joachim Gauck; Langer, Kai, Das Schweriner Justizgebäude zwischen Obrigkeitsstaat und Diktatur 1916-1989; L. Boltzmann-Institut für Kriegsfolgenforschung, Graz – Wien (BIK), NKDW-Personalakten. Akte Gauck, 196.812. Die 52 Seiten starke Personalakte wurde auf Ersuchen von Joachim Gauck jun. in Moskau von Stefan Karner recherchiert.

Ohne Ernährer: Interviews mit Jörn-Michael Schmitt, Marianne Gauck, Sabine Pannwitz, Sibylle Hammer; Bub, Dieter, *Begegnungen mit Joachim Gauck*; Gauck, Joachim, *Winter im Sommer – Frühling im Herbst*

Onkel Gerhard: Interviews mit Sabine Pannwitz, Jörn-Michael Schmitt, Gerhard Schmitt, Joachim Gauck; Fuhrer, Armin, Tumovec, Thomas, Das Geheimnis um den Onkel; Karte von Joachim Gauck an Gerhard Schmitt vom 19.12.1974; Schmitt, Franz Gerhard, *Erinnerungen*; SA-Führer-Fragebogen Gerhard Schmitt vom 13.9.1934; Gauck, Joachim, *Winter im Sommer – Frühling im Herbst*

Kirchenpolitik in der Ulbricht-Ära: Interview mit Sabine Pannwitz; Gauck, Joachim, *Winter im Sommer – Frühling im Herbst*; Gerhard Schmitt, Gemeindeabend am Mittwoch, den 29. Januar 1958 im Dom zu Güstrow

Ein aufmüpfiger Schüler: Interview mit Joachim Gauck; Gauck, Joachim, *Winter im Sommer – Frühling im Herbst*; Frank, Mario, *Walter Ulbricht*; Robers, Norbert, *Joachim Gauck*

Schulferien in Saarbrücken: Interview mit Gerhard Schmitt; Gauck, Joachim, *Winter im Sommer – Frühling im Herbst*

Rückkehr aus dem Gulag: Interviews mit Marianne Gauck, Gerhard Schmitt, Sabine Pannwitz, Jörn-Michael Schmitt, Sibylle Hammer; Robers, Norbert, *Joachim Gauck*; Gauck, Joachim, *Winter im Sommer – Frühling im Herbst*

Vaters Erbe: Interviews mit Jörn-Michael Schmitt, Marianne Gauck; Gauck, Joachim, *Winter im Sommer – Frühling im Herbst*; Amthor, Artur, *Ruhe in Rostock? Von wegen*; Bub, Dieter, *Begegnungen mit Joachim Gauck*; Feldenkirchen, Markus, Deutschland auf der Couch; Robers, Norbert, *Joachim Gauck*

Berufswahl im SED-Staat: Interview mit Sabine Pannwitz; Robers, Norbert, *Joachim Gauck*

Eine Schülerliebe: Interviews mit Sibylle Hammer, Marianne Gauck, Sabine Gauck, Sabine Pannwitz; Gauck, Joachim, *Winter im Sommer – Frühling im Herbst*; Mein Mann, der Bundespräsident; Pergande, Frank, Die fremde Hälfte

Der lange Weg zu Gott

Theologiestudium: Interviews mit Christoph Stier, Sibylle Hammer, Marianne Gauck, Jörn-Michael Schmitt, Joachim Gauck, Gert Wendelborn; Gauck, Joachim, *Winter im Sommer – Frühling im Herbst*; Robers, Norbert, *Joachim Gauck*; Karte von Olga Gauck an ihre Schwester Gerda vom 25. 10. 1964

Dem Wehrdienst entronnen: Interview mit Joachim Gauck; MfS BV Rostock KD Rostock, Nr. 379

West-Berlin: Interview mit Gerhard Schmitt; Gauck, Joachim, *Winter im Sommer – Frühling im Herbst*

Der Bau der Mauer: Frank, Mario, *Walter Ulbricht*

Vikariat: Gauck, Joachim, *Winter im Sommer – Frühling im Herbst*

Der junge Pastor

Lüssow: Ordinationsurkunde von Joachim Gauck; Gauck, Joachim, *Winter im Sommer – Frühling im Herbst*; Robers, Norbert, *Joachim Gauck*; Gauck, Joachim, Von der Würde der Unterdrückten; BStU, MfS, BV Rostock, AOP 2540/88; Vojta, Norbert, »Ich habe meinen Mund aufgemacht«, Interview mit Christian Gauck

Parum: Interview mit Beate Brodowski

Im Visier der Staatssicherheit: Interview mit Beate Brodowski; BStU, MfS, BV Rostock, AOP 2540/88; BStU, MfS, BV Schwerin, AOP 818/78; BStU, MfS, BV Rostock, AS Nr. 126/7

Rostock-Evershagen: Interviews mit Christoph Stier, Henry Lohse, Dietlind Glüer, Rosemarie Albrecht, Christoph Kleemann; Robers, Norbert, *Joachim Gauck*; Gauck, Joachim, *Winter im Sommer – Frühling im Herbst*; Schmidt, Martina, Schmidt, Rüdiger, *Mauerbruch*; Locke, Stefan, »Er war für uns selten der Vater«; Mein Mann, der Bundespräsident; BStU, MfS, BV Rostock, AOP 2540/88

An der Nikolaikirche: Interview mit Henry Lohse

Der Familienvater: Interviews mit Martina und Rüdiger Schmidt, Christoph Kleemann, Marianne Gauck, Sibylle Hammer; Locke, Stefan, »Er war für uns selten der Vater«; BStU, Außenstelle Rostock, OV Larve, 2540/88; Mein Mann, der Bundespräsident; Haseborg, Volker ter, Lange, Gesine: Mein Vater, bald Präsident; Gauck, Joachim, *Winter im Sommer – Frühling im Herbst*; Vojta, Norbert, »Ich habe meinen Mund aufgemacht«, Interview mit Christian Gauck; Bruchstellen. Christian Gauck über seinen Vater

Stadtjugendpfarrer: Interviews mit Martina und Rüdiger Schmidt, Rosemarie Albrecht; Schmidt, Martina, Schmidt, Rüdiger, *Mauerbruch*

Pastor im SED-Staat: Interview mit Christoph Kleemann; Neubert, Ehrhart, *Kirche und Opposition in der DDR*; Gauck, Joachim, *Winter im Sommer – Frühling im Herbst*; Rostocker Universitätsreden, Neue Folge, Heft 3, Ehrenpromotion der Theologischen Fakultät 1999; Mika, Bascha, Wolfgang Gast, Interview mit Joachim Gauck; Gauck, Joachim, Vom schwierigen Umgang mit der Wahrheit, S. 890; Archiv der Hansestadt Rostock, Bestand Stadtverordnetenversammlung und Rat der Stadt 2.1.1. 7272, Information über den Stand der Staatspolitik in Kirchenfragen in Vorbereitung des Kirchentages 1983

Die Kirchenreferenten: Interviews mit Manfred Manteuffel, Joachim Gauck; Archiv der Hansestadt Rostock, Bestand Stadtverordnetenversammlung und Rat der Stadt 2.1.1. 7272, Information über den Stand der Staatspolitik in Kirchenfragen in Vorbereitung des Kirchentages 1983; Archiv der Hansestadt Rostock, Bestand: Stadtverordnetenversammlung und Rat der Stadt, 2.2.1. 7253; Archiv der Hansestadt Rostock, Bestand Stadtverordnetenversammlung und Rat der Stadt, 2.1.1. 7301. BStU, Außenstelle Rostock, OV Larve, 2540/88.

Schwerter zu Pflugscharen: Interview mit Sibylle Hammer; BStU, MfS, BV Rostock, AOP 2540/88; Gauck, Joachim, *Winter im Sommer – Frühling im Herbst*; Schmidt, Martina, Schmidt, Rüdiger, *Mauerbruch*; Neubert, Ehrhart Kirche und Opposition in der DDR; Apostel der Freiheit

Krisenjahre

Organisationschef des Kirchentages 1983: Interviews mit Christoph Kleemann, Joachim Gauck, Martina und Rüdiger Schmitt; Mein Mann, der Bundespräsident, Die Bunte 25/2012; Neubert, Ehrhart, *Kirche und Opposition in der DDR*; Archiv der Hansestadt Rostock, Bestand: Stadtverordnetenversammlung und Rat der Stadt, 2.1.1. 7272, Aktenvermerk über eine Beratung mit Mitgliedern der Zentralen Organisationsgruppe (Zorg) zur Vorbereitung und Durchführung des Kirchentages in Rostock; Frank, Rahel, *»Realer – Exakter – Präziser«?*; Alte Liebe rostet nicht – SED/Die LINKE und Joachim Gauck; BStU, MfS, BV Rostock, AOP 2540/88; Archiv der Hansestadt Rostock, Bestand: Stadtverordnetenversammlung und Rat der Stadt, 2.1.1. 7272, Information über den Stand der Staatspolitik in Kirchenfragen in Vorbereitung des Kirchentages 1983

Zersetzungsmaßnahmen: Interviews mit Joachim Gauck, Marianne Gauck, Sabine Pannwitz; BStU, MfS, BV Rostock, AOP 2540/88

Reiseverbot: Interview mit Joachim Gauck; Personalausweis von Joachim Gauck vom 24. Februar 1978, ausgestellt von der Gemeinde Harrislee; Reisepass von Joachim Gauck, RA 0663398, ausgestellt vom Ministerium des Inneren der DDR vom 28. Februar 1981; Archiv der Hansestadt Rostock, Bestand: Stadtverordnetenversammlung und Rat der Stadt, 2.2.1. 7253; Robers, Norbert, *Joachim Gauck*; Gauck, Joachim, *Winter im Sommer – Frühling im Herbst*

Die Söhne stellen Ausreiseanträge: Interview mit Rüdiger und Martina Schmidt; Robers, Norbert, *Joachim Gauck*; Gauck, Joachim, *Winter im Sommer – Frühling im Herbst*; Vojta, Norbert, »Ich habe meinen Mund aufgemacht«, Interview mit Christian Gauck; Bruchstellen. Christian Gauck über seinen Vater; Schmidt, Martina, Schmidt, Rüdiger, *Mauerbruch*; Locke, Stefan, »Er war für uns selten der Vater«, S. 48; BStU, Außenstelle Rostock, OV Larve, 2540/88

Katz und Maus: Interviews mit Joachim Gauck, Peter-Michael Diestel; BStU, MfS, BV Rostock, Abt. XX Nr. 501; BStU,

MfS, BV Rostock, AOP 2540/88; Gauck, Joachim, *Winter im Sommer – Frühling im Herbst*

Operativer Vorgang »Signal«: Frank, Rahel, *»Realer – Exakter – Präziser«?*; Gauck, Joachim, *Winter im Sommer – Frühling im Herbst*; Reisepass von Joachim Gauck, RA 0663398, ausgestellt vom Ministerium des Inneren der DDR vom 28. Februar 1981; Gauck, Joachim, *Winter im Sommer – Frühling im Herbst*; BStU, MfS, BV Rostock, AOP 2540/88

Sonderbare Reisemöglichkeiten: Interview mit Joachim Gauck; Reisepässe von Joachim Gauck mit den Nummern RX 1183162, ausgestellt vom Ministerium des Inneren der DDR am 28.7.1987 und RA 0663398 ausgestellt vom Ministerium des Inneren der DDR vom 28. Februar 1981; BStU, MfS, BV Rostock, AOP 2540/88; Amthor, Artur, *Ruhe in Rostock? Von wegen*; Informationsblätter der BStU, Außenstelle Rostock, Im Visier des MfS – Der Bürger; Gauck, Joachim, *Winter im Sommer – Frühling im Herbst*

Familiärer Tiefpunkt: Interviews mit Jörn-Michael Schmitt, Beate Brodowski, Joachim Gauck; Robers, Norbert, *Joachim Gauck*; Feldenkirchen, Markus, Deutschland auf der Couch; Haseborg, Volker ter, Lange, Gesine, Mein Vater, bald Präsident; Gauck, Joachim, *Winter im Sommer – Frühling im Herbst*

Der Kirchentag 1988: Interviews mit Joachim Gauck, Dietlind Glüer, Christoph Stier; Archiv der Hansestadt Rostock, Bestand: Stadtverordnetenversammlung und Rat der Stadt 2.1.2. 7301; BStU, MfS, BV Rostock, AOP 2540/88; Frank, Rahel, *»Realer – Exakter – Präziser«?*; BStU, MfS, BV Rostock, Abt. XX Nr. 480; BStU, MfS, BV Rostock, AOP 2540/88. Robers; Norbert, *Joachim Gauck*; Berg, Stefan, »Pack und Gesindel«; Gauck, Joachim, *Winter im Sommer – Frühling im Herbst*; BStU, MfS HA XX/AKG 6050; Archiv der Hansestadt Rostock, Bestand: Stadtverordnetenversammlung und Rat der Stadt, 2.1.1. 7272; Predigt Joachim Gaucks beim Abschlussgottesdienst des Kirchentags in Rostock am 19.6.1988

Das Terpe-Protokoll: Interviews mit Christoph Stier, Manfred Manteuffel; Amthor, Artur, *Ruhe in Rostock? Von wegen*; BStU, MfS, BV Rostock, AOP 2540/88

»Der Norden wacht auf!«

Götterdämmerung: Interviews mit Joachim Gauck, Dietlind Glüer; Robers, Norbert, *Joachim Gauck*; Gauck, Joachim, Von der ohnmächtigen Ohnmacht und ihrer Überwindung, in: Richter, Ingo, Müller, Werner, Grahl, Wolfgang (Hrsg.), *Herbst '89 – Die Wende in Rostock*; Bub, Dieter, *Begegnungen mit Joachim Gauck*; Gauck, Joachim, *Winter im Sommer – Frühling im Herbst*

Der Revolutionspfarrer: Interviews mit Harald Terpe, Henry Lohse, Rosemarie Albrecht, Christoph Kleemann, Dietlind Glüer; Wyssuwa, Matthias, Das Land des Predigers. Predigt von Joachim Gauck am 19. Oktober 1989 in der Rostocker Marienkirche; Interview mit Joachim Gauck, in: Probst, Lothar, *»Der Norden wacht auf«*; BStU, MfS, BV Rostock, AOP 2540/88; Klinger, Nadja, Vom Glück, die richtigen Feinde zu haben; Marianne Gauck, zitiert nach: Robers, Norbert, *Joachim Gauck;* Alte Liebe rostet nicht – SED/Die Linke und Joachim Gauck; Heiko Lietz in: Bub, Dieter, *Begegnungen mit Joachim Gauck*; Gauck, Joachim, Von der ohnmächtigen Ohnmacht und ihrer Überwindung, in: Richter, Ingo, Müller, Werner, Grahl, Wolfgang (Hrsg.), *Herbst '89 – Die Wende in Rostock*; Der Morgen 28. 10. 1989; Schmoll, Heike, Die Kirche in Mecklenburg will nun die Narben glätten; Walter Süß, *Staatssicherheit am Ende*; Gauck, Joachim, *Winter im Sommer – Frühling im Herbst*

Neues Forum: Interviews mit Christoph Kleemann, Harald Terpe, Dietlind Glüer; Der Morgen 28. 10. 1989; Bub, Dieter, *Begegnungen mit Joachim Gauck*; Interview mit Joachim Gauck, in: Probst, Lothar, *»Der Norden wacht auf«*; Schmoll, Heike, Die Kirche in Mecklenburg will nun die Narben glätten; BStU, MfS, BV Rostock, AOP 2504/88

Bürgerrechtler: Interviews mit Joachim Gauck, Harald Terpe, Dietlind Glüer; Gärtner, Peter, Gerüchte um Stasi-Vergangenheit von Joachim Gauck sind haltlos; Interview mit Joachim Gauck, in: Probst, Lothar, *»Der Norden wacht auf«*; BStU, MfS BV Rostock AKG – 49; Manuskript der Rede von Joachim Gauck zur Begrüßung von Willy Brandt; Walter Süß, *Staatssicherheit am Ende*; Neubert, Ehrhart, *Unsere Revolution*; BStU, MfS, BV Rostock, AOP 2540/88; Mein Mann, der Bundespräsident; Denkmann, Horst, Eine Diktatur kann man nur abschaffen, in: Richter, Ingo, Müller, Werner, Grahl, Wolfgang (Hrsg.), *Herbst '89 – Die Wende in Rostock*

Deutsche Einheit?: Interviews mit Dietlind Glüer, Christoph Kleemann; Gauck, Joachim, *Winter im Sommer – Frühling im Herbst*; Bub, Dieter, *Begegnungen mit Joachim Gauck*; Gauck, Joachim, Diskussionsbeitrag zum Thema »Einheit«, in: Probst, Lothar, *»Der Norden wacht auf«*; Maier, Anja, »Uns fiel die Kinnlade runter«

Kandidat für die Volkskammer: Interviews mit Harald Terpe, Christoph Kleemann, Henry Lohse, Dietlind Glüer, Aenne Lange, Hans-Georg Jaeger; Schmoll, Heike, »Revolutionspastor«; Robers, Norbert, *Joachim Gauck*; Main, Andreas, Marx, Peter, Der Theologe im Schloss Bellevue

Bündnis 90: Interviews mit Joachim Gauck, Harald Terpe, Dietlind Glüer, Jörn-Michael Schmitt, Aenne Lange, Hans-Georg Jaeger; Robers, Norbert, *Joachim Gauck*; Diening, Deike, Die Methode Echolot; Gauck, Joachim, *Winter im Sommer – Frühling im Herbst*; Neues Forum. Für das Neue Forum antworten Dietlind Glüer, Pastor Joachim Gauck und Dr. Harald Terpe; Probst, Lothar, *»Der Norden wacht auf«*;»Das war 'ne Top-Quelle«; Neubert, Ehrhart, *Unsere Revolution*; Eppler, Karl-Ernst, Wie wir die alte Macht brachen, in: Richter, Ingo, Müller, Werner, Grahl, Wolfgang (Hrsg.), *Herbst '89 – Die Wende in Rostock*; Boysen, Jacqueline, *Angela Merkel*

Abgesang

Volkskammerabgeordneter: Interviews mit Peter-Michael Diestel, Silvia Tzschentke; dpa 14. 9. 1990; Robers, Norbert, *Joachim Gauck*; Gauck, Joachim, *Winter im Sommer – Frühling im Herbst*

Der Nachlass des MfS: Klinger, Nadja, Vom Glück, die richtigen Feinde zu haben; Bästlein, Klaus, Meine Akte gehört mir; Bästlein, Klaus, Der Kampf um die Akten; Germis, Carsten, Diskret, aber nicht völlig geheim, Wolfgang, *Der Vertrag*; Berg, Stefan, Krach, Wolfgang, Mascolo, Georg, Ärger mit der Apotheke;

Hofmann, Hannes, Diestel, Peter-Michael, *Aus dem Leben eines Taugenichts*; Der Spiegel 29/1994, Register; Gill, David, Schröter, Ulrich, *Das Ministerium für Staatssicherheit*; Eventuell fließt Blut

Der Sonderausschuss der Volkskammer: Interviews mit David Gill, Klaus Richter; Protokoll der Volkskammer der Deutschen Demokratischen Republik, 10. Wahlperiode, 11. Tagung vom 7. 6. 1990; Protokoll der Volkskammer der DDR, 10. Wahlperiode, 9. Tagung vom 31. 5. 1990; Robers, Norbert, *Joachim Gauck*; Gauck, Joachim, *Winter im Sommer – Frühling im Herbst*; Bundesarchiv, DA 1/16346, Schriftwechsel des Vorsitzenden und des Sekretärs des Sonderausschusses

Offiziere im besonderen Einsatz: Interviews mit Peter-Michael Diestel, David Gill; Bornhöft, Petra, VS: Stasi-Daten rücken wir nicht raus; Gill, David, Schröter, Ulrich, *Das Ministerium für Staatssicherheit*; Gauck, Joachim, *Winter im Sommer – Frühling im Herbst*; Robers, Norbert, *Joachim Gauck*; Protokoll der Volkskammer, 10. Wahlperiode, 35. Tagung, 13. 9. 1990; Bundesarchiv, DA 1/16342, Handakten des Ausschussvorsitzenden Joachim Gauck; Protokoll der Volkskammer der DDR, 10. Wahlperiode, 26. Tagung, 20. 7. 1990; Protokoll der Volkskammer der DDR, 10. Wahlperiode, 35. Tagung, 13. 9. 1990; Bundesarchiv, DA 1/16343, Gesetz über die Sicherung und Nutzung der personenbezogenen Daten des ehemaligen MfS/AfNS; Volkskammer der DDR, 10. Wahlperiode, Drucksache Nr. 165a, Beschlussempfehlung des Sonderausschusses zur Kontrolle der Auflösung des ehemaligen MfS/AfNS der Volkskammer der DDR vom 24. 8. 1990; Gesetz über die Sicherung und Nutzung der personenbezogenen Daten des ehemaligen MfS/AfNS. Gesetzblatt der DDR vom 7. 9. 1990; Protokoll der Volkskammer der DDR, 10. Wahlperiode, 32. Tagung, 24. 8. 1990; Gauck, Joachim, *Winter im Sommer – Frühling im Herbst*; Schäuble, Wolfgang, *Der Vertrag*

Das Volkskammergesetz für die Stasiunterlagen: Interview mit David Gill; Bundesarchiv, DA 1/16343, Gesetz über die Sicherung und Nutzung der personenbezogenen Daten des ehemaligen MfS/AfNS; Bundesarchiv, DA 1/16342, Handakten des Ausschussvorsitzenden Joachim Gauck; Bundesarchiv, DA 1/16343, Gesetz über die Sicherung und Nutzung der personenbezogenen Daten des ehemaligen MfS/AfNS; Volkskammer der DDR, 10. Wahlperiode, Drucksache Nr. 165a, Beschlussempfehlung des Sonderausschusses zur Kontrolle der Auflösung des ehemaligen MfS/AfNS der Volkskammer der DDR vom 24. 8. 1990; Gesetz über die Sicherung und Nutzung der personenbezogenen Daten des ehemaligen MfS/AfNS. Gesetzblatt der DDR vom 7. 9. 1990; Protokoll der Volkskammer der DDR, 10. Wahlperiode, 32. Tagung, 24. 8. 1990; Gauck, Joachim, *Winter im Sommer – Frühling im Herbst*; Schäuble, Wolfgang, *Der Vertrag*

Aufstand in Ost-Berlin: Interviews mit David Gill, Klaus Richter, Henry Lohse, Christoph Stier; dpa vom 30. 8. 1990; Protokoll der Volkskammer der DDR, 10. Wahlperiode, 33. Tagung, 30. 8. 1990; Müller, Uwe, Hartmann, Grit, *Vorwärts und vergessen!*; Gauck, Joachim, *Winter im Sommer – Frühling im Herbst*; Robers, Norbert, *Joachim Gauck*; Herzinger, Richard, Der ungenaue Blick, Interview mit Joachim Gauck; Schäuble, Wolfgang, *Der Vertrag*; Booß, Christian, Von der Stasi-Erstürmung zur Aktenöffnung; Booß, Christian, Joachim Gauck – Revolutionär mit Staatsräson; Gauck, Joachim, *Die Stasi-Akten*; Schlieter, Kai Der Menschenfänger; dpa 21. 9. 1990; Gesetz zum Vertrag zwischen der DDR und der BRD über die Herstellung der Einheit Deutschlands – Einigungsvertrag – vom 31. 8. 1990; Entlassungsurkunde von Joachim Gauck vom 10. 11. 1990

Sonderbeauftragter der Bundesregierung: Interviews mit Henry Lohse, Christoph Stier; Gesetz zum Vertrag zwischen der DDR und der BRD über die Herstellung der Einheit Deutschlands – Einigungsvertrag – vom 31. 8. 1990; Robers, Norbert, *Joachim Gauck*; Rede zur Gründung der Nordkirche am 28. 5. 2012; Entlassungsurkunde von Joachim Gauck vom 10. 11. 1990; Gauck, Joachim, *Winter im Sommer – Frühling im Herbst*

Ein neues Leben

Trennung: Interviews mit Stefan Wolle, Henry Lohse, Beate Brodowski, Dietlind Glüer, Silvia Tzschentke, Martina und Rüdiger Schmidt; Bruchstellen. Christian Gauck über seinen Vater; Gauck, Joachim, *Winter im Sommer – Frühling im Herbst*; Mein Mann, der Bundespräsident; Robers, Norbert, *Joachim Gauck*; Diening, Deike, Die Methode Echolot; Locke, Stefan, »Er war für uns selten der Vater«

Privater Neubeginn: Interviews mit Helga Hirsch, Marianne Gauck; Gauck, Joachim, *Winter im Sommer – Frühling im Herbst*

Bau auf, bau auf: Interviews mit Klaus Richter, David Gill, Andreas Schulze, Hansjörg Geiger; Gauck, Joachim, *Winter im Sommer – Frühling im Herbst*; Fünfter Tätigkeitsbericht des Bundesbeauftragten. Hansjörg Geiger erzählt, in: Gauck, Joachim, *Winter im Sommer – Frühling im Herbst*; Präsident der Bürgerschaft der Hansestadt Rostock (Hrsg.), Die Wende 1989 – Demokratischer Neubeginn in Rostock; Festrede Gaucks 23. 10. 1999

Gaucks Arbeitsweise: Interviews mit Hansjörg Geiger, Silvia Tzschentke, Sabine Pannwitz, Klaus Richter, Cornelia Schmalz-Jacobsen, Stefan Wolle; Gauck, Joachim, *Winter im Sommer – Frühling im Herbst*

Personalpolitik: Interviews mit Hans Neusel, Klaus Richter; Hansjörg Geiger erzählt, in: Gauck, Joachim, *Winter im Sommer – Frühling im Herbst*; Klein, Hans, Schroeder, Klaus, Gutachten über die Beschäftigung ehemaliger MfS-Angehöriger bei der BStU im Auftrag des BKM, Mai 2007; Erster Tätigkeitsbericht des Bundesbeauftragten für die Unterlagen des Staatssicherheitsdienstes der ehemaligen Deutschen Demokratischen Republik.

Akteneinsicht: Interview mit Hansjörg Geiger; Erster Tätigkeitsbericht des Bundesbeauftragten für die Unterlagen des Staatssicherheitsdienstes der ehemaligen Deutschen Demokratischen Republik; Gauck, Joachim, Rückblick auf die Anfänge der Behörde des Bundesbeauftragten, in: Suckut, Siegfried, Weber, Jürgen (Hrsg.), *Stasi-Akten zwischen Politik und Zeitgeschichte*; Echte Panne; Robers, Norbert, *Joachim Gauck*

IM »Czerny«: Interviews mit Joachim Gauck, Hansjörg Geiger, Stefan Wolle, Hariolf Reitmeier, Klaus Richter; »Ehrlich, treu, zuverlässig«; Menschlich bewegt; Nicht ehrenrührig; »Als sogenannte Spitzenquelle«; Gauck feuert Kritiker; Ein Unterschied; dpa 19. 12. 1990; ap/dapd 24. 12. 2012; Bornhöft, Petra,

Kampagne gegen die Stasi-Aktenbehörde; Manuskript des ZDF-Journalisten Hariolf Reitmeier; Ich fordere eine Salzgitter-Behörde für ausgegrenzte Ossis; Reuth, Ralf Georg, Gauck sieht sich als Opfer einer Kampagne

In der Kritik: Interviews mit Silvia Tzschentke, Stefan Wolle, Joachim Gauck, Klaus Richter, Hansjörg Geiger, David Gill; Schlieter, Kai, Der Menschenfischer; Klinger, Nadja, Vom Glück, die richtigen Feinde zu haben; Lehming, Malte, Antikommunist von Gottes Gnaden; Den Heiner nimmt uns keiner; Bundesarchiv, DA 1/16346, Schriftwechsel des Vorsitzenden und des Sekretärs des Sonderausschusses; Noack, Hans-Joachim, »Verzeihen geht ganz einfach«; Dieckmann, Christoph, Joachim Gauck, Altmeister des Freiheitspathos; Robers, Norbert, *Joachim Gauck*; Erster Tätigkeitsbericht des Bundesbeauftragten für die Unterlagen des Staatssicherheitsdienstes der ehemaligen Deutschen Demokratischen Republik; Klein, Hans, Schroeder, Klaus, Gutachten über die Beschäftigung ehemaliger MfS-Angehöriger bei der BStU im Auftrag des BKM, Mai 2007; Gauck, Joachim, *Winter im Sommer – Frühling im Herbst*; Gauck, Joachim, *Die Stasi-Akten*; Bundesarchiv, DA 1/16342, Handakte des Ausschussvorsitzenden Joachim Gauck

Das Stasiunterlagengesetz: Altenhoff, Ralf, Der reisende Demokratielehrer

Das Erbe des Kraken

IM »Sekretär«: Interviews mit Silvia Tzschentke, David Gill, Klaus Richter; Modrow, Hans, *Von Schwerin bis Strasbourg*; Gauck, Joachim, *Winter im Sommer – Frühling im Herbst*; Stolpe, Manfred, Man bekam dann einen Anruf; Reuth, Ralf Georg, *IM Sekretär*; Joachim Gauck, Von der Würde der Unterdrückten; Pötzel, Norbert, Schwarz, Ulrich, »Stinkende Hinterlassenschaft«, Spiegel-Gespräch mit Joachim Gauck; Robers, Norbert, *Joachim Gauck*; Mika, Bascha, Wolfgang Gast, Interview mit Joachim Gauck; BVerfG 1696/98, ⟨http://www.bverfg.de/entscheidungen/rs20051025_1bvr169698.html⟩

IM »Notar«: Interviews mit David Gill, Klaus Richter, Hans-

Jörg Geiger; Beweise aus der Kladde; Neumann, Kurt, Vom Mielke-Ministerium zum Gauck-Komplex, in: Zimmer, Jochen (Hrsg.), *Das Gauck-Lesebuch*; Kellerhoff, Sven Felix, Müller, Uwe, Viele Ex-Stasi-Leute in der Birthler-Behörde, und: Müller, Uwe, Die Birthler-Behörde hat ein Stasi-Problem; Kern, Ingolf, Früherer MfS-Mitarbeiter wechselt ins Kulturstaatsministerium; Klein, Hans, Schroeder, Klaus, Gutachten über die Beschäftigung ehemaliger MfS-Angehöriger bei der BStU im Auftrag des BKM

Der Fall Knabe: Interview mit Klaus Richter; Robers, Norbert, *Joachim Gauck*

Der Fall Kohl: Ärger mit der Apotheke; VG Berlin, S. 2987 ff; Gauck, Joachim, *Winter im Sommer – Frühling im Herbst*; 5. StUÄndG vom 2.9.2002, BGBl I, S. 3446 betreffend §§ 32, 32a StUG

Eine Männerfeindschaft: Interviews mit Peter-Michael Diestel, Johannes Weberling; Diestel, Peter-Michael, Auf Wiedersehen, Herr Gauck; Das schlimmste Gerücht; Reuth, Ralf Georg, *IM Sekretär.*; Gauck, Joachim, *Winter im Sommer – Frühling im Herbst*; Ich fordere eine Salzgitter-Behörde für ausgegrenzte Ossis; § 6 Abs. VI Nr. 3 StUG. BStU, MfS, BV Rostock, AOP 2540/88; Einstweilige Verfügung des Landgerichts Rostock vom 9.6.2000, Aktenzeichen 3 O 245/00; LG Rostock vom 22.9. 2000, 3 O 245/00

Ehrungen: Interview mit Klaus Richter; Gauck, Joachim, Rede anlässlich der Sonderveranstaltung »10. Jahrestag des Mauerfalls« im Deutschen Bundestag am 9.11.1999; Gauck, Joachim, *Winter im Sommer – Frühling im Herbst*

Was bleibt?: Gauck, Joachim, *Winter im Sommer – Frühling im Herbst*

Mängel der Stasiaufarbeitung: Gauck, Joachim, *Winter im Sommer – Frühling im Herbst*; dpa 16.8.1991; dpa 27.8.1991; dpa 12.10.1991; dpa 13.10.1991; Müller-Vogg, Hugo, Gauck: SED-Größen sollen vor ein Tribunal. Interview mit Joachim Gauck; Pötzel, Norbert, Schwarz, Ulrich, »Stinkende Hinterlassenschaft«, Spiegel-Gespräch mit Joachim Gauck

Privatier

Freunde: Interviews mit Helga Hirsch, Heidi Lüneburg, Klaus Richter, Joachim Gauck, Christoph Kleemann, Sabine Pannwitz, Hansjörg Geiger, Silvia Tzschentke; Kopka, Fritz-Jochen, Pastor Allwissend; Feldenkirchen, Markus, Deutschland auf der Couch; Er ist das Volk

Daniela Schadt: Interviews mit Daniela Schadt, Heidi Lüneburg

Neue Aufgaben: Interview mit Helga Hirsch; Mika, Bascha, Wolfgang Gast, Interview mit Joachim Gauck; Altenhoff, Ralf, Der reisende Demokratielehrer; Oschlies, Renate, Blick von der Tribüne; Kopka, Fritz-Jochen, Pastor Allwissend; Hanfeld, Michael, Interview mit Joachim Gauck; Feldenkirchen, Markus, Deutschland auf der Couch; Apostel der Freiheit; Malzahn, Claus Christian, Sturm, Daniel Friedrich, Poschardt, Ulf, »Bundespräsident? Hoppla das bin ja ich!«. Interview mit Joachim Gauck; Locke, Stefan, Er war für uns selten der Vater

Gaucks Freiheitsgedanken: Gauck, Joachim, *Freiheit*; Apostel der Freiheit

Noch mehr Ehrungen: Interview mit Cornelia Schmalz-Jacobsen; Vereinbarung zwischen dem Auswärtigen Amt und Joachim Gauck vom 30. Mai 2001

Winter im Sommer – Frühling im Herbst: Interviews mit Helga Hirsch, Jörn-Michael Schmitt, Joachim Gauck; Klinger, Nadja, Vom Glück, die richtigen Feinde zu haben; Feldenkirchen, Markus, Deutschland auf der Couch; Locke, Stefan, »Er war für uns selten der Vater«

Kandidat für das Amt des Bundespräsidenten: Interviews mit Andreas Schulze, David Gill, Johannes Sturm, Joachim Gauck, Helga Hirsch, Klaus Richter; Berg, Stefan et al., Herzbube gegen Kraftmensch; Robers, Norbert, *Joachim Gauck*; Bild am Sonntag 6. 6. 2010

Hassobjekt der Linken: Interview mit Dietlind Glüer; Wyssuwa, Matthias, Das Land des Predigers; Interview mit Joachim Gauck, in: Probst, Lothar, *»Der Norden wacht auf«*; Heni, Clemens, Die »Prager Deklaration«; Präsident der Bürgerschaft der Hansestadt Rostock (Hrsg.), Die Wende 1989 – Demokratischer Neubeginn in Rostock. Festrede Joachim Gaucks vom 23. 10. 1999; Bundespräsidentenwahl. Gauck giftet gegen Linkspartei; Lafontaine wirft Gauck »Stasi-Privilegien« vor; Knabe, Hubertus, *Die unterwanderte Republik*; Yükzel, Deniz, Ein Stinkstiefel namens Gauck

Die Kritik der Bürgerrechtler: Interviews mit Joachim Gauck, Christoph Kleemann, Dietlind Glüer; Schneider, Jens, Streit um Joachim Gauck; Wyssuwa, Matthias, Das Land des Predigers; Tschiche, Hans-Jochen, Gauck ist die falsche Person; Probst, Lothar, *»Der Norden wacht auf«*; Gauck, Joachim, *Winter im Sommer – Frühling im Herbst*; Bub, Dieter, *Begegnungen mit Joachim Gauck*; Leinkauf, Thomas, Sehen Sie, ich lebe. Friedrich Schorlemmer über einen Sturz vom Kirchturm, die Kraft der Empörung und den Konservatismus Joachim Gaucks; Gauck, Joachim, *Winter im Sommer – Frühling im Herbst*

Die zweite Kandidatur 2012: Interviews mit Helga Hirsch, Johannes Sturm; Kür des nächsten Bundespräsidenten; Markus Feldenkirchen, Deutschland auf der Couch; Er ist das Volk; Tschiche, Hans-Jochen, Gauck ist die falsche Person

Bundespräsident

Start ins neue Amt: Interviews mit Andreas Schulze und Helga Hirsch, David Gill; Lesung Joachim Gaucks in Altenkirchen auf Rügen im August 2012; Tschiche, Hans-Jochen, Gauck ist die falsche Person; Malzahn, Claus Christian, Sturm, Daniel Friedrich, Poschardt, Ulf, »Bundespräsident? Hoppla das bin ja ich!«; Interview mit Joachim Gauck; Robers, Norbert, *Joachim Gauck. Vom Pastor zum Präsidenten*. »Wir glauben, dass ein dauerhafter Frieden möglich ist«

Gesellen- und Meisterstück: Interviews mit Helga Hirsch, Joachim Gauck; Gauck will Lebendigkeit statt steifes Protokoll; Bannas, Günter, Vergiss nicht! Niemals

Eigenwillige Formulierungen: Interviews mit Andreas Schulze, Helga Hirsch; Gauck wirbt für Auslandseinsätze der Bundeswehr; Gauck kommentiert Wulff-Satz zurückhaltend;

Hammerstein, Konstantin von, Mascolo, Georg, »Ich übe noch«, Spiegel-Gespräch mit Joachim Gauck; »Ich sollte der bleiben, der ich bin«; Truppenfrühstück in Afghanistan

Erste Bilanz: Interview mit Andreas Schulze; Deutsche bewerten Gauck bravourös; Kämmerlings, Richard, »Der ist ja genauso klein wie Schwarzenegger«

Die Gründe für den Erfolg: Interviews mit Hansjörg Geiger, Cornelia Schmalz-Jacobsen, Stefan Wolle, David Gill, Christoph Kleemann, Helga Hirsch. Andreas Schulze; Malzahn, Claus Christian, Sturm, Daniel Friedrich, Poschardt, Ulf, »Bundespräsident? Hoppla das bin ja ich!«. Interview mit Joachim Gauck; Bannas, Günter, Rede an die Nation; Wehner, Markus, Risiken und Nebenwirkungen; Die Story im Ersten: Gauck persönlich; Bub, Dieter, *Begegnungen mit Joachim Gauck*; Robers, Norbert, *Joachim Gauck*; »Worauf die Neonazis stolz sind, das hasse ich«. Interview mit Joachim Gauck; Interview mit Joachim Gauck, in: Probst, Lothar, *»Der Norden wacht auf«*; Hammerstein, Konstantin von, Mascolo, Georg, »Ich übe noch«, Spiegel-Gespräch mit Joachim Gauck; Schlieter, Kai, Der Menschenfischer; Wehner, Markus, Risiken und Nebenwirkungen; Schmidt, Martina, Schmidt, Rüdiger, *Mauerbruch*; Gauck will Lebendigkeit statt steifes Protokoll; Bröcker, Michael, Der oberste Pastor der Nation

Die Frau an seiner Seite: Interviews mit Daniela Schadt, Andreas Schulze; Feldenkirchen, Markus, Wider den Weihrauch; Die Story im Ersten: Gauck persönlich; Bundespräsident Gauck in Dienstvilla nach Dahlem umgezogen

Ehefrau und Lebensgefährtin: Interview mit Helga Hirsch; Haseborg, Volker ter, Lange, Gesine: Mein Vater, bald Präsident; Lohse, Eckart, Schaaf, Julia, »Ich will das ordentlich machen«, Interview mit Daniela Schadt; Mein Mann, der Bundespräsident;

Verlust der persönlichen Freiheit: Interviews mit Jörn Reiche, Joachim Gauck, Cornelia Schmalz-Jacobsen, Helga Hirsch, Christoph Kleemann, Marianne Gauck; Malzahn, Claus Christian, Wenn Vater sagt: »Gesine steh doch mal auf!«; Malzahn, Claus Christian, Sturm, Daniel Friedrich, Poschardt, Ulf, »Bundespräsident? Hoppla das bin ja ich!«. Interview mit Joachim Gauck

Quellenverzeichnis

Interviews

Rosemarie Albrecht, Kirchgemeinderätin in Rostock-Evershagen seit Anfang der achtziger Jahre, 12.6.2012 * Beate Brodowski, Gemeindepädagogin bei der evangelischen Kirche in Mecklenburg, langjährige Freundin der Familie Gauck, 8.5.2012 * Peter-Michael Diestel, Innenminister und Stellvertreter des Ministerpräsidenten der DDR 1989, 10.5.2012, 9.6.2012 * Harry Ewert, Spitzname »Bunker-Harry«, entdeckte und entschlüsselte 1990 die Daten, mit denen die Offiziere im besonderen Einsatz enttarnt werden konnten, Telefoninterview am 12.10.2012 * Joachim Gauck, Bundespräsident, 27.6.2012, 24.9.2012, 9.10.2012, 14.11.2012, 25.4.2013, 3.6.2013 * Marianne Gauck, Schwester von Joachim Gauck, 8.5.2012, 26.9.2012, 1.11.2012 * Hansjörg Geiger, Direktor der BStU von 1990-1995, 25.5.2012 * David Gill, 1990 Sekretär des Sonderausschusses der Volkskammer zur Stasiauflösung, 1990-1992 Pressesprecher der BStU, seit 2012 Staatssekretär im Bundespräsidialamt, 18.6.2012 * Dietlind Glüer, Gemeindepädagogin bei der evangelischen Kirche in Mecklenburg, Mitbegründerin des Neuen Forums in Rostock, Weggefährtin von Gauck 1989/90, 30.3.2012 * Sibylle Hammer, langjährige Freundin der Familie Gauck, 3.6.2012, 1.3.2013 * Helga Hirsch, Lebensgefährtin von Joachim Gauck 1990-1998, enge Freundin und Mitarbeiterin bis heute, Mitautorin seiner Erinnerungen *Winter im Sommer, Frühling im Herbst*, 7.5.2012, 27.6.2012 * Johann-Georg Jaeger, Theologiestudent in Rostock zur Wendezeit, Mitbegründer des Neuen Forums in Rostock, 30.3.2012 * Christoph Kleemann, Studentenpfarrer in Rostock, Sprecher des Neuen Forums in Rostock, 29.3.2012 * Aenne Lange, Medizinstudentin in Rostock, Mitbegründerin des Neuen Forums in Rostock, 30.3.2012 * Henry Lohse, Innenstadtpfarrer in Rostock, Mitinitiator der Fürbittandachten im Oktober 1989, 17.4.2012 * Heidi Lüneburg, geb. Schliephake, langjährige Freundin von Kindertagen bis heute * Manfred Manteuffel, Kirchenreferent beim Rat der Stadt Rostock 1984-1989, unter dem Decknamen »Scheeler« von der Stasi als IM geführt, 12. 6. 2012 * Hans Neusel, 1990 Staatssekretär im Bundesinnenministerium unter Minister Wolfgang Schäuble, Telefoninterview am 11. 5. 2012 * Sabine Pannwitz, Schwester von Joachim Gauck, 25. 5. 2012 * Jörn Reiche, langjähriger Freund von Kindheitstagen bis heute, 26. 9. 2012 * Hariolf Reitmaier, ZDF-Journalist, der Gauck 1991 mit diversen Vorwürfen konfrontierte * Klaus Richter, Geschäftsführer des Neuen Forums 1989, ehemaliger Leiter des Fachbereichs Sonderrecherche in der BStU, 5. 6. 2012 * Daniela Schadt, Lebensgefährtin von Joachim Gauck seit 2000, 17. 8. 2012 * Cornelia Schmalz-Jacobsen, stellvertretende Vorsitzende des Vereins Gegen Vergessen – Für Demokratie, 19. 5. 2012 * Martina und Rüdiger Schmidt, 9. 11. 2012 * Gerhard Schmitt, Cousin von Joachim Gauck, 22. 10. 2012, * Jörn-Michael Schmitt, Cousin von Joachim Gauck, 1. 11. 2012, 20. 11. 2012, 5. 2. 2013 * Burkhard Schliephake, langjähriger Freund von Kindertagen an bis heute, 5. 7. 2012 * Andreas Schulze, Pressesprecher von Gauck 2010 und 2012 im Bundespräsidialamt, 8. 8. 2012 * Christoph Stier, Kommilitone Gaucks an der Uni Rostock, 1984-1996 Landesbischof der Evangelisch-Lutherischen Landeskirche Mecklenburgs, 18. 4. 2012 * Johannes Sturm, Persönlicher Referent von Gauck 2010 und seit 2012, 17. 8. 2012 * Harald Terpe, Sprecher des Neuen Forums in Rostock, 29. 3. 2012 * Silvia Tzschentke, Sekretärin von Geiger und Gauck in der BStU von 1991-1996, 8. 6. 2012 * Stefan Wolle, Bürgerrechtler und ehemaliger Mitarbeiter der BStU. 15. 3. 2012 * Johannes Weberling, Rechtsanwalt von Gauck im Prozess Gauck /. Diestel, 5. 4. 2012 * Gert Wendelborn, Hochschulassistent an der theologischen Fakultät Rostock in den sechziger Jahren, von der Stasi unter dem Decknamen »Heinz Graf« als IMS geführt, Telefoninterview am 13. 8. 2012

Archivmaterial, Gutachten und Protokolle

Archiv der Hansestadt Rostock
Bestand Stadtverordnetenversammlung und Rat der Stadt
2.1.1.7253 / 2.1.1.7272 / 2.1.1.7273 / 2.1.1.7301

Bundesarchiv
Bestand DA 1 Volkskammer der DDR, Teil 10. Wahlperiode:
DA 1/16340 Handakten des Sekretärs des Ausschusses David Gill
DA 1/16341 Handakten des Sekretärs des Ausschusses David Gill
DA 1/16342 Handakten des Ausschussvorsitzenden Joachim Gauck
DA 1/16343 Gesetz über die Sicherung und Nutzung der personenbezogenen Daten des ehemaligen MfS/AfNS
DA 1/16345 Sitzungen des Ausschusses zur Kontrolle der Auflösung des MfS/AfNS, Protokolle
DA 1/16346
Schriftwechsel des Vorsitzenden und des Sekretärs des Sonderausschusses
Bestand NS 23 Ehemalige Unterlagen des Berlin Document Centers: SA-Akte von Gerhard Schmitt

Der Bundesbeauftragte für die Unterlagen des Staatssicherheitsdienstes der ehemaligen Deutschen Demokratischen Republik
BStU, MfS BV Schwerin AOP 818/79 (Operativer Vorgang »Kontakt«)
BStU, MfS, BV Rostock, AOP 2540/88 (Operativer Vorgang »Larve«)
BStU, MfS, BV Rostock, AIM 3275/90 (IM Akte von Wolfgang Schnur, alias »Torsten«, alias »Dr. Ralf Schirmer«)
BStU, MfS, BV Rostock KD Rostock, Nr. 379
BStU, MfS, BV Rostock AS Nr. 126/76
BStU, MfS, BV Rostock Abt. XX Nr. 480
BStU, MfS, BV Rostock Abt. XX Nr. 501
BStU, MfS, BV Rostock Abt. XX Nr. 1258
BStU, MfS, BV Rostock AKG – 49
BStU, MfS, HA XX/AKG 6050

Gutachten über die Beschäftigung ehemaliger MfS-Angehöriger bei der BStU im Auftrag des BKM 2007, in: ⟨http://www.in terpool.tv/images/stories/Dokumente/gutachten/bstu_gut achten_2007.pdf⟩

Deutsche Dienststelle für die Benachrichtigung der nächsten Angehörigen von Gefallenen der ehemaligen Deutschen Wehrmacht
Dokumente zu Wilhelm Joachim Gauck

L. Boltzmann-Institut für Kriegsfolgenforschung, Graz – Wien (BIK)
NKDW-Personalakten. Akte Gauck, 196.812.

Protokolle der Volkskammer der DDR, in: ⟨http://www.bundes tag.de/kulturundgeschichte/geschichte/parlamentarismus/ 10_volkskammer/mediathek/11sitzung/index.html⟩

Bibliographie

»Als sogenannte Spitzenquelle«, Der Originalbericht über die Rolle Lothar de Maizières für den Stasi-Sonderbeauftragen Joachim Gauck, Der Spiegel 12/1991
Altenhoff, Ralf, Der reisende Demokratielehrer, Frankfurter Allgemeine Sonntagszeitung 25. 4. 2004
Bästlein, Klaus, Der Kampf um die Akten. Die Vernichtung von Unterlagen der Staatssicherheit 1989/90, Deutschlandarchiv 43 (2010), S. 830 ff.
Bästlein, Klaus, Meine Akte gehört mir. Der Kampf um die Öffnung der Stasi-Unterlagen, Deutschlandarchiv 44 (2011), S. 72 ff.
Bahrmann, Hannes, Links, Christoph, *Wir sind das Volk – Die DDR zwischen 7. Oktober und 17. Dezember 1989. Eine Chronik*, Berlin, Weimar 1990
Bannas, Günter, Rede an die Nation, faz.net 23. 2. 2013
Bannas, Günter, Vergiss nicht! Niemals, faz.net 29. 5. 2012
Berg, Stefan, Pack und Gesindel, Der Spiegel Nr. 36/2000

Berg, Stefan, Krach, Wolfgang, Mascolo, Georg, Ärger mit der Apotheke, Der Spiegel Nr. 15/2000

Berg, Stefan et al., Herzbube gegen Kraftmensch, Der Spiegel 23/2010

Beweise aus der Kladde, Der Spiegel 22/1995

Birthler, Marianne, Die Freiheit gestalten. Joachim Gauck zum 70. Geburtstag, Deutschlandarchiv Bd. 43 (2010), 1, S. 20-22

Blessing, Klaus Hegner, Manfred (Hrsg.), *Der Gauckler wird entlarvt durch Dokumente, Zeugen und Bürger*, Berlin 2012

Booß, Christian, Joachim Gauck – Revolutionär mit Staatsräson. Wie Joachim Gauck die Stasi-Akten rettete, Schweriner Volkszeitung 26. 6. 2010

Booß, Christian, Von der Stasi-Erstürmung zur Aktenöffnung. Konflikte und Kompromisse im Vorfeld der Deutschen Einheit, Deutschlandarchiv 44/2011

Bornhöft, Petra, Kampagne gegen die Stasi-Aktenbehörde, die tageszeitung 30. 1. 1991

Boysen, Jacqueline, Merkel, Angela, *Eine deutsch-deutsche Biographie*, München 2001

Bröcker, Michael, Der oberste Pastor der Nation, RP-Online 20. 6. 2012

Bub, Dieter, *Begegnungen mit Joachim Gauck, Der Mensch. Sein Leben. Seine Überzeugungen*, Halle (Saale) 2012

Bundespräsidentenwahl. Gauck giftet gegen Linkspartei, süddeutsche.de 26. 6. 2010

Bundespräsident Gauck in Dienstvilla nach Dahlem umgezogen, morgenpost.de 23. 7. 2012

Das schlimmste Gerücht. »Gauck war Stasi-Spitzel«, SUPERillu 4/1991

Das war 'ne Top-Quelle, Der Spiegel 11/1990

Detjen, Marion, *Ein Loch in der Mauer. Die Geschichte der Fluchthilfe im geteilten Deutschland*, München 2012

Diening, Deike, Die Methode Echolot, Der Tagesspiegel 16. 3. 2012

Den Heiner nimmt uns keiner, Der Spiegel 50/1991

Der Rektor der Universität Rostock (Hrsg.), *Herbst '89. Die Wende in Rostock, Zeitzeugen erinnern sich ...*, Rostock 1999

Dieckmann, Christoph, Joachim Gauck, Altmeister des Freiheitspathos. Begegnungen mit Joachim Gauck aus zwei Jahrzehnten, zeit.de 16.3.2012

Dieser Sumpf, diese Lüge, Der Spiegel 13/1991

Diestel, Peter-Michael, Hofmann, Hannes, *Aus dem Leben eines Taugenichts?* Berlin, 3. korr. Auflage 2010

Dorlach, Sven, (Pseudonym für Klaus Huhn), *Der Fall Gauck*, Berlin 1996

Echte Panne, Der Spiegel Nr. 10/1991

»Ehrlich, treu, zuverlässig«, Der Spiegel 50/1990

Ein Unterschied, Der Spiegel 9/1991

Ernste Gefahr, Der Spiegel 37/1991

Eventuell fließt Blut, Der Spiegel Nr. 23/1990

Feldenkirchen, Markus, Deutschland auf der Couch, Der Spiegel Nr. 11/2012

Frank, Mario, *Walter Ulbricht. Eine deutsche Biografie*, Berlin 2001

Frank, Rahel, *»Realer – Exakter – Präziser«? Die DDR-Kirchenpolitik gegenüber der Evangelisch-Lutherischen Landeskirche Mecklenburgs von 1971 bis 1989*, Schwerin, 2. überarbeitete Auflage, 2008

Frankfurter Allgemeine Zeitung Archiv (Hrsg.), *Joachim Gauck. Reportagen – Analysen – Interviews*, F.A.Z.-eBook 1

Fuhrer, Armin, Tumovec, Thomas, Das Geheimnis um den Onkel, Focus Nr. 26/2010

Gärtner, Peter, Gerüchte zu Stasi-Vergangenheit von Joachim Gauck sind haltlos, WAZ 23.2.2012

Gathmann, Florian, Gaucks Putin-Problem, spiegel.de 29.8.2012

Gauck feuert Kritiker, Der Spiegel 19/1991

Gauck, Joachim, *Die Stasi-Akten. Das unheimliche Erbe der DDR*, Reinbek bei Hamburg 1991

Gauck, Joachim, Über die Würde der Unterdrückten, Frankfurter Allgemeine Zeitung 27.6.1992

Gauck, Joachim, Von der Würde der Unterdrückten, in: Hans Joachim Schädlich (Hrsg.), *Aktenkundig*, Hamburg 1993

Gauck, Joachim, Vom schwierigen Umgang mit der Wahrnehmung, in: Courtois, Stéphane et al., *Das Schwarzbuch des Kommunismus – Unterdrückung, Verbrechen und Terror*, München 1998, S. 885 ff.

Gauck, Joachim, Die Wende 1989 – Demokratischer Neubeginn in Rostock, Festrede vom 23. Oktober 1999, Herausgegeben vom Präsidenten der Bürgerschaft der Hansestadt Rostock, Rostock 1999

Gauck, Joachim, Rede anlässlich der Sonderveranstaltung »10. Jahrestag des Mauerfalls« im Deutschen Bundestag am 9. 11. 1999, in: ⟨http://www.bundestag.de/kulturundgeschichte/geschich te/gastredner/gorbatschow/gauck.html⟩

Gauck, Joachim, Von der ohnmächtigen Ohnmacht und ihrer Überwindung, in: Universität Rostock (Hrsg.), *Herbst '89 – Die Wende in Rostock, Zeitzeugen erinnern sich*, Rostock 1999

Gauck, Joachim, Rückblick auf die Anfänge der Behörde des Bundesbeauftragten, in: Suckut, Siegfried, Weber, Jürgen (Hrsg.), *Stasi-Akten zwischen Politik und Zeitgeschichte. Eine Zwischenbilanz*, München 2003

Gauck, Joachim, Diktaturerfahrungen der Deutschen im 20. Jahrhundert und was wir daraus lernen können, in: Schriftenreihe zu Grundlagen, Zielen und Ergebnissen der parlamentarischen Arbeit der CDU-Fraktion des Sächsischen Landtages, Band 42, Dresden 2007

Gauck, Joachim, »Zwischen Furcht und Neigung – die Deutschen und die Freiheit«, 3. Berliner Rede zur Freiheit am Brandenburger Tor, 21. April 2009, Herausgegeben von der Friedrich Naumann-Stiftung für die Freiheit

Gauck, Joachim, *Winter im Sommer – Frühling im Herbst. Erinnerungen*, München 2009

Gauck, Joachim, *Freiheit. Ein Plädoyer*, München 2012

Gauck ist der Aufsteiger des Jahres, handelsblatt.com 22. 12. 2012

Gauck öffnet erstmals Tore von Schloss Bellevue für alle, morgenpost.de 9. 9. 2012

Gauck will Lebendigkeit statt steifes Protokoll, focus.de 4. 5. 2012

Germis, Carsten, Diskret, aber nicht völlig geheim. SPD-Politiker Penner dämpft Aufregung um Beseitigung der Dokumente, Der Tagesspiegel 5. 4. 2000

Gill, David, Schröter, Ulrich, *Das Ministerium für Staatssicherheit. Anatomie des Mielke-Imperiums*, Berlin 1991

Hammerstein, Konstantin von, Mascolo, Georg, »Ich übe noch«. Spiegel-Gespräch mit Joachim Gauck, Der Spiegel 10/2013

Hartung, Klaus, Im Widerspruch, DIE ZEIT 28. 9. 2000

Haseborg, Volker ter, Bruchstellen. Christian Gauck über seinen Vater, abendblatt.de 4. 3. 2012

Haseborg, Volker ter, Lange, Gesine: Mein Vater, bald Präsident, abendblatt.de 9. 3. 2012

Heni, Clemens, Die »Prager Deklaration«. Antisemitismus im neuen Europa, Tribüne, Zeitschrift zum Verständnis des Judentums, 2/2010, S. 106 ff.

Heni, Clemens, Weidauer, Thomas (Hrsg.), *Ein Super-GAUck. Politische Kultur im neuen Deutschland*, Berlin 2012

Hensel, Jana, Augstein, Jakob, Pastor der Unfreiheit, freitag.de 8. 3. 2012

Herzinger, Richard, Der ungenaue Blick. Interview mit Joachim Gauck, DIE ZEIT 2. 4. 1998

Hitler, Adolf, *Mein Kampf*, München 1941

Huhn, Klaus, *Die Gauck-Behörde. Der Inquisitor zieht ins Schloss*, Berlin 2012

Ich fordere eine Salzgitter-Behörde für ausgegrenzte Ossis. Interview mit Peter-Michael Diestel, Neues Deutschland 27./28. 5. 2000

Kämmerlings, Richard, »Der ist ja genauso klein wie Schwarzenegger«, Die Welt 13. 10. 2012

Karau Gisela, Vetter, Jens, *Gauck Opfer*, Berlin 1995

Kellerhoff, Sven Felix, Müller, Uwe, Viele Ex-Stasi-Leute in der Birthler-Behörde, Die Welt 30. 11. 2006

Kellerhoff, Sven Felix, Müller, Uwe, Die Stasi-Unterlagenbehörde in der Legitimationskrise, Deutschlandarchiv 2/2007, S. 197 ff.

Kern, Ingolf, Früherer MfS-Mitarbeiter wechselt ins Kulturstaatsministerium, faz.net 24. 4. 2012

Kleine-Brockhoff, Thomas, Rückert, Sabine, Schirra, Bruno, Sünde in Säcken, DIE ZEIT 13. 4. 2000

Klinger, Nadja, Vom Glück, die richtigen Feinde zu haben, Der Tagesspiegel 28. 6. 1999

Knabe, Hubertus, Die unterwanderte Republik. Stasi im Westen, Berlin 2000

Kopka, Fritz-Jochen, Pastor Allwissend, Die Woche 29. 9. 2000

Lafontaine wirft Gauck »Stasi-Privilegien« vor, spiegel.de 15. 6. 2010

Langer, Kai, *Das Schweriner Justizgebäude zwischen Obrigkeitsstaat und Diktatur, 1916-1989*, Schwerin 2004

Lehming, Malte, Antikommunist von Gottes Gnaden, Der Tagesspiegel 7. 6. 2010

Leinkauf, Thomas, Sehen Sie, ich lebe. Friedrich Schorlemmer über einen Sturz vom Kirchenturm, die Kraft der Empörung und den Konservatismus Joachim Gaucks, Berliner Zeitung 25./26. 8. 2012

Locke, Stefan, »Er war für uns selten der Vater«, Frankfurter Allgemeine Sonntagszeitung 4. 3. 2012

Eckart, Lohse, Schaaf, Julia, »Ich will das ordentlich machen«. Interview mit Daniela Schadt, Frankfurter Allgemeine Sonntagszeitung 3. 2. 2013

Maier, Anja, »Uns fiel die Kinnlade runter«, taz.de 23. 2. 2012

Main, Andreas, Marx, Peter, Der Theologe im Schloss Bellevue. Joachim Gauck und das Verhältnis von Staat und Kirche, dradio.de 18. 3. 2012

Malzahn, Claus Christian, Wenn Vater sagt »Gesine, steh doch mal auf!«, morgenpost.de 25. 2. 2012

Malzahn, Claus Christian, Sturm, Daniel, Poschardt, Ulf, Gauck – »Bundespräsident? Hoppla das bin ja ich!«. Interview mit Joachim Gauck, Berliner Morgenpost 11. 11. 2012

Mein Mann, der Bundespräsident. Porträt über Hansi Gauck, Die Bunte 25/2012

Menschlich bewegt, Der Spiegel 52/1990

Mika, Bascha, Gast, Wolfgang, Interview mit Joachim Gauck, die tageszeitung 19. 9. 2000

Modrow, Hans, *Von Schwerin bis Straßburg, Erinnerungen an ein halbes Jahrhundert Parlamentsarbeit*, Berlin 2001

Mothes, Jörn, Drescher, Anne, Herbstritt, Georg (Hg.): *»Recht muß doch Recht bleiben«: das Justizgebäude am Schweriner Demmlerplatz in sechs Epochen deutscher Geschichte*; Schwerin 1999

Müller, Albrecht, *Der falsche Präsident. Was Pfarrer Gauck noch lernen muss, damit wir glücklich mit ihm werden*, Frankfurt/Main 2012

Müller, Reinhard, Bruder Gauck. Der Bundespräsident und seine Landsleute im Osten, Frankfurter Allgemeine Zeitung 14. 8. 2012

Müller, Uwe, Hartmann, Grit, *Vorwärts und Vergessen! Kader, Spitzel und Komplizen. Das gefährliche Erbe der SED-Diktatur*, Berlin 2009

Müller, Uwe, Die Birthler-Behörde hat ein Stasi-Problem, Die Welt 30. 11. 2006

Müller-Enbergs, Helmut, *Wer war wer in der DDR?*, 5. Ausgabe, Berlin 2010, Band 1

Müller-Vogg, Hugo, Gauck: SED-Größen sollen vor ein Tribunal. Interview mit Joachim Gauck, Frankfurter Allgemeine Sonntagszeitung 13. 10. 1991

Alte Liebe rostet nicht – SED/Die LINKE und Joachim Gauck, mvjournal.de

Neubert, Ehrhart, Unsere Revolution. *Die Geschichte der Jahre 1989/90*, München, Zürich 2008

Neubert, Ehrhart, Kirche und Opposition in der DDR, Herausgegeben von der Konrad-Adenauer-Stiftung e. V., Vertretung in Polen, 2011

Nicht ehrenrührig, Der Spiegel 9/1991

Noack, Hans-Joachim, »Ich spiele nicht den Kohlhaas«, Der Spiegel 17/1991

Noack, Hans-Joachim, »Verzeihen geht ganz einfach«, der Spiegel 1/1992

Opitz, Olaf, Linke Internet-Angriffe auf Gaucks Vater, Focus 11/2012

Oschlies, Renate, Blick von der Tribüne, Berliner Zeitung 10. 10. 2000

Pergande, Frank, Die fremde Hälfte, Frankfurter Allgemeine Zeitung vom 26. 10. 2012

Probst, Lothar, *Der Norden wacht auf. Zur Geschichte des politischen Umbruchs in Rostock im Herbst 1989*, Bremen 1993

Reuth, Ralf Georg, Gauck sieht sich als Opfer einer Kampagne, Frankfurter Allgemeine Zeitung 19. 4. 1991

Reuth, Ralf Georg, *IM Sekretär. Die Gauck-Recherche und die Dokumente zum Fall Stolpe*, Frankfurt/M., Berlin 1992

Robers, Norbert, *Joachim Gauck – Vom Pastor zum Präsidenten. Die Biografie*, Leipzig, 2. Aufl. 2012

Rostocker Universitätsreden, Neue Folge, Heft 3, Ehrenpromotion der Theologischen Fakultät 1999, Joachim Gauck, Dr. Heinrich Rathke, Rostock 1999

Schäuble, Wolfgang, *Der Vertrag. Wie ich über die deutsche Einheit verhandelte*, Stuttgart 1991

Schlieter, Kai, Der Menschenfänger, taz.de 17. 3. 2012

Schmidt, Martina, Schmidt, Rüdiger, *Mauerbruch. Eine Heimatgeschichte*, Berlin 2012

Schmitt, Franz Gerhard, Erinnerungen, bearbeitet von Raimund Schmidt und Jörn-Michael Schmitt, Schwerin 2009

Schmoll, Heike, »Revolutionspastor«, Frankfurter Allgemeine Zeitung 7. 5. 1990

Schmoll, Heike, Die Kirche in Mecklenburg will nun die Narben glätten, Frankfurter Allgemeine Zeitung 14. 5. 1990

Schneider, Jens, Streit um Joachim Gauck. Auf der Suche nach dem verlorenen Freund, sueddeutsche.de 28. 2. 2012

Schütt, Peter, »Unmoralischer Umgang mit blöden Akten«. Der Selbstmord des enttarnten Stasi-Mitarbeiters Jürgen Borchert entzweit die Literaten Mecklenburg-Vorpommerns, welt.de 19. 4. 2000

Schütz, Jutta, Joachim Gauck, Herr der Stasi-Akten, dpa 27. 6. 1999

Suckut, Siegfried, Weber, Jürgen (Hrsg.), *Stasi-Akten zwischen Politik und Zeitgeschichte. Eine Zwischenbilanz*, München 2003

Süß, Walter, *Staatssicherheit am Ende. Warum es den Mächtigen nicht gelang, 1989 eine Revolution zu verhindern*, Berlin 1999

Täglich ein Name, Der Spiegel 38/1990

Bundesbeauftragter für die Unterlagen des Staatssicherheitsdienstes der ehemaligen Deutschen Demokratischen Republik, *Erster Tätigkeitsbericht des Bundesbeauftragten für die Unterlagen des Staatssicherheitsdienstes der ehemaligen Demokratischen Republik*, Berlin 1993

Bundesbeauftragter für die Unterlagen des Staatssicherheitsdienstes der ehemaligen Deutschen Demokratischen Republik, *Zweiter Tätigkeitsbericht des Bundesbeauftragten für die Un-*

terlagen des Staatssicherheitsdienstes der ehemaligen Deutschen Demokratischen Republik, Berlin 1995

Bundesbeauftragter für die Unterlagen des Staatssicherheitsdienstes der ehemaligen Deutschen Demokratischen Republik, *Fünfter Tätigkeitsbericht des Bundesbeauftragten für die Unterlagen des Staatssicherheitsdienstes der ehemaligen Deutschen Demokratischen Republik*, Berlin 2001

Truppenfrühstück in Afghanistan, Bild.de 19.12.2012

Tschiche, Hans-Jochen, Gauck ist die falsche Person, Freitag.de, 22.2.2012

Verfügbar und einsetzbar, Der Spiegel 13/1997

Vernichtung erforderlich, Der Spiegel Nr. 36/1990

Vojta, Norbert, »Ich habe meinen Mund aufgemacht«, Interview mit Christian Gauck, Welt am Sonntag 11.11.2012

Wehner, Markus, Risiken und Nebenwirkungen, Frankfurter Allgemeine Sonntagszeitung 26.2.2012

Wieland, Rayk, Portrait über Joachim Gauck, konkret, August 1997

»Wir glauben, dass ein dauerhafter Frieden möglich ist«, Frankfurter Allgemeine Zeitung 19.12.2012

Wolf im Schafspelz, Der Spiegel 21/1990

»Worauf die Neonazis stolz sind, das hasse ich«. Interview mit Joachim Gauck, süddeutsche.de 18.3.2012

Worst, Anne, *Das Ende eines Geheimdienstes. Oder: Wie lebendig ist die Stasi?* Berlin 1991

Wyssuwa, Matthias, Das Land des Predigers. Vor der Wahl zum Bundespräsidenten: eine Spurensuche in der Heimat Joachim Gaucks, Frankfurter Allgemeine Zeitung 17.3.2012

Zimmer, Jochen (Hrsg.), *Das Gauck-Lesebuch. Eine Behörde abseits der Verfassung?* Frankfurt/Main 1998

Bildnachweis

Caro Fotoagentur, Berlin: 34 (Andreas Bastian)
ddp images, Hamburg: 47 (Oliver Lang)
Getty Images, München: 43 (Andreas Rentz)
laif, Köln: 10 (Andreas Pein), 17 (Johannes Arlt)
Ostkreuz, Berlin: 37 (Jörn Vanhöfen)
picture alliance, Frankfurt am Main: 23 (Jan-Peter Kasper),
    25 (Rainer Jensen), 38 (Fritz Reiss), 39 (Britta Pedersen),
    44, 45 (Wolfgang Kumm), 46 (Guido Bergmann)
Andreas Schoelzel, Berlin: 35, 36

Alle weiteren Abbildungen stammen aus Privatbesitz.